KNUT BLEICHER

Gesammelte Schriften – Band 6

Band 6
Mit Unterstützung von Dr. Joachim Wenning,
Vorstandsvorsitzender der Munich Re

Swiridoff Verlag
Künzelsau

Knut Bleicher – Gesammelte Schriften in 6 Bänden
Band 6: Corporate Dynamics: Unternehmensentwicklung verlangt
 ein bewusstes Change Management

Unterstützt von Dr. Joachim Wenning,
Vorstandsvorsitzender der Munich Re

Knut Bleicher

Corporate Dynamics: Unternehmensentwicklung verlangt ein bewusstes Change Management

Herausgegeben von Christian Abegglen

Herausgegeben von:
Christian Abegglen, St. Gallen, Schweiz

Unterstützt von:
Joachim Wenning, Vorstandsvorsitzender der Munich Re
St. Galler Gesellschaft für Integriertes Management, St. Gallen, Schweiz

Künstlerische Gestaltung Umschlag:
Sabeth Holland, St. Gallen, Schweiz

Gestaltung:
version1 GmbH, Karlsruhe, Deutschland

Herstellung:
Swiridoff-Team, Künzelsau, Deutschland

Druck & Bindung:
Memminger MedienCentrum, Memmingen

© 2017
Swiridoff Verlag, Künzelsau, Deutschland
Knut Bleicher †, St. Gallen, Schweiz
Christian Abegglen, St. Gallen, Schweiz

ISBN 978-3-89929-076-9

Printed in Germany

VORWORT BAND 6

Vorwort des Herausgebers zum sechsten Band

Die Expeditionstouren durch das Dickicht der Märkte sind im Laufe der Zeit de facto nicht einfacher geworden – ganz im Gegenteil. War es einmal möglich, sich mit eher leichtem Gepäck auf Lichtungen und Plateaus von vorangegangenen Touren auszuruhen und die nächsten Schritte in Ruhe zu besprechen, so sind mehr und mehr Hochalpinausrüstung und Notfallutensilien mitzuführen. Auch werden die Möglichkeiten zum Verschnaufen immer weniger, gleichzeitig steigt der Grad der Unsicherheit und des Risikos. Um den Weg dennoch bewältigen zu können, werden je nach Gelände und je nach Lebenszyklusphase der Unternehmung verschiedene Strategien, Strukturen, Verhaltensgrundsätze und Methoden benötigt. Wer diesbezüglich zu langsam oder unflexibel ist, kommt nicht voran oder rutscht gar aus, stürzt ab.

Unsicherheit und Wandel als Normalzustand

Nicht zuletzt das «Experiment Finanzmarktinfusion» als Folge der weltweiten Finanz- und Wirtschaftskrise des vergangenen Jahrzehnts und verbunden mit der Angst vor möglichen Nachbeben aufgrund zwischenzeitlich heissgelaufener Börsen sowie die digitalgetriebenen, strukturellen Brüche haben dies sehr deutlich unterstrichen. Fast hat man den Eindruck, dass sich viele Denker und Lenker an die Permanenz einer gewissen Krise gewöhnt haben. Die weltwirtschaftliche und weltpolitische Situation löst folglich weder euphorische Begeisterungsstürme noch panischen Bewahrungs- und Vorsorgeaktionismus aus. Vielmehr wird versucht, eingeschlagene Wege konsequent, aber mit der erforderlichen Achtsamkeit, weiter zu beschreiten, um das geplante Ziel der Reise zu erreichen – wenn auch mit Umsicht und einer denkbaren Umwegen geschuldeten Verspätung. Paradoxerweise erfordern gerade diese Hartnäckigkeit und konsequente Zielorientierung innerhalb eines entsprechenden Korridors ständige Flexibilität und Veränderungsbereitschaft. Gerade Wandel stellt also die Bewältigung der intendierten Reiseroute und schließlich die Ankunft am gewünschten Ort sicher.

Herausforderung und Orientierung für das Management

Dem Management dieses Wandels gilt es daher, besondere Aufmerksamkeit zu zollen und relevante Nah-, Rück- und Fernwirkungen sowohl im Unternehmen als auch außerhalb ins Kalkül zu nehmen. Change Management wird zu einer wesentlichen Aufgabe von Führungskräften unterschiedlicher Ebenen, und zwar innerhalb sämtlicher Lebenszyklusphasen. Nicht zu vernachlässigen sind die Einflüsse von Instrumenten auf Mitarbeitende sowie die Gewinnung von Promotoren und der Umgang mit möglichen Ängsten und Widerständen. Kenntnisse des Projektmanagements sind ebenso gefragt wie Führungs-Skills, Leadership-Eigenschaften und visionäre Zielsetzungsfähigkeiten.

Das Management dieser Corporate Dynamics benötigt neben den einzusetzenden fachlich-inhaltlichen Kompetenzen zudem einen tauglichen Ordnungsrahmen, ein taugliches theoretisches Gesamtgerüst, das imstande ist, den jeweils aktuellen Bedarf in ein Raum und Zeit überspannendes Gesamtbild einzufügen. Solch ein Gerüst repräsentiert die unter Professor Dr. Dres. h.c. Hans Ulrich begründete ganzheitliche und integrierte Unternehmungsführung, die von Professor Dr. Dres. h.c. Knut Bleicher – dem ehemaligen wissenschaftlichen Leiter der St. Galler Business School – zum «Konzept des Integrierten Managements» weiterentwickelt wurde und letztlich als Standardwerk publiziert, welches mittlerweile in der erweiterten 9. Auflage erschienen ist. Diese aktualisierte Ausgabe führt den Leser jetzt mit dem St. Galler Wissensnavigator beim Nachschlagen, Querlesen und Umsetzen von der Theorie hin zur Praxis der integrierten Unternehmensentwicklung.

Zu diesem Band

Eingebettet in ebendiesen übergreifenden theoretischen Bezugsrahmen widmet sich Band 6 der Reihe *Meilensteine der Entwicklung eines Integrierten Managements* dem breiten Themenspektrum von Corporate Dynamics und Veränderung. Es wird dem geneigten Leser eine zielgerichtete Auswahl an originalbelassenen, größtenteils bisher unveröffentlichten Texten von Professor Dr. Dres. h.c. Knut Bleicher geboten. Dabei greift das Werk bewusst wichtige Schwerpunktthemen dieses Feldes heraus, ohne allerdings das große Ganze aus den Augen zu verlieren. Die Beiträge schlagen hierbei die Brücke vom Allgemeinen zum Speziellen und heben unterschiedliche Herausforderungen im Kontext von Wandel und Change hervor.

Als Ergänzung, mitunter auch Konkretisierung innerhalb des durch diesen Band aufgespannten Kontextes sind in einer separaten Rubrik die ausgewählten Gastbeiträge zu verstehen. Professor Dr. Norbert Berthold von der Julius-Maximilians-Universität Würzburg beleuchtet aus einer eher volkswirtschaftlichen, institutionenökonomischen Perspektive die «Trüffelschweine der Marktwirtschaft», die Unternehmer als Spezialisten für die Zukunft.

Ich freue mich sehr, dass Professor Dr. Norbert Berthold, Träger des Ludwig-Erhard-Preises für Wirtschaftspublizistik und einer der streitbarsten Ökonomen Deutschlands, den Fokus auf die notwendigen Rahmenbedingungen legt, die es braucht, damit Unternehmer tatsächlich unternehmen wollen und können. Basierend auch auf empirischen Erfahrungen zeigt sich eindeutig, wie wichtig wirtschaftliche Freiheit, Anpassungsfähigkeit und Flexibilität auch aus dieser Perspektive sind. Klar ist dabei auch, dass ein Mehr an Freiheit mit einem Mehr an Verantwortung verbunden ist. Die Unternehmer beziehungsweise Unternehmen sind in aller Regel gerne bereit, Verantwortung zu übernehmen – wenn man sie nur lässt.

Daneben beinhaltet diese Rubrik einen Beitrag des Herausgebers «Corporate Development von Hochleistungsnetzwerken. Das Management des Netzwerklebenszyklus» sowie ein Interview zum Thema «Führung 4.0», das der Verband Deutscher Maschinen- und Anlagenbau e.V. (VDMA) mit Herrn Dr. Wittenstein von der WITTENSTEIN SE und dem Herausgeber im Februar 2016 geführt hat.

Zudem bietet der vorliegende Band 6 ein frei stehendes Kapitel – in englischer Sprache – zur Umsetzung des *Konzept Integriertes Management* in die Praxis und darüber hinaus mit Dokumentationen von Gesprächen mit Professor Dr. Dres. h.c. Knut Bleicher sowie Dr. Joachim Wenning interessante persönliche Sichtweisen zur Umsetzung und Weiterführung des Integrierten Managements in der Praxis. Der Beitrag des Herausgebers «Ausblick: Führung in komplexen und zunehmend digitalisierten Welten – Theorie & Praxis auf dem Prüfstand» ist Abschluss und gleichzeitig Ausblick dieser Rubrik.

Unterstützt wird dieser Band von der Münchener Rückversicherungs-Gesellschaft in München, kurz Munich Re. Die Erfolgsgeschichte des weltweit führenden Rückversicherungsunternehmens dauert mittlerweile seit rund 135 Jahren an, das Wachstum über diese Zeit hinweg ist beeindruckend. Die Gründung im Jahr 1880 geht maßgeblich auf Carl Thieme zurück. Von ihm stammt der Satz: «Die Rückversicherung muss ihrer Natur nach international sein.» So war das Unternehmen von Anfang an international aufstellt. Das Geschäftsmodell ist in seinen Grundzügen bis heute gültig: unabhängig von Erstversicherern, breite Risikostreuung, effizientes Vertragswesen, innovative Konzepte, die konsequent auf partnerschaftliche Zusammenarbeit ausgerichtet sind.

Im April 2017 wurde Dr. Joachim Wenning zum CEO und Vorstandsvorsitzenden der Munich Re bestellt. Er begann seine Karriere im Konzern direkt nach dem Studium im Jahr 1991. Wenning kennt aus eigener Erfahrung das Geschäft an der Basis eines Versicherungsvertreters. Seinen Mitarbeitern gibt er Freiräume, damit diese in der Zukunft umso verantwortungsvoller handeln können.

Die Munich Re kann als Paradebeispiel dafür gelten, wie ein Unternehmen erfolgreich mit permanentem Wandel umgeht und die oberste Führung den digitalen Change-Prozess im Fokus hat.

Möge Ihnen vorliegender Band helfen, wesentliche Paradigmen im Transformations- und Veränderungsmanagement vor dem Hintergrund eigener Erfahrungen kritisch zu prüfen und geeignete Schlüsse für die Praxis zu ziehen, um fortan Veränderungsbedarf rechtzeitig zu erkennen und Notwendigkeiten des Wandels erfolgversprechend umzusetzen.

Dr. Christian Abegglen, St. Gallen, im Juli 2017
Präsident der St. Galler Gesellschaft für Integriertes Management (GIMSG)
Schriftleiter St. Galler Konzept Integriertes Management

GESAMT-GELEITWORT GESAMMELTE SCHRIFTEN

Gesamt-Geleitwort des Herausgebers
zu «Gesammelte Schriften von Knut Bleicher in 6 Bänden»

Wir leben nach dem Überschreiten der Schwelle des 3. Jahrtausends in der aufregenden Zeit eines forcierten Wandels und durchlaufen eine der größten Transformationsphasen der letzten Jahrhunderte. Bekannte Stichworte waren zu Zeiten der Veröffentlichung des ersten Bandes der vorliegenden Schriftreihe u. a. die Ausdehnungsbemühungen der EU, die Auswirkungen der West-Ost-Öffnung, der kometenhafte Aufstieg vieler Länder Asiens sowie die Nachwirkungen des New-Economy-Booms und der darauf folgenden Finanzkrise. Der diese Entwicklungen flankierende und weltweite Vernetzungen bisher unbekannten Ausmaßes ermöglichende Informationstechnologieschub, der wesentlich den Übergang in eine internationale Wissensgemeinschaft vorangetrieben hat, sowie weitere bahnbrechende Innovationen sorgen für globalen Wettbewerb in einem noch nie gesehenen Umfang mit dem Resultat schmerzhafter Konsequenzen bei mangelhafter Anpassung bestehender Steuerungsinstrumente.

Diese Erkenntnisse sind nach den gewaltigen Erschütterungen der Finanzmärkte, letztlich ausgelöst durch eine Flut billigen Geldes vornehmlich aus den USA, alles andere als neu, ungewohnt ist vielmehr, dass wir uns zwischenzeitlich in einem Abwärtssog wie zu Zeiten der Depression befanden, welcher ganze Industrien in die Tiefe riss und noch immer seine hässlichen Spuren erkennen lässt. Einmal mehr vermochten leere Worthülsen, kurzfristig eingeleitete Aktivitäten der Notenbanken und weiterer wirtschaftspolitischer Institutionen nicht zu beschönigen. Die eher hektisch eingebrachten Maßnahmen von Notenbanken und Staaten legen vielmehr den Samen für eine nächste, weit größere Krise und vermögen – aller gebetsmühlenartig proklamierter Beteuerungen und Versprechungen zum Trotz – kein strukturelle Schwächen überdeckendes Wachstum herbeizuzaubern. Nach wie vor sind einige Staatshaushalte in unserer unmittelbaren Europäischen Nachbarschaft marode, Europa befindet sich in einer Zerreißprobe, das Ganze wird noch überlagert von einer kaum beherrschbaren Flüchtlings- und Terrorthematik. Die Politik zumindest scheint keine erfolgbringenden Rezepte zu haben, Wohlstand und Beschäftigung geraten offenkundig in Gefahr, ehemals robuste gesellschaftliche Strukturen haben mittlerweile tiefe Risse.

Es wird offensichtlich, dass unser Glaube an ein «Weiter-wie-bisher», basierend auf dem einstigen simplen Wachstums-Paradigma unseres Nachkriegseuropas, derzeit in seinen Grundfesten erschüttert wird. Angesichts des hierzulande für die Mehrheit vorherrschenden Wohlstands fällt ein drohender Abstieg vom hohen Niveau natürlich schwer, vor allem, wenn einem lange die Rolle eines weltweit Anerkennung findenden

Spitzenreiters in der internationalen Wirtschaftsentwicklung zukam. Eine gefährliche Mischung aus Verunsicherung, Ratlosigkeit, wenn nicht gar Orientierungslosigkeit ist angesichts der tief greifenden Probleme die zu beobachtende Folge auf gesellschaftlicher, politischer und auch wirtschaftlicher Ebene. Symptomlösungsorientierte Aktionitis dominiert statt sichtbarer Wille zur Entwicklung und langfristigen Umsetzung nachhaltiger proaktiver Lösungspakete. Insofern ist es auch noch lange nicht entschieden, wer die neuen Möglichkeiten zunehmender Vernetzung und Digitalisierung – Stichwort: Industrie 4.0 – am Ende des Tages tatsächlich in Erfolg ummünzen kann. Die globale Positionierung diesbezüglich ist in vollem Gange.

Die Positionierung in einer globalisierten Welt

Die Aufgabe, sich einer virulent gewordenen Anpassungsnotwendigkeit nachdrücklich zu stellen und sich in einer globalisierten Welt neu zu positionieren, trifft naturgemäß zuallererst die Unternehmungslandschaft, welche vor der Herausforderung steht, sich neuen, andersartigen äußeren Bedingungen durch eine Änderung ihrer inneren Konstitution anzupassen, um auf diese Weise vorhandene Chancen nutzen und an Resilienz gewinnen zu können.

Die dadurch von vielen Unternehmungen in einer immer rascheren Folge vorgenommenen Kurskorrekturen verursachen wiederum einen sich selbst beschleunigenden Wandel mit dem Resultat noch größerer Turbulenzen, deren Ausgang aufgrund der ihnen innewohnenden Dynamik niemand verlässlich vorherzusagen vermag. Daraus resultiert eine höchst anspruchsvolle Aufgabenpalette, die viele miteinander interagierende Einflussfaktoren zu berücksichtigen hat und deren Vernetzung sich ständig ändert. Angesprochen sind damit das viel zitierte Phänomen der Komplexität der Unternehmungsrealität und die Frage ihrer Bewältigung durch die Funktion des Managements.

Die Suche nach dem richtigen Umgang mit Komplexität

In Wissenschaft und Praxis gibt es viele Definitionen für Management. Sucht man jedoch jenseits von Patentrezepten und Modeerscheinungen nach dem eigentlichen Kern, so ist darunter letztlich nichts anderes als der erfolgreiche Umgang mit ebendieser Komplexität zu verstehen, d. h. Unternehmungen in einem sich rapide wandelnden Umfeld normativ, strategisch und operativ mit dem Ziel einer langfristigen (Über-)Lebensfähigkeit zu navigieren. Der sich daraus ergebende hohe Führungsanspruch lässt erahnen, dass die Bewältigung dieser Aufgabe nicht nur eine Veränderung der managementrelevanten Orientierungs- und Steuerungsgrößen bedingt, sondern vor allem auch einer anderen Denkweise und Anschauung von und über Management bedarf. Offenkundig wird es nicht mehr ausreichen, sich ausschließlich auf kurzfristig sichtbare, die Vergangenheit wiedergebende finanzielle Größen – wie noch zu Zeiten einer früheren betriebswirtschaftlichen Entwicklungsstufe üblich –

oder sich an isolierten Informationen auszurichten, deren Schein-Genauigkeit auf der Reduktion und Vernachlässigung zahlreicher qualitativer Einflussfaktoren beruht.

Entsprechend stellt sich vor dem Hintergrund dieser Situation die Frage, ob unser theoretisches und in der Praxis angewandtes Managementverständnis tauglich ist, mit sich ständig verändernden Bedingungen erfolgreich umzugehen.

Tatsächlich ist in einer breiten Öffentlichkeit aufgrund vieler negativ in die Schlagzeilen gekommener Unternehmungen zum Teil der Eindruck entstanden, dass sowohl Wirtschaft als auch Politik nicht mehr in der Lage sind, die skizzierten Herausforderungen mit den praktizierten Herangehensweisen von heute erfolgreich zu bewältigen. Das Management scheint vielfach qualitativ und quantitativ überfordert, die hohe Komplexität des Unternehmungsgeschehens zu meistern. Ein Gefühl von Kontrollverlust breitet sich aus und lässt in der Folge den Ruf nach einem Umdenken und neuen Komplexitätsbewältigungspotenzialen lauter werden.

Unternehmungsführung mit dem Rückspiegel

In der wissenschaftlichen Literatur ist allerdings nicht nur die Notwendigkeit einer anderen Denkweise schon längst erkannt worden, sondern es gibt zumindest seit den 1960er-Jahren ein hinreichend abgesichertes Wissen über die Steuerung von Unternehmungen in komplexen Situationen. Es zeigt sich jedoch, dass dieses Wissen in der Praxis bislang kaum umgesetzt wurde. Vielmehr scheint zu gelten: Je stärker das scheinbar Sichere schwankt, umso eher wird das Falsche getan. Insbesondere die letzten Jahre zeigen einen eklatanten Rückschritt im Verständnis dessen, was unseren Umgang mit Komplexität anbelangen muss.

So hat gerade während der Boomjahre der New Economy bei vielen Unternehmungen wieder vermehrt der Glaube Einzug gehalten, Problemerkennung und Komplexitätsbewältigung nach mechanistischen, rein rationalen Prinzipien betreiben zu können, also mit auf Paradigmen beruhenden Denkweisen, die in der Literatur zu Recht schon längst als überholt bezeichnet werden. Konnte Unbequemes jeweils nicht länger verdrängt werden, folgte oftmals ein Agieren mit Blick in den Rückspiegel, ergänzt durch emotionale Aspekte meist völlig ausblendende Ansätze wie Problem-Outsourcing an externe Berater, Aufgreifen von «Quick-Fixes», Online-Zugriff auf mit einer simplifizierenden Ampellogik versehene «Dos and Dont's» oder eine unreflektierte Umsetzung von Case-Study-Lösungen dominanter US-Managementschmieden.

Auch die auf den New-Economy-Boom folgende Ernüchterung brachte keineswegs ein eigentlich zu erwartendes «Einschalten eines fruchtbaren Vorwärtsganges» (Bleicher), vielmehr war ein noch deutlicherer Denk-Rückschritt zu beobachten, indem nun die Management-Fads des Aufschwungs durch Wunder versprechende Pillen des Krisenmanagements abgelöst wurden. Die häufig daraus resultierenden überstürzten Kostenmanagement-Aktivitäten und hektisch erlassene Corporate-Governance-Regeln führten meist zur Bekämpfung inhärenter Mängel, die eher Symptome als Ursache grundlegender Versäumnisse waren.

In vielen dieser oben bewusst polarisierend beschriebenen Ansätze steckt unbestrittenermaßen zwar ein guter Kern; dieser wird jedoch durch eine schon beinahe sektiererische Negation der Zusammenhänge von Problemvernetzung, Berücksichtigung dynamischer Aspekte und Ganzheitlichkeit oder, kurz gefasst, einer integrierten Betrachtungsnotwendigkeit zumeist eher ins Gegenteil verkehrt.

Es scheinen – wie von vielen Systemtheoretikern schon oft konstatiert – tatsächlich immer wieder dieselben Fehler im Umgang mit Komplexität und damit mit der Bewältigung der eigenen Zukunft begangen zu werden. In der Kluft zwischen Theorie und Praxis wirken offenbar allzu menschliches, reflexartiges Reagieren, kurzfristige Orientierung, mangelhafte Zielerkennung, subjektiv beeinflusste Gewichtungen, Nichterkennen von Nebenwirkungen, Unterschätzen des Faktors Zeit, Tendenz zu Übersteuerung sowie Neigung zu autoritärem Verhalten (Dörner).

Es besteht die Hoffnung, dass die jüngsten – oft technologisch getriebenen – Entwicklungen rund um die Themenfelder Digitalisierung, Industrie 4.0, Vernetzung sowie die damit einhergehenden Konsequenzen bezüglich der Robustheit existierender Geschäftsmodelle und Wirksamkeit bestehender Führungs- und Steuerungsmechanismen das erforderliche Umdenken begünstigen. Denn es ist klar erkennbar, dass man als Unternehmung in einer zunehmend digitalisierten und vernetzten Welt nur dann erfolgreich sein kann, wenn man der zunehmenden Komplexität mit ganzheitlichen, dynamischen, echtzeitfähigen und auf verteilte Intelligenz setzenden Ansätze begegnet. Der Leidens- und Handlungsdruck ist mittlerweile unübersehbar.

Integriertes Management als Lösung

Eine geeignete Herangehensweise und Denkhaltung zum Umgang mit Komplexität und den damit verbundenen Herausforderungen liegen im ganzheitlichen Integrierten Management bzw. der Systemtheorie, auf deren Grundlagen in den 1960er-Jahren unter der Ägide des 1997 verstorbenen Professors Dr. Dres. h.c. Hans Ulrich und seinen Mitarbeitern das bekannte *St. Galler Management Modell* geschaffen wurde. Trägerin der bisherigen konzeptionellen und inhaltlichen Entwicklung des St. Galler Management-Ansatzes ist die frühere Hochschule St. Gallen bzw. die heutige Universität St. Gallen (HSG).

In Fachkreisen gilt sie als eine der besten Ausbildungsstätten im europäischen Raum. Ihre in Führungskräfte-Umfragen immer wieder bestätigte Führungsrolle verdankt sie einerseits dem oben beschriebenen ganzheitlichen «St. Galler Management-Modell», welches später unter dem im Januar 2017 verstorbenen Professor Dr. Dres. h.c. Knut Bleicher und seinen Mitarbeitern zum immer umfassenderen und mit vielen umsetzungsorientierten Erweiterungen versehen *St. Galler Konzept Integriertes Management* weiterentwickelt wurde, andererseits der hohen Praxisnähe ihrer darauf basierenden Managementausbildung. Der Weitsicht von Professor Ulrich und später von Professor Bleicher ist es diesbezüglich auch zu verdanken, dass ein Großteil der «Managementweiterbildung für erfahrene Führungskräfte» schon vor vielen Jahren aus der Universität St. Gallen ausgegliedert und teilweise privatisiert wurde.

Seither haben es auf diesen Wurzeln basierend einige privatrechtlich organisierte Institutionen mit großem Erfolg verstanden, den St. Galler Management-Ansatz in Form von Seminaren, Managementprogrammen und Unternehmungsberatungsleistungen international praxisgerecht aufzubereiten, umzusetzen und bekannt zu machen. St. Gallen ist nicht zuletzt auch aufgrund dieses wettbewerbsorientierten und damit qualitätsfördernden Umfeldes zu einem eigentlichen Mekka der Management-Ausbildung beziehungsweise – wie von Professor Ulrich vorausgesehen – zu einem Management Valley geworden.

Entsprechend gilt St. Gallen heute als das Zentrum moderner Management-Ausbildung in Europa und hat auf diesen Grundlagen sowie basierend auf diesbezüglichen Arbeiten zahlreicher anderer Vordenker auch anderer Wissenschaften (Ashby, Beer, Dörner, Forrester, Luhmann, von Foerster, Vester u. a.) umfassende konzeptionelle und inhaltliche Arbeit zum Umgang mit Komplexität geleistet.

Die Welt muss nicht neu erfunden werden

Tröstlich also, dass die Welt nicht immer wieder neu erfunden werden muss, sondern Lösungen zum Umgang mit Komplexität schon längst vorhanden sind. Bedenklich aber, dass der Umgang mit diesem Gedankengut, wie er zwar von zahlreichen systemtheoretischen Denkern seit den frühen 1960er-Jahren gefordert und ihn sich verschiedene Praktiker auch angeeignet haben, von vielen immer noch so schmählich vernachlässigt wird. Um dem entgegenzuwirken, entstand zum einen die Idee zu dieser Buchreihe, zum anderen erfolgte die Gründung der «St. Galler Gesellschaft für Integriertes Management (GIMSG)»: Nukleus beider Initiativen ist das immense Wissen von Knut Bleicher über Komplexitätsbewältigung und Unternehmungsführung, das im Verlaufe seiner beeindruckenden wissenschaftlichen Karriere in einer Vielzahl wegweisender Forschungsprojekte zusammen mit Kollegen erarbeitet, in der Praxis evaluiert und letztlich zum Standardwerk «Konzept Integriertes Management» (9. Auflage 2017 im Campus-Verlag, Frankfurt a. M. / New York) geführt hat.

Meilensteine eines Integrierten Managements

Während dieses Werk in strukturierter Form die Grundlagen und Zusammenhänge des Konzeptes wiedergibt, sind im Umfeld seiner Erarbeitung und Weiterführung vielfältige vertiefende Beiträge in Fachzeitschriften und Sammelwerken erschienen, die die Entwicklung des Managementkonzeptes nachzeichnen, vertiefen und ergänzen, wobei vor allem auch tangentiale Bezüge zu angrenzenden Spezialfragen eröffnet wurden.

Diese sollen in der hier vorliegenden Buchreihe *Meilensteine eines Integrierten Managements* einem interessierten Kreis von Wissenschaftlern und hauptsächlich Führungskräften in der Praxis in gesammelter und systematischer Form zugänglich gemacht und nahegebracht werden. Das umfangreiche Textmaterial wurde dabei in sechs Bänden zusammengefasst und geordnet, die sich jeweils mit zentralen Fragen des normativen, strategischen und operativen Managements auseinandersetzen.

Das mit dieser Darstellung der wichtigsten Schriften von Knut Bleicher verfolgte Ziel ist aber nicht nur, längst vorhandenes Wissen über die Notwendigkeit integrierter Herangehensweisen im Management (wieder) zugänglich zu machen, sondern insbesondere für die Anwendung von Bewährtem in der Praxis zu ermuntern.

Kein Ratgeber für Erste Hilfe

Die Buchreihe ist allerdings kein Ratgeber für Erste Hilfe in dringenden Fällen, sondern ein Wissensfundus für nachhaltiges, ganzheitliches Wirken, ein Angebot zur *éducation permanente* in Integriertem Management, das in normalen Zeiten sicher und bei Turbulenzen dank Vorbereitung erst recht optimales Handeln ermöglicht. Als Gestaltungs- und Denkrahmen soll es Führungskräften ermöglichen, dank besserer Kenntnis der Gesamtzusammenhänge und dem Wissen um ganzheitliche Unternehmungssteuerung relevante Probleme rechtzeitig zu antizipieren und adäquate, nachhaltige Lösungen zu finden.

Wirkung durch Umsetzung

Das *Konzept Integriertes Management* wurde in den letzten 20 Jahren in der Praxis immer von Neuem auf den Prüfstand gestellt, angepasst und mit umsetzungstauglichen Konkretisierungen versehen. Insofern bleibt es – genauso wie vor über 25 Jahren – eine geeignete Referenzarchitektur zur Darstellung und Lösung unternehmerischer Fragestellungen. Der Erfolg lässt sich dabei stets erst durch empirische Erfahrungen nachweisen, Wirkung entsteht erst mit der Umsetzung von Erkenntnissen. Der vorliegende 6. Band beleuchtet nicht zuletzt daher in besonderer Weise auch das *Konzept Integriertes Management* in der Praxis und beinhaltet einen Ausblick zu dessen weiteren Umsetzung sowie Weiterentwicklung.

Dank

Prof. Dr. Dres. h.c. Knut Bleicher gebührt großer Dank für seine Bereitschaft in seinen letzten Jahren, aus seinen Archiven sehr umfangreiches Textmaterial zur Verfügung zu stellen, dieses mit dem Herausgeber zu sichten und jene Auswahl zu treffen, die hier nun vorliegt und perspektivenreich Bekanntes, Typisches, Relevantes enthält, durch überlegte Abfolge aus anderen Perspektiven immer wieder Repetitionen, Wiederaufgreifungen und Vertiefungen bietet, was für das Verstehen und Verinnerlichen der komplizierten Materie gewiss zielführend ist.

Die Zusammenarbeit mit ihm – als akademischem Lehrer – war äußerst fruchtbar und freundschaftlich – und ich konnte, nach zwischenzeitlich mehr als 25 Jahren

Management- und Berufserfahrung, noch nie von jemandem einen solchen Zugewinn an Fachwissen, gepaart mit Erfahrungen aus der unternehmerischen Realität, erfahren. Er hat mir auch die Augen für die großen Zusammenhänge unserer wirtschaftlichen Entwicklung und der ihr innewohnenden Pendelbewegungen der letzten 50 Jahre geöffnet. Dafür danke ich Knut Bleicher sehr. Selbst nach seinem Rückzug aus der aktiven Rolle als Beiratsvorsitzender und Wissenschaftlicher Leiter der St. Galler Business School kümmerte sich Knut Bleicher noch mit hohem Einsatz um die Implementierung des St. Galler Konzepts – wie gerade auch dieser 6. und letzte Band der Buchreihe *Meilensteine der Entwicklung eines Integrierten Managements* zeigt. Nach einem langen, erfüllten Leben starb Knut Bleicher im Januar 2017, und ich werde ihn immer in höchst ehrenvoller Weise in Erinnerung behalten.

Großer Dank geht auch an Bettina Würth sowie den Swiridoff Verlag in Künzelsau, Deutschland. Der Verlag – und damit die Würth-Gruppe – war damals, vor mehr als 10 Jahren, nicht nur sofort bereit, dieses Werk zu verlegen, sondern bewies zudem – was Unternehmertum letztlich auszeichnet – beinahe stoische Geduld, bis auch die letzten Texte von Knut zusammengetragen waren.

Bewunderung gebührt Frau Sabeth Holland aus St. Gallen für die Gestaltung der Buchumschläge der einzelnen Bände. Sie ließ sich von den Inhalten der Werke derart inspirieren, dass sie sich in ihren übergeordneten Motiven am Lebenszyklus der Natur anlehnte.

Bestätigung und zusätzliche Motivation war es, dass wenig Überzeugungsarbeit notwendig war, um Sponsoren für die einzelnen Bände dieser Schriftreihe zu finden. Bedeutsamerweise sind diese alle in Unternehmungen zu finden, die sich durch eine jahrzehntelange, konsequente und erfolgreiche Politik im Sinne eines ganzheitlichen, integrierten Managements auszeichnen. Deshalb ist es mir eine große Ehre, dass Frau Bettina Würth der Würth-Gruppe (Band 1), Herr Ole N. Nielsen vom Dänischen Bettenlager (Band 2), Herr Dr. Manfred Wittenstein der WITTENSTEIN SE (Band 3), Herr Dr. Martin Siewert, Sanofi-Aventis Deutschland GmbH (Band 4), Herr Werner Neunzig, Ex-Geschäftsführung der Reader's Digest Deutschland, Schweiz und Österreich, Zürich, Schweiz (Band 5) sowie Herr Dr. Joachim Wenning von der Münchener Rück AG (Band 6) die Herausgabe in großzügiger Weise unterstützt und gefördert haben.

Wenn die Buchreihe *Meilensteine der Entwicklung eines Integrierten Managements* einen theoriegeleiteten Beitrag zu leisten und Anregungen zu vermitteln vermag, wie den Herausforderungen des Tagesgeschäfts bei gleichzeitiger Entwicklung von Zukunftspotenzialen zur Sicherstellung der Lebensfähigkeit der Unternehmung zum Wohle aller beggenet werden kann, dann hat sie ihr Ziel erreicht.

Diesem Anspruch folgend ist das Werk kein leichter Stoff für Ungeduldige, aber ein profunder Wissensschatz für zielstrebig Systematische.

Dr. Christian Abegglen, St. Gallen, im Juni 2017
Präsident der St. Galler Gesellschaft für Integriertes Management (GIMSG)
Schriftleiter St. Galler Konzept Integriertes Management

Prof. Dr. Knut Bleicher bei einem Referat in der St. Galler Business School anlässlich seines 75. Geburtstages

GESAMTÜBERSICHT GESAMMELTE SCHRIFTEN

Die 6 Bände des Werkes im Überblick

Band 6
Corporate Dynamics: Unternehmensentwicklung verlangt ein bewusstes Change Management

Band 1
Management im Wandel von Gesellschaft und Wirtschaft

Band 2
Strukturen und Kulturen der Organisation im Umbruch

Band 3
Normatives und strategisches Management in der Unternehmensentwicklung

Band 4
Managementsysteme: Die Flexibilisierung und virtuelle Öffnung der Unternehmung

Band 5
Human Resources Management: Unternehmungskulturen im Spannungsfeld neuer Herausforderungen

ÜBERSICHT BÄNDE 1-6

Meilensteine der Entwicklung eines Integrierten Managements

Christian Abegglen

Die St. Galler «Schule» hat sich frühzeitig von rein ökonomistischen Vorstellungen der traditionellen Betriebswirtschaftslehre emanzipiert, indem sie ihren Schwerpunkt auf die Entwicklung einer Lehre von der Unternehmungsführung sozialer Systeme legte. Ihr Begründer Hans Ulrich als Professor der damaligen Hochschule – jetzt «Universität» – St. Gallen (HSG) erkannte die integrierende Kraft des Systemansatzes im Spannungsfeld von Wirtschafts- und Sozialwissenschaften und erarbeitete mit Kollegen und Mitarbeitern das sogenannte «St. Galler Management-Modell» als eine sich der Wirtschaftspraxis annähernde Ausformung einer Managementlehre. Es war dem Verfasser der Beiträge dieses Sammelwerkes vergönnt, als Nachfolger Ulrichs dieses Werk zusammen mit befreundeten Kollegen und Mitarbeitern weiterzuentwickeln zum sogenannten «St. Galler Management-Konzept», das nunmehr unter dem Titel *Das Konzept Integriertes Management unter der Schriftleitung von Christian Abegglen vollständig überarbeitet und aktualisiert* in der 9. Auflage 2017 beim Campus Verlag in Frankfurt a. M. / New York vorliegt.

Während dieses Werk in strukturierter Form die Grundlagen und Zusammenhänge des Konzeptes wiedergibt, sind im Umfeld seiner Erarbeitung und Weiterführung vielfältige vertiefende Beiträge in Fachzeitschriften und Sammelwerken erschienen, die die Entwicklung des Managementkonzepts nachzeichnen und vertiefen, wobei vor allem tangentiale Bezüge zu angrenzenden Spezialfragen eröffnet werden. Diese sollen in der hier vorliegenden Reihe einem interessierten Kreis von Wissenschaftlern und vor allem Führungskräften aus der Praxis nahegebracht werden. Das umfangreiche Textmaterial wurde dabei zu sechs Bänden zusammengefasst und geordnet, die sich jeweils mit zentralen Fragen des normativen, strategischen und operativen Managements auseinandersetzen.

Band 6 Corporate Dynamics: Unternehmensentwicklung verlangt ein bewusstes Change Management

Integriertes Management ist auf die Entwicklung von Kernpotenzialen zu konzentrieren, und Unternehmensentwicklung («Corporate Dynamics») verlangt ein bewusstes «Change Management»

In längerfristiger Perspektive geht es im Integrationsmanagement vor allem um die Pflege und Entwicklung von Kernpotenzialen, aus denen sich neue Geschäftsmöglichkeiten ergeben. Im Kern verkörpern derartige strategische Kern- oder Erfolgspotenziale zukünftige Möglichkeiten zur Schöpfung eines Nutzens durch menschliches Wissen und Können. Drei Kategorien von Potenzialen sind für den Erfolg einer Unternehmungsentwicklung besonders wichtig: 1) Marktbeziehungspotenziale als Ausdruck erfolgreich entwickelter Beziehungsverhältnisse zu verlässlichen Kunden und Lieferanten; 2) Technologiepotenziale als Ausdruck der Kenntnis und Beherrschung von naturwissenschaftlichen Verfahren zur Herstellung von Unternehmungsleistungen und 3) – im Sinne des St. Galler Management-Konzepts von herausragender Bedeutung – als Teil des Humanpotenzials das Managementpotenzial als Befähigungsmuster des Führungspersonals zur Gestaltung und Lenkung von sozialen Prozessen zur Zielfindung und -erreichung.

Wandel bewirkt Veränderungen von Strukturen und Verhalten von und in Unternehmungen im Zeitablauf. Alle Aspekte eines Integrierten Managements sind daher unter dem Gesichtspunkt ihrer Zeitbezogenheit zu betrachten. Dies gilt sowohl im Hinblick auf tradierte Perzeptionen und Präferenzen der in einer Unternehmung tätigen Menschen, deren Wurzeln in Ereignissen der Vergangenheit liegen und die die heutige Unternehmungskultur bestimmen, als auch im Hinblick auf die Wahrnehmung der Zukunft, die sich in Vision, Missionen und Strategien niederschlägt. Unternehmungen durchwandern in ihrer Entwicklung bestimmte Phasen, wobei bei Phasenübergängen jeweils typische Krisensymptome erkennbar werden, welche beachtet und konterkariert werden müssen. All dies setzt ein bewusstes *Change Management* zur Bewältigung des Wandels in einem Umfeld der Veränderungsscheu voraus. Im Nicht-Erfolgsfall steht am Ende der Entwicklungsgeschichte von weniger erfolgreichen, weil weniger integriert geführten Unternehmungen die Phase der Dekomposition, die es natürlich zu vermeiden gilt. Als vorläufiger Endpunkt der Unternehmungsentwicklung steht in positiver Interpretation allerdings – vor dem Hintergrund der emergenten dienstleistungsorientierten Wissensgesellschaft – die Vision von der intelligenten Unternehmung als Organisationsform der Wissensgesellschaft.

Band 1   Management im Wandel von Gesellschaft und Wirtschaft

Der Wandel ökonomischer und sozialer Systeme erfordert ein neues Managementverständnis

Der sich vollziehende Wandel in unseren gesellschaftlichen und wirtschaftlichen Rahmenbedingungen lässt eingangs die Frage nach den notwendigen Konsequenzen im Denken und Handeln des Managements stellen. Eine neue Managementlehre, die sich den gegenwärtigen und zukünftigen Herausforderungen stellen will, verlangt andersartige Konzepte, die sich allerdings durchaus aus der herrschenden Betriebswirtschaftslehre heraus entwickeln lassen. Dies erfordert jedoch eine Fachdiskussion darüber, welche Schwerpunkte in Forschung und Lehre zu setzen sind, um den sich verändernden Herausforderungen in Gegenwart und Zukunft gerecht werden zu können: «Ist eine Wende im Management notwendig?»

Als Antwort auf die sich ergebenden Fragen wird auf Basis des St. Galler Management-Konzepts der Versuch unternommen, die Aufgaben des Managements zeitgemäß und zukunftsorientiert zu definieren und ganzheitlich einen strukturierten Ansatz notwendiger Integration der vielfältigen Facetten der Managementaufgabe als Bezugsrahmen vorzustellen. Die Diskussion der sich daraus ergebenden Veränderungen kulminiert in der Feststellung, dass wir einer Art Paradigmawechsel im Management von den vorausgehenden Anschauungen über Organisation und Führung im Hinblick auf die vor uns liegenden Herausforderungen ausgesetzt sind, den es gilt, bewusst zu machen. Dieser Wechsel wird unterstrichen durch den sich derzeit vollziehenden Übergang von einer industriell geprägten Wirtschaft und Gesellschaft im sekundären Bereich zu einer dienstleistungsorientierten Wissensgesellschaft im tertiären und quartären Sektor, die von anderen Erfolgsfaktoren getragen wird.

Im Ergebnis gewinnt dabei der Mensch als knapper und autonomer Wissensträger eine neue kritische Rolle in unseren Organisationen, was zu weiteren Überlegungen für seine Integration in die intelligenter werdenden Organisationsformen Anlass gibt.

Zunächst gilt es, im Kontext des Managementkonzepts die konstitutiven Rahmenbedingungen, aufgrund derer das Management seinen wirtschaftlichen und sozialen Aufgaben nachkommt, zu betrachten. Dies beginnt bei der wertgeprägten Unternehmungs- und Managementphilosophie, die inhaltliche und verhaltensbezogene Rahmenbedingungen für das Wirtschaften in der Unternehmung setzt. Sie setzen sich fort in den organisatorischen Rahmenbedingungen der Unternehmungsverfassung – der *corporate governance*, deren Spielregeln an veränderte Bedingungen und Erwartungen anzupassen sind. Inhaltlich konkretisieren sich derartige Überlegungen im normativen Management in realisier- und überprüfbaren Zukunftsvisionen und in konkreten auftragsbindenden Missionen – zur Schließung von Lücken zwischen dem visionären Fernziel und dem gegebenen Status der Entwicklung. Leitbilder können dabei ein visions- und missionsorientiertes Verhalten kommunikativ unterstützen.

Band 2   Strukturen und Kulturen der Organisation im Umbruch

Tradierte Muster der Organisation und Führung sind von kooperativen Verhaltensweisen und Netzwerken der Zusammenarbeit abzulösen

Der dargestellte Wandel von Gesellschaft und Wirtschaft bleibt nicht ohne gravierenden Einfluss auf Strukturen und Kulturen der Organisationen, die sich den neuen Rahmenbedingungen anpassen müssen. Neue Organisationsformen sind erkennbar und stoßen aber auch an Grenzen der Gestaltbarkeit von sozio-ökonomischen Systemen, was bei einer technokratischen Grundhaltung der Machbarkeit nur zu leicht übersehen wird.

Beim Übergang von lange tradierten Mustern der Organisation und Führung zu derartigen neuen Formen ergibt sich jedoch ein kritisches Problem mit der Frage, inwieweit der menschliche Gestaltungswille in der Lage ist, derartige Strukturumbrüche tatsächlich erfolgreich zu bewältigen. Bei der Problematik der Beherrschbarkeit des Wandels hin zu neuen Organisationsformen gilt es, u. a. den Repräsentanten des Sozialsystems von Unternehmungen besondere Beachtung zu schenken. Es ist anzunehmen, dass der notwendige Wandel von Unternehmungskulturen veränderte partizipative und kooperative Verhaltensweisen bedingt. Er stellt vor allem hohe Anforderungen an die Führung, die über eine klare Definition von Visionen und eine Ableitung von erstrebenswerten operationalisierbaren Missionen zu ihrer Erreichung die in der Unternehmung tätigen Menschen auf den Weg des Wandels «mitnehmen» muss.

In diesen Zusammenhängen gilt es, «Festungsmentalitäten» abzubauen und sich dem größeren Ganzen des unternehmerischen Auftrags zuzuwenden: Dies verlangt mehr Miteinander und weniger Gegeneinander. Damit werden die Grenzen in der Unternehmung und zwischen Unternehmungen zunehmend fließend, denn eine derart kritische Bewältigung des Wandels zu neuen Strukturen verlangt ein Zusammenschließen aller erreichbaren und kompetenten Kräfte, auch zwischen Unternehmungen. Machen zunächst Unternehmungsverbindungen, strategische Allianzen den Anfang, so ist am Horizont bereits das Entstehen sogenannter *virtueller Unternehmungen* erkennbar, bei denen sich einzelne Unternehmungen in Netzwerken der Zusammenarbeit auflösen, wobei sie sich selbst arbeitsteilig neu positionieren und miteinander lernen, neue Herausforderungen im Wettbewerb mit anderen Unternehmungen und Netzen zu bewältigen. Auf diesem Wege gewinnen sie im Austausch mit anderen Unternehmungen neue Erfahrungen und Erkenntnisse, die sie auf dem Weg zum Übergang in die Wissensgesellschaft befähigen, größere und komplexere Probleme in Projekten zu lösen, als dies einer einzelnen grenznotorischen Unternehmung möglich wäre. All dies verlangt einen systemischen Umgang mit der hierbei zu bewältigenden großen Komplexität und Dynamik, um die notwendigen Veränderungsprozesse sach-rational und sozio-emotional vollziehen zu können.

Am Horizont zum Neuen eröffnen sich somit interessante Perspektiven einer systemischen Organisationsgestaltung und Führung für die Zukunft.

Band 3   Normatives und strategisches Management in der Unternehmensentwicklung

Normatives Management konstituiert und strategisches Management richtet die Unternehmensentwicklung aus

Ausgehend von der Unternehmungsphilosophie, die sich u. a. in der Zukunftsvision der Unternehmung niederschlägt, konstituiert das normative Management die Missionen der Unternehmungspolitik und in der Unternehmungsverfassung die Zuständigkeit der Organe und ihr explizit erwartetes Verhalten.

Hinzu tritt die nicht gestaltete, aber entwickelte Sozialstruktur der Unternehmung, die das Verhalten seiner Mitglieder implizit beeinflusst: die Unternehmungskultur.

In diesem Band wird die zielführende und identitätsschaffende Rolle der Unternehmungsphilosophie herausgearbeitet, die für die Anpassung und Neubewertung der Unternehmung im Wandel an gesellschaftliche und wirtschaftliche Veränderungen konstitutiv ist. An realistische und überprüfbare Visionen schließen sich auftragsdarstellende Missionen an.

Nach dem normativen Konzept ist das strategische Management auf die Ausrichtung von Aktivitäten zur Gewinnung von Wettbewerbsvorteilen programmatisch auszurichten und zu konzentrieren. Strategische Konzepte einer Konzentration verfügbarer Ressourcen und Kräfte im Wettbewerb am Markt sind zu bündeln.

Dabei gewinnt in hochpreissensitiven Märkten die Suche nach einer intelligenten Systemführerschaft an der Spitze von Wertschöpfungsketten eine besondere Bedeutung, kann es doch hierbei gelingen, dem Preiswettbewerb, der durch das Verfolgen von *Economics-of-Scale*-Strategien in der Wertschöpfung durch ein Massenvorgehen möglich wird, zu entgehen. Mit einem Angebot von Komplettlösungen («Systemangebote») werden dann statt leicht imitierbarer Produktangebote intelligente Problemlösungen für Kunden nach dem Prinzip der «Economics of Scope» offeriert und damit ein Beitrag zu einer nachhaltigen Kundenbindung über die Verfolgung einer *Präferenz-* statt einer *Preisstrategie* geleistet. Eine strategische Repositionierung in der Wertschöpfungskette kann unter Beachtung der Reduktion der Komplexitätskosten durch ein Outsourcing weniger relevanter und intelligenter Stufen zu einer Verbesserung der Wirtschaftlichkeit führen. Ein gleichzeitiges «Insourcing» von «intelligenten» Wertschöpfungsstufen – zumeist an der Spitze der «Nahrungskette» – wird durch eine Vervollständigung des Komplettangebotes durch den Systemführer in Richtung von zumeist Beratungs- und Dienstleistungsangeboten möglich. Ein derartiges strategisches Vorgehen entspricht zugleich den Anforderungen, die sich beim Übergang in eine dienstleistungsorientierte Wissensgesellschaft ergeben, statt physischer Produkte vermehrt intelligente Problemlösungen mit höherer Wertschöpfung anzubieten.

Mit dieser strategischen Aufgabenstellung werden nicht nur quantitative Fragen einer angemessenen Potenzialkapazität für die zukünftige Unternehmungsentwicklung angesprochen, sondern hier gilt es vor allem, das Problem der qualitativen Auslegung von Potenzialkapazitäten zu lösen. Zur Sicherung einer intelligenten Wissensbasis über eine Potenzialentwicklung werden sich Grenzen der Unternehmung nach außen und im Inneren zunehmend öffnen, um am Wissen anderer Einheiten teilhaben zu können. Damit wird Raum geschaffen für netzwerkartige Verbindungen; es entstehen wissensbasierte Wertschöpfungsnetzwerke, die eine Sicherung und Nutzung erfolgskritischen Wissens ermöglichen, aber im Ergebnis auch erhöhte Anforderung an das Managementpotenzial stellen; denn hier ist Kooperationsvermögen statt Führungsstärke im alten Sinne gefragt.

Band 4 Managementsysteme: Die Flexibilisierung und virtuelle Öffnung der Unternehmung

Die strukturelle Gestaltung durch Organisations- und Managementsysteme weist in Richtung einer Flexibilisierung und virtuellen Öffnung

Die strukturelle Gestaltung der Unternehmung hat den in der Vision und in den Missionen vorgegebenen Zukunftskurs der Unternehmung und die strategische Programmgestaltung zu unterstützen, indem sie menschliches Verhalten bei der Problemerkenntnis und operativen Problemlösung in erfolgversprechende geordnete Bahnen lenkt. Dabei zeigen sowohl die Gestaltung der Organisations- wie auch der Managementsysteme zunehmend in Richtung einer Überwindung übertriebener Arbeitsteilung in Stellen und Abteilungen durch eine verstärkte Betonung der horizontalen Zusammenarbeit mittels einer *Prozess- und Netzwerkorientierung*. Mit der zunehmenden Internationalisierung von Unternehmungen vollzieht sich dabei die Zusammenarbeit vermehrt in Netzwerken und häufig schon in virtueller Form. Bei den Versuchen, den Formalisierungsgrad von Systemen zu vermindern, sind jedoch Grenzen menschlicher Gestaltbarkeit von Organisationen nicht zu übersehen. In diesem Zusammenhang kommt der Ausgestaltung von Anreizsystemen der Verhaltenssteuerung zum Ausgleich eine besondere Bedeutung zu.

Zur strukturellen Gestaltung ist sowohl der Einsatz von Managementsystemen, wie Planungs- und Kontrollsystemen einschließlich Zielvereinbarungssystemen, als auch das Rechnungswesen und Controlling allgemein zu rechnen. Informationssysteme bilden die Grundlage derartiger Managementsysteme. Zur strategischen und operativen Verhaltenssteuerung und variablen Gratifizierung werden vermehrt Management-Anreizsysteme eingesetzt.

Band 5 Human Resources Management: Unternehmungskulturen im Spannungsfeld neuer Herausforderungen

Das Problemverhalten der Mitarbeiter und die tradierte Unternehmungskultur müssen sich an neue Anforderungen anpassen

Da dem Menschen im Übergang zur Wissensgesellschaft als treibender Potenzialfaktor die erfolgsentscheidende Rolle zukommen wird, gilt es, die aus der Tradition erwachsene Unternehmungskultur näher auf ihre notwendige Fortschrittsfähigkeit hin zu überprüfen, denn die Unternehmungskultur bestimmt weitgehend die Vorstellungen und das Problemverhalten der Mitarbeiter einer Unternehmung. Unter dem Stichwort der Entwicklung einer *lernenden Organisation* sollten Möglichkeiten geprüft werden, den täglichen Arbeitsvollzug zugleich als ein Lernfeld zu begreifen. Dies würde nicht nur den Potenzialfaktor Mensch auf ein höheres Niveau heben, sondern auch den Übergang von einer Traditionskultur zu einer fort-schrittlichen Pionierkultur ermöglichen. Dies verlangt Programme, die das Lernen *on the job* und *off the job* fordern und unterstützen. Letztlich geht es dabei um nichts weniger, als die Wissensbasis der Unternehmung als wesentlichen Wettbewerbsfaktor zu stärken und weiterzuentwickeln, um den unternehmerischen Erfolg dauerhaft zu sichern. Dabei wird zugleich die notwendige Integration von ökonomischer und sozialer Unternehmungsführung von der Basis her deutlich.

KNUT BLEICHER

**Band 6: Corporate Dynamics: Unternehmensentwicklung
verlangt ein bewusstes Change Management**

GELEITWORT BAND 6

Veränderungsfähigkeit im Fokus sowie Change und Innovation
Geleitwort von Dr. Joachim Wenning, Vorstandsvorsitzender der Munich Re

Veränderung ist ein erfolgskritischer Bestandteil der Unternehmensrealität. Dabei spielt das zeitliche Zusammenspiel exogener Veränderungen auf dem Markt und innerer Veränderungen des Unternehmens eine entscheidende Rolle. Wenn ein Unternehmen durch Innovation sein Marktumfeld von innen heraus selbst gestaltet oder auf äußere Entwicklungen schneller reagiert als sein Wettbewerb, macht es sich die Veränderung durch Marktvorteile zur Chance. Hinkt es mit dem eigenen Wandel gegenüber dem äußeren Marktumfeld hinterher, wird Veränderung zum Nachteil. Die Digitalisierung ist über sämtliche Branchen hinweg ein Beispiel, das all diese Aspekte der Veränderung vereint: Sie ist Chance und gleichzeitig Notwendigkeit, und das bei einem sich beschleunigenden Tempo.

Als Rückversicherer trifft uns die Veränderung in zweierlei Hinsicht. Zum einen entstehen laufend neue und substanzielle Risiken, die abgesichert werden müssen. Das bedeutet für uns, das komplexe Zusammenspiel aus neuen Technologien, veränderten ökonomischen und politischen Rahmenbedingungen, gesellschaftlichen Bewegungen und nicht zuletzt auch zunehmenden umweltbedingten Herausforderungen zu verstehen und in unserem Geschäftsmodell abzubilden. So haben wir im Cyber-Kontext mit unseren Partnern erstmals neue verfügbare Lösungen entwickelt. Diese erlauben es uns, Personen-, Vermögens- und Sachschäden aus Hackerangriffen, Schadsoftware, Betriebsunterbrechungen oder erpresserischen Handlungen abzudecken. Zum anderen müssen wir Antworten auf sich ändernde Bedarfe in der Erstversicherung beziehungsweise beim Endkunden liefern. Zu nennen wären Lösungen unter neuen regulatorischen Anforderungen wie dem Solvency II Regime oder die Entwicklung neuer Auswertungsmethoden zur Verbesserung und Beschleunigung der Risikoeinschätzung. Für die Erstversicherung im Konzern bauen wir beispielsweise digitale Vertriebskanäle aus und beschäftigen uns mit der Nutzung großer Datenmengen, damit wir unseren Endkunden ein sowohl objektiv gutes als auch subjektiv ansprechendes Angebot machen können. Um unsere Veränderung erfolgreich zu gestalten, investieren wir gezielt in einen Innovationsrahmen, der außerhalb des traditionellen Tagesgeschäfts die Findung und den Ausbau neuer Ideen ermöglicht. Dazu gehören unter anderem eigens abgestellte zentrale und dezentrale Innovationsteams, ein Netz externer Partner und eine gesonderte Budgetvergabe an vielversprechende Projekte. Dies unterstützen wir mithilfe dialogbasierter Change-Prozesse und einem starken Umsetzungsfokus, womit wir Veränderungen zur «neuen Normalität» werden lassen. Auf diesem Weg stellen wir unser Geschäft auch für die Zukunft ertragreich auf.

Das vorliegende Buch überzeugt durch seinen für die Praxis relevanten Umgang mit Innovation und Veränderung, abgeleitet aus dem Rahmen des seit Langem bewährten St. Galler Management-Ansatzes. Dieses Konzept wurde über die Zeit stetig weiterentwickelt und in den Kontext neuer Anforderungen gestellt. Es bietet einen hochaktuellen und wertvollen systematischen Rahmen für den Umgang mit Fragestellungen rund um die Unternehmensführung. Die Lektüre dieses mittlerweile sechsten Bands ist jedem Entscheider zu empfehlen.

Dr. Joachim Wenning, München, im Mai 2017
Vorstandsvorsitzender der Munich Re

Wir arbeiten in Strukturen von
gestern mit Methoden von heute
an Strategien für morgen vorwiegend
mit Menschen, die die Strukturen
von gestern geschaffen haben und
das Übermorgen in der Unternehmung
nicht mehr erleben werden.

                    Knut Bleicher

INHALTSVERZEICHNIS

Vorwort des Herausgebers zum sechsten Band 5
Gesamt-Geleitwort des Herausgebers zu
«Gesammelte Schriften von Knut Bleicher in 6 Bänden» 11
Die 6 Bände des Werkes im Überblick 19
Meilensteine der Entwicklung eines Integrierten Managements 20

Band 6: Corporate Dynamics: Unternehmensentwicklung verlangt ein bewusstes Change Management

Geleitwort von Dr. Joachim Wenning, Vorstandsvorsitzender der Munich Re 28
Einleitung Band 6: Corporate Dynamics: Unternehmungsentwicklung
verlangt ein bewusstes Change Management 41

KAPITEL I
Corporate Dynamics 47
1 Paradoxien unternehmerischer Dynamik 47
    1.1 Paradoxien – Die Suche nach Erklärungsmustern
        erfolgreicher Unternehmungsentwicklung 47
        1.1.1 Begriffliches zu Paradoxien, dem Unternehmerischen
             und der Dynamik 48
        1.1.2 Paradoxien – Module einer fachlichen Entwicklung 49
    1.2 Die paradoxe Spannung als Motor unternehmerischer Dynamik 50
        1.2.1 Funktionalität einer Spannungsintensität auf der Suche
             nach einem dynamischen Gleichgewicht 50
        1.2.2 Notwendige Dynamisierung paradoxer Spannungen 51
        1.2.3 Der Spannungsverlauf 52
    1.3 Antithetisches und Synthetisches der Spannungsbewältigung
        («metamizing» und Metalernen) 56
    1.4 Unternehmungsentwicklung als schöpferische Synthese
        paradoxer Spannungen 62
Literatur zu Abschnitt 1 62
2 Visionäre Gestaltung der Unternehmungsentwicklung 64
    2.1 Der Paradigmenwechsel zur Wissensgesellschaft verändert
        den Kanon kritischer Erfolgsfaktoren 64
    2.2 Der Verlauf der Unternehmungsentwicklung als
        Gestaltungsobjekt des Managements 66
        2.2.1 Unternehmungsentwicklung verlangt
             unternehmerische Dynamik 67

    2.2.2 Verläufe der Unternehmungsentwicklung 67
    2.2.3 Wechselnde Profile der Phasen erfordern bei
          Schwellenübergang ein extremes Change Management 68
    2.2.4 Krisenanfällige Schwellenübergänge von Phasen
          der Unternehmungsentwicklung 68
    2.2.5 Unternehmungsentwicklung zwischen leitender
          Evolution und Revolution 71
2.3 Potenzialentwicklung – Kern einer vorausschauenden
    Gestaltung der Unternehmungsentwicklung 71
2.4 Change Management – Vollzug der Unternehmungsentwicklung 71
2.5 Die aktuellen Herausforderungen der Unternehmungsentwicklung:
    Repositionierung im Zuge der Transformation von
    «old-line industries» zum tertiär-quartären Sektor einer
    dienstleistungsorientierten Wissensgesellschaft 72
    2.5.1 Ein Fließgleichgewicht von «alter» und
          «neuer Welt» ist zu gestalten 74
    2.5.2 Notwendiges Wissensmanagement in Wissensnetzwerken
          als Integrationsnotwendigkeit virtueller Strukturen 77
    2.5.3 Wachsende Bedeutung des Humanvermögens als Konsequenz 78
Literatur zu Abschnitt 2 80
3 Unternehmungspolitik und Unternehmungsentwicklung im
   St. Galler Management-Konzept 82
   3.1 Zeiten der Diskontinuität und Turbulenz erfordern ein
      dynamisches Management 82
   3.2 Unternehmungsentwicklung als Gestaltungsfeld
      dynamischen Managements 83
      3.2.1 Zum Wesen der Unternehmungsentwicklung 83
      3.2.2 Unternehmungsentwicklung verlangt
            unternehmerische Dynamik 84
      3.2.3 Verläufe der Unternehmungsentwicklung 85
   3.3 Ein dynamisches Management sucht nach neuen Strategien
      und stellt im Laufe der Unternehmungsentwicklung die
      strukturellen und kulturellen Rahmenbedingungen neu ein 89
      3.3.1 Die integrierende Kraft einer Managementphilosophie 90
   3.4 Das St. Galler Management-Konzept als Bezugsrahmen
      für die Konzipierung und Profilierung von Gestaltung und
      Lenkung der Unternehmungsentwicklung 93
      3.4.1 Systemisches Denken 93
   3.5 Überblick über das St. Galler Management-Konzept 96
      3.5.1 Der Auftrag des St. Galler Management-Konzeptes 96
      3.5.2 Die Dimensionen des St. Galler Management-Konzeptes 97
Literatur zu Abschnitt 3 99

Kapitel II
Den Wandel managen 101
1 Change Management – Von der Vision zur Neuausrichtung 101
  1.1 Change Management – Herausforderung für Unternehmer und Organisation in einer Zeit des beschleunigten Wandels 101
    1.1.1 Die arbeitsteilige Komplexitätsverarbeitung stößt unter Zeitaspekten an Grenzen der Beherrschbarkeit 101
    1.1.2 Technokratisches Management und bürokratische Verhaltensweisen verdrängen notwendige unternehmerische Dynamik 102
    1.1.3 Traditionelle Managementphilosophien gehen von einem stabilen Umfeld aus 103
    1.1.4 Change Management – Ohne integrierende Vision bleiben Inhalte unklar 103
  1.2 Visionen indizieren die Notwendigkeit zum Wandel durch die Wahl von Strategien und operative Umsetzung 104
  1.3 Anpassungsfähige Strukturen müssen Freiraum für Wandel geben 105
    1.3.1 Von der Misstrauens- zur Vertrauensorganisation? 105
    1.3.2 Anforderungen an Organisation und Mitarbeiter zur Zukunftsbewältigung 106
    1.3.3 Strukturelle Lösungsmuster im Wandel 107
  1.4 Die Unternehmungskultur als Hort einer Vertrauensorganisation 109
    1.4.1 Bürokratische Strukturen hinterlassen ihre Spuren in der Unternehmungskultur 109
    1.4.2 Traditionskulturen verdrängen die Innovation 110
    1.4.3 Personalentwicklung als Schlüssel der Kulturentwicklung 111
  1.5 Change Management – Der schwierige Übergang in einer Transitionsperiode 111
2 Die kritische Bewältigung des Wandels durch Unternehmertum 112
  2.1 Der Umgang mit Wandel als Herausforderung 112
  2.2 Dysfunktionalität bisheriger Gestaltungsphilosophien des Managements beim Umgang mit Wandel 113
  2.3 Vertrauen als Grundprinzip des Umgangs mit Wandel 114
  2.4 Anforderungen an eine auf Wandel ausgerichtete Vertrauensorganisation 115
    2.4.1 Eigen-evolutorische Entwicklungsdynamik von Systemen 115
    2.4.2 Notwendige partnerschaftliche Öffnung in ganzheitlicher Sicht 116
    2.4.3 Entwicklungslinien zur «intelligenten» Unternehmung 116
  2.5 Der Umgang mit Wandel verlangt die unternehmerische Aktivierung des Innovationspotenzials von Unternehmungen 117
  2.6 Dynamische Unternehmer tragen die Innovation der Unternehmung 118
    2.6.1 Unternehmer, Führer, Manager und Verwalter – Vier Rollen in der Leitung von Unternehmungen 118

2.6.2 Unternehmertum in Unternehmungen erfordert
       Gestaltung neuer Rahmenbedingungen 120
2.7 Ohne Vision bleiben Umsetzungsstrategien richtungslos 122
Literatur zu Abschnitt 2 123

KAPITEL III
Wandel, Innovation und Technologie 125
1 Technologiemanagement und organisationaler Wandel 125
　1.1 Technologie als Objekt des Managements 125
　　　1.1.1 Tradition kann technologische Innovation beeinträchtigen 125
　　　1.1.2 Technologie in Managementperspektive 126
　1.2 Strategisches Technologiemanagement –
　　　Gestaltung eines Transformationsprozesses 127
　　　1.2.1 Technologiemanagement schafft strategische Erfolgspositionen 127
　　　1.2.2. Technologische Innovation als strategische Herausforderung 128
　　　1.2.3 Ansätze zur strategischen Bewältigung des
　　　　　 technologischen Wandels 130
　1.3 Organisation eines strukturellen und kulturellen Wandels 133
　　　1.3.1 Technologische Veränderungen und Technologiemanagement 133
　　　1.3.2 Offenheit für Markt und Technologien 134
　　　1.3.3 Vertrauen als Voraussetzung für die strukturelle und
　　　　　 kulturelle Bewältigung technologischen Wandels 134
　　　1.3.4 Technologiemanagement betont die Human Resources
　　　　　 als kritischen Erfolgsfaktor 135
　　　1.3.5 Technologiemanagement: Führung eines risikoreichen,
　　　　　 kreativen Prozesses 136
　　　1.3.6 Technologische Transformation – Ent- und Erlernen
　　　　　 neuer Problemstrukturen und -lösungen 137
Literatur zu Abschnitt 1 139
2 Die Bedeutung von Technologie- und Innovationsnetzwerken
　für kleine Unternehmen. Ein Aufklärungsversuch. 141
　2.1 Kleinbetriebliche Innovations- und Technologienetzwerke 142
　　　2.1.1 Kleine Unternehmen 142
　　　2.1.2 Innovation in KU 142
　　　2.1.3 Kooperationen und Netzwerke 144
　2.2 Ausgewählte Vorteile von Netzwerken für KU 144
　　　2.2.1 Stärkung der Kernkompetenzen 145
　　　2.2.2 Gemeinsames Lernen 145
　　　2.2.3 Risikoreduktion 146
　　　2.2.4 Stärkung der Innovationskraft 146
　　　2.2.5 Erschließung neuer Märkte 147
　　　2.2.6 Steigerung der Flexibilität 147
　2.3 Ausgewählte Problematiken von Netzwerken für KU 147
　　　2.3.1 Die Auswahl der richtigen Partner 148

  2.3.2 Inkompatibilität der Unternehmenskulturen 148
  2.3.3 Das Management 148
  2.3.4 Bedrohung des Unternehmens 149
 2.4 Resümee und Ausblick 150
Literatur zu Abschnitt 2 152

KAPITEL IV
Ausgewählte Herausforderungen im Umgang mit Wandel 157
1 Grenzen einer Lenkung der Unternehmungsentwicklung
durch das Rechnungswesen 157
 1.1 Die Lenkbarkeit der Unternehmungsentwicklung
als Betrachtungsfokus 157
 1.2 Allgemeine Anforderungen an die Funktionalität des
Rechnungswesens im Hinblick auf eine Lenkung der
Unternehmungsentwicklung 159
  1.2.1 Das Rechnungswesen als Gestaltungsobjekt des Managements 159
  1.2.2 Anforderungen an Zeit-, Objekt- und Verhaltenstreue
einer Abbildung der Unternehmungsentwicklung durch
das Rechnungswesen 160
  1.2.3 Die Unternehmungsentwicklung als Gegenstand der
Lenkung durch eine Unternehmungsführung 160
 1.3 Grenzen des Rechnungswesens unter dem Aspekt der zeitlichen
Realitätstreue und Aktualität für die Unternehmungsentwicklung:
«Die Zeitgrenze» 162
  1.3.1 Verhaltenserwartungen sind auf die Platzierung von Sachlichem
und Sozialem in der Zeit und die Rolle der Zeit gerichtet 162
  1.3.2 Die Zeit dient der Orientierung und Regulierung
sozialer Systeme 162
  1.3.3 Die Periodisierung der Zeit als Mittel zur Generalisierung
von Verhaltenserwartungen 163
  1.3.4 Periodisierung erweckt den Anschein der Kontinuierlichkeit 164
  1.3.5 Periodisierung als Produzent von sachgelösten Ritualen 164
 1.4 Grenzen des Rechnungswesens unter dem Aspekt der Vollständigkeit
und Relevanz der Abbildung der Unternehmungsentwicklung:
Die «Objektgrenze» 164
  1.4.1 Die mangelnde Abbildung der Entwicklung des
Humanvermögens durch das Rechnungswesen 165
  1.4.2 Die mangelnde Abbildung der Entwicklung von
Erfolgspotenzialen durch das Rechnungswesen 167
 1.5 Grenzen des Rechnungswesens unter dem Aspekt seiner verhaltensbeeinflussenden Funktion bei der Lenkung der Unternehmungsentwicklung:
Die «Verhaltensgrenze» 169

1.5.1 Implizite Annahmen des Rechnungswesens über
seine verhaltenssteuernden Wirkungen 170
1.5.2 Das «Janus-Gesicht» des Rechnungswesens im Hinblick
auf die Lenkung einer Unternehmungsentwicklung 172
1.5.3 Dysfunktionale Einflüsse des Rechnungswesens bei
der Teilautonomisierung von Lenkungseinheiten 175
1.6 Zeit-, Objekt- und Verhaltensgrenzen verdichten sich zur
«strategischen Lenkungslücke» der Unternehmungsentwicklung
durch das Rechnungswesen 176
1.7 Das Rechnungswesen sollte seinen informationellen
Totalitätsanspruch und sein Menschenbild überprüfen,
wenn es seine Grenzen überwinden will 178
Literatur zu Abschnitt 1 179
2 Unternehmerisches Personalmanagement als Strategie
zur Bewältigung von Transformationsprozessen –
Anforderungen an Organisation und Personalarbeit 180
2.1 Zur Notwendigkeit eines Management of Change 180
2.2 Überforderung durch eine Flut neuer Gestaltungsansätze 181
2.3 Anforderungen an unternehmerische Organisation und Personalarbeit 182
2.4 Tendenzen für die Gestaltung von Organisation und Personalarbeit 184
2.4.1 Organisatorische Gestaltungstendenzen 184
2.4.2 Gestaltungstendenzen der Personalarbeit 184
2.5 Bewältigung der Umsetzungslücke 185
2.5.1 Organisatorische Ansatzpunkte zur Transfererleichterung 185
2.5.2 Personale Ansatzpunkte zur Transfererleichterung 185
2.6 Gestaltung im Dilemma einer Übergangssituation 185

Kapitel V
Ausgewählte Gastbeiträge 189
1 Trüffelschweine der Marktwirtschaft:
Unternehmer sind Spezialisten für die Zukunft 189
Was tun Unternehmer? 189
Institutionen und Unternehmer 190
Politiker als Unternehmer 191
Wiedergeburt privater Unternehmer 191
Was motiviert Unternehmer? 192
Das LKW-Modell 196
Fazit 196
Literatur zu Abschnitt 1 197
Zum Autor Dr. Norbert Berthold 197
2 Corporate Development von Hochleistungsnetzwerken.
Das Management des «Netzwerklebenszyklus» 198
2.1 Auf dem Weg zur Netzwerkökonomie 198
2.2 Theoretische Grundlagen – praktische Herausforderungen 200

         2.2.1 Ausgewählte Problematiken innerhalb von Kooperationen
                und Netzwerken 200
         2.2.2 Netzwerke und deren Management 201
   2.3 Management der Lebenszykluskurve 202
         2.3.1 Emergenzphase 203
         2.3.2 Formationsphase 206
         2.3.3 Leistungsphase 207
         2.3.4 Auflösungsphase 207
   2.4 Permanentes Reorganisieren und Neukonfigurieren als Realität 208
Literatur zu Abschnitt 2 210
3 Führung 4.0: Worthülse oder echte Herausforderung?
   Interview mit Dr. Manfred Wittenstein und Dr. Christian Abegglen 213
   Zur Person Dr. Manfred Wittenstein sowie zur
   Unternehmung WITTENSTEIN SE 215

KAPITEL VI
Das Konzept Integriertes Management in der Praxis 217
1 The Integrated Management Concept in practice 217
   1.1 From uncertainty to the St. Galler Integrated Concept 217
   1.2 Corporate development as success potential:
        setting the right course from the beginning 223
        1.2.1 Mechanisms of corporate development 223
        1.2.2 Integrated corporate development as a solution 224
        1.2.3 Conditions for successful corporate development 225
        1.2.4 Setting the right course with the St. Galler Concept 228
   1.3 Operational implementation of the St. Galler Concept 233
        1.3.1 From the externally visible symptomatic entanglement
                to the internal causal core of our enterprise 233
        1.3.2 Step 1: Determining the basis of the company
                through normative management 236
        1.3.3 Step 2: Company orientation thanks to strategic management 241
        1.3.4 Step 3: Operational Management sees to internal
                and external implementation 248
Literatur zu Abschnitt 1 250
2 Ausblick: Führung in komplexen und zunehmend digitalisierten Welten –
   Theorie & Praxis auf dem Prüfstand 251

ANHANG
Professor Dr. Knut Bleicher – in memoriam 255
Drittes Ehrendoktorat für Professor Dr. Knut Bleicher 281
International MBA in Polen, mitinitiiert von Professor Dr. Knut Bleicher 285
Die zentralen Mentoren von Professor Dr. Knut Bleicher 287
Vater des Systemdenkens 289

Jubiläumsausgabe – 25 Jahre Konzept Integriertes Management
  im Campus Verlag 295
Was Professor Dr. Knut Bleicher Führungskräften riet 299
Interview mit Professor Dr. Knut Bleicher 309
Zum Autor Ernst Wyrsch 312
Der Lebenszyklus im St. Galler Konzept nach Sabeth Holland 314
Die Umschlaggestaltung des vorliegenden Werkes – Gedanken und Reflexionen
  zur Bildfolge von Sabeth Holland 315
Zur Künstlerin der Umschlaggestaltung, Sabeth Holland 320
Dr. Joachim Wenning im Gespräch mit Dr. Christian Abegglen
  zum Thema Bedeutung der digitalen Transformation für
  die Versicherungswirtschaft 325
  Zur Unternehmung Munich Re 329
  Zur Person Dr. Joachim Wenning 330
Zum Herausgeber Dr. Christian Abegglen 332
Meilensteine der Entwicklung eines Integrierten Managements 334
SGBS Buchempfehlungen 339
SGBS Seminare 348

EINLEITUNG BAND 6

Corporate Dynamics: Unternehmensentwicklung verlangt ein bewusstes Change Management

Christian Abegglen

Die Globalisierung und der technologische Fortschritt sorgen für einen beschleunigten schumpeterschen Prozess schöpferischer Zerstörung. Aus volkswirtschaftlicher, nationalökonomischer Perspektive ist es die große Herausforderung dieser Zeit, für die knappen Ressourcen – insbesondere Geld und marktverwertbares Humankapital, das heißt kluge Köpfe – attraktiv zu sein, Investoren und anspruchsvolle Wertschöpfung am Standort zu halten und rechtlich-institutionelle Rahmenbedingungen zu schaffen, die Flexibilität und Schnelligkeit im unternehmerischen Tun fördern und nicht etwa behindern. Nur so kann es gelingen, Beschäftigung und Wohlstand zu sichern.

Aus unternehmerischer Perspektive ist es bei oberflächlicher Betrachtung recht ähnlich. Auch hier muss es im Zeitalter eines mehr und mehr globalen Wettbewerbs um Marktanteile und Produktionsfaktoren gelingen, für knappe Ressourcen attraktiv zu sein, um innovative, begeisternde Produkte und Lösungen entwickeln, knappe Ressourcen in Nutzen transformieren zu können.

Allerdings sind die Rollen bei näherem Hinsehen sehr verschieden, letztlich völlig anders. Die Aufgabe des Staates ist es, einen verlässlichen Ordnungsrahmen zu schaffen, der in der Breite, branchen- und unternehmungsneutral, bestmögliche Bedingungen für Investitionen, Innovation und Wertschöpfung darstellt. Selbstverständlich ist dieser Rahmen regelmäßigen Überprüfungen zu unterziehen und von Zeit zu Zeit gegebenenfalls nachzujustieren; allerdings liegt die Stärke einer guten Ordnungspolitik letztlich auch in Verlässlichkeit und Konstanz.

Anders die unternehmerische Realität. Ständig ist Altes durch Neues, Gutes durch noch Besseres abzulösen. Kein Vorsprung ist von Dauer, Herangehensweisen und Lösungen sind in eine ungewisse Zukunft hinein permanent weiterzuentwickeln. Und das ist die ureigenste Aufgabe eines Unternehmers; der Unternehmer, der Entrepreneur als Expeditionsleiter im unkartierten Gelände Zukunft, die Unternehmung als das Vehikel auf dieser Reise.

Und dieses Vehikel, die Unternehmung als Organisation, als Hochleistungsnetzwerk, muss immer flexibler und schneller sein in einem sich ständig wandelnden Umfeld. Globalisierung, technologischer Fortschritt, Digitalisierung, strukturelle Umbrüche auf den Arbeits-, Kapital- und Gütermärkten und vieles mehr stellen in Summe erhebliche Anpassungslasten dar, denen eine erfolgreiche Unternehmung ausreichend Anpassungsbereitschaft und Anpassungskapazitäten gegenüberstellen muss.

Klar ist dabei, dass Veränderung und Vielfalt nicht zur Beliebigkeit verkommen dürfen. Es braucht gerade in einem zunehmend dynamischen Umfeld eine gemeinsame Ausrichtung des Tuns auf Metaebene, einen «Fixstern», die Vision, eine gemeinsame Kultur, eine gemeinsame Philosophie sowie Einigkeit in den wesentlichen Wertvorstellungen als unstrittiges Fundament der gemeinsamen Aktivitäten. Das ist die Verlässlichkeit und Konstanz, die es auch in den Unternehmungen braucht. Hier ist das oberste Management gefordert, den der Dynamik geschuldeten Zentrifugalkräften durch normative «Anker» die erforderlichen Zentripetalkräfte entgegenzusetzen.

Mit dem vorliegenden Werk möchte ein Beitrag dazu geleistet werden, dass in den Unternehmungen Dynamik und Wandel einerseits als Chance begriffen wird, die ganz neue Möglichkeiten für den eigenen Erfolg hervorbringen kann, andererseits der Wandel intelligent gestaltet und begleitet werden muss, um nicht Opfer dieser Kräfte zu werden. Dabei soll ebenso aufgezeigt werden, dass dem strategischen und normativen Management in einem dynamischen Umfeld besondere Bedeutung zukommt.

1| Grundlegend dafür die Ausführungen in Kapitel 1. Der Erfolg als Feind des Wandels und damit als möglicher Verhinderer zukünftigen Erfolges, daher gebotene Bereitschaft und Fähigkeit, Anpassungsbedarfe rechtzeitig zu erkennen – das der Ausgangspunkt der Überlegungen und gleichzeitig die wesentliche Zutat im Überlebenselixier von erfolgreichen, dynamischen Unternehmungen. Dabei kommen in diesem Kapitel der situations- und reifegradabhängigen visionären Gestaltung der Unternehmungsentwicklung sowie dem St. Galler Management-Konzept als tauglichem Bezugsrahmen besondere Aufmerksamkeit zu.

2| Aus dem ersten Kapitel heraus wird bereits die Brücke geschlagen zu einer näheren Betrachtung der erfolgreichen «Abwicklung», zum Management des Wandels, zum erforderlichen «Change Management» an den Schwellen der Unternehmungsentwicklung. Das zweite Kapitel beschäftigt sich intensiv mit der Rolle des Unternehmers als Agenten des Wandels. Es wird aufgezeigt, dass ein in diesem Sinne dynamischer Unternehmer Ungleichgewichte einerseits bewusst produzieren, andererseits neben einer richtungsweisenden Vision immer auch Voraussetzungen zur Bewältigung der erforderlichen Veränderungen schaffen und pflegen muss.

3| Ein Großteil unternehmerischen Erfolges speist sich aus der Fähigkeit, Innovationen hervorzubringen, Neuerungen, die sich im Wettbewerb durchsetzen und in wirtschaftlichen Mehrwert transferieren lassen. Technologie – und zwar in einem umfassenden Verständnis – ist hierbei strategische Herausforderung und Managementobjekt gleichermaßen, der Umgang damit eine hochsensible und kritische Komponente unternehmerischen Tuns. Diesem Aspekt widmet sich das dritte Kapitel. Es enthält zudem einen Beitrag von Ronald Ivancic, der die Besonderheiten von Technologie- und Innovationsnetzwerken für kleinere Unternehmungen in den Mittelpunkt der Betrachtung rückt und dadurch eine ganz wesentliche Facette des Themenkomplexes genauer beleuchtet.

4 | Mit dem soweit abschließenden Kapitel 4 sollen – exemplarisch anhand konkreter Ausführungen zum betrieblichen Rechnungswesen und unternehmerischen Personalmanagement – Möglichkeiten sowie Grenzen der üblichen betriebswirtschaftlichen Instrumentarien aufgezeigt werden. Dynamische Unternehmungsführung verlangt einen stetigen Abgleich veränderter Anforderungen und institutioneller Möglichkeiten sowie Restriktionen.

5 | Als Ergänzung, mitunter auch Konkretisierung innerhalb des durch diesen Band aufgespannten Kontextes sind sodann in einer separaten Rubrik die ausgewählten Gastbeiträge des fünften Kapitels zu verstehen. Professor Dr. Norbert Berthold, Träger des Ludwig-Erhard-Preises für Wirtschaftspublizistik und einer der streitbarsten Ökonomen Deutschlands, beleuchtet in seinen Ausführungen die «Trüffelschweine der Marktwirtschaft», die Unternehmer als Spezialisten für die Zukunft. Aus einer eher volkswirtschaftlichen, institutionenökonomischen Perspektive wird das Licht auf die Rahmenbedingungen geworfen, die es braucht, damit Unternehmer tatsächlich unternehmen wollen und können. Basierend auch auf empirischen Erfahrungen zeigt sich dabei ganz klar, wie wichtig wirtschaftliche Freiheit, Anpassungsfähigkeit und Flexibilität auch aus dieser Perspektive sind. Daneben beinhaltet dieses Kapitel einen Beitrag des Herausgebers «Corporate Development von Hochleistungsnetzwerken. Das Management des Netzwerklebenszyklus» sowie ein Interview «Führung 4.0: Worthülse oder echte Herausforderung», das der Verband Deutscher Maschinen- und Anlagenbau e.V. (VDMA) mit Herrn Dr. Wittenstein von der WITTENSTEIN SE und dem Herausgeber im Februar 2016 geführt hat.

6 | Zudem bietet der vorliegende Band ein frei stehendes sechstes Kapitel – in englischer Sprache – zu dem Konzept Integriertes Management in der Praxis. Systematisch wird dem Leser damit eine anschauliche sowie praktikable Anleitung an die Hand gegeben, wie Unternehmungsentwicklung auch in Zeiten zunehmender Komplexität und Unsicherheit planvoll vonstattengehen kann und inwiefern das St. Galler Konzept dabei von Anfang an ein zuverlässiger Kompass zur richtigen Weichenstellung ist. Auch bietet das Kapitel konkrete Hinweise zur operativen Umsetzung des St. Galler Konzepts – schrittweise vom normativen Management zur Festlegung des Unternehmungsfundaments über das strategische Management zur zukunftstauglichen Ausrichtung der Unternehmung bis hin zum operativen Management für die Umsetzung nach innen und außen. Der Beitrag des Herausgebers «Ausblick: Führung in komplexen und zunehmend digitalisierten Welten – Theorie & Praxis auf dem Prüfstand» ist Abschluss und gleichzeitig Ausblick dieses Kapitels.

Der Lebenskreis von Prof. Dr. Dres. h.c. Knut Bleicher hat sich Anfang dieses Jahres geschlossen. Der Anhang präsentiert deshalb Knut Bleicher in memoriam – seinen ganzen Werdegang und darüber hinaus Dokumentationen und Sichtweisen von Gesprächen mit ihm.

Ebenso enthält der Anhang hochinteressante Sichtweisen, geäußert von Dr. Joachim Wenning zur Umsetzung und Weiterführung des Integrierten Managements in der Praxis. Dies auch vor dem Hintergrund des 25-jährigen Jubiläums des Konzepts Integriertes Management.

Insgesamt möge das vorliegende Werk ein hilfreicher Beitrag zur Orientierung sein. Orientierung, die in einem Umfeld, das immer globaler und dynamischer wird, für den Blick aus der Unternehmung heraus an Bedeutung gewinnt. Orientierung, die bei Unternehmungsentwicklungen, die auf Veränderung und Wandel – gleichsam als Antwort auf die exogene Dynamik – ausgerichtet und permanent weiterentwickelt werden müssen, für den Blick in die Unternehmung hinein an Bedeutung gewinnt. Orientierung zur Führung! Nicht mehr, nicht weniger.

KAPITEL I

Corporate Dynamics

1 Paradoxien unternehmerischer Dynamik
Knut Bleicher, bisher unveröffentlicht

> «The test of a first rate of intelligence is the ability to hold two opposing ideas in mind and still hold the ability to function.» F. Scott Fitzgerald, «The Great Gatsby»

Die gegenwärtige Schieflage vormals erfolgreicher Unternehmungen kann auf viele Versäumnisse bei der Zukunftsgestaltung zurückgeführt werden. Die ungenügende Berücksichtigung einer sich beschleunigenden Dynamik mit diskontinuierlichen Entwicklungsverläufen bildet ein wesentliches Muster zur Erklärung der hierfür verantwortlichen Ursachen. In vielen Chefetagen ist derzeit eher Orientierungslosigkeit festzustellen: Man gießt alten Wein in neue Schläuche, indem man den neuesten «fads» unter Bezeichnungen wie «business reengineering» u. Ä. nachjagt.

> «Change has always been a part of the human condition. What is different now is the pace of change [...] So swift is the acceleration, that trying to make sense of change will become our basic industry.» (Ways, 1964, S. 113)

1.1 Paradoxien – Die Suche nach Erklärungsmustern erfolgreicher Unternehmungsentwicklung

Im Folgenden möchte ich der Frage nachgehen, in welchen Verhaltensmustern bei der Bewältigung der Dynamik der Unternehmungsentwicklung diese wenig überzeugende, ja äußerst dysfunktionale Vorgehensweise ihre Ursache finden mag. Ich muss Sie daher einladen, mich in aller gebotenen Kürze bei einer wissenschaftlichen Umwegproduktion zu begleiten. Sie werden dabei erkennen, dass es sich beim Versuch der Handhabung krisenhafter Entwicklungen von Unternehmungen und den hierbei feststellbaren Tendenzen eines Rückfalls in tradierte Verhaltensmuster um pathologische Formen des Umgangs mit Paradoxien der Systemgestaltung und -lenkung handelt, für deren theoretische Durchdringung und praktische Bewältigung es programmatische Ansätze zu entwickeln gilt.

1.1.1 Begriffliches zu Paradoxien, dem Unternehmerischen und der Dynamik

Für eine weiterführende Analyse der Unternehmungsentwicklung ist daher davon auszugehen, dass nahezu jegliche Gestaltungsalternative sich gegenseitig widersprechende und teils auch ausschließende Attribute besitzt:

> «The key characteristic in paradox is the simultaneous presence of contradictory, even mutually exclusive elements.» (Cameron/Quinn, 1983)

Die Erkenntnis dieses Zusammenhangs hat in jüngster Zeit zu weiteren begrifflichen Ausformungen geführt, wie «duality» (Petersman/Waterman, 1984), «Dilemma» (Hampden-Turner, 1990), «dialectics» (Morgan, 1986), «Janusian Thinking» (Quinn/Kimberley, 1984); weitere Beiträge von Evans/Doz (1989) seien erwähnt, und schließlich nicht zu vergessen sind die Hinweise auf das asiatische Yin-und-Yang-Denken. Ein fachlicher Konsens für einen verbindlichen Terminus hat sich bislang noch nicht ergeben.

Eine kurze begriffliche Fixierung möge zum Verständnis der folgenden Darstellung beitragen.

- Unter Paradoxie wird umgangssprachlich eher die Realität des Unerwarteten verstanden, für unseren Zweck wird jedoch – aus dem Griechischen abgeleitet – eher der Widerstreit zweier gleich begründeter Sinngehalte als Paradoxie bezeichnet. Paradoxien stehen im Gegensatz zur kausalen Logik, denn die Vereinigung von Gegensätzen verlangt den Verzicht auf Kausalität. Eine Paradoxie baut also auf einer Spannungsreihe zweier extremer Ausprägungen eines übergeordneten prinzipiellen Problemtatbestandes auf, der Anschlussmöglichkeiten für synthetische Kombinationen bietet. Die rhetorische Figur des «Oxymoron» kann als Ausdruck von Gegensätzen in einem Begriffspaar dienen. Spezielle Ausdrucksformen dieser allgemeinen Begriffsfassung reichen weit in die Geschichte zurück. Der Grieche Xenon, der im 5. Jahrhundert v. Chr. in Elea lebte, gilt als Begründer der Erfindung paradoxer Rätsel, wie dem von Achilles und der Schildkröte. Im Laufe der Jahrhunderte sind viele derartige «paradoxe» Entscheidungsprobleme aufgeworfen worden, bis hin zu dem uns allen bekannten Gefangenendilemma. Paradoxien werfen immer wichtige Entscheidungsprobleme auf: «*Historisch sind sie mit Krisen und revolutionären Fortschritten des Denkens verbunden. Mit ihnen zu ringen, heißt, [...] sich mit zentralen Fragen auseinanderzusetzen*» (Sainsbury, 1993, S. 7), womit der Bezug zur Aktualität meines Themas wiederum hergestellt ist. Pathologisch wird eine Entwicklung im Rahmen der Bewältigung von Paradoxien dann, wenn es bei ihrer Bewältigung zu dysfunktionalen Störungen kommt. Dies ist vor allem in dem Moment der Fall, wenn eine Entwicklung sich entlang einer Spannungsreihe auf einen Extrempunkt hin bewegt und sich die Gefahr einer krisenhaften Zuspitzung einstellt. Eine krisenhafte Entwicklung enthält dabei sowohl negative Elemente des Umgangs als auch positive Elemente einer Erneuerung.

- Unternehmerisches Handeln wird im Gegensatz zu Attributen wie «manageriell», «administrativ» und «führerisch» gesehen. Es besteht mit Joseph Schumpeter in der «schöpferischen Zerstörung des Bestehenden» und kann als Suche, Produzieren und Nutzung von Ungleichgewichten gekennzeichnet werden.

Dynamik bildet im Nachgehen der bewegenden Kräfte im Spannungsfeld evolutorischer Entwicklung und der Rolle des Unternehmerischen zu seiner Freisetzung, aber auch der Beherrschung bei der Bewältigung von Paradoxien den eigentlichen Fokus meiner Betrachtung.

1.1.2 Paradoxien – Module einer fachlichen Entwicklung

Der Umgang mit Paradoxien spricht ein Lebensprinzip an, das in vielfacher Weise vor allem aus philosophischer Sicht betrachtet worden ist. Die klassische hegelsche Dialektik, die heutigen Vorstellungen von Synergien zugrunde liegt und die eine Grundlage der marxistischen Wirtschaftstheorie abgab, sei beispielhaft erwähnt. Aber auch in der neuzeitlichen Psychologie wurden Paradoxien zum Element theoretischer und experimenteller Erklärungsversuche herangezogen. Carl Jungs Vorstellung von psychischen Prozessen als Kampf zweier miteinander ringender Kräfte als Teil der menschlichen Existenz und David van Lenneps empirische Studien zum menschlichen Potenzial verweisen auf eine lange Ideengeschichte der Erklärung der Bewältigung von Paradoxien im humanen Bereich. Interessant mag auch sein, dass die neuere Krebsforschung von einem gestörten Fließgleichgewicht von onkogenen und tumorunterdrückenden Genen ausgeht.

So ist auch eine dynamische Gestaltung und Lenkung der Unternehmungsentwicklung durch das Unternehmerische und das Management prinzipiell durch den Umgang mit Paradoxien gekennzeichnet. In fast allen Dimensionen des Managements ergeben sich paradoxe Spannungsverhältnisse zwischen unterschiedlichen Gestaltungs- und Lenkungsmustern, die einer Auflösung bedürfen. Dabei sind folgende Spannungsfelder in das St. Galler Management-Konzept zu integrieren.

– In der das Handeln und die Legitimität der Unternehmung begründenden normativen Dimension steht vor allem die unternehmungs- und managementphilosophisch zu definierende Ausprägung der Politik, Verfassung und Kultur einer Unternehmung zwischen den beiden Polen Opportunität und Verpflichtung zur Disposition. Ein Blick zurück auf die fachliche Entwicklung der Betriebswirtschaftslehre enthüllt genau dieses Spannungsverhältnis, was offensichtlich von ungebrochener Aktualität ist. War es in der Gründerzeit die Kontroverse zwischen den Antipoden Wilhelm Rieger mit seiner rein ökonomisch orientierten, dem Gewinn des Eigentümers allein verpflichteten «Privatwirtschaftslehre» und dem Ideengut von Eugen Schmalenbachs «Betriebswirtschaftslehre» als einer auch Gesellschaftlichem gegenüber offenen Kunstlehre, so ist offensichtlich nach Milton Friedmans Kritik an außerökonomischen Zielkategorien derzeit die Gegensätzlichkeit zwischen «Sozialduselei» in der ökonomischen Unternehmungsführung (Wenger) und dem «Eigentümerpathos» (Wiethölter) ihrer Sozialverpflichtetheit wieder voll entbrannt.

– In der strategischen Dimension ist zwischen Stabilität und Veränderung bei den strategischen Programmen in den beiden Polen einer «economies of scale»- und einer «economies of scope»-orientierten Ausrichtung zu wählen, während es bei der organisatorischen Strukturierung und der Gestaltung von Managementsystemen gilt, zwischen Strukturen einer Vertrauens- oder Misstrauensorganisation eine Positionierung zu finden. Im strategischen Problemverhalten gilt es zwischen Extremen eines vertiefenden Lernens gegebener Problemtatbestände und einem Metalernen im Hinblick auf die Bewältigung neuer Problemtatbestände über innovatives Handeln zu wählen.

- Operativ vollziehende Paradoxien stehen neben eigenen Profilextremen selbst im Spannungsverhältnis zu den konzeptionellen Problemhandhabungen der strategischen und normativen Dimensionen.

Diese sehr stark verkürzte Darstellung wesentlicher Paradoxien folgt dem St. Galler Management-Konzept, das explizit 72 derartige Spannungsreihen auflistet, die sodann zu einer wesentlich höheren Zahl an integrativen Profilclustern zu verdichten sind (als Hinweis: in dem von mir zusammen mit Erik Meyer 1976 veröffentlichten Werk «Führung in der Unternehmung» hatten wir die Frage nach der Ausgestaltung von Führungselementen, -formen und -modellen bereits zum damaligen Zeitpunkt in 175 dimensionierende Spannungsreihen aufgelöst).

Bei den in Paradoxien zum Ausdruck kommenden Gestaltungsproblemen handelt es sich um schlecht strukturierte Probleme, die bekanntlich «traditionelle» Erkenntnisverfahren zu überfordern drohen. Damit verbindet sich die Gefahr des Eingehens von Fehlern unterschiedlicher Art. Fehler der 1. und 2. Art unterstellen, dass ein Problem «richtig» definiert ist, infolge (organisationaler) Gedächtnisstörungen unterbleibt aber eine erforderliche Problemlösung (1. Art), oder aber für eine Lösung wird falsches Wissen verwendet (2. Art), was zu einer Fehlentwicklung führt. Fehler der 3. Art liegen dann vor, wenn ein Problem falsch definiert ist (Sorg, 1982). Im Zuge der Dynamik der Unternehmungsentwicklung sind es vor allem Fehler der 3. Art, die zu überlebenskritischen Situationen führen. Konrad Lorenz verweist darauf, dass die Leistung des «In-Zusammenhang-Bringens» «eine nicht rationale Leistung der Gestaltwahrnehmung» sei (Lorenz, 1993, S. 257).

> *«Mastery of creative tension leads to a fundamental shift in our whole posture towards reality. Current reality becomes the ally not the enemy. An accurate, insightful view of current reality is as important as a clear vision.»* (Senge, 1990, S. 155)

1.2 Die paradoxe Spannung als Motor unternehmerischer Dynamik

1.2.1 Funktionalität einer Spannungsintensität auf der Suche nach einem dynamischen Gleichgewicht

Unternehmungen werden im «organizational paradox»-Ansatz als Spannungsfelder konfligierender Herausforderungen und Handlungsalternativen begriffen, die durch das Management dynamisch zum Ausgleich gebracht werden müssen. Damit rücken in dieser Betrachtung Unternehmungen in die Nähe zu der von Ilya Prigogine vertretenen naturwissenschaftlichen Konzeption dissipativer Strukturen. Eine derartige Struktur verkörpert ein nicht lineares, kontinuierlich fluktuierendes System, wobei jeweils prinzipiell polar entgegengerichtete Wirkungseinflüsse simultan miteinander agieren und aus dieser permanenten Verknüpfung ein inhärentes, dynamisches Spannungsverhältnis entsteht (Perich, 1992, S. 349).

Paradoxe Spannungsfelder bieten unterschiedliche Möglichkeiten einer Bewältigung des Wandels. Jede Positionierung und Entwicklung entlang einer Spannungsreihe schafft dabei andere Bedingungen für eine Bewältigung des Wandels.

«A frontier concern is with building responsiveness, adaptation, and learning into the organization. These imply maintaining a state of constructive tension within the firms.»
(Evans/Doz, 1989, S. 224)

Paul Evans und Yves Doz nehmen hierbei einen Zusammenhang von Spannung und Wandlungsfähigkeit an. Eine zu geringe Spannung führt zur Behäbigkeit oder Ignoranz im Umgang mit Veränderungen, eine zu große Spannung dagegen eher zur Irritation und einem Zurückziehen auf vermeintlich sichere Bastionen.

«To facilitate evolutionary change in the organization, an optimal degree of tension needs to be built into its culture – neither too much nor too little. Playing on the chords of dualities allows top management to build this tension into the organization in constructive and pragmatic ways: sufficient tension to ensure learning, adaptation and development, but not so much to interfere with the operational demands of performance.»
(Evans/Doz, 1989, S. 224)

1.2.2 Notwendige Dynamisierung paradoxer Spannungen

«Die traditionelle betriebswirtschaftliche Theoriebildung [...] behandelt derartige Dilemmata in der Regel auf eine überaus statische Weise dadurch, dass sie sich entweder mit dem einen oder dem anderen Strukturierungserfordernis im Detail auseinandersetzt.»
(Perich, 1992, S. 346)

Die entgegengerichteten Wirkungseinflüsse verändern in sozialen Systemen und in deren Beziehungen zur Umwelt laufend ihr Gewicht, entwickeln – einmal außer Kontrolle geraten – durchaus eine Eigendynamik, die die Überlebensfähigkeit des Systems gefährden kann. Dies ist vor allem darauf zurückzuführen, dass die fließend zu betrachtende kritische Balance, die eine Erfolg versprechende Wirkung ermöglicht, nicht mehr gegeben ist: Gemäß Prigogines Modell dissipativer Strukturen hängt die optimale Wirkungsentfaltung einzelner Strukturkomponenten nun aber davon ab, dass sich gegensätzliche Prinzipien und Ansprüche in einer kritischen Balance halten. Sobald sich eine bestimmte Gestaltungsphilosophie allzu einseitig in der Unternehmungsstruktur durchsetzt bzw. ein bestimmtes Muster an Strukturierungsprinzipien absolute Gültigkeit für sich beansprucht, wird diese Balance gefährdet und dysfunktionale Komponenten beginnen immer ausgeprägter überhandzunehmen («Umkippeffekte»; Perich, 1992). In dieser Weise argumentieren auch Robert E. Quinn und Kim S. Cameron:

«If any one [criteria] is pursued exclusively, the creative tension between polarities may be lost, and the positive value can become negative [...] Over time, the single minded, purposive pursuit of y value will begin to destroy the balance between polarities.»
(Quinn/Cameron, 1988, S. 304)

Wie gezeigt, drücken sich Paradoxien in bipolaren Spannungsverhältnissen aus. Zu ihrer funktionalen Bewältigung verlangen sie die Herstellung eines dynamischen Fließgleichgewichts. Nähert sich die Suche nach einem derartigen Gleichgewicht einem Extrempunkt – Richard Pascale kennzeichnet diesen Prozess als «maximizing» –, beginnen pathologische Systemprozesse zu greifen, die zu überlebenskritischen Entwicklungen führen können.

Interessant wäre es, den eigen-evolutorischen Kräften, die sich selbst generierende Kräfte auf einen Extremzustand hin in Gang setzen und verstärken, näher nachzugehen. Ansätze der Gestaltung und Lenkung, die an den sog. – und aus der Vergangenheit heraus abgeleiteten – «kritischen Erfolgsfaktoren» ansetzen, sind unter dem Aspekt der Selbstverstärkung eher kritisch zu beurteilen.

Es wird deutlich, dass sich unter dem Einfluss von konjunkturellen, strukturellen und paradigmatischen Veränderungen viele, vor allem traditionell besonders erfolgreich gewesene Unternehmungen derzeit in einem derart pathologischen Entwicklungszustand befinden. Nur mit großen Anstrengungen und unter Eingehen hoher ökonomischer und sozialer Kosten kann das entglittene Gleichgewicht durch ein Umschwenken der Entwicklung in eine entgegengesetzte Richtung gesucht und gefunden werden.

1.2.3 Der Spannungsverlauf

Im Entwicklungsprozess der Suche nach einem dynamischen Fließgleichgewicht zwischen den Polen einer Spannungsreihe sind unterschiedliche Spannungsintensitäten mit funktionalen und dysfunktionalen Wirkungen erkennbar. Auf Metaebene enthüllt sich dabei eine weitere Paradoxie.

«Spannung stellt eine ‹intervenierende› Kategorie, gleichsam eine ‹Übergangsvariable› zwischen Spannungsursachen und Spannungsfolgen dar. Sie erfasst ein mehr oder weniger diffuses Erleben der Bedrohung einer sinnhaften Integration der Handlungspotentiale der Bezugssysteme.» (Sorg, 1982, S. 153)

Stefan Sorg unterscheidet in intensitätsmäßiger Abstufung drei pathologische Zustände bei der Spannungsentstehung:

- Störungen als temporäre Friktionen,
- Krisen als akute Gefährdungen in Form «offener» Wendepunkte oder -strecken, an denen es sich entscheidet, ob der Zusammenhang zerstört oder eine neue Stabilität erreicht wird,
- Verluste als Zerstörung eines Zusammenhangs oder Bezugssystems, also als einen pathologischen Zustand größter Intensität.

Beim Aufladen der Spannung wird dies offensichtlich dann, wenn sich dieser Vorgang langsam vollzieht, kaum bemerkt. Die «Parabel des gekochten Froschs» kann zur Verdeutlichung des Phänomens herangezogen werden. Ein Frosch in einem Topf wird bei schnellem Aufkochen des Wassers beim Erreichen einer gewissen Hitze sofort aus dem Topf springen, um sich zu retten. Wird dagegen das Wasser sehr langsam erwärmt, wird er matt und träge, und spätere Versuche, sich aus seiner Lage zu befreien, scheitern am Verlust der Kräfte.

1.2.3.1 Evolutorische Dynamik eines «maximizing»

Paul Watzlawick (1984) verweist auf das Scheitern eines derartigen «Mehr-desselben»-Rezepts und nennt als Beispiel die Konstruktion des größten Gebäudes der Welt, des Kennedy Space Centers. Hier wurde die Bauweise eines Flugzeughangars für die Unterbringung von Raketen «maximiert». Die Halle entwickelte ein eigenes Klima mit statischen Entladungen und Regen und führte damit gerade zu jenen Bedingungen, vor denen ihr Bau eigentlich schützen sollte. Der Supertankerbau folgte einem ähnlichen «Mehr-desselben»-Rezept, mit der Folge, dass durch die Eigenschwingungen des Schiffskörpers dieser bei stürmischer See einfach auseinanderreißen könnte, ohne dass die Mannschaft noch eine Chance gehabt hätte, einen Notruf abzusetzen. In sozialen Systemen geht es nicht nur um die konstruktive Gestaltung eines Systems, sondern vor allem auch um die evolutorische Dynamik, die sich in ihm entfaltet. Hier bedeutet ein «maximizing» die Gefahr, dass sich die einmal in eine bestimmte Richtung bewegten und freigesetzten Kräfte unter evolutorischer Selbstverstärkung progressiv einer pathologischen Situation nähern. Erfahrungsgemäß begehen Unternehmungen mit besonders erfolgreicher Vergangenheit entlang dieser Entwicklung vor allem Fehler der dritten Art, indem sie

– die Dramatik des Entwicklungsverlaufs zu spät erkennen und

– zudem die damit verbundene inhaltliche Problematik falsch einschätzen.

Reaktionen erfolgen sodann häufig zu spät und setzen am falschen Ende an, wodurch sich die beginnende Krise eher verschärft. Dies ist besonders dann der Fall, wenn sich erfolgreiche Entwicklungsverläufe intergenerativ in den Perzeptionen und Präferenzen der Unternehmungskultur abgespeichert haben:

«Wen die Götter bestrafen wollen, dem schenken sie vierzig gute Jahre.»

Als Konsequenz werden strukturelle «Revolutionen» immer unvermeidlicher. Die folgenden offenen forschungsstrategischen und praxisrelevanten Fragen sind aufgrund des dargestellten Problemverlaufs aufzuwerfen:

– Die notwendige Früherkennung von Entwicklungsverlauf und -dynamik: Wann dürfte der «Umkipppunkt» der Entwicklung zu erwarten sein? Wo dürfte sich ein abnehmender Grenznutzen der Entwicklung einstellen und wie ist er zu diagnostizieren? («It is better to take the temperature at regular intervals, rather than waiting till you have a fever.»)

- Der Bedarf an Zeitkonstanten zur Bewirkung eines Effektes der Gegensteuerung: Welche Zeit benötigen Maßnahmen zum Abfangen und zur Umlenkung der Entwicklung und wann ist der späteste Zeitpunkt zu ihrer Einleitung?

Eine nähere Analyse könnte dabei zu dem Ergebnis einer Art Metapathologie führen, dies dann, wenn sich die Zeiträume der positiven Entwicklung eines Fließgleichgewichts mit der Zeitkonstante zur Bewirkung eines Gegensteuereffektes decken, also die Einleitungszeitpunkte einer funktionalen Entwicklung und einer präsituativen Gegensteuerung zur Vermeidung der dysfunktionalen Wirkungen zusammenfallen. Sollte dieser Tatbestand im Zeichen einer zunehmenden Dynamik von Umwelt- und Unternehmungsentwicklung vermehrt auftreten, ergibt sich ein Zwang zur Suche nach Ausstiegsmöglichkeiten aus dem Zwangszusammenhang dieses pathologischen Dilemmas entlang von Spannungsreihen über einen Sprung auf eine höhere Betrachtungs- und Gestaltungsebene. Es steht zu vermuten, dass sich eine Reihe von Unternehmungen derzeit in einem derartigen Dilemma befindet.

1.2.3.2 Unternehmerische Grenzen der Selbstorganisation

Vorab scheint mir jedoch ein Hinweis auf eine realistische Einschätzung evolutorischer Ansätze des Managements angebracht zu sein. Das dargestellte Phänomen eines Umgangs mit Paradoxien bietet in Unterstützung von Alfred Kiesers Argumenten (1994) einen deutlichen Beleg für die Notwendigkeit der gestalterischen Eingrenzung selbstorganisatorischer Entwicklung. Dies aus zwei Gründen:

- Entweder ein System verharrt in seiner Entwicklung in Apathie, Desinteresse, Arroganz und Selbstzufriedenheit,
- oder es gerät in laufender Selbstverstärkung eines aus der Vergangenheit heraus bewährten Erfolgsrezeptes vollständig in eine Extremsituation mit pathologischen Merkmalen.

In beiden Fällen bedarf es einer Fremdsteuerung durch das Management im rahmensetzenden Sinn, um

- im ersten Fall Impulse zur Erzeugung von Spannungen zu geben, damit Entwicklungsprozesse stattfinden, wobei weiter die Richtung auf der Spannungsreihe, in der diese Entwicklung verlaufen soll, zu determinieren ist.
- im zweiten Fall diese Entwicklung durch lenkende Eingriffe und die Gestaltung extrem anderer Erfolgsbedingungen abzufangen und umzukehren.

An dieser Stelle wird der Bezug meines Themas zur «unternehmerischen Dynamik» bei der Bewältigung von Paradoxien deutlich. Es ist nicht der nach Gleichgewichten suchende und um ihre Herstellung bemühte technokratische Manager, der geeignet ist, diese visionären, spannungserzeugenden Impulse zu vermitteln und die Wende zu vollziehen, sondern der Unternehmer, der die alte, pathologisch werdende, paradoxe Dynamik rechtzeitig abstoppt, indem er vorausschauend die sich entwickelnde Ungleichgewichtssituation erkennt, das Alte im Sinne Schumpeters «schöpferisch» zerstört und Impulse in eine neue Richtung unter möglicher Synthese mit Elementen des Alten und Neuen einschlägt.

1.2.3.3 Dynamik zwischen Multiplikation und Innovation

Zwischen beiden Extremen in der Verfolgung eines einmal eingeschlagenen und erfolgreichen Weges ist daher den evolutorischen Kräften einer Selbstorganisation zu vertrauen. Im Sinne von Cuno Pümpins «Dynamik-Prinzip» geht es hier um die Multiplikation eines ersten erzielten Treffers in Form eines erfolgreichen Geschäftssystems. Eine derartige «cloning»-Strategie kann dann auf dem Weg der Selbstorganisation durch ein «continuous improvement» verbessert werden, indem der nun eingeschlagene Weg durch das Management gefördert und begleitet wird.

Hält dieser Prozess allerdings sehr lange an, wird er auf der Reise zu einem Extrem gleichsam zum werte- und normengeprägten Kulturgut, sein Veränderungsvermögen beginnt sich allmählich abzubauen, da es an ausreichenden lernanstoßenden Herausforderungen zur Bewältigung des Neuen mangelt. Das einmal erfolgte Problemerkennungs- und -lösungsmuster wird zur liebgewonnenen und Sicherheit versprechenden Doktrin der Unternehmungsentwicklung und damit zu ihrer größten Hypothek. Korrigierende Eingriffe kommen dann regelmäßig zu spät, die Zeitkonstanten einer Umkehrstrategie verhindern jegliche Vorwärtsstrategie. Als Folge verbleibt nur noch ein Ausweg: Zurück zum Alten, das Ganze noch einmal, aber bitte nur auf «kleiner Flamme» – «stick to your roots and go back to basics». Letztlich ist auch dies die Folge einer Paradoxie, nämlich einer Pathologie des Spannungsverhältnisses von Multiplikation und Innovation.

1.2.3.4 Zur Rolle von Krisen bei pathologischen Entwicklungen

Erreicht eine Entwicklung einen pathologischen Zustand, ist ein Krisenmanagement gefragt (s. Krystek, 1987). Sollten Unternehmungen bewusst das Erneuerungspotenzial, das in jeder Krise liegt – nämlich nicht nur ein hohes existenzbedrohendes Risiko, sondern auch die Chance eines Neubeginns –, für einen (radikalen) Erneuerungsprozess nutzen oder sind eher krisenvermeidende präsituative Gestaltungsansätze zu verfolgen? Dies ist für viele Unternehmungen in schwierigen Konjunktur- und Strukturlagen eine hochbrisante Frage geworden.

- Für eine Nutzung der Krise zur Erneuerung (die sog. «crises before change theory») sprechen Argumente eines allgemeinen Anpassungsbewusstseins, von dem angenommen wird, dass es alte Perzeptionen und Präferenzen spontan infrage stellt. Dies stützt sich auf die These, dass es erst «significant emotional events» sind, die Denk- und Veränderungsprozesse auslösen.

- Gegen eine bewusste Herbeiführung einer Krisendramatik sprechen andere Gründe. Zum einen ist nicht belegt, dass die Motivation eines wesentlichen Teils der Systemmitglieder in einer Krise von risikoreichen Innovationsprozessen, die fehlerreich sein können, wächst. Eine Abwendung und eine Konzentration auf ein «Überlebenstraining» unter Aktivierung der Sicherheitsbedürfnisse findet statt. Zum anderen ist auf die hohen sozialen Kosten eines derartigen Vorgehens zu verweisen. In einer Krise vollzieht sich zudem ein fataler Abbau von Handlungsoptionen im Sachlichen wie im Zeitlichen, der die Überlebensfähigkeit einer Unternehmung infrage stellen kann und bereits daher gegen ein bewusstes

Hineinlaufen in krisenhafte Situationen spricht, die zumeist sowohl Nutzen als auch Strategiepotenziale für die Zukunft vernichten. Vielmehr sollte die Fähigkeit zur Anpassung wesentliches Element jeder strukturellen Gestaltung und kulturellen Entwicklung einer Unternehmung werden.

1.3 Antithetisches und Synthetisches der Spannungsbewältigung («metamizing» und Metalernen)

Eine Bewältigung der pathologischen Spannungszustände kann in dysfunktionaler und in funktionaler Weise erfolgen. Beim Umgang mit Wandel ist die Intensität eines Spannungszustandes zu beachten. Während sich am Anfang (niedrige) und am Ende (hohe Spannungsintensität) einer Spannungsreihe eher dysfunktionale Verhaltensweisen einstellen, ist zu unterstellen, dass funktionale Vorgehensweisen eher einer mittleren Spannungsintensität bedürfen. Es liegt nahe, mit der dysfunktionalen Entspannung zu beginnen, da die meisten Versuche der Praxis hier ansetzen und wohl deshalb auch nicht von dauerhaftem Erfolg gekennzeichnet sind. Grundlegend für ein dysfunktionales Vorgehen ist die Überzeugung, eine bislang erfolgreiche Praxis in die Zukunft fortschreiben zu können. Als typische Aussage mag gelten: «Never change a winning team.» Im Ergebnis stellt sich jedoch das genaue Gegenteil ein: «A happy team in a sinking boat!»

1| Vier Ansätze sind typisch für ein dysfunktionales Vorgehen zur Entspannung
- Verdrängen
Die Ansicht, dass es sich lediglich um eine vorübergehende Erscheinung handele: «Wenn das Konjunkturtief überwunden sein wird, hat sich die Problemlage auch erübrigt.» Bo Hedberg und andere kennzeichnen diese Verhaltensweise als «den Sturm abwettern». Die Gewohnheit wird zur zweiten Schwerkraft (Jünger). Man verstärkt eher die Anstrengungen zur Überwindung der Spannung nach dem alten, überkommenen Verhaltensmuster, verstärkt die Kontrollprozesse usw.

«Cost control systems and budgeting procedures are strengthened; standard operating procedures are followed strictly; and innovations and informal communications outside approved channels are suppressed.» (Hedberg/Nystrom/Starbuck, 1976, S. 50)

Die sich abzeichnende Krise wird durch dieses Verhalten nur noch verstärkt.

«Den entscheidenden Fehler bildet die anfänglich oberflächliche Diagnose der Organisationen, indem die Aufmerksamkeit auf die Symptome [...] und nicht auf die Ursache der Schwierigkeiten gerichtet [ist].» (Sorg, 1982, S. 239/240).

- Herumkurieren an Symptomen
Einzelne auffällige Erscheinungen werden unverbunden als Misserfolgsfaktoren erkannt und mit Einzelmaßnahmen wird versucht, diese «Fehlerquellen» abzustellen. Auf diesem Weg werden mangels integrierter Vorgehensprogramme in den

vernetzten Zusammenhängen eines Systems neue Störgrößen produziert, die durchaus zu einem exponentiellen Ansteigen weiterer Fehlerquellen führen können.

- Lösung missdefinierter Probleme
Aus der Perspektive von Vergangenheitserfahrungen erfolgt eine Definition von Problemen, die der veränderten Entwicklung nicht Rechnung trägt. Überkommene und zumeist eng kanalisierte Interpretationsmuster werden an eine neuartige Problemlandschaft angelegt. Als Folge ergeben sich häufig intensiv verfolgte Lösungen eines schief definierten oder eines völlig missverstandenen Problems.

- Fehlgeleitete Revolutionen
Es wird zwar versucht, eine grundsätzliche Erneuerung der Unternehmung anzustreben, neue Strategien zu verfolgen und diese mit anderen Strukturmustern zu verfolgen. «Jedoch auch hinter solchen ‹Revolutionen› lauern Gefahren. Es erweist sich nämlich als paradox, sich überstürzt auf eine künftige Umwelt hin zu wandeln, die erst noch definiert werden muss.» Zu leicht führt nämlich das Bestreben der Mitarbeiter, ihre Unsicherheit abzubauen, dazu, sich zu früh auf bestimmte «relevante» Informationen und Handlungskurse festzulegen, die sich später als unrichtig erweisen können (Sorg, 1982, S. 242). Dem Begehen von Fehlern der dritten Art wird hierdurch massiv Vorschub geleistet.

2| Als funktionale Vorgehensmuster bietet sich dagegen an:

- Innovative Synthese
Richard Pascale (1991) hat anhand einer Reihe von Praxisbeispielen unter Heranziehung des «7-S-Konzepts» von Peters/Waterman Belege für eine dynamische Unternehmungsentwicklung vorgelegt. Dabei wurde wiederum deutlich, dass es für viele Unternehmungen naheliegend ist, bestimmte als Erfolg versprechend erkannte Faktoren zu maximieren. Diese Lösung einer paradoxen Spannung muss naturgemäß zu Einseitigkeiten führen, in denen der Keim eines späteren Misserfolgs liegt. Eine andere Möglichkeit besteht darin, ein nur durchschnittliches Muster einer Profilierung zwischen den Spannungsextremen zu verfolgen («weder Fisch noch Fleisch»):

Margaret Thatcher (1993) war die stärkste Antipodin eines derartigen Konsensstrebens, das sie als Prozess «of abundoning all beliefs, principles, values, and policies in search for something in which no one beliefs, but to which no one objects» charakterisierte.

> «Given the danger of overdetermination, the wisest course might seem to seek the middle ground. Some firms accept this, and the result is usually the blahs: organizations without destinction, and lacking in creative tension.» (Pascale, 1991, S. 84)

Richard Pascale sieht dagegen das wirkungsvollste Konzept in einer die These und die Antithese – als Basiselemente einer Paradoxie – überbrückenden Synthese. Für sie wählt er die Bezeichnung «metamizing»:

> «Paradox serves us by setting up polar opposites and affirming both sides. Two factors, mutually exclusivity and simultaneity, are essential for a genuine paradox. If neither side

can win, a conceptual «landing pad» is readied for blasting beyond the «gravitational field» in which the original paradox is framed. – Paradoxical qualities within an organization have value because they force people to think outside the box, and to break away from convenient categories and patterns.» (Pascale, 1991, S. 110)

Probleme lösen heißt vor allem, sich von Problemen zu lösen. Im Konzept des synthetischen «metamizing»-gerichteten Umgangs mit Paradoxien sind wesentliche Erklärungsmuster für den erfolgreichen oder weniger erfolgreichen Verlauf einer Unternehmungsentwicklung zu finden. Nach der Devise «nothing fails like success» ist davon auszugehen, dass eine erfolgreiche Entwicklung ein Verfestigen von Strategien, Strukturen und kulturgeprägten Verhaltensmustern bewirkt, das die Perzeptionen und Präferenzen für einen notwendigen Wandel blockiert. Ein «maximizing» führt zu pathologischen Entwicklungen entlang von Spannungsreihen:

> *«Im Verlaufe einer Entwicklung tendieren Unternehmungen dazu, die sie jeweils prägenden Strukturierungsmuster durch eigendynamische Prozesse immer wieder selbst zu erzeugen. In dieser Tendenz steckt die nicht unerhebliche Gefahr, dass sich die ursprünglich zugrundegelegte Philosophie über diverse Verstärkungsprozesse immer mehr in die einmal eingeschlagene Richtung vertieft und zu pathologischen Verhaltensweisen übergeht.»* (Perich, 1992, S. 358)

Die meisten Konzepte sind «built around false dichotomies that say you can't have it both ways, want your cake and eating it too» (Davis, 1987, S. 188). Mit dieser Betrachtungsweise wird die in derartigen Spannungsfeldern angelegte Dynamik bewusst oder unbewusst ausgeklammert.

Durch diese unnötige Vereinfachung wird ein Schlüssel zum Verständnis eines durch das Management zu beherrschenden Entwicklungsprozesses von höchster überlebenskritischer Bedeutung für die Unternehmung verschenkt.

Robert E. Quinn und Kim S. Cameron fassen diese für das Verständnis und die Erklärung von dynamischen Entwicklungsprozessen von Unternehmungen interessante Perspektive treffend wie folgt zusammen:

> *«A paradoxical perspective [...] make[s] contradictory notions explicit and consider[s] their simultaneous presence and dynamic balance.»* (Cameron/Quinn, 1988, S. 7)

> *«[T]he introduction of [...] [such a] perspective will allow us to focus better on contradictory, dynamic, and transformational phenomena in organizational life.»*
> (Quinn/Cameron, 1988, S. 289)

Ein «metamizing» setzt die Synthese von Gegensätzlichkeiten entlang einer Spannungsreihe, also eine schöpferische Kombination, voraus. Beispiele können aus der Integration von strategischem Wollen, organisatorischer Strukturierung und dem Verhaltensbereich angeführt werden.

Die Kombination von globalen Strategien mit lokalem Handeln («think global, act local»), wie die Bildung dezentraler, teilautonomer Subeinheiten an der Peripherie eines Systems zur Vernetzung von Markt und Kunden nach «scope»-Aspekten bei gleichzeitiger Zentralisation von Produktion, Logistik und Distribution nach Aspekten eines Erreichens von «economies of scale»-Effekten, bietet ein derartiges Beispiel.

Ein besonderes Gestaltungsproblem werfen Strukturen auf, die im Zuge einer erforderlichen Transformation mit zwei sich u. U. widersprechenden Positionierungen auf einer Spannungsreihe parallel arbeiten, wobei der Teil des Hybriden zeitlich die Vergangenheit und der andere die Zukunft repräsentiert: Im Gegensatz zu den erstgenannten hybriden Strukturen, bei denen eine schöpferische Synthese in die Richtung der Verzahnung über die Gestaltung prozessorientierter «Interfaces» verweist, geht es im Fall unterschiedlichen Erfahrungs- und Zeitbezuges des Hybriden gerade um das Gegenteil, nämlich um die autonome Entwicklung des Neuen ohne die Hemmnisse, die sich aus den vergangenheitsgeprägten Kulturen heraus für die Durchsetzung des Neuen, Zukünftigen einstellen. Dabei darf jedoch das Transitorische einer solchen hybriden Struktur nicht übersehen werden: Nur weil Vergangenes das Zukünftige ökonomisch trägt («Zukunft braucht Herkunft» – Odo Marquard), wird ja die hybride Struktur – auf Zeit – notwendig. Unten stehende Aufzählung verweist auf die hybride Synthese von Unternehmungs- und Subkultur-Elementen bei einer angestrebten Kulturveränderung.

Kulturveränderung:
Unternehmungs- vs. Subkulturen-Verdichtung

Für eine einheitliche Ausrichtung von Unternehmungskulturen im Kulturmodell sprechen:

- Corporate Identity nach außen und innen;
- einheitliche Standards des Verhaltens gegenüber der Umwelt, Kunden und Lieferanten, der Technik, Qualität usw.

Sie ermöglicht

- globale Strategien;
- Attraktivität zur Gewinnung knapper Ressourcen (Personal, Finanzen, usw.);

sie erleichtert

- Kommunikation und
- Kooperation

und schafft

- Vertrauen und
- Beständigkeit.

Für eine differenzierte Ausrichtung von Subkulturen einzelner Bereiche als Kulturformen sprechen:

- die differenzierten Gegebenheiten im Funktionellen, Produkt- und Marktmäßigen sowie im Lokalen (Standorte) und Regionalen (nationale Umkulturen).

Sie ermöglichen

- Flexibilität und Anpassungsfähigkeit;
- motiviertes, eigenständiges Vorgehen mit
- risikobereiter Entscheidungsfreude;
- Innovationsfähigkeit;
- Fehlereingrenzung

in Richtung einer Individualisierung von Problemlösungen.

«The toughest part is designing a new organization while you operate the old one. You can't slamdunk the new way. You have to run the two systems in parallel.» (Noel Tichy)

Ein «hybrides» Leitbild der LEGO Group zeigt die notwendige Verknüpfung paradoxer Spannungselemente im Verhaltensbereich der Führung.

The 11 Paradoxes of Leadership that hang on the wall of every LEGO manager's office

- to be able to build relationship with one's staff, and to keep suitable distance
- to be able to lead and to hold oneself in the background
- to trust one's staff [...] and to keep an eye on what is happening
- to be tolerant [...] and to know how you want things to function
- to keep the goals of one's own department in mind and the same time to be loyal to the whole firm
- to do a good job of planning your own time and
- to be flexible with your schedule, to freely express your own views [...] and to be diplomatic
- to be visionary [...] and to keep one's feet on the ground
- to try to win consensus [...] and to be able to cut through
- to be dynamic [...] and to be reflective
- to be sure of yourself [...] and to be humble

Letztlich führt eine derartige Synthese zu hybriden Strukturen eines «Sowohl-als-auch». Es ist anzumerken, dass es gerade die vielzitierte Postmoderne ist, die vom Merkmal des Hybriden geprägt ist. Das innovative Element einer derartigen Synthese liegt dabei weniger in der Selektion hybrider Elemente als vielmehr in ihrer beziehungsmäßigen Kombination. Die Verflechtung zwischen hybriden Elementen, wie sie in neuzeitlichen Strukturen erkennbar werden, wirft allerdings neue «Schnitt»- oder besser «Naht»-Stellenprobleme auf, die zur schöpferischen prozessorientierten Beziehungsgestaltung aufrufen.

Eine Bewältigung von paradoxen Spannungsverhältnissen in ihrer zyklischen Entwicklung stellt höchste Ansprüche an organisationale Lernprozesse:

> «Cycles are particularly hard to see, and thus to learn from.» (Senge, 1990, S. 23)

> «Many apparent dilemmas [...] are by-products of static thinking. They only appear as rigid ‹either-or› choices, because we think of what is possible at a fixed point of time. The real leverage lies in seeing how both can improve over time.» (S. 66)

Der gestalterische Aspekt eines Management of Change richtet sich auf das Schaffen von Rahmenbedingungen aus, die einem «organizational learning» förderlich sind. Wilenski gibt hier den Hinweis auf die Notwendigkeit einer expliziten Einbeziehung von Fundamentalkritik, um alternative Kontexte im Sinne einer pluralistischen Erkenntnisphilosophie und -gestaltung zum Tragen zu bringen:

> [...] it is imperative to devise administrative structures that invite the clash of expert opinion and include an adversary system to dramatize issues [...] to create incentives for persistent criticism of evidentiary value.« (Wilenski, 1967, S. 163, 1.)

Eine Begründung für ein organisationales Lernen, das über die Gestaltung von Rahmenbedingungen hinausgreift, die ein Lernen im Kollektiven ermöglichen und fördern, liegt gerade in der Auseinandersetzung mit der in Paradoxien angelegten Polarität. Lernprovokationen erfolgen durch die ihnen eigene spannungserzeugende Heterogenität. Buddhistische Mönche unterrichten beispielsweise ihre Schüler mit paradoxen Geschichten und Beispielen. Sie sollen dabei das gleichzeitige Erfassen von Gegensätzen lernen: Yin und Yang als gegensätzliche Energieformen sind immer gleichermaßen präsent, wechseln nur phasenweise ihre Schwerpunkte. Im sog. «Pillow learning», wie es den asiatischen Kulturen zugeschrieben wird, drückt sich das Konzept der Heterogenität als Lernform deutlich aus. Vielleicht liegt eine Dysfunktionalität unseres kollektiven, organisationalen Lernens in unserem westlichen Individualismus begründet und es sind Muster zu seiner Überwindung zu finden. Dabei kommen im Konzept drei unterschiedliche Felder innerhalb der Gruppe zur Anwendung: Synthese («Interrator»), These (sollen vorstellen: «Holator») sowie Antithese (sollen infrage stellen: «Advocatus Diaboli»). In diesem Kontext ergibt sich ein 3-Ebenen-Konzept des Umgangs mit Paradoxien:

- Ebene 1: Die Spannungsgröße Bewegung zwischen These und Antithese im Suchen nach einem Fließgleichgewicht, das der Veränderung von Kontexten und Situationen entspricht.
- Ebene 2: Die Synthese von These und Antithese durch eine schöpferische Kombination von Ebenen beider Aspekte in Richtung einer hybriden Verschmelzung.
- Ebene 3: Das Metalernen im Umgang mit wechselnden Entwicklungsströmen auf der Ebene 1 und dem schöpferischen Synthetisieren auf der Ebene 2, die zu veränderten Perzeptionen und Präferenzen im Umgang mit der Systementwicklung führen.

1.4 Unternehmungsentwicklung als schöpferische Synthese paradoxer Spannungen

Paradoxien sind das Grundmuster energetischer Spannungszustände, die bewältigt sein wollen. Entweder erfolgt der Umgang mit Paradoxien unter Ausblendung der Dynamik von Veränderungen unserer Umwelt nach dem Motto: «Nichts tun kostet nichts – außer die Zukunft!» oder durch die bewusste Konfrontation der Systementwicklung der Unternehmung durch schöpferische Unternehmer.

Im ersten Fall mikropolitischer Absicherungstendenzen gegen den Wandel in vergangenheitsgeprägten Unternehmungskulturen führt dies leicht zu pathologischen Zuständen von Überlebenskrisen, die zumeist nur partiell und vorübergehend zu bewältigen sind. Der einsetzende «brain drain» beim qualifizierten Humanpotenzial und der inhärente Vertrauensverlust, der im Zuge der Restrukturierung einsetzt, schaffen Dauerschäden, die nur selten zu beheben sind.

Im zweiten Fall einer bewussten Konfrontation durch dynamische Unternehmer sind Visionen und Missionen gefragt, die sinnvermittelnd und herausfordernd zur Zukunftsgestaltung die retardierenden Kräfte der Selbstzufriedenheit und Suche nach sicherheitsversprechenden Verhaltensnischen sozialer Systeme («inertia») überwinden und an der Auseinandersetzung mit der Gegenwart und Zukunft selbst zu lernenden Systemen werden. Das Motto heißt hier:

«To be masters of change rather than its victims.» (Vogel o.J.)

Literatur zu Abschnitt 1

Cameron, K. S. (1986): Effectiveness as Paradox: Consensus and Conflict in Conceptions of Organizational Effectiveness. In: Management Science, 32, 5, S. 539-553.

Cameron, K. S./Quinn, R. E. (1988): Organizational Paradox and Transformation. In: Quinn, R. E./Cameron, K. S. (Hrsg.): Paradox and Transformation. Cambridge, Mass., S. 1-18.

Cameron, K. S./Quinn, R. E (1983).: Studies on Competing Values.

Davis, S. M. (1987): Future Perfect. Reading, Mass.

Evans, P./Doz, Y. (1989): The Dualistic Organization. In: Evans, P./Doz, Y./Laurant, A. (Hrsg.): Human Resource Management in International Firms.Chance, Globalization, Innovation. London, S. 219-250.

Hampden-Turner, Ch. (1990): Corporate Culture – From Vicious to Virtuous Circles. London.

Hedberg, B. L. T./Nystrom, P. C./Starbuck, W. H. (1976): Camping on Seesaws: Prescriptions for a Self-designing Organization. In: Administration Science Quarterly, 21, S. 41-64.

Kieser, A. (1994): Fremdorganisation, Selbstorganisation und evolutionäres Management. In: zthf, 46, 3, S. 199-228.

Krystek, U. (1987): Unternehmungskrisen. Wiesbaden.
Lorenz, K. (1993): Der Abbau des Menschlichen. München/Zürich.
Miller, D. (1987): The Genesis of Configuration. In: Academy of Management Review, 12, 4, S. 686-701.
Morgan, G. (1986): Images of Organizations. Beverly Hills u. a.
Pascale, R. (1991): Managing on the Edge. How Successful Companies Use Conflict to Stay Ahead. London.
Perich, R. (1992): Unternehmungsdynamik. Bern/Stuttgart/Wien.
Peters, T. J./Waterman, R. H. (1984): Auf der Suche nach Spitzenleistungen. 10. Aufl., Landsberg am Lech.
Prigogine, I. (1980): From Being to Becoming. Time and Complexity in the Physical Sciences. San Francisco.
Quinn, R. E./Kimberley, J. R. (1984): Paradox, Planning and Perseverance: Guidelines for Managerial Practice. In: Quinn, R. E./Kimberly, J. R. (Hrsg.): New Futures: The Challenge of Managing Corporate Transitions. New York, S. 295-313.
Quinn. R. E./Cameron, K. S. (1988): Paradox and Transformation. A Framework for Viewing Organization and Management. In: Quinn, R. E./Cameron, K. S. (Hrsg.): Paradox and Transformation. Cambridge, Mass., S. 289-308.
Sainsbury, R. M. (1993): Paradoxien. Stuttgart.
Senge, P. (1990): The Fifth Discipline. New York u. a.
Sorg, S. (1982): Informationspathologien und Erkenntnisfortschritt in Organisationen. Diss. München.
Thatcher, M. (1993): The Downing Street Years. London.
Tychi, N. (1983): Managing Strategic Change. New York.
Watzlawick, P. (1984): Die erfundene Wirklichkeit. München/Zürich.
Ways, M. (1964): The Era of Radical Change. In: Fortune, 5, S. 113.
Wilensyky, H. L. (1967): Organizational Intelligence - Knowledge and Policy in Government and Industry. New York/London.

2 Visionäre Gestaltung der Unternehmungsentwicklung
Knut Bleicher, erschienen im Jahr 2003

Ein Rundumblick in unserer Wirtschaftslandschaft enthüllt weitgehende Verunsicherung über den einzuschlagenden Zukunftskurs. Man fällt eher in tradierte Konzepte einer sich der Sättigung nähernden Industriegesellschaft mit ihren technokratischen Management-Konzepten zurück, ohne zu erkennen, dass wir uns an einer historischen Wende zum Übergang in den quartären Sektor einer dienstleistungsorientierten Wissensgesellschaft befinden, die von anderen Gestaltungs- und Entwicklungsprinzipien getragen ist und damit andere Vorgehensweisen verlangt. Um einen derartigen Paradigmenwechsel erfolgreich bewältigen zu können, bedarf es neuer Strategien, Strukturen und Verhaltensweisen, vor allem einer vorausschauenden Vision über das zukünftig Notwendige. Statt eines technokratischen Machertums sind es vor allem evolutionäre Prinzipien des autonomen Wandels – ein Management of Change –, die eine systematische Generierung von Wissen zur Problembewältigung als Kernkompetenz zur Überlebensfähigkeit von Unternehmungen in den Mittelpunkt der Gestaltung von wirtschaftlichen Rahmenbedingungen in Unternehmungen und über sie hinaus verlangen. «Corporate Dynamics» – gesehen als ein Bündel von Maßnahmen zur Betonung des evolutionären Zeitaspekts in der Unternehmungsentwicklung – unterstreichen diese Akzentverschiebung hin zu einer veränderten Sicht der Unternehmung. Dies trifft sich mit der Vorstellung, dass unter dem Aspekt eines Paradigmenwechsels eine grundsätzliche Neukonzipierung «der Unternehmung» und ihrer Rolle – und dies nicht nur im Hinblick auf die Corporate Governance ihrer Spitzenorganisation – erforderlich sei: Reinventing the Corporation (Naisbitt/Aburdene, 1987). Widmen wir uns also dem Aspekt der evolutionären Entwicklungsdynamik von Unternehmungen unter dem Aspekt eines Paradigmenwechsels hin zur dienstleistungsorientierten Wissensgesellschaft und entwerfen ein visionäres Szenario zu bewältigender notwendiger Anpassungen in ihrer strategischen Positionierung, organisatorischen Restrukturierung und kulturellen Erneuerung.

2.1 Der Paradigmenwechsel zur Wissensgesellschaft verändert den Kanon kritischer Erfolgsfaktoren

Wir befinden uns inmitten eines industriegeschichtlichen Übergangs von der Industriegesellschaft (sekundärer Sektor nach dem primären Sektor der Landwirtschaft) zu einer dienstleistungsorientierten (tertiärer Wirtschaftssektor) Wissensgesellschaft (quartärer Wirtschaftssektor). Eine derartige Transformation ist geeignet, neben den Problemen der Repositionierung und Restrukturierung, die bei einem tief greifenden Wandel ohnehin auftreten, Chancen zu ermöglichen, aber auch Risiken deutlich zu erhöhen, die sich mit veränderten Markt- und Wettbewerbsverhältnissen verbinden. Dies ist bei dem gegenwärtigen Paradigmenwechsel insbesondere deshalb der Fall, weil sich mit der emergenten «weightless economy» neue Spielregeln verbinden, die ein grundsätzliches Umdenken und Handeln verlangen: Nicht das Management und der Einsatz «harter» physischer Faktoren wie Materialien, Maschinen usw. sind für den Erfolg in der New Economy entscheidend, sondern es geht vielmehr um den effektiven Umgang mit quasi gewichtslosen «weichen» Faktoren wie Informationen, Wissen und Intelligenz von Akteuren bei der ökonomischen Problemlösung im sozialen Umfeld.

Mit der Bezeichnung «Wissensgesellschaft» ist zugleich die unterschwellige Behauptung verbunden, dass sich ein Wandel in der Weise vollziehen wird, dass die Zukunft vor allem vom menschlichen Vermögen beherrscht wird, hochkomplexe wirtschaftliche, technische und soziale Probleme auf der Grundlage von schnell und örtlich nahezu unbegrenzt verfügbaren Informationen aufgrund vorhandenen Wissens und der entwickelten institutionellen Intelligenz anders und besser zu lösen, als dies unter den Annahmen der Old Economy der Fall war, die Materielles statt Humanem (Marktbeziehungs-, Technologie- und Managementpotenziale) in den Mittelpunkt stellte.

Der Begriff «Wissensgesellschaft» soll dabei deutlich machen, dass es zukünftig um die Generierung und Dissemination einer kritischen Ressource – dem physisch gesehen gewichtslosen «Wissen» – in einer veränderten «neuen» Ökonomie auf der Grundlage neuer technologischer Entwicklungen (Informationstechnologie) geht, die neue Möglichkeiten schafft, aber auch restringierende Bedingungen für das Management von sozialen Systemen und ihrer Organisation aufhebt. Da relevantes Wissen weitgehend menschengebunden ist und dazu tendiert, knapp zu sein, dürfte sich im Laufe des Übergangs zur Wissensgesellschaft das Verhältnis von Mensch und Organisation nicht unerheblich verändern: Wurde in der «alten» Form der Organisation der Mensch durch die Organisation instrumentalisiert, so scheint sich dieses Verhältnis vor dem Hintergrund knappen relevanten Wissens umzukehren: Knappe Wissensträger können Organisationen zugunsten eigener, individueller Ziele instrumentalisieren («Investitionen in die sog. Ich-Aktie»). Damit ergeben sich nicht nur veränderte Anforderungen an die strategische und organisatorische Gestaltung von Unternehmungen, sondern vor allem für das Human Ressource Management im Hinblick auf die Entwicklung von vertrauensfördernden Unternehmungskulturen, die eine hohe identitätsfördernde Mitarbeiterbindung gestatten. Im Ergebnis verbleibt dabei die Hoffnung, dass sich im Verhältnis von Mensch und Organisation neue Gleichgewichtszustände ergeben mögen, die nicht unerheblich zur Vermenschlichung unserer Arbeitsverhältnisse beitragen, denn der entscheidende Erfolgsfaktor Wissen ist weitgehend an seine Träger, die Mitarbeiter, gebunden, und Unternehmungsphilosophien werden weitgehend von Engpassfaktoren beherrscht.

2.2 Der Verlauf der Unternehmungsentwicklung als Gestaltungsobjekt des Managements

«Survival is a function of the total organization of any system that does survive, and it includes its capacity to learn, to adapt, to evolve.» (Stafford Beer)

Die ökonomische, technologische und soziale Evolution einer Unternehmung erfolgt im Zeitablauf über den Ausgleich von Um- und Inweltentwicklung. Der Begriff der Unternehmungsentwicklung stellt auf ein zeitgebundenes Phänomen ab: die Evolution eines ökonomisch orientierten sozialen Systems im Spannungsfeld von Forderungen und Möglichkeiten der Um- und Inwelt. Ausschlaggebend für diese Evolution ist die Stiftung eines höheren Nutzens relativ zum Angebot vergleichbarer anderer Wettbewerbssysteme durch die Bereitstellung und Inanspruchnahme strategischer Erfolgspotenziale. Die Unternehmungspolitik definiert aus den Erfahrungen der Vergangenheit heraus den «Kanal», in dem sich diese Entwicklung im Kosmos chancenreicher, aber auch riskanter Entwicklungen vollziehen sollte. Dies sollte durch eine Vision geleitet sein, die ein erstrebenswertes Zukunftsbild entwickelt:

> *«Die Vision ist ein konkretes Zukunftsbild, nahe genug, dass wir die Realisierbarkeit noch sehen können, aber schon fern genug, um die Begeisterung der Organisation für eine neue Wirklichkeit zu erwecken.»* (BCG)

Da Visionen Fahrpläne brauchen (Ernst Bloch), sind konkrete und überprüfbare Schritte zu definieren, die geeignet sind, die Differenz von Erstrebtem und Gegebenem zu verringern. Dies sind wichtige «corporate missions», die im Kanal des Erwünschten sodann weiterhin durch richtungsweisende Strategien unterlegt werden müssen, damit konkrete Projekte und operative Maßnahmen die Erdgebundenheit der gedanklichen und kommunizierten Visionsinhalte konkretisieren können. Der Leistungsbezug einer Vision stellt aber auch – wie das BCG-Zitat andeutet – einen wesentlichen Motivationswert dar, weil die eigene Tätigkeit damit in einen Sinnzusammenhang gestellt wird:

> *«Wenn das eigene Leben keine Vision hat, nach der man strebt, nach der man sich sehnt, die man verwirklichen möchte, dann gibt es aber auch kein Motiv, sich anzustrengen.»*
> (Erich Fromm)

Im Sinne unseres Themas mag man hier den Schlüssel für ein erfolgreiches Change Management hin zu neuen wirtschaftlichen Strukturen in der Wissensgesellschaft erkennen; denn visionär geführte Unternehmungen kreieren Unbehagen zur Vermeidung von Selbstzufriedenheit und fördern Bewegung, bevor die Umwelt sie dazu zwingt (Magyar, 1989). Die aufgrund der Gegebenheiten und der Selbstentwicklungskraft des sozialen Systems gegebene grundsätzliche Einschränkung der Gestaltbarkeit der Unternehmungsentwicklung kann auf diesem Weg teilweise aufgehoben werden.

Ausgangspunkt unternehmungspolitischer Überlegungen, die selbst im sozialen Interessenzusammenhang politisch verlaufen («politics»), sind generelle Zielvorgaben und prinzipielle Grundorientierungen in Form von Missionen («policies»). Diese sind auf die Qualifizierung von Potenzialen im Zeitablauf gerichtet.

2.2.1 Unternehmungsentwicklung verlangt unternehmerische Dynamik

Reichert man den Begriff der Unternehmungsentwicklung mit Merkmalen einer im Sinne der Vision positiv verlaufenden Dynamik im Spannungsfeld von Umwelt und Unternehmung an, bedarf es lenkender Kräfte, die visionär Chancen und Risiken von Veränderungen und Stärken und Schwächen bei ihrer Bewältigung durch eine Unternehmung erkennen und mit missionarischer Wirkung eine Anpassung durch den notwendigen Wandel bewerkstelligen.

Cuno Pümpin und Jürgen Prange (1991) kennzeichnen Überlegungen einer unternehmerischen Anpassung an sich bietende Chancen und Risiken durch das Dynamik-Prinzip. Ihm muss eine dynamische Unternehmungsführung entsprechen. Es lässt sich durch drei Elemente kennzeichnen:

– eine unternehmerische Persönlichkeit als Promotor der Dynamik,

– Nutzen- und strategische Erfolgspotenziale, die von einer dynamischen Unternehmung erschlossen werden,

– die Multiplikation von Geschäftsaktivitäten, die beim Ausschöpfen der Nutzen- und strategischen Erfolgspotenziale zur Anwendung gelangen.

2.2.2 Verläufe der Unternehmungsentwicklung

Unternehmungsentwicklungen können durchaus einen unterschiedlichen Verlauf nehmen. Wachsende Unternehmungen weisen häufig jedoch eine recht ähnliche formale Struktur ihrer Entwicklung auf, die auch inhaltlich zu ähnlichen Problemlagen führt, welche durch das Management zu bewältigen sind. Als wesentliche Stadien einer derartigen «normalen» Unternehmungsentwicklung lassen sich unterscheiden und diskutieren:

1| Innere Unternehmungsentwicklung

– Pionierphase

– Markterschließungsphase

– Diversifikationsphase

2| Äußere Unternehmungsentwicklung

– Akquisitionsphase

– Kooperationsphase

3| Innere und äußere Unternehmungsentwicklung

– Restrukturierungsphase

2.2.3 Wechselnde Profile der Phasen erfordern bei Schwellenübergang ein extremes Change Management

Mit der Analyse- und Darstellungstechnik des St. Gallener Management-Konzepts lässt sich zeigen, dass die Gestaltungsprofile der aufeinanderfolgenden Entwicklungsphasen radikal andere Ausprägungen zwischen Stabilitäts- und Veränderungsorientierung aufweisen. Dies verlangt radikale Anpassungsmaßnahmen, um den jeweils andersartigen Herausforderungen der neuen Phase entsprechen zu können. Insgesamt zeigt die Unternehmungsentwicklung ein stark fluktuierendes Bild im Zeitablauf, das naturgemäß das Management vor dramatische Herausforderungen stellt.

Insgesamt stellt sich die Aufgabe für das Management der Unternehmungsentwicklung darin, ein in sich stark pulsierendes System zu gestalten und zu lenken. Jede dauerhafte Extrempositionierung am einen oder anderen Profilende führt entweder zur Erstarrung oder zum Chaos: Ein dynamisches Management als «Herzschrittmacher» der Evolution?

Für eine weiterführende Analyse der Unternehmungsentwicklung ist es zweckmäßig von den Spannungssituationen auszugehen, die sich bei jedem Phasenübergang zwischen dem bisherigen Strategie-, Struktur- und Kulturprofil und dem gegenpoligen, zu erreichenden neuen Profil der anzustrebenden Folgephase ergeben:

> «The key characteristic in paradox is the simultaneous presence of contradictory, even mutually exclusive elements.» (Cameron/Quinn, 1988)

Man mag derartige paradoxe Spannungen als dysfunktional ansehen und bedauern, da sie erheblicher Kräfte bedürfen können, um von einem Spannungspol zum anderen zu gelangen, was ja genau das Problem des kritischen Schwellenübergangs der Unternehmungsentwicklung beinhaltet. Mit einer derartigen Betrachtungsweise werden die in derartigen Spannungsfeldern angelegte Dynamik und die daraus erwachsenden schöpferischen Kräfte bewusst ausgeklammert. Eher positiv ist daher die entstehende Spannung zwischen den Polen Alt und Neu eines Strukturierungsmusters zu sehen:

> «A paradoxical perspective [...] make[s] contradictory notions explicit and consider[s] their simultaneous presence and dynamic balance.» (Cameron/Quinn, 1988) «[T]he introduction of [... such a] perspective will allow us to focus better on the contradictory dynamic, and transformational phenomena in organizational life.» (Quinn/Cameron, 1988)

2.2.4 Krisenanfällige Schwellenübergänge von Phasen der Unternehmungsentwicklung

Am Ende einer jeden der dargestellten Phasen stellen sich typische Schwellenprobleme eines Übergangs zu einer folgenden Phase ein, die bei ihrer mangelnden Berücksichtigung und Gestaltung des Übergangs Krisensituationen heraufbeschwören können. Ihre Nichtberücksichtigung kann zur Rückentwicklung auf Problemlagen vorausgegangener Phasen und damit zu einer kritischen Schrumpfung führen. Werden die Krisenursachen nicht abgestellt, kommt es schließlich zum Niedergang der Unternehmung.

«Unternehmungskrisen (sollten eher) als Chancen zur Erneuerung und nicht einseitig in ihren Wirkungen als destruktiv und dysfunktional empfunden werden. [...] Die den Krisen eigene Kraft zur konstruktiven Wandlung, zur Überwindung starrer Formen wird häufig übersehen [...] Unternehmungskrisen als Chancen zur Erneuerung und nicht einseitig als Endstationen einer fehlgeleiteten Entwicklung zu betrachten, ist uns offenbar noch eine fremde, zweifelhafte Vorstellung.» (Krystek, 1987)

1| Krisenpotenziale des Schwellenübergangs von der Pionier- in die Markterschließungsphase

- Abhängigkeit von der Person des Gründers
- patriarchalische Führungsform
- mangelnde Professionalisierung der Führung
- zentralistische Organisationsstruktur mit Improvisationscharakter
- mangelnde Anpassung von Organisation und Managementsystemen an wachsende Größe
- wenig ausgereifte Technologie
- unzureichende Produkteigenschaften
- vernachlässigtes Qualitätsmanagement
- Überforderung der Kapazität durch Nacharbeiten
- verspätete Anpassung durch Investitionen
- unzureichende Vertriebsweggestaltung

2| Krisenpotenziale des Schwellenübergangs von der Markterschließungs- in die Diversifikationsphase

- zu schmales Produkt- und Regionalprogramm
- Niedrigpreispolitik führt in die Kostenschere
- ein technokratisches Management bevorzugt Ausbeutungsstrategien
- betont kurzfristiges Erfolgsdenken
- zentralistische Organisation mit Kamineffekten
- unzureichende Berücksichtigung der Kompetenz des mittleren Managements
- bürokratische Kultur eines Verhaltens der Regelbefolgung
- Erstarrung im Routinebetrieb
- materielle, personelle und finanzielle Ressourcenbeschränkung

3| Krisenpotenziale des Schwellenübergangs von der Akquisitions- in die Kooperationsphase

- Mangelnde Integration akquirierter Unternehmungen und Betriebsteile reduziert die Führbarkeit und belastet die Managementkapazität.

- Beibehaltung der Organisation des Stammhauses bei Unterordnung der neuen Bereiche unter dessen Unternehmungspolitik und Führung
- Kampf von Subkulturen der Stamm- und der akquirierten Bereiche
- Entdeckung der Grenzen eines professionellen Managements zur Führung von Unternehmungen anderer Markt- und Technologieprägung
- Überforderung der finanziellen Ressourcen durch Überschätzung des synergistischen Potenzials der akquirierten Unternehmungen/Bereiche und ihrer inneren Ertragskraft
- sinkende Ergebnisse trotz oder wegen einer Reduzierung der Entwicklungsvorhaben in vielen Bereichen
- unzureichende Differenzierung der Managementsysteme

4 | Krisenpotenziale des Schwellenübergangs von der Kooperationsphase in die Restrukturierungsphase

- Der eigene Führungsstil widerspricht den Anforderungen an eine Harmonisation unterschiedlich geprägter Zusammenarbeitsverhältnisse.
- Misstrauen beherrscht das Klima der Zusammenarbeit.
- Kooperationsverhältnisse scheitern und führen zu einem Positionsverlust bei geschäftstragenden Märkten und Technologien.
- Die eigenen Ressourcen sind durch die vorausgehenden Versuche zur Diversifikation und Akquisition weitgehend verzehrt worden, sodass die Unternehmung auch für das Eingehen weiterer Kooperationsverhältnisse kaum mehr Interessantes bieten kann.

Der Darstellung der Unternehmungsentwicklung lag die Unterscheidung zwischen einer aus eigener Kraft erfolgenden inneren und einer in Kooperation und dem Zusammenschluss mit anderen Unternehmungen erfolgenden äußeren Entwicklung zugrunde. Mit einer Tendenz hin zur äußeren Entwicklung durch vertragliche Bindungen, dem Eingehen von Beteiligungen, Übernahmen und Zusammenschlüssen in einem kollaborativen Wettbewerb («collaborative competition») werden die Konturen der bisherigen Gesellschaftsformen einer gesellschaftsrechtlich und wirtschaftlich zentrierten Autonomie undeutlich. Misslingt die äußere Entwicklung und sind zugleich Schritte zurück zu einer aus dem Inneren der Unternehmung heraus erfolgenden Entwicklungsdynamik durch vielfältige unumkehrbare Festschreibungen von Strukturen und Verhalten verstellt, verbleibt die zumeist von außen induzierte Restrukturierung. Sie führt entweder zur völligen oder teilweisen Auflösung der ursprünglich als «Unternehmung» definierten autonomen Kerneinheit.

2.2.5 Unternehmungsentwicklung zwischen leitender Evolution und Revolution

Betrachtet man den Gesamtverlauf einer Unternehmungsentwicklung, so stellt sich die grundsätzliche Frage, ob ein Typ von Menschen, insbesondere von Managern, in der Lage sein kann, angesichts der Paradoxie der Spannungssituationen die Verschiedenartigkeit der Prozesse mit seinem Erfahrungsschatz und seinen Kenntnissen effektiv zu gestalten und zu lenken. So könnten unterschiedliche, sich ablösende Besetzungs- und Rollenprofile für einzelne Entwicklungsphasen durchaus zweckgerecht sein. Günstig erscheint es, wenn der Anforderungswechsel mit dem Generationenwechsel der Träger des Entwicklungsprozesses zusammenfällt.

2.3 Potenzialentwicklung – Kern einer vorausschauenden Gestaltung der Unternehmungsentwicklung

Eine präsituative Gestaltung der Unternehmungsentwicklung ist angezeigt, da alle Einzelmaßnahmen eines Profilwechsels im Hinblick auf die sich verändernden Anforderungen einzelner Phasen Zeit benötigen, um rechtzeitig zum Etappenwechsel bereit zu sein. Da es sich hierbei in sozialen Systemen vor allem um Lernprozesse handelt, sind einseitige situative Gestaltungsmaßnahmen eher einem Chaosmanagement zuzuordnen. Präsituativ gilt es im Einzelnen den Aufbau, die Stabilisierung und den eventuellen Abbau einzelner Potenzialkategorien im Zeitablauf zu fixieren. Potenziale weisen eine unterschiedliche zeitliche Reichweite auf, wobei grundsätzlich ihr langfristiger Entwicklungscharakter zu beachten ist. Für ein auf lange Sicht angelegtes chancenreiches strategisches Management sind es dabei vor allem die Marktbeziehungs-, Technologie- und schließlich wohl am entscheidendsten die Managementpotenziale, deren Entwicklung wesentlich sind. Es dürfte das generelle Bestreben zukunftsorientierter und erfolgreicher Unternehmungen sein, in diesen drei Potenzialkategorien grundlegende und entwicklungsfähige Kernfähigkeiten (Prahalad/Hamel, 1991) aufzubauen, aus denen sich einzelne wechselnde strategische Erfolgspotenziale ableiten lassen, die insgesamt zu einer Nutzensteigerung führen.

2.4 Change Management – Vollzug der Unternehmungsentwicklung

Der strategische, organisatorische und verhaltensmäßige Vollzug der Unternehmungsentwicklung ist durch ein gezieltes Change Management zu bewirken. Dabei lassen sich unterschiedliche Ansätze unterscheiden (Müller-Stewens/Lechner, 2001):

1| Wandel als Planungsproblem
  Dieses auch als «Feldherrn-Ansatz» bekannte Vorgehensmuster folgt der folgenden Logik:
  – fixiere das Ziel genau,
  – prüfe die alternativen Wege dorthin und wähle einen aus,
  – plane im Detail die ausgewählte Strategie, um auf diesem Weg das Ziel zu erreichen.

Aufgrund dieser rationalen Willensbildung erfolgt der Befehl zur Umsetzung, und die Mitarbeiter «marschieren» auf ihr Ziel zu.

«Der Wandel der Organisation wurde in diesen Ansätzen (jedoch) noch nicht als eigenständiges Problem- und Gestaltungsfeld [...] erkannt.» (Müller-Stewens)

2 | Wandel als Umgang mit Widerständen
Notwendige Beseitigung von erkannten Widerständen gegen Veränderungen:

- Welche Widerstände sind zu erwarten und wie können sie überwunden werden?

- Wenn der Wandel nicht wie vorgesehen greifen sollte, unbeirrt an den Zielen festhalten und die «Schlagzahl» erhöhen.

Hierzu ist eine Klärung der Widerstände in der Person und der Widerstände aus der Organisation heraus erforderlich.

3 | Organisationsentwicklung (OE)
Notwendiger Abbau von Widerständen, Verbesserung der Zufriedenheit am Arbeitsplatz und größere Entfaltungsmöglichkeiten der Mitarbeiter werden zur Förderung des Wandels angestrebt.

4 | Wandel als Lernprozess
Die Theorie des organisatorischen Wandels verknüpft sich eng mit den Bemühungen, ein Wissensmanagement in Organisationen zu gestalten:

«Denkt man sich die Lernfähigkeit als einen Teil des umfassenderen Konstrukts ‹Veränderungsfähigkeit› und begreift man Lernen als Umstrukturierung der bestehenden Wissensbasis, so wird Lernen bzw. die Aneignung und organisatorische Verankerung von neuem Wissen zur Voraussetzung eines dauerhaft stattfindenden Wandels.» (Müller-Stewens)

5 | Organizational Transformation (OT)
Ein weiterer Ansatz, der sich Lernmodelle zunutze gemacht hat, ist der des Organizational Transformation (OT), der auf einen fundamentalen Wandel abstellt, wie er bei einem Paradigmenwechsel vorliegt. Visionen und Missionen zielen hierbei auf eine generelle Aktivierung aller organisatorischen Kräfte.

2.5 Die aktuellen Herausforderungen der Unternehmungsentwicklung: Repositionierung im Zuge der Transformation von «old-line industries» zum tertiär-quartären Sektor einer dienstleistungsorientierten Wissensgesellschaft

Auslöser für eine weitgehende Repositionierung von Unternehmungen im Übergang von einer durch bislang erfolgreiche Geschäftstätigkeiten im primären und sekundären Wirtschaftssektor auf den tertiären und quartären Sektor einer dienstleistungsorientierten Wissensgesellschaft ist zumeist die Erkenntnis sinkender Erträge in einem übersetzten Wettbewerb, der durch Überkapazitäten und Preisverfall gekennzeichnet ist. Die sinkenden Erträge sind dabei durch Rationalisierungsmaßnahmen mit einer Kostensenkung nicht zu stoppen, obwohl dies zumeist zunächst versucht wird. Hinzu kommt die oft hohe Kapitalbindung in diesen Sektoren durch beachtliche «brick and mortar»-Investitionen, die sich bei einem sinkenden Kapitalumschlag und verminderten Umsatzrenditen in der Formel der Kapitalrentabilität multiplikativ negativ auswirken. Mit der Erkenntnis dieses Zusammenhangs ergibt sich ein grundsätzlicher Bedarf nach einer Repositionierung von Unternehmungen und ihrer Restrukturierung, die sich in einer derartigen Phase ihrer Entwicklung befinden, bis hin zur Suche nach einem neuen oder veränderten Geschäftszweck und -modell im Rahmen einer zukunftsführenden Vision – also einem Reinventing of the Corporation im konkreten Fall.

Waren in der anfänglichen Euphorie über das Werden und die neuen Möglichkeiten der New Economy viele illusionäre Vorstellungen im Spiel, so hat sich inzwischen – nach dem Niedergang vieler entsprechender Titel an den Börsen der Welt – große Ernüchterung eingestellt. Realistisch scheint es zu sein, weniger von einer Ad-hoc-Substitution der alten durch die neue Wirtschaft zu sprechen, als vielmehr der These nachzugehen, dass sich derzeit wesentliche Veränderungen in Richtung einer höheren Wertschöpfung von einer intelligenten Symbiose von Elementen der alten Economy des primären und sekundären Wirtschaftssektors einerseits und den Strukturen der neuen Economy andererseits ergeben werden, die im tertiären Sektor Dienstleistungen und im quartären Sektor Wissen als Treiber für den wirtschaftlichen Fortschritt nutzbar machen.

In der Tat ist empirisch feststellbar, dass sich die Unternehmungen der traditionellen Wirtschaft als besonders wertschöpfend erweisen, die in ihre Angebotsportfolios Elemente und Strukturen der Wissensgesellschaft derart eingeführt haben, dass sie eine Symbiose von traditioneller materieller Produktion mit wissensbasiertem intelligentem und damit immateriellem Service gefunden haben. Dies ist leicht an der Verschiebung des Ergebnisanteils von alten zu neuen Programmformen im Angebotsportfolio erfolgreicher Unternehmungen erkennbar.

Die Transparenz dieses Entwicklungszusammenhangs wird weitgehend dadurch vermindert, dass bei einem Mix von alten und neuen Sektoranteilen die alten Anteile der «brick and mortar economy» aufgrund ihres gewichtigen materiellen Aktiven-Anteils per se stärker zu Buche schlagen als die neuen, eher fluiden Anteile eines intelligenten Dienstleistungs- und Informationsgeschäftes der «wheightless economy». Insofern entsteht bei Anlegung von Analyse-Instrumenten der «alten Welt» leicht eine Fehleinschätzung zugunsten der Bedeutung der harten Faktoren und Portfolio-Aktivitäten, während die weichen Faktoren intelligenter Dienstleistungs- und Wissensangebote des Humankapitals eher als Kostentreiber denn als beleihungsfähige Aktiven in das unternehmerische Kalkül eingehen.

Dabei kann es äußerst gewagt sein, einen zu großen Sprung in eine neue oder andere Geschäftswelt mit anderen Wettbewerbsverhältnissen, Kunden und Kulturen zu unternehmen. Dies auch dann, wenn man fest daran glaubt, durch einen evolutionären Übergang von der «alten Welt» des «brick and mortar business» in die «neue Welt» des «intelligent business» als «management and solutions provider» die dabei zu erwartenden externen und internen Widerstände ohne große Friktionen vor allem aus dem eigenen sozialen System heraus zu überwinden. Dennoch sind die mit einem revolutionären Vorgehen verbundenen Risiken hoch und zudem vorausschauend kaum einzuschätzen: Viel Erfahrungswissen kann dabei verloren gehen, neues Wissen nicht schnell genug oder nur unzureichend erworben werden, was allerdings durch ein Insourcing über ein Eingehen von Wissenspartnerschaften mittels Bildung virtueller Netzwerke erleichtert werden kann.

Im Folgenden gehe ich daher von einem evolutionären Ansatz aus, der einen graduellen Übergang von Erfahrungen aus der «alten Welt» vorsieht und damit auf dem etablierten und nicht plötzlich obsolet werdenden Fundament eines bestehenden Geschäfts mit einer erfahrenen Mitarbeiterschaft, im Zeitablauf entwickelten Kunden- und Lieferantenbeziehungen und zudem auf beschränkte Dauer weiterhin eine Grundlast an Kostendeckung und Ergebnisentwicklung aufbauen kann: Das «Alte» bildet dann zugleich die Finanzierungsbasis und ein Netzwerk von Beziehungen für das «Neue». Die Problematik einer derartigen evolutorischen Entwicklung des «Neuen» aus dem «Alten» heraus verdichtet sich so vor allem zu folgenden Fragestellungen:

- Die **Vision** als vorläufiges Endziel der Entwicklung muss bekannt sein. Daher ist sie zu kommunizieren, um allen Anstrengungen zur Transformation in ein neues und noch unbekanntes Feld geschäftlicher Aktivitäten in anderen Wettbewerbsstrukturen eine eindeutige Richtung zu geben.

- Der Weg zur Vision ist in beherrschbare und zeitlich determinierbare Schritte in Form von konkreten **Missionen** aufzubrechen, um über Teilziele und Ergebnisse den Prozess der Transformation anhand von Milestones lenken zu können. Auf diesem Weg zur Erreichung der Vision sind zugleich Erfolgserlebnisse der Beteiligten zu generieren und deutlich zu machen, um über ihr Lernen aus der Problembewältigung Wissen zu schöpfen und neue Kapazitäten für die nächsten Schritte zu entwickeln.

- **Strategien, Strukturen und Kulturen** sind in diesem Prozess den wechselnden Anforderungen anzupassen, zugleich sind auch über sie Voraussetzungen für künftige missionarische Schritte in Richtung einer operationellen Verwirklichung der Vision zu schaffen.

- Ein **visionäres und missionarisches Management,** das durch sein kultursensibles Verhalten den Brückenschlag zwischen der «alten Welt» und der «neuen Welt» bewirkt und gleichzeitig mit Konsequenz an der Verwirklichung der Vision arbeitet.

2.5.1 Ein Fließgleichgewicht von «alter» und «neuer Welt» ist zu gestalten

Die Frage der Gestaltung des Fließgleichgewichts zwischen den Faktoren der «alten» und der «neuen» Welt ist eine besondere Aufmerksamkeit zu widmen, denn sie spricht die Grundproblematik der intersektoralen Transformation an. Eine zu kurze Schrittlänge hin zum Neuen kann große Risiken in sich bergen und u. U. die gesamte Unternehmung an den Rand des Untergangs führen; Gleiches gilt für ein zu langes

Verharren im «Alten» bei zu langer Schrittlänge. Eine zu kurze Schrittlänge führt nicht selten zu einer rückwärts gerichteten Korrektur («back to square x») und kann in einer nachhaltigen Zerstörung der bereits entwickelten Plattform für die Entwicklung des «Neuen» münden. Zudem löst sie eine nicht unerhebliche Verwirrung bei den wesentlichen Akteuren des Wandels in der Unternehmung und an den Märkten aus, sodass in der Folge kaum Anschlussmöglichkeiten an eine erstrebenswerte, weil letztlich überlebenssichernde «neue Welt» verbleiben.

Eine wesentliche Frage, die sich beim Übergang in die «neue Welt» stellt, ist die nach einer organisatorischen Trennung oder Verzahnung beider Welten, die eigene Geschäftsprinzipien in unterschiedlich evolvierten Kulturen zu verfolgen haben. Im Falle einer organisatorischen Trennung könnte etwa die «neue Welt» in Form einer eigenen Tochter- oder Schwestergesellschaft ausgegliedert werden, um ihrer eigenständigen Entwicklung Raum zu geben. Oder aber man lässt die «neue Welt» sich dezentral aus der «alten Welt» heraus entwickeln, wobei sich das Neue unter steter und konfliktreicher Auseinandersetzung vor Ort aus dem Etablierten und bislang Bewährten heraus entwickeln muss.

Eine (zentrale) Ausgliederung des Neuen ist dabei sicherlich der näherliegende, weil zunächst konfliktfreie Weg, um in die «neue Welt» vorzustoßen. Er muss jedoch aufgrund der vorprogrammierten Abstoßneigung beider Subsysteme auf die vielfältigen sachlich und sozial geprägten Lernprozesse, die sich im Wettbewerb von «Alt» und «Neu» einstellen, verzichten. Dies wird insbesondere deutlich, wenn beachtet wird, dass es sich bei der zu bewältigenden Problemlandschaft durchaus um gleiche Objekte handeln kann, die im «Neuen» anders funktionalisiert werden. Wahrscheinlich hängt die Beantwortung der Frage nach einer zentralen oder dezentralen Gestaltung des Transformationsprozesses auch vom Stadium der gegebenen Unternehmungsentwicklung ab: In frühen Phasen eines Transformationsprozesses dürfte sich eher eine dezentrale Lösung anbieten, die durch eine enge Verkopplung von «Alt» und «Neu» gekennzeichnet ist, etwa beispielsweise indem Service- und Beratungsaktivitäten im Kundenprozess mit den bisherigen Verkaufs- und Lieferaktivitäten verbunden werden. Ab einer erkennbaren Reife der Unternehmungsentwicklung kann es dann sinnvoll sein, die «alte» und die «neue Welt» im Sinne einer eigenständigen Zentralisierung beider Bereiche stärker organisatorisch zu trennen.

Dies wäre dann der Fall, wenn sich die «neue Welt» im Leistungsportfolio einer Unternehmung ihre Eigenständigkeit in der Technologie und am Markt erkämpft hat und eine übergeordnete organisatorische Zusammenarbeit relativ selbstständiger Einheiten («selfsustaining units») kein effektivitätsgefährdendes Problem mehr darstellt.

Die bisherige Betrachtung ging von der Annahme aus, dass eine Transformation im Sinne einer inneren Unternehmungsentwicklung aus einer bestehenden Unternehmung heraus erfolgt und damit u. U. Beschränkungen in der Wissensgenerierung, aber vor allem der Wissenstransformation unterliegt. Es bestehen jedoch deutliche Möglichkeiten, diese Grenzen zu sprengen durch Möglichkeiten einer äußeren Unternehmungsentwicklung:

– einer Akquisition neuen Wissens oder

– einer Kooperation mit dem «Neuen».

Die bekannten Probleme, die sich bei einer Integration von Unternehmungen über eine Akquisition ergeben, schwächen sich unter dem angesprochenen Aspekt eines sprunghaften Übergangs von der «alten» in die «neue Welt», die anderen Prinzipien folgt, deutlich ab, indem eine Separierung der übernommenen und der übernehmenden Unternehmung im Sinne einer zentralisierenden Lösung eines «Nebeneinanders» beider Welten durchaus sinnvoll sein kann: Eine völlige Integration unterhalb der Systems-/Solutions-Provider-Rolle entfällt. Problematischer werden dagegen Integrationsversuche der übernommenen «neuen Welt» in die bestehende «alte Welt», obwohl ein derartiger Versuch im Hinblick auf die Realisierung der Zukunftsvision ohnehin kaum Sinn macht (auch wenn dies immer wieder versucht wird!).

Eine Kooperation mit anderen Unternehmungen beim Übergang in die «neue Welt» wird in einer servicegeprägten Wissensgesellschaft per se zu deren dominanter Organisationsform. Dies schon deshalb, weil vielfältiges Wissen von außen erworben werden muss und dies auch nicht immer auf dem Weg von Akquisitionen möglich oder zweckmäßig ist. Da das «knowledge sharing» zum Organisationsprinzip der Entwicklung des quartären Sektors avancieren dürfte, gilt es, sich dieses Prinzips bei der organisatorischen Gestaltung im Prozess eines Management of Change mit Vorrang zu bedienen. Daraus erwachsen interorganisatorische Netzwerke, die sich spontan entwickeln und eigene Communities hervorbringen, die sich auf speziellen Gebieten der Wissensgenerierung und des entsprechenden Transfers betätigen. Sie übernehmen damit Aufgaben, die in der «alten Welt» organisatorisch eher in einzelnen Unternehmungen internalisiert wurden. Die Virtualität dieser Beziehungen schafft dabei neue Aktionsräume, die für die eigenen Strategien eine größere Reichweite versprechen, da sie sich einer weit größeren Wissensbasis bedienen können, als dies beim Vorgehen in der «alten Welt» der Fall war. Zudem lassen sich unter zusätzlicher Nutzung interner Netzwerke größere sachliche und zeitliche Transformationschancen in der Unternehmungsentwicklung entdecken.

Netzwerke beruhen auf der Grundlage verteilten Wissens. Die eigentliche Wertschöpfung entsteht durch die fall- und projektspezifische Integration dieses Wissens. Hierzu bedarf es herausragender Intelligenz, um über die Synthese von Wissen zu einer gesteigerten Wertschöpfung zu gelangen. Dieser Grundsatz drückt sich faktisch in der Rolle der Systemführerschaft an der Schwelle zur Befriedigung von Kundenbedürfnissen aus. Dabei ist abzusehen, dass es aus strategischer Perspektive gesamtwirtschaftlich zu einem markanten «unbundling» von Wertschöpfungsketten und zu ihrer branchenübergreifenden Rekomposition der Kundenschnittstellen, also zu einer veränderten Reintegration kommen wird. Im Sinne eine «structure follows strategy» sind Organisationen beim Übergang in die «neue Welt» auf diese neue Verbundrolle unabhängiger und selbstständig geführter Unternehmungen auszurichten. Ein derartiger Übergang zu neuartigen Organisations- und Führungsformen, die weniger die technische als die kognitive Arbeitsteilung betonen, setzt eine Entwertung der traditionellen, sich abschottenden Organisationsmuster und die spontane Entwicklung offener dezentraler Netzwerke voraus:

> «Je kleiner und ausgekoppelter die agierende Einheit, umso besser die Entscheidungsgeschwindigkeit und Innovation.» (Kelley, 1997)

Dies führt auf der Suche nach einer fortschrittsfähigen Allokation und Erschließung von Kompetenz zu projekthaften, grenzüberwindenden netzwerkartigen Strukturen. Als Vision erscheint damit die schrankenlose Unternehmung, die sich amöbenhaft in verschiedenen Beziehungsnetzwerken bewegt und dabei ihre Stärken im Entwickeln und Nutzen intersystemischer Beziehungen mit hoher Flexibilität zur Erzielung eines überdurchschnittlichen Erfolgs einsetzt. So kennzeichnete der frühere CEO der amerikanischen General Electric Corp. – Jack Welsh – seine Vorstellung von der zukünftigen Organisation:

> «Our dream [...] is a boundary-less corporation [...], where we knock down the wall that separates us from each other on the inside and from our key constituencies on the outside.»

2.5.2 Notwendiges Wissensmanagement in Wissensnetzwerken als Integrationsnotwendigkeit virtueller Strukturen

Die Kernkompetenz «Wissen» wird zur erfolgskritischen Säule in der «neuen Welt» intelligenter Problemlösungen am Markt; denn letztlich wird statt der Produkte die serviceunterstützte Problemlösung zum neuen Angebot. Damit wird eine Organisation weniger durch die Synthese von materiellen Stoffen und Teilen zum physischen Endprodukt als kritische Integrationsleistung als vielmehr die Suche nach und die Aktivierung von problemdefinierendem und -lösendem Wissen innerhalb und außerhalb der Organisation. Virtuelle Strukturen bieten hierfür dank ihrer Offenheit und dem weitgehenden Verzicht auf bürokratische vertikale und horizontale Schnittstellen günstige Voraussetzungen. Dies gilt auch unter Ansehung der unsicheren Erwartungen, vor deren Hintergrund sich Problemlösungen beim Übergang in die «neue Welt» vollziehen:

> «In an economy where the only certainty is uncertainty, the one sure source of competitive advantage is knowledge.» (Nonaka/Takeuchi, 1995)

Wissensmanagement kann nach Probst/Raub/Romhardt (1997) «als eine Verbesserung der organisatorischen Fähigkeiten des Umgangs mit Wissen auf allen Ebenen der Organisation definiert werden. Durch ein gezieltes Management [...] lässt sich die Ressource Wissen besser erschließen und fördern. Ein bewusster Umgang mit Wissen in Unternehmungen zielt darauf ab, Wissensprozesse wie das Lokalisieren und Festhalten, das Teilen und Verteilen oder die Generierung neuen Wissens durch gezielte Aktivitäten zu fördern.» (Probst/Raub/Romhardt, 1997, nach Enkel/Back 2002)

Wissensnetzwerke überlagern die Grundorganisation einer Unternehmung und sie sind entsprechend zu gestalten. Sie dienen dazu, wichtige Wissensträger miteinander zu verbinden:

«Wissensträger sind Menschen innerhalb der Organisation, die über Wissen in einem bestimmten Gebiet verfügen, also Experten sind. Diese Wissensträger sind im herkömmlichen Unternehmen oftmals durch hierarchische oder funktionale Barrieren voneinander getrennt und können ihr Wissen nicht austauschen oder gemeinsam neues Wissen entwickeln. Ein Wissensnetzwerk bietet die Möglichkeit, die Wissensträger zu verbinden, da das Netzwerk als Organisationsform über der hierarchischen und funktionalen Ebene des Unternehmens liegt. [...] Auch hierarchische Barrieren, also z. B. ein unterschiedlicher Status innerhalb der Organisation, werden dadurch überwunden, dass für die Mitgliedschaft in einem solchen Netzwerk nur das Wissen oder die Fähigkeit des Teilnehmers zählen, nicht seine Funktion oder seine Position in der Hierarchie. Dieser Grundsatz ermöglicht es zum einen, eine besonders effiziente Gruppe zu formen, und zum anderen, auch Experten einzubeziehen, die eigentlich in einem anderen Gebiet arbeiten, aber dennoch als Wissensträger für das Wissensnetzwerk von Wert sind.» (Enkel/Back, 2002)

Eine solche Entwicklung birgt aber auch Probleme bei der sozio-emotionalen Entwicklung von fachkompetenten vertrauensbasierten Partnerschaften mit fluiden Identifikationsmustern in sich. In einer Transitionsphase von langsam obsolet werdenden Mustern der Industriegesellschaft hin zur Wissensgesellschaft gilt es vor allem, die Probleme des kulturellen Wandels zu beachten, der in Richtung auf ein lernendes Verhalten im Kontext einer zunehmenden Bedeutung «weicher» Faktoren wie Zusammenarbeit, Einsatzbereitschaft, Kreativität, Verantwortungsbereitschaft und Loyalität verweist (Nefiodow, 1990).

2.5.3 Wachsende Bedeutung des Humanvermögens als Konsequenz

Auf der Grundlage sich damit verändernder Wertvorstellungen und Arbeitsverhältnisse werden die Kernkompetenzen von Unternehmungen in weit stärkerem Maße von den autonom handelnden Tätigkeitsprofilen der mitunternehmerischen Experten geprägt:

«Intellectual capital will go where it is wanted and it will stay where it is well treated. It cannot be driven, it can only be attracted.» (Webber, 1993)

In der «neuen Welt» von Wirtschaft und Gesellschaft bahnt sich damit ein Wandel in der Sozialverfassung von Organisationen an, der den Verfechtern traditionell einheitlicher Unternehmungskulturen wie ein Streben nach sozialer Desintegration vorkommen muss.

Unternehmungen wandeln sich beim Übergang in die «neue Welt» wissensgetriebenen Wettbewerbs zu reflexiven Leistungsgemeinschaften, in denen arbeitspolitische Auseinandersetzungen und Konflikte an der Tagesordnung sind. Die jüngeren gebildeten Arbeitnehmerschichten mit ihren stärker subjektzentrierten Arbeitseinstellungen (Investitionen in die «Ich-Aktie») sehen in der Unternehmung nicht mehr die dem Einzelnen vorgegebene Erfahrungsgemeinschaft, sondern eine vom Einzelnen aktiv gewählte Denk- und Deutungsgemeinschaft mit relativ hoher Instabilität. Damit kann sich die traditionelle Betriebsgemeinschaft zu modernen Formen der Sozialintegration wandeln, die sowohl von den Beschäftigten als auch von der

Unternehmung gezielt gewählt und auch «abgewählt» werden kann. Unternehmungen müssen sich in der Transitionsphase darauf einstellen, dass der Trend zu institutioneller Reflexivität, d. h. zur Unterminierung traditioneller Bindungen durch den Rückgriff auf verfügbare Wissensbestände und Informationen, auch vor ihnen nicht mehr Halt macht. Damit erhöht sich die «Politikhaltigkeit» organisationalen Wandels. Lernende Organisationen sind voller Konflikte und Widersprüche. Organisationslernen vollzieht sich in diesem Kontext in spannungsreichen Prozessen, in denen gleichzeitig um Wandel und Stabilität gerungen wird.

Da sich dieser Prozess zunächst gleichzeitig zwischen emergenten Strukturen der Wissens- und der alten industriellen Produktgesellschaft abspielt, wird sich in der Übergangsperiode manch spannender Prozess ergeben, der zu interessanten und zumeist wohl hybriden Ergebnissen führen dürfte: Wenn es also keinen «Kampf der Kulturen» gibt, so findet er innerhalb lernender Unternehmungen statt (Becker, 2000). Derzeit scheint sich dieser in einer Wiedererweckung der «bricks» (als Ausdruck für die alte «brick and mortar»-geprägte industrielle Wirtschaft mit einer Dominanz physischer Prozesse und Produkte) gegenüber den «dot.coms» der New Economy zu vollziehen.

Der Übergang zu neuen Formen der Sozialverfassung von Unternehmungen wird besonders deutlich bei den sich entwickelnden Wertvorstellungen der «Fun-suchenden Generation Y», der ersten Generation, die es in vollem Umfang mit der neuen virtuellen Hightech-Welt zu tun bekommt. Christian Scholz kennzeichnet die emergente Situation als «Darwiportunismus» (1996):

> «Spannend wird das Zusammentreffen von individuellem Opportunismus [...] und dem Darwinismus des Geschäftslebens.»

Traditionelle Formen des Human Resource Managements sehen sich etwas hilflos den Erwartungen dieser Generation gegenüber: Langfristig angelegte Modelle zur Entwicklungsplanung versagen beim kurzfristigen, opportunistischen Jobhopping von weitgehend bindungslosen Akteuren.

Umso bedeutender wird beim Übergang in die «neue Welt» eine die Mitarbeiter sozio-emotional ansprechende Identifikationspolitik. Visionen haben nicht nur eine Integrationswirkung, sondern ihnen ist auch eine Identifikationswirkung eigen, die in virtuellen Organisationen besonders schwer zu erreichen ist und gerade deshalb eine besondere Bedeutung gewinnt. Ohne ihre Beachtung besteht die Gefahr, dass die sach-rational angestrebte Flexibilität des Gesamtsystems zu einer Fluidität des sozio-emotional verankerten Wissens führt, was schließlich zur Auflösung der in einzelnen Unternehmungen des Netzwerks oder der im gesamten virtuellen Verbund gegebenen Kernkompetenzen führen würde.

Hinzu tritt, dass die hochqualitativen Anforderungen, die ein Arbeiten in virtuellen Netzwerken stellt, die Wahlmöglichkeiten im Hinblick auf potenzielle Bewerber bemerkenswert einengen. Es ist daher zunächst von einer äußersten Knappheit an Bewerbern bei der Besetzung relevanter Managementpositionen in der virtuellen

Organisation und hier insbesondere bei dem oder den Systemführern auszugehen. Der Gewinnung und dem Erhalt dieser knappen Ressource ist daher zentrale Aufmerksamkeit zu widmen.

«[...] weil die Interessen des Fremdkapitals noch stark in den Denkstrukturen des sekundären Sektors (Industriegesellschaft) verhaftet sind, während sich hochentwickelte Gesellschaften schon im Übergang vom tertiären zum quartären Sektor befinden. Hier aber verlässt das erfolgsentscheidende ‹Kapital› jeden Tag das Unternehmen, und es ist die Aufgabe des Managements für das ‹Wiederkommen› und die Leistungsbereitschaft dieser erfolgskritischen ‹assets› zu sorgen.» (Wunderer, 1997)

Bei aller Euphorie für die Chancen, die eine «neue Welt» der Wissensgesellschaft bieten mag, und den Herausforderungen eines notwendigen Wandels, wie er in der Forderung nach einem Management of Change zum Ausdruck kommt, ist am Schluss dieses Beitrags doch noch etwas Wasser in den Wein zu giessen; denn vielfältige Konstanten, die vor allem in der zeitlichen Bindung von Anpassungsprozessen zu sehen sind, lassen sich nur marginal verändern, sodass nach wie vor gilt, dass wir in Strukturen von gestern mit Methoden von heute an Problemen von morgen arbeiten, und dies vorwiegend mit Menschen, die in den Kulturen von vorgestern die Strukturen von gestern gebaut haben und das Übermorgen innerhalb der Unternehmung nicht mehr erleben werden.

Literatur zu Abschnitt 2

Becker, Th. A. (2000): Generale kontra Partisanen. In: FAZ, 16.10.2000, S. 31.
Beer, St. (1980): Organization Change and Development: A Systems View. Santa Monica.
Bennis, W. G./Slater, P. E. (1938): The Temporary Society. New York.
Bleicher, K. (1999): Das Konzept Integriertes Management. 5. Aufl., Frankfurt am Main/New York.
Bleicher, K./Berthel, J. (Hrsg.) (2002): Auf dem Weg in die Wissensgesellschaft. Veränderte Strategien, Strukturen und Kulturen. Frankfurt am Main.
Cameron, K. S. (1986): Effectiveness as Paradox: Consensus and Conflict in Conceptions of Organizational Effectiveness. In: Management Science, 23, 5, S. 539-553.
Cameron, K. S./Quinn, R. E. (1988): Organizational Paradox and Transformation. In: Quinn, R. E./Cameron, K. S. (Hrsg.): Paradox and Transformation. Cambridge, Mass., S. 1-18.
Davidow, W. H/Malone, M. S. (1992): The Virtual Corporation. Structuring and Revitalizing the Corporation for the 21st Century. New York.
Enkel, E./Back, A.: (2002): Wissensnetzwerke: Das neue Instrument für die Förderung von Wissensaustausch im Unternehmen. In: Bleicher/Berthel, S. 149-169.
Greiner, L. E. (1972): Evolution and Revolution as Organizations Grow. In: Harvard Business Review, 50, Juli-August, S. 37-46.
Grüne, O./Nitsch, R. (2000): Wissensmanagement in Österreich oder «Dabeisein ist (fast) alles». In: JfB, 3, S. 92-105.

Handy, C. (1995): Trust and the Virtual Organization. In: Harvard Business Review, May-June, S. 40-50.
Kelley, K. (1997): New Rules for the New Economy. In: Wired, Sept., S. 140ff.
Krüger, W. (2002): Management intelligenter Unternehmen. In: Bleicher/Berthel, S. 245-262.
Krystek, U. (1987): Unternehmungskrisen, Beschreibung, Vermeidung und Bewältigung. Von überlebenskritischen Prozessen in Unternehmungen. Wiesbaden.
Magyar, K. (1989): Visionen schaffen neue Qualitätsdimensionen. In: Thexis, 6, S. 3-7.
Mintzberg, H. (1979): The Structuring of Organizations. Englewood Cliffs.
Müller-Stewens, G. (1997): Grundzüge einer Virtualisierung. In: Virtualisierung von Organisationen. Stuttgart/Zürich, S. 23-41.
Müller-Stewens, G./Lechner, Ch. (2001): Strategisches Management. Wie strategische Initiativen zum Wandel führen. Stuttgart.
Quinn, R. E./Cameron, K. S. (1988): Paradox and Transformation. A Framework for Viewing Organization and Management. In: Paradox and Transformation, S. 289-308.
Nefiodow, L. A. (1990): Der fünfte Kondratieff - Strategien zum Strukturwandel in Wirtschaft und Gesellschaft. Wiesbaden.
Naisbitt, J./Aburdene, P. (1987): Reinventing the Corporation: Transforming Your Job and Your Company for the New Information Society. New York.
Nonaka, I./Takeuchi, H. (1995): The Knowledge Creating Company. Oxford.
Paul, H. (1985): Unternehmungsentwicklung als betriebswirtschaftliches Problem. Frankfurt am Main/Bern/New York.
Prahalad, C. K./Hamel, O. (1991): Nur Kernkompetenzen sichern das Überleben. In: Harvard Manager, 13, 2, S. 66-78.
Probst, O./Raub, St./Romhardt, K. (1997): Wissen managen. 3. Aufl., Frankfurt am Main/Wiesbaden.
Pümpin, C./Prange, J. (1991): Management der Unternehmensentwicklung. Phasengerechte Führung und der Umgang mit Krisen. Frankfurt am Main/New York.
Reich, R. (1998): Changing Nature of Work. Washington D.C.
Scholz, C. (1996): Virtuelle Organisation: Konzeption und Realisierung. In: Zeitschrift Führung und Organisation, 4, S. 204-210.
Senge, P. (1990): The Fifth Discipline: The Art and Practices of the Learning Organizations. New York.
Sydow, J. (1992): Strategische Netzwerke. Evolution und Organisation. Wiesbaden.
Toffier, A. (1990): Machtbeben. Wissen, Wohlstand und Macht im 21. Jahrhundert. Düsseldorf/Wien.
Webber, A. M. (1993): New Economy: What's so New about the New Economy? In: Harvard Business Review, 871, 1, S. 24-42.
Wunderer, R./Mittmann, J. (1995): Identifikationspolitik. Stuttgart.
Wunderer, R. (1997): Besonderheiten des «Human-Kapitals» - Folgerungen für die Unternehmensführung und die Steuerung des Personalmanagements. In: SGO 1997, Glattbrugg.

3 Unternehmungspolitik und Unternehmungsentwicklung im St. Galler Management-Konzept

Knut Bleicher, bisher unveröffentlichtes Arbeitspapier

3.1 Zeiten der Diskontinuität und Turbulenz erfordern ein dynamisches Management

Die aus den 1960er-Jahren (sic!) stammenden Voraussagen von Igor Ansoff und Peter Drucker, dass wir nicht nur ein «management of discontinuities», sondern auch ein «management in turbulent times» zu bewältigen haben, haben sich mehr als bestätigt. Damit verbinden sich veränderte gewachsene Anforderungen an die Führung.

Mit dem feststellbaren Wandel stellt sich die Frage, ob unsere herkömmlichen Ansätze zur Erkenntnis und Bewältigung von Problemen ausreichend sind, um mit den neuartigen Herausforderungen fertigzuwerden. Es nimmt nicht wunder, dass in dieser Situation das Gefühl der Verunsicherung wächst und statt nach Systemen wieder nach dem erfahrenen Komplexitätsbewältiger Mensch gerufen wird, der sich flexibel den unvorhersehbaren Herausforderungen des Wandels stellt. Mit dieser feststellbaren Verlagerung des Fokus von den traditionellen «harten» Faktoren des Ökonomisch-Technischen auf die «weichen» Faktoren des Sozial-Humanen gewinnt die Führung einen herausragenden Stellenwert.

Dem Management kommt die Aufgabe zu, den Wandel mit seinen Instrumenten und Methoden zu bewältigen, wenn am Ende aller unternehmerischen Bemühungen ökonomische Effizienz und soziale Identität zugleich stehen sollen. Wir sollten uns dabei aber immer bewusst sein, dass ein jedes Management unter den Zwängen, denen wir durch den Wandel ausgesetzt sind, an die Grenzen der Machbarkeit stößt, denn wir arbeiten in Strukturen von gestern mit Methoden von heute an Problemen von morgen vorwiegend mit Menschen, die die Strukturen von gestern gebaut haben und das Morgen innerhalb der Organisation nicht mehr erleben werden.

Unter diesen Umständen gewinnt James Marchs Aussage zunehmend an Bedeutung, dass es in Zukunft weniger darum geht zu versuchen, viele «Schneemänner» zu bauen, vielmehr sollte sich das Management darauf konzentrieren, Schneezäune in eine Entwicklung einzuziehen, die es gestatten, dass der Weg in die Zukunft nicht verweht wird. Der Nobelpreisträger Friedrich August von Hayek hätte dies in die anspruchsvolle Formel eines evolutorischen Führungsverständnisses gekleidet, wenn er vom «Kultivieren einer spontanen Ordnung» (Hayek, 1969) gesprochen hätte. Damit wird die Unternehmungsentwicklung als Gestaltungsobjekt des Managements thematisiert.

Kapitel I – Corporate Dynamics

3.2 Unternehmungsentwicklung als Gestaltungsfeld dynamischen Managements

3.2.1 Zum Wesen der Unternehmungsentwicklung

Die ökonomische, soziale und technologische Evolution erfolgt im Ausgleich von Um- und Inweltentwicklung im Zeitablauf. Die Unternehmungspolitik definiert aus den Erfahrungen der Vergangenheit heraus den «Kanal», in dem sich diese Entwicklung im Kosmos chancenreicher und riskanter Möglichkeiten vollziehen sollte. Ihr Einfluss ist dabei durch die Anpassungsfähigkeit und eigenständige Selbstentwicklungskraft des sozialen Systems der Unternehmung beschränkt.

Der Begriff der Unternehmungsentwicklung stellt auf ein zeitbezogenes Phänomen ab: der Evolution eines ökonomisch-orientierten sozialen Systems im Spannungsfeld von Forderungen und Möglichkeiten der Um- und Inwelt durch die Stiftung eines Mehr-Nutzens relativ zum Angebot vergleichbarer anderer Wettbewerbssysteme über die Bereitstellung und Inanspruchnahme strategischer Erfolgspotenziale.

Das Wesen der Unternehmungsentwicklung lässt sich damit durch die folgenden wesentlichen Aspekte kennzeichnen:

- Unternehmungsentwicklung stellt auf die Veränderung der Potenziale einer Unternehmung zur Stiftung von Nutzen für Teilnehmer und Mitglieder ab.

- Dabei ist zwischen der intendierten und realisierten Unternehmungsentwicklung zu unterscheiden. Eine denkbare Abweichung beider akzentuiert das Problem der Gestalt- und Lenkbarkeit einer Unternehmungsentwicklung.

- Unternehmungsentwicklung wird als nur begrenzt «machbar» eingestuft. Zwar definiert die Unternehmungspolitik einen erstrebten Pfad der Entwicklung in die Zukunft hinein und Strategien konkretisieren den Weg hierzu, dennoch bleiben eigen-evolutorische, nicht determinierbare Kräfte am Werk, die je nach Kontext und Situation mehr oder weniger starken Einfluss auf die Unternehmungsentwicklung nehmen.

- Abweichungen zwischen intendierter und realisierter Unternehmungsentwicklung lösen Anpassungsprozesse sowohl bei den Zielansprüchen der Beteiligten als auch Maßnahmen der Gestaltung und Lenkung aus, die in Richtung eines Abstellens von Störfaktoren bei der Realisierung gehen. Abweichungen bewirken daher im Management eine arteigene Dynamik des unternehmungspolitischen, strategischen und operativen Vorgehens im Inneren der Unternehmung.

- Unternehmungsentwicklung ist nur vordergründig durch eine Betrachtung quantifizierbarer Maßgrößen (wie Umsatz, Bilanzsumme, Beschäftigtenzahlen usw.) in ihrer Veränderung in der Zeit messbar. Letztlich drückt sie Veränderungen in der langfristigen Nutzenstiftung gegenüber Bezugsgruppen und einer qualifizierten und relativen Positionierung einer Unternehmung gegenüber anderen Unternehmungen durch den Aufbau von strategischen Erfolgspotenzialen aus. Ein kurzfristiger Rückgang im Ausweis quantifizierbarer Maßgrößen über erhöhte Anstrengungen, um neue strategische Erfolgspotenziale zu entwickeln, kann durchaus als positive Unternehmungsentwicklung eingestuft werden, wenn damit eine Verbesserung der relativen Positionierung durch eine Qualifizierung einer Unternehmung gegenüber anderen verbunden ist.

3.2.2 Unternehmungsentwicklung verlangt unternehmerische Dynamik

Reichert man derart den Begriff der Unternehmungsentwicklung mit Merkmalen einer positiv verlaufenden Dynamik im Spannungsfeld von Umwelt und Unternehmung an, bedarf es steuernder Kräfte, die visionär Chancen und Risiken von Veränderungen und Stärken und Schwächen bei ihrer Bewältigung durch eine Unternehmung erkennen und mit missionarischer Wirkung eine Anpassung an den notwendigen Wandel bewerkstelligen.

Cuno Pümpin (1989, S. 27 ff.) kennzeichnet Überlegungen einer unternehmerischen Anpassung an sich bietende Chancen und Risiken durch das «Dynamik-Prinzip», dem eine dynamische Unternehmungsführung entsprechen muss. Es lässt sich durch drei Elemente kennzeichnen:

- eine unternehmerische Persönlichkeit als Promotor der Dynamik,
- Nutzen und strategische Erfolgspotenziale, die von einer dynamischen Unternehmung erschlossen werden,
- die Multiplikation von Geschäftsaktivitäten, die beim Ausschöpfen der Nutzen- und strategischen Erfolgspotenziale zur Anwendung gelangen.

Diese drei Elemente bilden die Eckpfeiler des Dynamik-Prinzips.

> «Dieses besagt, dass unter Leitung einer unternehmerischen Persönlichkeit ein oder mehrere attraktive Nutzenpotenziale multiplikativ erschlossen werden.» (Pümpin, 1989, S. 45)

Im Spannungsfeld von Vergangenheitserfahrungen und Anforderungen zur Bewältigung einer vielfach andersartigen Zukunft wird insbesondere das Management des sozialen Systems der Unternehmung vor schwierig zu bewältigende Anpassungsprobleme gestellt. Sie erfordern nicht nur ein Erlernen von neuen Verhaltensmustern und Verfahrensweisen, sondern auch ein – zumeist weit schwereres – Entlernen von bislang durchaus erfolgreichen Handlungsweisen, die plötzlich infrage gestellt werden.

Dabei sind soziale Systeme in ihrer Anpassungsfähigkeit leicht überfordert. Dies führt, anstatt Neues zu bewältigen, zu vielfältigen Akzeptanzproblemen, zu einem Rückzug auf Sicherheit versprechende Verhaltensweisen. Es ist daher im Rahmen unternehmerischer Dynamik ratsam, derartige Überforderungssituationen zu vermeiden und Veränderungs- und Beharrungszyklen wechseln zu lassen. Ein derartiges Vorgehen gewährleistet nach einer Lernetappe auch eine effiziente Nutzung des Erlernten. Es muss jedoch begleitet sein von einer langfristigen Zeitperspektive der Beteiligten, ohne die ein Verständnis für die von Zeit zu Zeit notwendigen Anpassungsmaßnahmen nicht erwachsen kann. Empirische Untersuchungen weisen zudem darauf hin, dass sich in den Unternehmungsentwicklungen Phasen inkrementeller Anpassung mit Restrukturierungsphasen abwechseln, die für das weitere Überleben unabdingbar zu sein scheinen.

Ein derartiger Wechsel von Veränderung und Beharrung ist zudem durch unternehmungspolitische und strategische Fragestellungen einer Unternehmungsentwicklung durchaus als normal einzustufen: Zwischen sich verdichtenden Knoten einer Unternehmungsentwicklung, die ein grundsätzliches Umdenken in allen Dimensionen des Unternehmungsgeschehens verlangen (Restrukturierung), ergeben sich fraglos mehr oder weniger lange Strecken eines durchaus positiv zu sehenden Gleichlaufs. Unternehmungen allerdings, die wenig visionär und langfristig an ihre unternehmungspolitischen und strategischen Aufgaben herangehen, sehen sich nicht selten vor Situationen gestellt, in denen sich verpasste Anpassungsmaßnahmen plötzlich zu bedrohlichen Situationen «aufschaukeln», ohne dass ausreichende Zeit für eine planvolle und integrierte Vorgehensweise verbleibt. Dies sind typische Anlässe, die zu einem Krisenmanagement mit meist radikalen Eingriffen in die Unternehmungsentwicklung führen (Krystek, 1987).

3.2.3 Verläufe der Unternehmungsentwicklung

3.2.3.1 Konzept eines idealtypischen Verlaufs der Unternehmungsentwicklung

Unternehmungsentwicklungen können durchaus einen unterschiedlichen Verlauf nehmen. Wachsende Unternehmungen weisen jedoch eine recht ähnliche formale Struktur ihrer Entwicklung auf. Dies führt auch inhaltlich zu ähnlichen Problemlagen, die durch das Management zu bewältigen sind. Als wesentliche Stadien einer derartigen «normalen» Unternehmungsentwicklung lassen sich folgend angeführte Entwicklungen differenzieren:

A| Innere Unternehmungsentwicklung

   1| Pionierphase

   2| Markterschließungsphase

   3| Diversifikationsphase

B| Äußere Unternehmungsentwicklung

   4| Akquisitionsphase

   5| Kooperationsphase

C| Innere und äußere Unternehmungsentwicklung

   6| Restrukturierungsphase

Als Grundlage der Darstellung der Unternehmungsentwicklung dient dabei die Unterscheidung zwischen einer aus eigener Kraft erfolgten inneren und einer in Kooperation und dem Zusammenschluss mit anderen Unternehmungen erfolgenden äußeren Entwicklung. Mit einer Tendenz zur äußeren Entwicklung durch vertragliche Bindungen, dem Eingehen von Beteiligungen, Übernahmen und Zusammenschlüssen werden die Konturen unseres auf rechtlich gesicherter und wirtschaftlich zentrierter Autonomie beruhenden Unternehmungsverständnisses zunehmend undeutlicher. Misslingt die äußere Entwicklung und sind zugleich Schritte zurück zu einer aus dem Inneren der Unternehmung heraus folgenden Entwicklungsdynamik durch vielfältige unumkehrbare Festschreibungen von Strukturen und Verhalten verstellt, verbleibt die zumeist von außen induzierte Restrukturierung. Sie führt entweder zur völligen oder teilweisen Auflösung der ursprünglich als «Unternehmung» definierten autonomen Kerneinheit.

Die gezeigte logische Struktur einer Unternehmungsentwicklung bietet unterschiedliche Möglichkeiten einer zeitlichen Abfolge einzelner Phasen. Der Entwicklungsbaum des zeitlichen Fortschritts verästelt sich zunehmend, wobei einzelne Phasen verbunden miteinander auftreten können.

Grundsätzlich bieten sich bereits in der Pionierphase viele Möglichkeiten für eine weitere Unternehmungsentwicklung, etwa derart, dass die Markterschließungsphase durch Akquisitionen und Kooperationen bewältigt wird. Auch in späteren Phasen ergeben sich ähnliche Möglichkeiten, wie etwa bei einer Diversifikation über Akquisitionen und Diversifikationen. Dennoch wird vereinfachend von einem idealtypischen Verlauf der Unternehmungsentwicklung ausgegangen, der zunächst die Möglichkeiten einer jeden Phase voll ausschöpft, bevor ein Übergang zu einer weiteren Phase unternehmungspolitisch und strategisch angepeilt wird.

3.2.3.2 Krisenanfällige Schwellenübergänge von Phasen der Unternehmungsentwicklung

Dabei stellen sich zum Ende jeder Phase einer Unternehmungsentwicklung typische Schwellenprobleme eines Übergangs zu einer folgenden Phase ein, die bei mangelnder Gestaltung des Übergangs Krisensituationen ergeben können. Ihre Nichtbewältigung kann zur Rückentwicklung auf Problemlagen vorausgegangener Phasen und damit zur Schrumpfung führen. Werden die Krisenursachen nicht abgestellt, kommt es schließlich zum Niedergang der Unternehmung. Auf diesen Zusammenhang von Entwicklungsschritten, Schwellenproblemen und Krisenbewältigung hat aus organisatorischer Sicht insbesondere Larry E. Greiner (1972) hingewiesen. Jede Krisensituation bietet typische Anschlussmöglichkeiten an eine weitere Etappe der Unternehmungsentwicklung.

Die Geschichte von Unternehmungen lehrt, dass es vermessen wäre, dem Ausgleich von innerer und äußerer Evolution im Sinne eines langweiligeren ökonomischen Fließgleichgewichtes allein eine Bedeutung zur Erklärung der Entwicklung von Unternehmungen zuzusprechen. Vielfältige äußere Ereignisse vor allem im politisch-militärischen Umfeld haben in der historischen Abfolge von Problemen und ihrer Bewältigung drastische Restrukturierungen, wenn nicht sogar die Aufgabe von

Kapitel I – Corporate Dynamics

Unternehmungen bewirkt. Es ist jedoch nicht zu übersehen, dass derartige Verwerfungen im Umfeld wiederum Risiken und zugleich Chancen umfassen, die sich je nach Positionierung einzelner Unternehmungen und ihrer Behandlung durch das Management negativ oder positiv auf die weitere Entwicklung auswirken.

3.2.3.3 Träger der Unternehmungsentwicklung und ihr Verhalten zwischen lernender Evolution und revolutionärem Austausch

Betrachtet man den Gesamtverlauf einer Unternehmungsentwicklung, so stellt sich die grundsätzliche Frage, ob ein Typ von Managern als Träger dieses Prozesses in der Lage sein kann, diesen mit seinem Erfahrungsschatz und seinen Kenntnissen effektiv zu gestalten und zu lenken. Ähnlich der Profilierung einzelner strategischer Programme können sich ablösende Besetzungsprofile mit unterschiedlichen Rollenprofilen auch für einzelne Phasen des gesamten Entwicklungsprozesses der Unternehmung zweckgerecht sein. Wird diese Frage grundsätzlich bejaht, sind Unterschiede in der Unternehmungsentwicklung im Hinblick auf die Schnelligkeit des Durchlaufs einzelner Phasen ins Auge zu fassen.

Wird von einem langwelligen Verlauf einer Unternehmungsentwicklung ausgegangen, so dürften sich die Übergänge zwischen den einzelnen Phasen im Generationenwechsel der Träger nahezu selbstregulierend und unbemerkt vollziehen. Die Unternehmungsverfassung sollte über die Besetzung der Spitzenorgane sichergestellt haben, dass ausreichende Vorkehrungen für Personalentscheidungen getroffen worden sind, dass Führungspositionen jeweils nach zukünftigen Anforderungsbildern, die den vorausliegenden Problemlagen der Unternehmungsentwicklung gerecht zu werden versprechen, vergeben werden. Dies gelingt im Allgemeinen auch mehr oder weniger bis hin zum Punkt einer nach Diversifikations- und Kooperationsversuchen scheiternden Wachstumsstrategie. Die notwendige Restrukturierung stellt dann regelmäßig «Verfassungsorgane» der Unternehmungsspitze vor dem Hintergrund einer unbeabsichtigten Diskontinuität nicht nur vor unliebsame Sach-, sondern auch Personalentscheidungen.

Steht dagegen ein relativ kurzwelliger Verlauf einer Unternehmungsentwicklung im Mittelpunkt der Betrachtung, so stellt sich die Frage einer Anpassung der Rollenbilder von Führungskräften weit weniger evolutionär. Bei jedem Phasenübergang, der ja nun nicht mehr intergenerativ, sondern vielmehr innerhalb einer Managementgeneration vollzogen werden muss, ist kritisch zu ermitteln, ob der Erfahrungs- und Kenntnisstand des gegenwärtigen Managements ausreichend und vor allem kompatibel mit den veränderten Anforderungen ist, welche die nächste Phase der Unternehmungsentwicklung aufwerfen wird. Eine Nichtbeachtung dieser Problemstellung durch Aufsichts- und Verwaltungsräte trägt bereits den Keim einer Unternehmungskrise in sich, da kaum zu erwarten ist, dass beispielsweise die Erfahrungen, die ein Management in der

- relativ chaotisch verlaufenden unternehmerisch geprägten Pionierphase gewonnen hat, ausreichend sind, um mit den Management-Erfordernissen der Wachstumsphase umgehen zu können. Viele Beispiele der Praxis von schnell wachsenden, jungen Pionierunternehmungen der Spitzentechnologie belegen den Punkt, dass zumeist erst nach einer verspäteten Ablösung des Gründer-Unternehmers durch einen «professionellen» Manager zugunsten der weiteren Multiplikation und der Ergebnisentwicklung ein «fit» mit den Erfordernissen der neuen Entwicklungsphase hergestellt werden konnte.

- Wachstumsphase gewonnen hat, es befähigen können, eine Produkt- und Regionaldifferenzierung – also eine Diversifikation – zu bewältigen. Vielleicht liegt in dem Umstand eines mangelnden «fits» von Ansprüchen einer Diversifikation an die Träger des Managements und ihrer unzureichenden Entsprechung durch die Führungserfahrungen, die ein professionelles Management bei der Multiplikation einer ihm bereits zur Gestaltung überlassenen bewährten unternehmerischen Idee gesammelt hat, der tiefere Grund für das häufige Scheitern von Diversifikationsvorhaben. Die neue Phase verlangt gegenüber den bisherigen Erfahrungen ja andersartige Einstellungen eines wieder stärker von innovativem Gedankengut und Vorgehen getragenen Denkens und Handelns. Sie stellt die Unternehmungsführung vor eine nahezu antagonistische Situation einer Pflege und Bewahrung des Bisherigen und bislang Erfolgreichen und der Entwicklung von etwas ungewissem Neuem. Letzteres verstößt jedoch gegen vielfältige unternehmungskulturell geprägte Verhaltensweisen nicht nur bei den Mitarbeitern, sondern auch beim Management selbst (s. z. B. das NIH-Syndrom: die Abstoßung neuer Ideen, die gegen den bewährten Erfahrungsschatz einer Unternehmungskultur verstoßen, nach dem Prinzip «not invented here!»). Gelingt es einem Management nicht, mit diesem Antagonismus erfolgreich umzugehen, dürfte auch dieser Phasenübergang zu einer Unternehmungskrise führen.

- Diversifikationsphase gesammelt hat, es befähigen, mit einem Netzwerk von labilen Kooperationsbeziehungen partnerschaftlich umzugehen. Die dargestellte Auseinandersetzung mit selbst beherrschten Systemen hat wenig Erfahrungspotenzial produziert, um in der Kooperationsphase mit Dritten als Gleicher unter Gleichen unternehmungspolitische Missionen und strategische Programme bei aller Unterschiedlichkeit von Strukturen und Kulturen erfolgreich bewältigen zu können.

- Kooperationsphase erfolgreich im Umgang mit Partnerunternehmungen gewinnen konnte, es vielleicht noch am ehesten befähigen, einen «sanften» Übergang zu Restrukturierungsüberlegungen zu finden, die ja gleichfalls vertragliche Vereinbarungen voraussetzen.

3.3 Ein dynamisches Management sucht nach neuen Strategien und stellt im Laufe der Unternehmungsentwicklung die strukturellen und kulturellen Rahmenbedingungen neu ein

Diese skizzenhafte Betrachtung der Unternehmungsentwicklung zeigt bereits, dass sich die strategischen, strukturellen und Verhaltens-Bedingungen, denen ein Management gerecht werden muss, von Phase zu Phase ändern. Ein dynamisches Management zeigt vorauseilend die Herausforderungen der nächsten Phase auf und glättet die Übergänge, indem es neben dem Bestehenden und Bewährten bereits die Strategien, Strukturen und Kulturen des Künftigen etabliert. Dies ist im Kern nichts anderes als ein präsituatives Krisenmanagement: Krisen könnten nicht entstehen, weil aus dem Gegenwärtigen heraus das Zukünftige nahtlos wächst. Dies verlangt von einem dynamischen Management aber nicht weniger als die gleichzeitige Handhabung von sich sehr häufig widersprechenden Dualitäten: der Betonung der operativen Effizienz durch steigende Rationalisierungsmaßnahmen in Ausbeutung bestehender Erfolgspotenziale bei gleichzeitigem Investment in zukünftige Erfolgspotenziale von Innovationsprojekten. Letztere ergeben sich eher aufgrund visionärer unternehmerischer Entscheidungen und kontrastieren das fremdorganisierte Verhalten formalisierter, standardisierter und mechanistischer Strukturen. Einer Betonung der «economies of scale» wird damit die kreative Teamarbeit in organischen, selbstorganisierten Projektgruppen unter Betonung der «economies of scope» entgegengesetzt, einer tradierten Unternehmungskultur des erfolgsgewohnten Selbstverständnisses einer erfolgreichen Vergangenheitsbewältigung die gleichzeitige Züchtung einer Unternehmungskultur der Bewältigung technologischer und marktlicher Herausforderungen zur Zukunftsgestaltung auferlegt. Ein dynamisches Management selbst ist daran zu messen, inwieweit es dieser Polarität zwischen technokratisch sozial-rationalen und visionär sozio-emotionalen Forderungen zugleich gerecht wird.

Die derzeitige Problematik, die einem derart verstandenen dynamischen Management entgegensteht, ist durch die vielfach außerordentlich erfolgreich verlaufene Geschäftsentwicklung vieler Unternehmungen in den vergangenen Jahrzehnten entstanden. Durch sie ist die Erfahrung der gegenwärtigen Generation von Managern geprägt. Viele Ungereimtheiten im Ausgleich des dargestellten Spannungsverhältnisses wurden durch gestiegene Umsätze und Ergebnisse gleichsam «zugedeckt». Viel Selbstzufriedenheit ist mit Verweis auf die herausragende Entwicklung der eigenen Firma entstanden.

Ein gesteigerter «Führungskomfort» in aufwendigen Führungssystemen, die weitgehende Stabsunterstützung und auf Einheitlichkeit ausgerichtete Organisationsarchitekturen gehören zu ihrem Stil. Zunehmend wurde zwischen der zentralen Verantwortlichkeit, «die Grundsätze der Unternehmungspolitik zu bestimmen», und den operativen Bedürfnissen über die Delegation von Aufgaben und Verantwortung unterschieden. Um den dabei entstehenden Zentrifugalkräften der Organisation Einhalt zu gebieten, musste ein immer stringenterer Rahmen formalisierter und programmierter Regelungen erarbeitet und durchgesetzt werden, der nicht ohne

Einfluss auf das Verhalten der Mitarbeiter blieb: An die Stelle unternehmerischer Initiative und Risikofreude trat zunehmend die risikoabgewandte Regelbefolgung, statt persönlicher Führung gewann das administrative «Managen» von Institutionen anhand von detailliert aufbereiteten, abstrakten Daten und Fakten an Boden. Mit dem sich einschleichenden Gift der Bürokratisierung verschoben sich zugleich die Gewichte vom intuitiven Erfassen qualitativer Veränderungen und ihrer synthetischen Umsetzung in zukunftsweisende Programme auf akribische Eingriffe in die Zukunftsgestaltung. Und an die Stelle sinnvermittelnder Führung, die über ihr Vorbild die Einstellung zur Unternehmung und zur Aufgabe sowie das Verhalten der Mitarbeiter steuert, trat eine dem Individuum und seinem Umfeld abgewandte sachrationale, instrumentale Managementphilosophie. Unter den neuen, veränderten Rahmenbedingungen, die auf Wandel und Veränderung eingestellt sind und initiative Verhaltensweisen in flexiblen Strukturen erfordern, stellt sich die Frage nach der Rolle der Führung: Hat der technokratische Manager den visionären Unternehmer, den Verwalter, den Führer verdrängt? Ein Überdenken der grundlegenden Managementphilosophien in Unternehmungen wird damit von besonderer Bedeutung.

3.3.1 Die integrierende Kraft einer Managementphilosophie

Durch die spezifischen Kontexte und Situationen, die einzelne Etappen einer Unternehmungsentwicklung als Herausforderungen an das Management stellen, werden unterschiedliche Führungsprobleme akzentuiert, dennoch bleiben breite Kanäle für deren Lösung, in denen das Management eine konkrete Kursbestimmung für das Verhalten der Mitarbeiter vornehmen muss. Hierzu bedarf es einer Leitidee, welche die Wahl unter alternativen Verhaltenskursen erleichtert. Man geht sicherlich nicht fehl in der Annahme, dass jede Führungskraft in ihrem Denken und Handeln von derartigen erziehungs- und erfahrungsmäßig geprägten «Modell»-Vorstellungen über Zusammenhänge und einem ihnen gerecht werdenden Verhalten getragen wird. Ob diese letztlich im Welt- und Menschenbild verwurzelten grundlegenden Annahmen reflektiert und schließlich auch kommuniziert worden sind, darf bezweifelt werden. Mit Edgar Schein (1984, S. 3 f.) gehört es geradezu zum Wesensmerkmal derartiger «basic assumptions», unreflektiert hintergründig und nur äußerst schwer erschließbar unser Handeln zu leiten. Unreflektiert und nicht kommuniziert bilden gerade sie aber eine Quelle von Missverständnissen und Konflikten, deren grundlegende Ursachen kaum hinterfragt werden. Wesentliche Voraussetzung einer Integration durch das Management ist daher die Klärung von Wesen und Inhalten einer Managementphilosophie als Ausgangspunkt für das Gewinnen von Transparenz über die paradigmatischen Grundlagen unseres Handelns.

> *«Unter ‹Management-Philosophie› werden [...] die grundlegenden Einstellungen, Überzeugungen, Werthaltungen verstanden, welche das Denken und Handeln der maßgeblichen Führungskräfte in einem Unternehmen beeinflussen. Bei diesen Grundlagen handelt es sich stets um Normen, um Werturteile, die aus den verschiedensten Quellen stammen und ebenso geprägt sein können durch ethische und religiöse Überzeugungen wie auch durch die Erfahrungen in der bisherigen Laufbahn einer Führungskraft.»* (Ulrich, 1987, S. 312)

Zwei Aspekte kennzeichnen eine Managementphilosophie: Zunächst geht es im inhaltlichen Kern um grundlegende Annahmen über Werte und ein ihnen entsprechendes Verhalten. Damit Erkenntnisse über diesen paradigmatischen Kern einer Managementphilosophie auch kommunizierbar werden, um Prozesse einer Wertentwicklung möglich zu machen, die letztlich eine Wertintegration und gemeinsame Sinnfindung gestatten, bedarf es der Werterhellung.

In ihrem Ergebnis stellt eine Managementphilosophie eine alle Dimensionen der Unternehmung durchdringende Werterhellung, Wertbekundung und Wertentwicklung dar. Alle Mitarbeiter müssen sich in ihrem Verhalten an diesen in der Managementphilosophie zum Ausdruck kommenden Werten messen lassen. Der Wert einer Managementphilosophie wird durch eine nicht prinzipientreue Umsetzung im Normativen, Strategischen und Operativen des Managements geschmälert. Es enthüllt sich zugleich die untrennbare Verknüpfung von ganzheitlicher Integration in der Managementphilosophie und den Möglichkeiten einer Sinnfindung von Menschen in der Unternehmung.

Die für eine Managementphilosophie zentralen Wertfragen verbinden sich mit der Verantwortung, die begriffen und im Verhalten gegenüber Dritten praktiziert wird. Abhängig von der Einbindung in ein bestimmtes Wirtschafts- und Gesellschaftssystem ergibt sich eine unterschiedliche Wertprägung der gesellschaftlichen Verantwortung.

Hinzu tritt die Verantwortung gegenüber den Mitarbeitern und den verschiedensten Gruppierungen, die ein Interesse an der Unternehmung und ihren Leistungen haben. Aus einer grundsätzlichen Gegenüberstellung unterschiedlicher Verpflichtungsgrade ergeben sich erste Ansätze einer Unterscheidung einer opportunistischen und einer Verpflichtungspolitik in der normativen Dimension einer Unternehmungspolitik, aus der managementphilosophische Konsequenzen im Strategischen und Operativen erwachsen.

In der hoch arbeitsteiligen Welt moderner Organisationen ist weder die inhaltliche noch die formell-verfahrensmäßige Generierung sozialethischen Verhaltens im Verhältnis einer Unternehmung zu Institutionen und Individuen der Umwelt, noch zwischen Individuen untereinander und zur Institution «Unternehmung» selbstverständlich. Eine Unternehmungsphilosophie als «moralische Willensbekundung» (Ulrich, 1990) sollte daher als allgemeiner Mantel für eine Managementphilosophie helfen, diese Lücke zu schließen.

Die Bestimmung der Managementphilosophie ist ein bewusster Prozess, der auf das intendierte ethische/moralische Verhalten der Unternehmung nach außen (Systemumwelt) und nach innen (Mitglieder des Systems) gerichtet ist. Managementphilosophie hat somit den Charakter einer «gesollten» (ethischen) Ordnung, die allen einzelnen gestaltenden und lenkenden Handlungen des Managements zugrunde liegt.

Zukunftsführende Managementphilosophien werden in solchen Zeiten bedeutsamer und gesuchter, in denen unsere mangelnde Kapazität zur Problembewältigung ideologische und geistige Krisen heraufzubeschwören scheint. Dies sind zugleich

Zeiten, in denen verengte Perspektiven, mangelndes ganzheitliches Denken, einseitige Ausrichtung an materialistisch-utilitaristischen Zielgrößen und die institutionalisierte Kurzfristigkeit des Denkens von Politikern und Managern auch eine Nagelprobe für die Ernsthaftigkeit und Konsistenz des sozialethischen Wollens und Verhaltens von Unternehmung und Managern darbieten.

Aber wie soll ein derartiges «Portieren» zur interpersonellen, interaktiven Generierung sozialethischen Verhaltens in Richtung auf zukünftige Konzepte und Situationen erfolgen? Zwei Ansätze, die sich gegenseitig tragen, sind es, die eine Beantwortung der aufgeworfenen Frage erlauben:

- Die intentionale Komponente jeder Managementphilosophie wirft die Frage nach den Möglichkeiten einer Verdeutlichung erstrebenswerter Werthaltungen für die Mitglieder eines arbeitsteilig organisierten Systems auf. Eine Managementphilosophie, die dem Wunsche der Beteiligten nach Orientierung gerecht werden will, muss in irgendeiner Form niedergelegt werden, um transparent sein zu können. Die Führungspraxis versucht diese Frage durch eine transparente und zugriffsbereite Dokumentation in Form von Leitbildern zu beantworten. Es ist bemerkenswert, welche Anstrengungen derzeit unternommen werden, um diesem Bedürfnis über Corporate-Identity-Programme, die Entwicklung von Leitbildern und Leitlinien für Führung und Kooperation, gerecht zu werden. Dies sagt aber noch recht wenig über den sozialethischen Gehalt dieser Anstrengungen aus.

  Leitbilder sollten nicht nur eine Sinngebung und Sinnvermittlung erstreben, sondern vor allem eine Sinnfindung im Tätigwerden für ein nutzenproduzierendes soziales System ermöglichen.

- Das Vorbild und Vorleben von unternehmerischen Persönlichkeiten im Rahmen einer derart transparent gemachten Managementphilosophie stellt nicht nur die kasuistische kontext- und situationsgerechte Integration der ja notwendigerweise allgemein gehaltenen Leitbilder der Managementphilosophie sicher, sondern hat auch erhebliche Ausstrahlung auf die Identifikation und das selbstlernende Umsetzen der Leitlinien durch die Mitarbeiter auf allen Ebenen in deren jeweiligem Anwendungsgebiet.

Hinter beobachtbaren Trends der Veränderung gesellschaftlicher Werthaltungen werden Strukturen des Verhaltens der Vergangenheit erkennbar, die von anderen Wertvorstellungen getragen waren und nunmehr in Widerspruch zu veränderten Erwartungen geraten. Dieser Wandel akzentuiert die unternehmerische Verantwortung. Vor dem Hintergrund eines sich bildenden Krisenpotenzials verstärkt sich der gesellschaftliche Anspruch nach wegweisender Orientierung, der vor den Toren der Unternehmungen nicht haltmacht.

3.4 Das St. Galler Management-Konzept als Bezugsrahmen für die Konzipierung und Profilierung von Gestaltung und Lenkung der Unternehmungsentwicklung

3.4.1 Systemisches Denken

3.4.1.1 Ganzheitliches systemisches Denken zur Bewältigung gestiegener Komplexität

Drückt sich die Zunahme an Komplexität und Dynamik in unseren Systemen in der Notwendigkeit aus, Probleme zunehmender Vernetztheit und Schwierigkeit lösen zu müssen, so ist zu beachten, dass nicht nur die Problemlandschaft vielfältiger geworden, sondern auch die Einsicht gewachsen ist, dass unser Wahrnehmungsapparat für Komplexität und Veränderung an seine Grenze gestoßen und durch die auf ihn zukommenden Probleme überfordert ist.

Ansätze zur Milderung dysfunktionaler Folgen der Grenzen des Menschen zur Beeinflussung von Entwicklungsprozessen vor dem Hintergrund zunehmender Komplexität und Dynamik können im Management von Unternehmungen in einer Veränderung der Art der Vorhaben, der dafür eingesetzten Strukturen und des Verhaltens der Mitarbeiter gefunden werden. Im Sinne selbstorganisatorischer Anpassung aus dem System selbst heraus kommt jedoch jenen Denkansätzen eine tragende Rolle zu, welche eine sich weitgehend evolutorisch vollziehende Unternehmungsentwicklung in den Mittelpunkt der Betrachtung stellen. Sie sind im Gegensatz zur Vorstellung vom lenkenden Machen als Ergebnisse durch die Anweisungen einiger Weniger zu sehen. Der erstrebenswerte Weg weist hier mit Hans Ulrich in die Richtung eines ganzheitlichen Denkens, das der Vernetztheit der Probleme und Beziehungen im sozialen System gerecht zu werden hat.

Eine Suche nach eigenständigen Ansätzen, die auf der Grundlage einer sich verändernden gesellschaftlichen Struktur und Kultur Zukunftsprobleme der Führung von Unternehmungen zu lösen in der Lage sind, bedingt eine Formulierung grundsätzlicher Anforderungen an sie. Dabei kann die Einsicht helfen, dass die äußerst komplexe und dynamische Problemlandschaft nicht mehr mit einem bislang erfolgreich gewesenen analytischen Denken allein lösbar ist. Es muss vielmehr ergänzt werden durch eine ganzheitliche und integrierende Betrachtungsweise. Notwendig wird ein umfassendes systemisches Denken, das ein gedankliches Wechselspiel zwischen Teil und Ganzheit, das Einordnen von Teilerkenntnissen in Gesamtkonzepte sowie ein wechselseitiges Denken auf unterschiedlichen Abstraktionsebenen erlaubt. Ein Umdenken hin zu einer neuen Perspektive, die von der Idee der Ganzheitlichkeit getragen wird, wendet sich prozessualen Zusammenhängen in Systemen zu.

Die Befürworter eines ganzheitlichen Denkens weisen darauf hin, dass Misserfolge bei der Lösung schwieriger Probleme heute dadurch vorprogrammiert seien, weil wir bislang Methoden anwendeten, die zwar in der Vergangenheit außerordentlich erfolgreich waren, den heutigen und vor allem aber zukünftigen Problemsituationen jedoch nicht mehr gerecht werden. Schwierigkeiten, mit denen wir heute zu ringen haben, seien Ergebnisse des linearen, kausal-analytischen Denkens und Handelns, die nicht mit den Denk- und Handlungsweisen, die sie bewirkt haben, bewältigt werden können.

Ganzheitliche, systemische Betrachtungen zeichnen sich mit Hans Ulrich dadurch aus, dass

- in offenen Systemen soziale Systeme nicht isoliert in ihrer Binnenstruktur, sondern von vornherein in ihrer Verflechtung mit Wirtschaft und Gesellschaft betrachtet werden; «Unternehmungsführung vollzieht sich als ständiger Anpassungsprozess zwischen der Unternehmung und einer vielschichtigen und dynamischen Umwelt mit dem Ziel, dauernd in einem Fliessgleichgewicht mit der Gesellschaft zu stehen.» (Ulrich, 1987, S. 52)

- analytisches und synthetisches Denken zugleich praktiziert wird. Umweltabhängige Systeme stellen gegliederte Ganzheiten dar, die aus Elementen bestehen, die miteinander in Beziehungen stehen und auf Zwischenebenen Subsysteme bilden. Über eine wechselseitige Zuordnung der Betrachtung auf einzelne besonders interessierende Systemebenen lässt sich die Analyse nur dann und nur insoweit vorantreiben, als es dem Untersuchungszweck entspricht. Vertiefende Analysen stehen so im Zusammenhang mit der Kenntnis des Analysierten zu seinem systemischen Umfeld, in das es eingebettet ist. Der Analysierende stellt Detailkenntnisse in Verbindung zu Globalkenntnissen von «schwarzen Kästen» (black boxes) anderer Systemteile.

- kreisförmige Vorstellungen vorherrschen, die sich vom linearen Denken in Ursache-Wirkungsketten abheben, die von der Vernetztheit sozialer Systeme weitgehend abstrahieren. «Hier hat der Regelkreis mit dem berühmten Feedback seinen Platz. Die Führungsfunktionen sind Phasen in einem kreisförmigen Prozess, der mit den Ausführungsprozessen gekoppelt ist. Systemorientiertes Denken ist ein Denken in Verknüpfungen. Systemmodelle haben deshalb keinen Anfang und kein Ende, da alles von allem abhängig ist und irgendein Ende immer den Ausgangspunkt für einen neuen Anfang darstellt.» (Ulrich, 1987, S. 53) Es ist ein Denken in vielseitigen Interdependenzen und ersetzt monokausales Denken.

- Vorstellungen von Strukturen und Prozessen zur Erfassung der steigenden Bedeutung der Information für das Verhalten einzelner Menschen und sozialer Systeme zentralere Bedeutung erhalten. Das Verhalten eines Systems wird durch seine Struktur begrenzt. Informationen durchdringen alle Prozesse der Unternehmung und sind wesentliche Elemente ihrer Lenkung in kybernetischer Betrachtung von Prozessen: «Es ist ein Denken in zusammenhängenden Vorgängen, Abläufen oder Geschehnissen, ein dynamisches Denken im Gegensatz zu einem Betrachten statischer Zustände. Philosophisch gesehen, betrachtet die Kybernetik die Welt als etwas Werdendes, sich stets Veränderndes und nie Vollendetes [...].» (Ulrich, 1987, S. 56 f.)

– Interdisziplinarität im Denken sowie in der Zusammenarbeit der humanen Träger des ökonomisch-sozialen Systems Unternehmung erstrebt wird. «Systemorientiertes Management bedeutet [...] ein bewusstes Unterscheiden, aber auch ein anschliessendes miteinander Verknüpfen verschiedener Betrachtungs- oder Gestaltungsebenen, ein mehrdimensionales Angehen der Probleme, so dass sukzessive technisch-naturwissenschaftliche, betriebs- und volkswirtschaftliche und gesellschaftlich-soziale Erkenntnisse in der Problemlösung einbezogen werden.» (Ulrich, 1987, S. 57)

3.4.1.2 Vom Lenken zum Gestalten der Unternehmungsentwicklung – Die evolutorische Perspektive zur Bewältigung von Dynamik

In Konkretisierung der veränderten Denkweisen, wie sie Probst/Gomez (1991) für den Umgang mit komplexen und dynamischen Systemen vorgezeichnet haben, ergibt sich für die Unternehmungsführung eine beachtliche Verlagerung in ihrer Ausrichtung bei der Lenkung, Gestaltung und Entwicklung von Systemen (Ulrich, 1987, S. 99 ff.).

In neuerer Sichtweise sind von diesen drei Funktionen der Führung vor allem die der Gestaltung und Entwicklung zu betonen. Ein traditionell übertriebenes Hervorheben der Lenkungsfunktion blendet das Verständnis für die tragende Rolle der Selbstgestaltung und Selbstentwicklung von sozialen Systemen aus den Perzeptionen und Präferenzen der Führung aus. Gerade sie aber werden für eine flexible Anpassung von Unternehmungen an veränderte Umweltbedingungen rational und im Hinblick auf die wachsenden Bedürfnisse der menschlichen Leistungsträger auch motivational wesentlich. Funktionen des Managements können nochmalig folgendermaßen zusammengefasst werden:

– Gestaltung: eines institutionellen Rahmens, der es ermöglicht, eine handlungsfähige Ganzheit über ihre Zweckerfüllung überlebens- und entwicklungsfähig zu erhalten.

– Lenkung: durch das Bestimmen von Zielen und das Festlegen, Auslösen und Kontrollieren von zielgerichteten Aktivitäten des Systems und seiner Elemente.

– Entwicklung: ist teils das Ergebnis von Gestaltungs- und Lenkungsprozessen im Zeitablauf, teils erfolgt sie in sozialen Systemen eigenständig evolutorisch durch intergeneratives Erlernen von Wissen, Können und Einstellungen.

Die zunehmende Veränderungsgeschwindigkeit unserer Umwelt veranlasst uns, den Blick auf die Veränderung der Unternehmung in der Zeit zu richten. Das Gestrige ist die Wurzel des Heutigen und dieses wiederum entscheidet über das Morgen. Die Veränderung der Unternehmung im Laufe der Zeit wird in dieser Sichtweise zum zentralen Anliegen der Unternehmungsleitung: die Gestaltung von Rahmenbedingungen, die eine Unternehmungsentwicklung erlaubt, welche ein Überleben des Systems sicherstellt.

3.5 Überblick über das St. Galler Management-Konzept

3.5.1 Der Auftrag des St. Galler Management-Konzeptes

Für die Bewältigung der vor uns liegenden Aufgaben verspricht das St. Galler Management-Konzept einen Bezugsrahmen, der den Anforderungen an ein Führungsverständnis, das sich mit der gestiegenen Komplexität und Dynamik bewusst auseinandersetzt, gerecht wird. Sein Kernelement ist die Ganzheitlichkeit der Betrachtung bei einer Integration vielfältiger Einflüsse in einem Netzwerk von Beziehungen. Dabei wird ein Denkmuster für den Umgang mit Systemen bereitgestellt (Ulrich/Probst, 1988), das es der Führungskraft erleichtern soll, den Weg zu einer veränderten Managementphilosophie zu finden und die vielfältigen Gestaltungsprobleme bei deren Umsetzung zu meistern.

Das St. Galler Management-Konzept soll Orientierung, Ordnung und Generalisierung in den Funktionen des Managements schaffen und eine Förderung von Führungskräften ermöglichen. Damit können und sollten sich Beiträge zur Qualifikation und Identifikation der Mitarbeiter ergeben, die es ihnen erlauben, Probleme im Wandel durch Nachdenken und in Kommunikation mit anderen zu lösen. Dabei wäre es bei aller Unterschiedlichkeit von Kontexten und Situationen in andersartigen Unternehmungen und von Problemlagen im Einzelfall vermessen, über diese Funktionen in Richtung auf eine präskriptive Lenkungs- oder Gestaltungsfunktion vorzustoßen. Dies würde dem Gebot einer flexiblen Anpassung an jeweilige Bedingungen widersprechen. Das St. Galler Management-Konzept versteht sich daher als ein Angebot an die Managementpraxis im Sinne einer Hilfe zur Selbsthilfe – oder besser Selbstgestaltung – durch die praktizierende Führungskraft.

Ziel des Konzeptes ist es damit, dem Management einen Bezugsrahmen für kontextual und situativ gebotene Veränderungen in den Perzeptionen des Managements für zu wählende Entwicklungs-, Gestaltungs- und Lenkungsvorhaben an die Hand zu geben. In ihm soll sich der Führungspraktiker in seiner jeweiligen Problemlage wiedererkennen. Dieser Bezugsrahmen soll es ihm gestatten, vor dem Hintergrund seiner eigenen Situation, Erfahrungen und Beurteilungen Schlussfolgerungen für die zukünftige Richtung seines Handelns zu ziehen. Der Zusammenhang und die Interdependenz aller zu beachtenden Größen ist dem Manager zu verdeutlichen, um ihn auf diesem Wege an integrative Denkweisen heranzuführen.

Eine gesamthafte Betrachtung, wie sie durch das im Folgenden dargestellte Konzept induziert werden soll, hat vor allem gegenseitige Abhängigkeiten im Auge. Die einzelnen kontextspezifischen Ausprägungen sind dagegen aus dem Erfahrungsschatz der Beteiligten selbst zu entwickeln. Es entspricht somit den Vorstellungen der bisherigen Entwicklung des St. Galler Management-Modells, das sich als «Leerstellengerüst für Sinnvolles und Ganzheitliches» charakterisieren lässt. Mit diesem Konzept verbinden sich die folgenden Zielvorstellungen:

1| Eine dimensionale Ordnung von Entscheidungsproblemen des Managements vorzunehmen.

2| Bereitstellung eines

– problembezogenen Ordnungsrahmens,

– Vorgehensmusters zur integrativen Konzipierung von Lösungsrichtungen unter Beachtung kontextualer und situativer Bedingtheiten der Unternehmungsentwicklung, die als Konzeptionshilfen für die Eigenreflexion oder den Dialog zur Positionierung von Lagen und Absichten dienen.

3.5.2 Die Dimensionen des St. Galler Management-Konzeptes

Auf der Suche nach neuen Denkansätzen, die es gestatten, differenzierte Lösungen für die dargestellten gewachsenen Herausforderungen an das Management zu erarbeiten, empfiehlt es sich, drei Dimensionen zu unterscheiden (Ulrich, 1987): eine normative, eine strategische und eine operative Dimension. Sie akzentuieren logisch voneinander abgrenzbare Problemfelder, die durch das Management zu bearbeiten sind. Eine derartige Unterscheidung wäre jedoch fehlverstanden, wenn sie als Grundlage arbeitsteiliger Zuständigkeitsverteilungen für unterschiedliche Kategorien des Managements verwendet werden würde. Im Sinne einer integrierten Managementbetrachtung ist daher von der gegenseitigen Durchdringung aller im Folgenden zu differenzierenden Dimensionen auszugehen. Mag die vorgängige Strukturierung wesentlicher Sachverhalte zunächst den vordergründigen Eindruck einer skeletthaften Strukturierung erwecken, so akzentuiert sie jedoch die zu analysierende, zu beurteilende und zu gestaltende Interdependenz einzelner Sachverhalte im Rahmen vernetzter Beziehungen (Gomez, 1981).

Normatives und strategisches Management gestaltet, operatives Management lenkt die Unternehmungsentwicklung
Normatives und strategisches Management einerseits und das operative Management andererseits bilden gleichsam die beiden Seiten einer Medaille. Auf Konzeptionen fußend, sind Erstere auf die Rahmengestaltung ausgerichtet, in denen sich der operative Vollzug des situativen Führungsgeschehens im «day to day business» vollzieht. Während dem Normativen und Strategischen eher Gestaltungsfunktionen zukommen, ist es Aufgabe des operativen Managements, lenkend in die Unternehmungsentwicklung einzugreifen. Da die Bezeichnung St. Galler Management-Konzept im Grunde genommen nur für die normative und strategische Dimension gilt – denn im operativen Management geht es um den konzeptgeleiteten Vollzug –, werden in dieser Schrift lediglich die Beziehungen des Normativen und Strategischen zum Operativen betrachtet, ohne auf diese Vollzugsdimensionen selbst einzugehen.

Diese Dimensionen sind aber nicht unabhängig voneinander zu betrachten. Zwischen ihnen vollziehen sich vielfältige Vor- und Rückkoppelungsprozesse, indem einerseits konzeptionelle Vorgaben normativer und strategischer Art wegweisend für operative Dispositionen werden und andererseits unplanbare Ereignisse als Hindernisse für die Realisierung von Vorgaben erkennbar werden, die eine Veränderung von Zukunftsvorstellungen und Strategien zu ihrer Umsetzung bedingen.

Normatives Management
Die Ebene des normativen Managements beschäftigt sich mit den generellen Zielen der Unternehmung, mit Prinzipien, Normen und Spielregeln, die darauf ausgerichtet sind, die Lebens- und Entwicklungsfähigkeit der Unternehmung sicherzustellen. Die Notwendigkeit, die Lebensfähigkeit einer Unternehmung über eine Gewährleistung ihrer Identität sicherzustellen, wird überlagert durch das Streben, Voraussetzungen für die Fähigkeit zur Unternehmungsentwicklung zu schaffen.

Entwicklungsfähigkeit umschließt damit auch eine qualifizierte Veränderung in Richtung eines positiven, sinnvollen Wandels. Ausgehend von einer unternehmerischen Vision ist unternehmungspolitisches Handeln und Verhalten zentraler Inhalt des normativen Managements. Unternehmungspolitik wird durch die Unternehmungsverfassung sowie durch die Unternehmungskultur getragen. Die Legitimität der Unternehmung wird zum Maßstab für das normative Management.

Das normative Management richtet sich auf die Entwicklung von Nutzenpotenzialen für Bezugsgruppen aus. Sie definieren die Zwecke der Unternehmung im Umfeld der Gesellschaft und Wirtschaft und vermitteln den Mitgliedern des sozialen Systems Sinn und Identität im Inneren und Äußeren. Das normative Management wirkt in seiner konstitutiven Rolle begründend für die Aktivitäten des Managements.

Strategisches Management
Strategisches Management ist auf den Aufbau, die Pflege und die Ausbeutung von Erfolgspositionen gerichtet, für die Ressourcen gewidmet werden müssen.

Aloys Gälweiler (1987), auf den der Begriff des Erfolgspotenzials zurückgeht, definierte Erfolgspotenziale als «das gesamte Gefüge aller jeweils produkt- und marktspezifischen erfolgsrelevanten Voraussetzungen, die spätestens dann bestehen müssen, wenn es um die Realisierung geht». Diese Definition wurde durch Cuno Pümpin unter der Bezeichnung «strategische Erfolgsposition SEP» (Pümpin, 1992) über die reine Betrachtung von produkt- und marktspezifischen Aspekten hinaus und in Beziehung zu wesentlichen wettbewerbsrelevanten Aspekten einer Unternehmung erweitert.

Bestehende Erfolgspositionen drücken die im Zeitablauf gewonnenen Erfahrungen einer Unternehmung mit Märkten, Technologien und sozialen Strukturen sowie Prozessen aus. Sie schlagen sich in der Marktposition nieder. Neue Erfolgspositionen stellen auf die Entwicklung von Bedingungen ab, die zukünftig geeignet sind, entsprechenden Nutzen aus Vorsprüngen gegenüber dem Wettbewerb zu erzielen. Eine starke Prägung einer Unternehmung durch gegebene, herausragende Erfolgspositionen sagt nichts darüber aus, ob auch hinreichende Anstrengungen zum Aufbau neuer, zukunftsführender Erfolgspositionen unternommen werden.

Die Bezugsgröße des strategischen Managements leitet sich von denen des normativen Managements (Unternehmungspolitik) – also von der Vorstellung einer Sicherung von Entwicklungs- und Lebensfähigkeit – ab. Im Mittelpunkt strategischer Überlegungen steht neben Programmen die grundsätzliche Auslegung von Strukturen und Systemen des Managements sowie das Problemlösungsverhalten der Träger. Während das normative Management begründend für Aktivitäten wirkt, ist es Aufgabe des strategischen Managements, richtend auf Aktivitäten einzuwirken.

Operatives Management
Normatives und strategisches Management finden ihre Umsetzung im operativen Führungshandeln, das im Ökonomischen auf leistungs-, finanz- und informationswirtschaftliche Prozesse ausgerichtet ist. Zu dem Aspekt der wirtschaftlichen Effizienz operativen Managements tritt die Effektivität des Führungshandelns im sozialen Zusammenhang des Mitarbeiterverhaltens. Sie drückt sich vor allem in der Kooperation und vertikalen wie horizontalen Kommunikation von sozial relevanten Inhalten aus.

Literatur zu Abschnitt 3
Gälweiler, A. (1987): Strategische Unternehmensführung. Frankfurt a. M.
Gomez, P. (1981): Modelle und Methoden des systemorientierten Managements: eine Einführung. Bern.
Greiner, L. (1979): Evolution und Revolution as Organizations Grow. In: Harvard Business Review 50, 4/1972, S. 37–46.
Hayek, F.A.v. (1969). Gesammelte Aufsätze / Friedrich August von Hayek (Freiburger Studien). Tübingen.
Krystek, U. (1987). Unternehmenskrisen – Beschreibung, Vermeidung und Bewältigung überlebenskritischer Prozesse in Unternehmungen. Wiesbaden.
Probst, G./Gomez, P. (1991): Vernetztes Denken: Ganzheitliches Führen in der Praxis. 2., erw. Aufl., Wiesbaden.
Pümpin, C. (1992): Strategische Erfolgspositionen. Methodik der dynamischen strategischen Unternehmensführung. Bern.
Pümpin, C. (1989): Das Dynamik-Prinzip. Zukunftsorientierungen für Unternehmer und Manager. Düsseldorf.
Schein, E.H. (1984): Coming to a New Awareness of Organizational Culture. In: Sloan Management Review, Winter 1984, S. 3–16.
Ulrich, H. (1990): Unternehmenspolitik. 3. Aufl., Bern/Stuttgart.
Ulrich, H. (1987): Unternehmenspolitik. 2. Aufl., Bern/Stuttgart.
Ulrich, H./Probst, G. (1988): Anleitung zum ganzheitlichen Denken und Handeln. Ein Brevier für Führungskräfte. Bern.

KAPITEL II

Den Wandel managen

1 Change Management – Von der Vision zur Neuausrichtung
Knut Bleicher, bisher unveröffentlicht

Die wachsende Komplexität, vor allem aber die gestiegene Dynamik unseres Umfeldes werfen am Ende dieses Jahrhunderts die Frage auf, inwieweit der Mensch Entwicklungsverläufe noch beherrscht. Diese Frage ist nicht nur für unser ökologisches und gesellschaftliches Umfeld bedeutsam, sondern betrifft vor allem auch Unternehmungen, die letztlich diese Entwicklung wesentlich mitbestimmen. Der Umgang mit Änderungsprozessen wird in Unternehmungen noch zusätzlich erschwert. Denn jede Organisation hat ihre Eigengesetzlichkeit, die selbst wiederum kaum noch beherrscht werden kann. Derzeit gibt es in Unternehmungen Überlegungen, wie angesichts des Übergangs zu einer Informations- und Wissensgesellschaft die Überlebens- und Entwicklungsfähigkeit gesichert werden kann. Dazu müssten nicht nur Aufgaben, Rollen, Instrumente und Methoden des Managements als harmonisierende Kraft der Gestaltung und Lenkung von Unternehmungen revidiert werden. Zusätzlich sind die grundsätzlichen Prämissen unserer kulturell geprägten Anschauungen über soziale Systemgestaltung und ihrer Lenkung durch das Management zu hinterfragen.

1.1 Change Management – Herausforderung für Unternehmer und Organisation in einer Zeit des beschleunigten Wandels

1.1.1 Die arbeitsteilige Komplexitätsverarbeitung stößt unter Zeitaspekten an Grenzen der Beherrschbarkeit

Wir leben unbestritten in bewegten Zeiten. Unsere Welt befindet sich in einem starken Fluss der Veränderung und wir können uns von den vielfältigen Entwicklungen, die uns alle irgendwie berühren, nicht frei machen. Dies betrifft in besonderem Maße Führungskräfte, die für soziale Systeme mit ökonomischen Zielen im Ganzen wie in ihren Teilen Verantwortung tragen. Sie müssen den gesellschaftlichen, ökonomischen und technologischen Wandel erkennen, verkraften und im Miteinander in zukunftsführende Aktionskurse umsetzen. Diese sollen nicht nur das Überleben, sondern auch die Entwicklungsfähigkeit einer Unternehmung sichern. Die Einflüsse, die es zu verarbeiten gilt, sind vielfältig: Sie reichen vom zunehmenden Bewusstsein für ökologische Zusammenhänge hin zu sich internationalisierenden Markt- und Wettbewerbsbedingungen mit verminderten Wachstumserwartungen und technologischen Entwicklungen, die in die Richtung einer zukünftigen Informationsgesellschaft weisen. Sie alle werden vom Wertewandel der Mitarbeiter und Kunden gleichermaßen durchdrungen.

Die Art und Weise, wie diese Problematik gelöst wird, hängt von Entscheidungen der Führungskräfte ab. Diese sind selbst geprägt durch ihre Herkunft und nationale Erfahrung. Eine Bewältigung des ökonomischen und sozialen Wandels im internationalen Beziehungszusammenhang verlangt daher nicht nur ein grundsätzliches Überdenken der Konzepte, wie wir Unternehmungen führen, sondern auch ein Besinnen darauf, mit welchen sozio-kulturellen Vorprägungen Führungskräfte an ihre Aufgaben herangehen.

Unsere bisherige Vorgehensweise zur Reduzierung dieser induzierten Komplexität war getragen vom Prinzip der Arbeitsteilung und personeller Spezialisierung. Diese stößt nunmehr an Grenzen sowohl im Hinblick auf die damit verbundene Hierarchisierung und Bürokratisierung in der Systemgestaltung als auch über die ihr inhärente Entfremdung und Sinnentleerung für den Menschen. Es wäre jedoch unter Würdigung der Grenzen menschlicher Perzeptionsfähigkeit und Problembewältigungskapazität utopisch zu erwarten, dass auch bei anderen Gestaltungsansätzen auf Arbeitsteilung und Spezialisierung gänzlich verzichtet werden könnte. Die Zunahme an Komplexität in unseren Systemen macht die Lösung von Problemen aufgrund ihrer Vernetztheit immer schwieriger. Zudem ist die Einsicht gewachsen, dass unser Wahrnehmungsapparat für Komplexität und Veränderung an seine Grenzen gestoßen ist und durch die auf ihn zukommenden Probleme überfordert ist. Wir besitzen nur schmale Fenster, um unsere Welt zu erfassen. Diese sind zwar lebenswichtige Ausschnitte, jedoch gelingt es häufig auf diesem Wege nicht, wesentliche Zusammenhänge wiederzugeben.

Auf der Zeitachse haben wir ständig größer werdende Veränderungen in immer kürzeren Reaktionszeiten zu bewältigen. Dem steht jedoch in unseren größeren Organisationen der Wirtschaft und insbesondere im Bereich der Verwaltung eine Tendenz gegenüber, aufgrund hierarchischer Strukturen und bürokratischer Verhaltensweisen zur Problemverarbeitung immer mehr Zeit zu benötigen. Damit stellt sich die Frage, ob unsere herkömmlichen Ansätze zur Problemerkenntnis und Problembewältigung ausreichend sind, um mit den neuartigen Herausforderungen fertig zu werden.

1.1.2 Technokratisches Management und bürokratische Verhaltensweisen verdrängen notwendige unternehmerische Dynamik

Mit Blick auf die bislang erfolgreiche Wirtschaftsentwicklung der Vereinigten Staaten haben wir zumeist recht kritiklos einen wesentlichen Teil unseres Managementwissens von dort bezogen. Diese Vorstellungen sind von einem technokratischen Geist der Machbarkeit durchdrungen. Sie beruhen auf dem Prinzip der Versorgung eines

Marktes mit standardisierten Massenprodukten. Die wissenschaftliche Betriebsführung F. W. Taylors versuchte, die sich daraus ergebenden Probleme damit zu lösen, indem sie eine damals in den USA weitgehend unqualifizierte Mitarbeiterschaft auf dem Wege technokratischer Arbeitsteilung zur Produktivität zu führen versuchte. Dazu mussten methodische Werkzeuge erarbeitet werden, die eine Normierung und Standardisierung von Arbeitsvollzügen erlaubten. Gleichzeitig mussten Führungs- und Organisationstechniken bereitgestellt werden, die diesen besonderen Bedingungen entsprachen. Diese Vorbildfunktion eines bislang erfolgreichen amerikanischen Managements hat bis weit in die zweite Hälfte des 20. Jahrhunderts angehalten.

1.1.3 Traditionelle Managementphilosophien gehen von einem stabilen Umfeld aus

Diese Managementphilosophie der Massenproduktion, die vielen Ländern einen enormen Wohlstand gebracht hat, ist jedoch im Übergang zum quartären Wirtschaftssektor einer Informations- und Wissensgesellschaft kritisch infrage zu stellen. Ein Abrücken von der Kultur arbeitsteiligen Massendenkens des Angebots standardisierter physischer Leistungen ist nicht nur in den Vereinigten Staaten, sondern zunehmend auch bei uns festzustellen. Neue Eigenschaften wie Präzision, Qualität, Kunden- und Marktorientierung und in der Produktion ein technologie- und prozessorientiertes Handeln werden notwendig. Flexible Organisationssysteme, die eher von einem Geist der Ganzheitlichkeit getragen sind, werden zum Zukunftsgebot. Die Überleitung in flexible Systeme verlangt nichts weniger als ein Abgehen von den liebgewonnenen Gewohnheiten einer «mechanistischen» Organisationsform, die inzwischen alle Facetten des amerikanischen Lebens durchdrungen hat. Viele dieser Überlegungen gelten in abgewandelter Form auch für europäische Traditionsunternehmungen.

Systeme erhalten ihre Flexibilität nur noch bedingt durch Vorgaben von standardisierten Regeln. Sie werden stattdessen immer abhängiger von den Fähigkeiten der Menschen, die sie gestalten und lenken. Ihre Flexibilität zeigt sich darin, dass sie schnell auf neue, kaum voraussehbare Situationen marktlicher und technologischer Art reagieren und kreativ Visionen für zukünftige Problemlösungen am Markt durch die Anwendung neuer Technologien entwickeln können. Damit rückt das technokratische Verständnis einer Systemgestaltung gegenüber dem persönlichen Verhalten der Organisationsmitglieder in den Hintergrund. Stellte Taylor noch fest: «In the past man has been first, now the systems will be first», so kehrt sich nunmehr diese Aussage um: «In the past systems have been first, now man will be first (again).»

1.1.4 Change Management – Ohne integrierende Vision bleiben Inhalte unklar

Ausgehend von einer unternehmerischen Vision sind im normativen Spannungsfeld von Opportunismus und Verpflichtung und im strategischen Spannungsfeld von Stabilität und Veränderung diejenigen Strukturen und Kulturen zu definieren, die weiterhin nach dem gegenwärtigen Muster zu operationalisieren sind, und diejenigen, die verstärkt dem Wandel unterliegen und besonderer Anstrengungen der Erneuerung bedürfen. Hierzu ist ein «Generalverkehrsplan» des Managements nötig, der die einzelnen Module identifiziert und zwischen ihnen wesentliche, gegenseitig sich bedingende Beziehungen analysiert. Nur unter der Prämisse der ganzheitlichen Integration lassen sich Systeme Erfolg versprechend ändern. Als Modell dient das St. Galler Konzept Integrierten Managements, auf das wir uns im Folgenden – zumindest implizit – immer beziehen wollen. Es unterscheidet zwischen den Ebenen eines normativen «konstituierenden», eines strategischen «ausrichtenden» und eines operativen «vollziehenden» Managements in der Form von zielführenden Aktivitäten, die in Strukturen eingebettet und durch menschliches Verhalten getragen werden. Mit dem Management wird im Spannungsfeld von Vergangenheit und Zukunft die Unternehmungsentwicklung gestaltet und gelenkt. Visionen und Missionen kommt die Aufgabe zu, über das Tagesgeschäft hinaus ein integrierendes und sinnerfüllendes gemeinsam getragenes Band aller Einzelaktivitäten zur Orientierung und Identifikation bereitzustellen und zu verwirklichen.

1.2 Visionen indizieren die Notwendigkeit zum Wandel durch die Wahl von Strategien und operative Umsetzung

Ein Unternehmungskonzept bedarf in seiner Ausgestaltung einer tragenden Leitidee, einer Art ihre Entwicklung begleitenden «genetischen Codes» für die weitere Unternehmungsentwicklung. Deshalb steht die unternehmerische Vision am Anfang aller Überlegungen des Managements. Als «Leitstern» soll sie das unternehmerische Handeln über alle Wechsellagen des Unternehmungsgeschehens hinweg begleiten und prägen:

«Die Vision ist ein konkretes Zukunftsbild, nahe genug, dass wir die Realisierbarkeit noch sehen können, aber schon fern genug, um die Begeisterung der Organisation für eine neue Wirklichkeit zu erwecken.» (BCG)

Visionen sind als kreative Höchstleistungen das Ergebnis eines hochkomplexen und vielfach interaktiven Prozesses lernender Informationsverarbeitung. Sie sind in konkrete Missionen umzusetzen, aus denen sich Strategien für die weitere operative Verwirklichung ableiten lassen.

«Organisationen müssen wie Schiffe ihren Kurs nach dem Licht der Sterne bestimmen und nicht nach den Lichtern der vorbeifahrenden Schiffe.» (Omar Bradley)

Sie sind damit der Findung von geeigneten Strategien vorgeschaltet, denn ein kurzfristiger Aufbau strategischer Erfolgspositionen nutzt wenig, wenn sich eine ganze Wettbewerbsarena langfristig verschiebt, was in der gegenwärtigen Neupositionierung von Unternehmungen deutlich zu beobachten ist.

1.3 Anpassungsfähige Strukturen müssen Freiraum für Wandel geben

1.3.1 Von der Misstrauens- zur Vertrauensorganisation?

Auf der strukturellen Seite interessiert vor allem der Wandel in der Betrachtung der Rolle, die der organisatorischen Gestaltung zur Bewältigung von Komplexität und Dynamik zukommt. War die bisherige Organisationsgestaltung im Prinzip weitgehend vom Misstrauen gegenüber der Motivation und Qualifikation der Mitarbeiter getragen, so ist ohne einen Wandel in dieser Prämisse eine Zukunftsgestaltung kaum mehr denkbar. Die bisherige «Misstrauensorganisation» dürfte für die Zukunft, die vor allem durch die Eigenständigkeit kreativer Beiträge zur Innovation getragen sein wird, obsolet werden. Damit bietet sich die Vorstellung einer zu entwickelnden Vertrauensorganisation an. Dies hat gravierende Konsequenzen für die Gestaltung unserer sozialen Organisationen. Statt zentraler Lenkung, Programmierung, Standardisierung und Normierung – wie z. B. einer Formalisierung von Arbeitsvollzügen mit intensiven Fremdkontrollen – ergibt sich ein Trend hin zur Aktivierung des Leistungs- und Erfolgsstrebens einer intelligenten Mitarbeiterschaft. Dies bedeutet, dass statt Mehrfachkontrollen gleicher Sachverhalte und intensiver detaillierter Eingriffe in das betriebliche Geschehen eher die Gestaltung von Rahmenbedingungen in den Vordergrund rückt: Forderungen, Anreize und Entwicklungsmöglichkeiten müssen für die Mitarbeiter geboten werden. Die Organisation wird dann weniger in einer Lückenbüßerfunktion für menschliche Unzulänglichkeiten gesehen als vielmehr als ein Mittel zur Kanalisierung und Gratifizierung des Mitarbeiterverhaltens im Hinblick auf den unternehmungspolitischen und strategischen Kurs, der in eine zwar ungewisse, aber erstrebenswerte Zukunft führt. Verhaltensweisen wie Ehrlichkeit, Offenheit, Toleranz, Partnerschaft, Würde und Sicherheit werden zu tragenden Säulen persönlichen Umgangs im Rahmen einer Vertrauensorganisation.

Mit zunehmender Arbeitsteilung und Spezialisierung wird im Innern von Unternehmungen die Bändigung der damit eingebauten Zentrifugalkräfte – die Überwindung von «Schnittstellen» ist in den meisten Unternehmungen hochaktuell geworden – zum Problem. Sie wird traditionell durch Systeme der Integration und Koordination (Planungs-, Lenkungs-, Informations- und Kontrollsysteme) vollzogen. Ein derartiger Ansatz besitzt jedoch einen wesentlichen Nachteil: Diese Systeme produzieren selbst Eigenkomplexität in der Unternehmung, sie lenken das Verhalten der Mitarbeiter von den primären Zielen und Aufgaben ab und tendieren dazu, eine Unternehmung zu bürokratisieren und zu politisieren. Fortgeschrittene Arbeitsteilung und Spezialisierung werden zudem zur «Sinnbremse», indem den Mitarbeitern die Sinnhaftigkeit ihres Tuns zunehmend verloren geht. Der Verlust an Möglichkeiten zur Selbstentfaltung, der durch den Mangel an teilautonomen Organisationseinheiten mit generalisierter Aufgabenstellung und Verantwortung bedingt ist, kann als tieferer Grund für eine sich in vielen Unternehmungen entfaltende Sinnkrise der Mitarbeiter identifiziert werden.

1.3.2 Anforderungen an Organisation und Mitarbeiter zur Zukunftsbewältigung

Wesentliche Erfordernisse zum Wandel drücken sich in programmatischen Orientierungen für Organisation und Mitarbeiter aus, wie die Orientierung am Kunden, am Mitarbeiter, an der Innovation und Integration.

1.3.2.1 Kundenorientierung: Differentielles Handeln

Viele Unternehmungen sind derzeit noch derart organisiert, als gelte es nur interne Probleme national zu lösen. Mit steigender Wettbewerbsintensität der Wirtschaft und anspruchsvoller gewordenen Kunden gilt es aber, den Systembezug zu Kunden zum entscheidenden Gestaltungsprinzip der Organisation zu machen. Die Suche nach kundenorientierten Organisationsformen – sei es durch den Einbezug eines Key-Account-Managements, von Projektmanagern zur Abwicklung einzelner Kundenaufträge oder gar die Bildung kundenspezifischer Geschäftsbereiche nach dem Prinzip «one face to the customer» – beschäftigt derzeit zu Recht viele Unternehmungen. Dabei reicht es jedoch nicht, einfach die Organigramme umzuzeichnen und den Kunden nach oben oder in die Mitte zu stellen. Vielmehr gilt es, in den Unternehmungen durchgehend einen Geist der Kundenorientierung zu erzeugen, der auch die Mitarbeiter im Backoffice erfasst. Statt auf die Vertriebs- und Marketingleute in ihrer arbeitsteiligen Zuständigkeit zu verweisen, sollte sich jeder Mitarbeiter in einer dienenden Rolle gegenüber dem Kunden sehen.

Doch erscheint die Orientierung am Kunden allein nicht mehr ausreichend zu sein. Die Unternehmung wird zunehmend in ihrer gesellschaftlichen Funktion erkannt und muss um ihre Legitimation durch eine Nutzenstiftung für vielfältige Bezugsgruppen bemüht sein. Leistungen für die Öffentlichkeit, Umwelt und Mitarbeiter treten neben diejenigen, die sich für Kunden, Lieferanten und die Eigentümer traditionell entwickelt haben. Auch dies verlangt von der Organisationsgestaltung eine zunehmende Berücksichtigung des Netzwerkgedankens im Beziehungsverhältnis von Umwelt und Unternehmung.

1.3.2.2 Mitarbeiterorientierung: Soziales Handeln

Mit einem Trend zum «intelligenten Geschäft», der sich am deutlichsten bei Unternehmungen zeigt, die im weitesten Sinne «weiche» Problemlösungen anbieten (Engineering-, Software-, Beratungsfirmen als Beispiel), wird die tragende Rolle der «human brain power» – also der Kompetenz von Mitarbeitern zur Erarbeitung intelligenter Lösungskonzepte – deutlich. Mit ihr verschieben sich die Prioritäten von den «harten» Faktoren, die nach wie vor die Aktivseite historischer Bilanzen dominieren, zu den weichen «intangibles», die sich in unserem traditionellen Rechnungswesen allenfalls als Aufwendungen, nicht aber als Erfolgsfaktoren finden lassen. Knapper fachlicher Professionalismus von hochbegabten Mitarbeitern ist aber gegenüber seinem sozialen Umfeld der Unternehmungskultur und des Führungsverhaltens außerordentlich sensitiv. Ohne eine hochgradige Mitarbeiterorientierung und eine ausgeprägte Sozialkompetenz der Führung sind die Erfolgsvoraussetzungen für eine zukunftsführende Unternehmungsentwicklung kaum gegeben.

1.3.2.3 Innovationsorientierung: Flexibles Handeln

Die hochdynamischen Veränderungen, denen sich Unternehmungen in allen ihren Umfeldern gegenübersehen, verlangen eine hohe Flexibilität der Strukturen und des Verhaltens. Das Stichwort «Zeitwettbewerb» deutet den starken Zeitbezug allen Handelns in sich schnell verändernden Märkten an, der in vielen Fällen von der Substitution herkömmlicher durch neue, avantgardistische Technologien getragen wird. Eine Bewältigung des Wandels verlangt nicht nur situative Handlungsflexibilität, sondern auch eine proaktive, vorausschauende Invention neuer Ideen, die letztlich im Inneren der Unternehmung und im Markt durchgesetzt werden müssen (Innovation), um einen Erfolgsbeitrag zu bewirken.

1.3.2.4 Integrationsorientierung: Ganzheitliches Handeln

Unser gegenwärtiges Führungshandeln ist selbst von arbeitsteiligen und spezialisierten Beiträgen geprägt, die nur mit großem Aufwand harmonisiert werden können. Viele Teilsysteme der Planung, Information, Kontrolle, Beurteilung und der Anreize sind in sich widersprüchlich und damit kaum geeignet, das Mitarbeiterverhalten in eine erstrebte Richtung zu lenken. Es ist eine vordringliche Aufgabe der Führung, über die Handhabung von Denk- und Dialogprozessen mit den Mitarbeitern Gesamtzusammenhänge erkennbar zu machen, Interdependenzen zu verdeutlichen und Sinnangebote zu machen. Die Einsicht in ganzheitliche Auswirkungen von Teilentscheidungen ist die Voraussetzung dafür, dass Führungskräfte einen konkreten Beitrag zur Entwicklung eines integrierten Managements leisten, das letztlich als der eigentliche, Stoßkraft verleihende Wettbewerbsfaktor gelten kann.

1.3.3 Strukturelle Lösungsmuster im Wandel

Im Zuge einer Entwicklung hin zu einer Vertrauensorganisation, die in der Organisationspraxis letztlich prägendes Element einer unternehmungskulturellen Entwicklung ist, lassen sich einige wesentliche Trends entdecken.

1.3.3.1 Von der aufgabenorientierten Organisation «ad rem» zum Entdecken der Individualität der Führung

Wir stellen einen Trend fest, der wegführt vom Kästchendenken in den Führungspositionen, von der Besetzung mit dem «anforderungsgerechten Stelleninhaber», der sich nicht selten dann auch als «Eigentümer» eines Eigenbereiches geriert. Dies geschieht aufgrund eines Normbildes der Stellenbeschreibung, der Suche nach einem zuweilen fatalen Durchschnitt, der getragen wird von einer Katalogisierung von Merkmalen, die Gleichheit verleihen. Das Gegenstreben ist in einer Suche nach Individualität in der Führung zu sehen.

1.3.3.2 Von tiefgreifender Arbeitsteilung und Spezialisierung zur Gestaltung generalisierter, umfassender Aufgaben- und Verantwortungskomplexe nach dem Objektprinzip

Die herausgestellte Tendenz, Außenkomplexität durch eine Segmentierung von Systemen zu bewältigen, führt zum Aufbau von Integrationssystemen und Koordinationsinstrumenten. Die dabei entstehende Eigenkomplexität lässt verstärkt eine

Politisierung und Ritualisierung des Verhaltens der Mitarbeiter im «Bedienen» der Systeme als eine Art «Sinnersatz» arbeitsteiliger Organisation entstehen. Lösungsansätze können innerhalb der Mikroorganisation in der Restrukturierung der Arbeit («job enlargement» und «job enrichment»), im Schaffen von teilautonomen Geschäftseinheiten in der Gesamtorganisation sowie personalpolitisch in der stärkeren Nutzung von Rotationsverfahren erblickt werden.

1.3.3.3 Abflachung der Organisationskonfiguration
Viele Unternehmungen haben unter der Devise einer «lean organization» pauschal oder nach Bereichen differenziert Leitungsebenen aus der Hierarchie entfernt, um die Leitungsspitze näher an die operative Basis heranzuführen. Dieser Trend wird unterstützt durch den zunehmenden Einfluss der Informationstechnologie auf die Organisationskonfiguration. Dies hat zu einer beachtlichen Verschiebung im Aufgabenspektrum der mittleren Führungsebene geführt. Standen am Anfang der Entwicklung die qualifizierten Fachkenntnisse im Vordergrund, die einen Mitarbeiter zur Führung befähigen sollten, verlagerten sich die Schwerpunkte zunehmend auf die integrativen Aufgaben der Planung, Steuerung, Kontrolle und Menschenführung.

1.3.3.4 Teilautonome unternehmerische Einheiten im Zentrum der Organisation
Die organisatorisch bedingte Schwerfälligkeit vieler größerer Unternehmungen in der Anpassung an technologische und marktliche Veränderungen lassen sich neben den dargestellten Maßnahmen vor allem durch eine konsequentere Dezentralisation überwinden. Sie führt zur Bildung teilautonomer Einheiten, die relativ selbstständig bestimmte Geschäftszweige betreiben. Mit einer derartigen Teilautonomisierung von Einheiten unter der Devise «small is beautiful» – also der Erkenntnis, dass Systeme über die Stärkung ihrer Feinstruktur an Elastizität gewinnen – verbindet sich die breite Etablierung unternehmerischer Verantwortung vor allem in Großunternehmungen. Statt von einer Dualität dezentraler Geschäftseinheiten und zentraler Steuerungseinheiten gehen diese einerseits von der Bipolarität dezentraler, u. U. zeitlich beschränkter Einheiten zur Bewältigung des marktlichen und technologischen Wandels aus und andererseits von dauerhaften zentralen logistischen Kerneinheiten. Ist es Sache der flexiblen, auf den Wandel eingestellten Einheiten, marktliche und technologische Chancen frühzeitig zu erkennen und unternehmerisch zu nutzen, obliegt es dem logistischen Kern, für die Bewältigung dieser Aufgaben auf Dauer Ressourcen bereitzustellen und diese manageriell in ihren Kapazitäten und ihrer Beschäftigung so zu harmonisieren, dass ihr Einsatz möglichst effizient wird.

Dies verlangt im flexiblen Bereich kleinerer teilautonomer Einheiten die weitgehende Aufgabe der bislang in der Organisation vorherrschenden Arbeitsteilung, während diese jedoch für den logistischen Kernbereich nach wie vor charakteristisch bleibt. In letzter Konsequenz führt diese Entwicklung zu einer mehrdimensionalen Organisationsstruktur, bei der entspezialisierte, wenig arbeitsteilige Geschäftseinheiten mit spezialisierten und arbeitsteilig organisierten logistischen Kerneinheiten verkoppelt werden müssen – mit allen bekannten Problemen einer labilen Konflikthandhabung in derartigen komplizierten Strukturen.

1.3.3.5 Die Aufbauorganisation verliert gegenüber der Prozessorganisation an Gewicht

Die zumeist hierarchisch gestaffelte Aufbauorganisation mit ihren Stellenbeschreibungen und Dienstweg-Regelungen hat unter dem Einfluss des «Business Process Reengineering» deutlich an Gewicht verloren. Wie die oben dargestellten Programme zeigen, gilt es, den Kunden an den Anfang und das Ende von Abläufen zu stellen und die Prozesskette entsprechend rational zu gestalten. «Process owner» sind dabei allerdings nach wie vor selten den Ressourcen-Eignern in ihrer Wertung gleichgestellt, sodass sich hier zumeist lediglich ein Trend zur vermehrten Bedeutung der Prozessgestaltung abzeichnet. Eine Teamorientierung bei der Bewältigung von Schnittstellen-übergreifenden Problemen wäre jedoch in der Lage, einen weiteren Schub in Richtung einer stärker lateral ausgelegten Zusammenarbeit zu bewirken.

1.3.3.6 Die organisatorische Anpassung wird zum Dauerthema

Noch heute wird häufig vor dem Hintergrund der Organisationstheorie von Alfred Chandler diskutiert, ob «structure follows strategy» oder umgekehrt. Klar sollte sein: Statt eines sukzessiven, nachträglichen Folgens struktureller Anpassung an strategische Änderungen zu einer Simultaneität der Anpassung von Strategien und Strukturen vorzustoßen, ja, vielleicht sogar zu einer vorausschauenden Reorganisation, die es ermöglicht, zukunftsweisende Strategien zu finden, zu formulieren und durchzusetzen. Denn mit dem beschleunigten Wandel wird Reorganisation zum Dauerthema. Dabei werden vermehrt Prozesse der Selbstorganisation und Selbstentwicklung von Systemen zum Einsatz kommen. Dies verlangt eine hohe Sensitivität für externe Veränderungen, die Bereitschaft zur flexiblen Anpassung und Mobilität des Personals.

1.4 Die Unternehmungskultur als Hort einer Vertrauensorganisation

Die strukturelle Gestaltung einer Unternehmung wird von Normen und Werten getragen, die sich unternehmungsspezifisch kulturell entwickelt haben und das Verhalten der Mitarbeiter nachhaltig beeinflussen.

1.4.1 Bürokratische Strukturen hinterlassen ihre Spuren in der Unternehmungskultur

Die Historie der organisatorischen Gestaltung hinterlässt tiefgreifende Spuren in den Unternehmungskulturen, die nicht in plötzlicher Erkenntnis einfach «per order de mufti» ausgelöscht werden können. Misstrauensorganisationen erzeugen bürokratische Denk- und Verhaltensweisen: «Don't stick your neck out!», könnte ihre Devise lauten. Werden die damit verbundenen Prinzipien zur Selektion, Einstellung, Beförderung und Gratifizierung von Mitarbeitern über längere Zeitstrecken angewandt, verlassen die nicht passgerechten Personen freiwillig oder unfreiwillig eine derart organisierte Unternehmung. Im Ergebnis findet sich dann kaum eine kulturelle Basis für die Gestaltung einer Vertrauensorganisation. Selbst dort, wo dieser Extremfall einer bürokratieerzeugenden und innovationsfeindlichen Struktur nicht gegeben ist, können sich einige das Vertrauen erschütternde Handlungsweisen der Spitzenführung tief in das kulturelle «Bewusstsein» einer Unternehmung eingraben und die Voraussetzungen für einen Schwenk zu einer bewusster gehandhabten Vertrauensorganisation nachhaltig stören. Junge Unternehmungen mit kaum einer (Vor-)Geschichte tun sich hier in ihrem häufig ungebrochenen Glauben an die Zukunft viel leichter: Weder Strukturen noch Kulturen sind hinreichend geprägt, um behindernd oder befördernd zu wirken. Maßnahmen der Kulturpolitik in einer Unternehmung haben regelmäßig bei den Mitarbeitern und den Rahmenbedingungen ihrer Systemintegration, und hier insbesondere bei der verhaltenslenkenden Gestaltung der Anreizsysteme für Führungskräfte anzusetzen. Sie benötigen Konsistenz und Gradlinigkeit ihrer Verfolgung, um langfristig die Grundlage für eine Vertrauensorganisation abgeben zu können.

Der Weg weg von einer Misstrauensorganisation hin zu einer Organisation, die vom Vertrauen in die zweckkonformen und zielgerichteten Absichten und in eine eigenständige Fähigkeitsentfaltung der Mitarbeiter getragen ist, kann bei Unternehmungen, die erst die alten Kleider eines eingespurten Misstrauens ablegen müssen, unwegsam, voller Überraschungen, ja dornenreich sein. Trotzdem ist er einzuschlagen, wenn man wieder innovativ in der Technologie, kundennah auf dem Markt und flexibel im Hinblick auf die vielfältigen Überraschungen unserer sonstigen Umwelt agieren will – ganz zu schweigen vom Erfüllen der «humanen Maßstäbe», die unsere Mitarbeiter als soziale Wesen an die Organisation anlegen.

1.4.2 Traditionskulturen verdrängen die Innovation

Das überkommene zweckrational, kausalanalytisch ausgerichtete Denken über Aufgabe, Funktion und Wesen von Unternehmungen im Generellen und Unternehmungsführung im Speziellen lässt wenig Raum für ein ganzheitliches, kulturbezogenes, mehr hermeneutisches Verstehen der Unternehmungsrealität, wie es die Umsetzung eines «weichen» Führungsinstrumentariums voraussetzt. Um von einem rein mechanistischen Gestaltungs- und Lenkungsauftrag der Unternehmungsführung zu einer evolutorisch orientierten Perspektive der Entwicklung von Systemen zu finden, ist ein schrittweises Brechen mit der ökonomistisch-technokratischen Denkhaltung – die von der «Exaktheit» und «Berechenbarkeit» eines naturwissenschaftlich geprägten Weltbildes ausgeht – und die Hinwendung zu einem evolutionstheoretisch fundierten, sozialwissenschaftlichen Weltverständnis unumgänglich: Die gelenkte und gestaltete Evolution wird zum unternehmungsphilosophischen Maßstab erhoben.

Die Kultur einer Unternehmung umfasst ein Bündel an affektiv gewonnenen, verhaltensprägenden Wertvorstellungen und einen kognitiven, handlungsleitenden Wissensvorrat. Sie bildet sich im Sozialisationsprozess der in einer Institution tätigen Menschen evolutorisch «spontan» heraus und prägt über Generationen hinweg deren Einstellungen und Erfahrungen. Das Lernen an mehr oder weniger erfolgreich gelösten Problemen, an der Wirksamkeit und dem Risiko spezifischer Verhaltensweisen formt sukzessiv ein spezifisches Muster des Sozialsystems der Unternehmung aus. In ihrer Mittlerstellung zwischen vergangenheitsorientiertem Wissen, gegenwärtigen

Werten und zukünftigem, intendiertem Verhalten wirkt die Unternehmungskultur als Katalysator von Innovation und Tradition in der sozialen Evolution der Unternehmung.

1.4.3 Personalentwicklung als Schlüssel der Kulturentwicklung

Unternehmungskulturen sind in einem evolutionären Prozess entstanden, in dessen Verlauf nicht alle Facetten der spontanen Ordnung des Sozialsystems Unternehmung gestaltet werden können und gestaltbar sind. Damit verweisen sie unseren Machbarkeitsanspruch deutlich in seine Schranken.

Ansatzpunkte für eine dennoch partielle, nicht im Detail beherrschbare Änderung des Wert- und Wissensvorrates des Systems bietet die bewusste Schaffung von Rahmenbedingungen für die soziale Evolution. Immer dann, wenn das aktuell gültige Perzeptions- und Präferenzsystem als dysfunktional für den Fortgang der Unternehmung erkannt wird – wobei auch dieser Erkenntnisprozess selbst wieder in seiner Tragweite kulturdeterminiert ist –, wird eine rahmengebende Politik der Unternehmungskultur überlebenskritisch. Zwei grundsätzliche Vorgehensweisen stehen dabei zur Auswahl:

- eine Kulturrevolution durch das schlagartige, kurzfristig wirksam werdende Austauschen von Personen, wenn für eine längerfristig angelegte Kulturrevolution weder Mittel noch Zeit zur Verfügung stehen, oder
- eine längerfristig angelegte Kulturrevolution, die vorhandene Entwicklungspotenziale der Menschen in der Unternehmung aktiviert.

Um die angestammten Verhaltensweisen zu verändern, wird ein Prozess des Entlernens und Erlernens von Verhalten erforderlich, der Zeit, Geduld und Hartnäckigkeit benötigt, um Erfolge zu zeitigen. Das sichtbare Vorbild und das konsequente Vorleben von Führungskräften lassen die neuen Werte ebenso im System diffundieren wie ein die zukunftsführenden Verhaltensweisen gratifizierendes Anreiz- und Belohnungssystem.

Den Human Resources, der «Software» des Systems, kommt beim Übergang von der gegenwärtig aktuellen zu einer gewünschten zukunftsführenden Unternehmungskultur im Rahmen einer Entwicklung, die zur Informations- und Wissensgesellschaft führt, eine zentrale Bedeutung zu. Dies verlangt von der Unternehmungsführung, dass sie sich schwerpunktmäßig neben den «material assets» – als traditionellen, «Hardware»-orientierten Aktiven einer Unternehmung – zunehmend den «weichen» Faktoren zu widmen hat. Damit rückt die soziale Evolution in den Mittelpunkt ihres Handelns. Sie ist zu unterstützen durch eine Vielzahl – eher noch in der Entwicklung befindlicher – Verfahren, die notwendige Änderungsprozesse auslösen, unterstützen und begleiten.

1.5 Change Management – Der schwierige Übergang in einer Transitionsperiode

In einer Zeit des Paradigmenwechsels kommt viel Neues auf uns zu. Eine neue Welt entsteht. Wir müssen versuchen zu gestalten, zu lenken und zu entwickeln. Die große Kunst der Führung liegt darin, einerseits zu erkennen, in welchen Bereichen unserer Unternehmung das Alte noch gilt. Wenn wir das bewahren und weiterentwickeln, was nach wie vor gültig ist, schaffen wir auch für unsere Mitarbeiter etwas dringend Notwendiges, wir schaffen Sicherheit. Ansonsten ziehen sie sich vor den dramatischen Änderungen, die uns bevorstehen, ins Schneckenhaus zurück. Andererseits müssen Führungskräfte in der Lage sein zu erkennen, in welchen Bereichen der Wandel Änderungen erforderlich macht. Sie müssen diese definieren und kommunizieren, um sie beherzt angehen zu können. Hierzu bedarf es einer Vision und des Ringens um Verständnis und Bewegung. Alfred North Whitehead hat in einem Vortrag das vorliegende Problem des Wandels wie folgt formuliert:

> «Die Kunst des Fortschritts besteht darin, inmitten des Wechsels Ordnung zu wahren und inmitten der Ordnung den Wechsel aufrechtzuerhalten.»

2 Die kritische Bewältigung des Wandels durch Unternehmertum

Diskontinuitäten und Turbulenzen im Umfeld der Unternehmungen haben Anpassungen an veränderte globale, strukturelle und konjunkturelle Entwicklungen notwendig gemacht. In einer relativ kurzen Zeitspanne gilt es, sich für eine neue Entwicklungsetappe, die weit in das 21. Jahrhundert hineinreicht, zu positionieren. Statt sich auf einen erkennbaren und in die Zukunft weisenden Paradigmenwechsel einzustellen, sind jedoch viele Unternehmungen dabei, auf die Ursprünge des bereits überholt geglaubten Paradigmas wissenschaftlicher Betriebsführung – den Taylorismus – zurückzufallen. Mit dem notwendigen und zu lange versäumten Abbau unwirtschaftlicher Kostenstrukturen werden zugleich die Nutzenpotenziale der Zukunft mit vernichtet und damit das Kind mit dem Bade ausgeschüttet. Alles bislang in Jahrzehnten Erreichte eines sozial-ökonomischen Managements wird damit zur Disposition gestellt. Appelle an den Gemeinschaftsgeist, an die partizipativ getragene Vision und Mission der Unternehmung in einem human orientierten Kooperationsverhältnis, das von gegenseitiger Anerkennung und Vertrauen getragen wird, enthüllen sich als Farce. Mit wie viel Unglaubwürdigkeit und Misstrauen werden wir in die nächste Phase unserer Unternehmungsentwicklung eintreten? Haben wir im Umgang mit Wandel nichts gelernt?

2.1 Der Umgang mit Wandel als Herausforderung

Die Menschheitsgeschichte ist eine Geschichte des kulturzivilisatorischen, technischen und ökonomischen Wandels: Wandel ist «part of human life». Dennoch hat jede Generation in ihrem Sicherheitsstreben versucht, sich so einzurichten, als wäre der Wandel etwas Außergewöhnliches und Bedrohliches. Eine kollektive kognitive Dissonanz weist daher eher in die Richtung einer Negierung oder Verdrängung eines sicherheitsbedrohenden und Strukturen gefährdenden Wandels als auf ein Ergreifen seiner Chancen zur Weiterentwicklung auf dem Wege zu neuen Höhen in der Entwicklung der menschlichen Gesellschaft. Dies scheint besonders dann deutlich in Erscheinung zu treten, wenn sich nach langen Perioden relativ kontinuierlicher Entwicklung verdrängte Anpassungsnotwendigkeiten zu krisenhaften Situationen «aufschaukeln», die in den vernetzten gesellschaftlichen und wirtschaftlichen Systemen zu Diskontinuitäten krisenhaften Ausmaßes führen. Offensichtlich ist dies in unserer gegenwärtigen Situation, die an der Oberfläche durch konjunkturelle und strukturelle Schieflagen der europäischen Wirtschaft gekennzeichnet ist, der Fall. Unter dieser erkennbaren Oberfläche verbergen sich jedoch grundlegende «tektonische» Verschiebungen unserer «basic assumptions» (Schein, 1984) über die Rolle des Menschen (Menschenbild) und seiner Organisation in der Gesellschaft und ihrer Gestaltung, die nichts weniger als einen notwendigen Paradigmenwechsel in unserem Denken und Handeln erforderlich machen. Die Frage nach einem Management of Change stellt damit die Art und Weise zur Disposition, wie wir künftig mit Veränderungen unter dem Einfluss sich beschleunigender Dynamik umgehen ...

2.2 Dysfunktionalität bisheriger Gestaltungsphilosophien des Managements beim Umgang mit Wandel

Eine Überwindung des Anpassungsdilemmas der Organisation an die sich entfaltende Dynamik verlangt sowohl andersartige Denkweisen im Strategischen (konzentriert auf die Entwicklung von marktlichen, technologischen und manageriellen Erfolgspotenzialen) und Strukturellen (flexible, offene «Zelt»- statt starrer und geschlossener «Palast»-Organisationen) als auch von Kulturen, die auf das Lernen im Umgang mit Veränderungen ausgelegt sind.

Dem steht unser traditioneller Umgang mit dem Wandel, wie er in der technokratischen Misstrauensorganisation vorgegeben ist, entgegen. Unser bisheriger Umgang mit Fragen des Managements war eher statisch geprägt. Er fußt auf der «wissenschaftlichen Betriebsführung» (Scientific Management), wie sie zu Beginn des 20. Jahrhunderts von amerikanischen Ingenieuren – hier vor allem von Frederick Winslow Taylor – unter dem Eindruck der Rationalisierungsmöglichkeiten des arbeitsteiligen Einsatzes von Maschinen begründet worden ist. Es nimmt daher nicht wunder, dass er unsere bisherige Anschauung vom Management und seinen Vorgehensweisen (Managementparadigma) entscheidend geprägt hat.

Unser traditionelles, im Taylorismus fußendes Managementverständnis betrachtet Unternehmungen als reparaturbedürftige und -fähige Maschinen. Das Führungsverhalten ist auf das Betreiben und Kontrollieren dieser wohl zu ölenden Maschine gerichtet. Eine derartige «Misstrauensorganisation» hat zu den aktuellen Krisenerscheinungen mangelnder Innovationskraft, unzureichender Flexibilität und verminderter Wettbewerbsfähigkeit wesentlich beigetragen, weil versäumt wurde, die in der Mitarbeiterschaft vorhandenen schöpferischen Potenziale für die Bewältigung des Wandels einzusetzen.

Der traditionelle tayloristische Ansatz des Managements besitzt aber einen weiteren wesentlichen Nachteil: Derart gestaltete Systeme produzieren selbst Eigenkomplexität in Unternehmungen, sie lenken das Verhalten der Mitarbeiter von den primären Zielen und Aufgaben ab und tendieren dazu, eine Unternehmung zu bürokratisieren und zu politisieren. Fortgeschrittene Arbeitsteilung und Spezialisierung werden zudem zur «Sinnbremse», indem den Mitarbeitern die Sinnhaftigkeit ihres Tuns zunehmend verloren geht. Der Verlust an Möglichkeiten zur Selbstentfaltung, der durch den Mangel an teilautonomen Organisationseinheiten mit generalisierter Aufgabenstellung und Verantwortung bedingt ist, kann als tieferer Grund für eine sich in vielen Unternehmungen entfaltende Sinnkrise der Mitarbeiter identifiziert werden.

Lösungsrichtungen, die von dieser technokratischen Organisation wegweisen, können grundsätzlich innerhalb der Mikroorganisation in der Restrukturierung der Arbeit («job enlargement» und «job enrichment»), in der lateralen kundenorientierten Prozessgestaltung, im Schaffen von teilautonomen Geschäftseinheiten mit klarer Verantwortungszumessung in der Makroorganisation sowie personalpolitisch in der stärkeren Nutzung von Rotationsverfahren und Anreizsystemen erblickt werden. Letztlich geht es neben dieser Gestaltung von Rahmenbedingungen jedoch um eine Verhaltensänderung bei der Problemerkenntnis und -bewältigung, die in vielen Organisationen nichts weniger als einen Wandel der Unternehmungskultur bedingt.

2.3 Vertrauen als Grundprinzip des Umgangs mit Wandel

Aus den «basic assumptions» unseres bisherigen Managementparadigmas ragt im Rahmen des ihm zugrunde liegenden Menschenbilds die Vertrauensfrage heraus, die im Folgenden exemplarisch für notwendige paradigmatische Veränderungen im Umgang mit dem Wandel etwas näher beleuchtet werden soll.

Der auf Misstrauen gegenüber Mitarbeitern fußende Ansatz der bisherigen Managementphilosophie ist erst durch unsere gegenwärtige Krisensituation, der sich vor allem größere Traditionsunternehmen gegenübersehen, deutlich geworden: Das tayloristische Paradigma mag in einigen seiner Facetten vor dem Hintergrund einer stabilen Umwelt und einer kontinuierlichen Entwicklung geeignet sein, einmal entwickelte Erfolgspotenziale rationell zu multiplizieren, es versagt jedoch in Kontexten dynamisch-instabiler Entwicklung, die durch Diskontinuitäten gekennzeichnet sind. Die mangelnde Orientierung am menschlichen Entdeckerstreben, seiner Kreativität und seinem Improvisationsvermögen verhindern Innovation und Wandel. Nicht zuletzt ist dies im entzogenen Vertrauen, in dem bewegenden Beitrag, den Mitarbeiter zur Unternehmungsentwicklung beisteuern können, die sie als Träger der Evolution einer Unternehmung bewirken können, zu sehen.

Mit einer anzustrebenden Managementphilosophie eines vertrauensvollen Umgangs verbinden sich Chancen, aber auch Risiken. Niklas Luhmann kennzeichnet Vertrauen als «Problem der riskanten Vorleistung» (Luhmann, 1989, S. 23). Ins Negative verkehrt ist «Misstrauen […] jedoch nicht nur das Gegenteil von Vertrauen, sondern als Solches zugleich ein funktionales Äquivalent zu Vertrauen. Nur deshalb kann (und muss) man nämlich zwischen Vertrauen und Misstrauen wählen.» (Luhmann, 1989, S. 78) «Misstrauen äußert sich in zahlreichen Facetten wie Argwohn, Verschlossenheit, Manipulierbarkeit, Fremdheit, Verunsicherung, Perspektivlosigkeit, Stress, Panik und Angst bei den in Betracht kommenden Personen und Gruppen.» (Schneider, 1992, S. 27 ff.)

Geschenktes Vertrauen ist ein äußerst flüchtiges Gut: Wird es enttäuscht, fühlt sich der Vertrauensgeber als Vorleister nur zu leicht versucht, von dort an Misstrauen zu entwickeln. Wie Robert R. Merton bemerkt, werden aber misstrauische Vorgesetzte es immer erleben, dass Mitarbeiter das vorgelegte Misstrauen durch ihr Verhalten nachträglich rechtfertigen.

Es wäre jedoch illusionär, von der Vorstellung auszugehen, dass von einer derartigen Vertrauenshaltung des Managements lediglich positive Wirkungen auf die notwendige Bewältigung des Wandels erfolgen. Krystek/Zumbrock (1993, S. 13 ff.) verweisen daher auch auf dysfunktionale Wirkungen des Vertrauens, wie das Risiko des Misstrauens, Synergieverluste durch zunehmende Zentrifugalkräfte und die Gefahr der Mittelmäßigkeit bei falsch verstandenem Vertrauen.

2.4 Anforderungen an eine auf Wandel ausgerichtete Vertrauensorganisation

Unternehmungsführung war bislang vor allem gekennzeichnet durch ein Streben nach hoher Rationalität: Rationalität durch technokratische Strukturierung auf der einen Seite unter Anwendung juristischer Logik und zuweilen auch der Psychologik in der Suche nach der Regelhaftigkeit menschlichen Verhaltens in Organisationen. Was heute deutlicher erkennbar wird, ist der Versuch, neben der Rationalität des Intellekts, ausgedrückt im Einsatz von Instrumenten und Verfahren und aggregiert in Systemen, die explizit Verhalten steuern wollen, das Implizite in der Steuerung sozialer Systeme zu erkennen und für die Systementwicklung zu nutzen. In der Aktivierung beider Gehirnhälften gewinnt damit neben dem Intellekt die Intuition, d. h. die Beschäftigung mit Zielen und Werten, sowie die Aktivierung der Kreativität einen breiteren Raum in unseren Vorstellungen.

2.4.1 Eigen-evolutorische Entwicklungsdynamik von Systemen

Der weithin verbreitete Glaube, entscheidungsfreudige Macher könnten mit einem geübten Griff in den Instrumentenkasten erprobter Managementmethoden eine Unternehmung kurz- oder mittelfristig auf jeden denkbaren Ergebniskurs bringen, stößt zunehmend auf die Erkenntnis eigen-evolutorisch bedingter Entwicklungsdynamik sozialer Systeme. Dies hat nicht bloß ein neues Führungsverständnis zur Folge, sondern führt zu einer Umdefinition der Rolle des «middle management» und zu einer Schwerpunktverlagerung der Funktionen des Managements hin zur Gestaltung von Rahmenbedingungen, in denen sich Binnenentwicklungen relativ autonom vollziehen können.

Als «Autopilot» dieser Entwicklungen kommt dabei der Unternehmungskultur eine tragende Rolle für die soziale Integration in Unternehmungen zu: Zukunftszugewandtheit, positive Einstellung zum Wandel und zur Kreativität, Fehlertoleranz, problembezogene statt politisch gefärbte «Schönwetter-Neigung» bei der Kommunikation sind dabei die Erfolgsfaktoren. Kooperations- und Lernbereitschaft lassen sich aber durch das Vorbild und Vorleben der Führung, durch das Einstellen verhaltenssteuernder und gratifizierbarer Rahmenbedingungen und durch die Selektion und Förderung, die den Einsatz der Mitarbeiter beeinflussen, nicht regeln.

2.4.2 Notwendige partnerschaftliche Öffnung in ganzheitlicher Sicht

Eine Vertrauenshaltung verlangt von der organisatorischen Gestaltung eine weitgehende Offenheit im Allgemeinen gegenüber Partnern (Stakeholdern) durch ein differentielles Handeln und im Besonderen gegenüber Mitarbeitern in der Form eines sozialen Handelns. Eine derartige Orientierung darf jedoch nicht isoliert und insular begründet sein. Sie bedarf vielmehr der Integration durch ein ganzheitliches Handeln.

Die Notwendigkeit einer weiteren Öffnung des unternehmerischen Denkens und Handelns über die Grenzen der Unternehmung hinaus zeichnet sich ab. Eine Orientierung am Kunden allein erscheint in dieser neuen Offenheit nicht mehr ausreichend zu sein. Die Unternehmung wird zunehmend in ihrer gesellschaftlichen Funktion erkannt und muss um ihre Legitimation durch eine Nutzenstiftung für vielfältige Bezugsgruppen bemüht sein. Leistungen für die Öffentlichkeit, Umwelt, Mitarbeiter treten neben diejenigen, die sich für Kunden, Lieferanten und die Eigentümer traditionell entwickelt haben. Auch dies verlangt von der Organisationsgestaltung eine zunehmende Berücksichtigung des Netzwerkgedankens im Beziehungsverhältnis von Umwelt und Unternehmung.

Sehr viel deutlicher als bisher wird dabei auch eine zunehmende Öffnung gegenüber Wettbewerbern. Die Vielzahl zwischenbetrieblicher Kooperationen, die in den 1980er- und 1990er-Jahren in unterschiedlicher Form von strategischen Allianzen eingegangen worden sind, weisen zugleich einen Denkwandel weg von bisherigen Feindbildern und hin zu einem partnerschaftlichen Wettbewerb auf. Am Ende dieser Entwicklung steht die sog. «virtuelle Organisation», deren Leistungsvermögen kaum mehr bestimmbar ist, da sie bestimmte Kernkompetenzen in ständig wechselnde Partnerschaften zur auftrags- und zeitgebundenen Problemlösung einbringt. Die Entwicklungslinie weist hier von den tradierten «Palast»-Organisationen über ihre Ergänzung durch Formen der «Zelt»-Organisation in die Richtung offener Partnerschaften in Arbeitsgemeinschaften zur kompetenten Problemlösung.

2.4.3 Entwicklungslinien zur «intelligenten» Unternehmung

Dieser Trend ist heute besonders deutlich bei «intelligenten» Unternehmungen erkennbar, die weniger «Hardware» als vielmehr die «Software» qualifizierter Problemlösungen anbieten.

- Mitarbeiterorientierung: Soziales Handeln
Mit einem Trend zum «intelligenten Geschäft», der sich am deutlichsten bei Unternehmungen zeigt, die im weitesten Sinne «weiche» Problemlösungen anbieten (Engineering-, Software-, Beratungsfirmen als Beispiel), wird die tragende Rolle der «human brain power» – also der Kompetenz von Mitarbeitern zur Erarbeitung intelligenter Lösungskonzepte – deutlich. Mit ihr verschieben sich die Prioritäten von den «harten» Faktoren, die nach wie vor die Aktivseite historischer Bilanzen dominieren, zu den weichen «intangibles», die sich in unserem traditionellen periodisch geprägten Rechnungswesen allenfalls als Aufwendungen, nicht aber als Erfolgsfaktoren finden lassen. Fachlicher Professionalismus von hochbegabten Mitarbeitern reagiert aber gegenüber seinem sozialen Umfeld der Unternehmungskultur und des Führungsverhaltens außerordentlich sensitiv. Ohne eine hochgradige Mitarbeiterorientierung und eine ausgeprägte Sozialkompetenz der Führung sind die Erfolgsvoraussetzungen für eine zukunftsorientierte Unternehmungsentwicklung kaum gegeben.

- Integrationsorientierung: Ganzheitliches Handeln
Unser gegenwärtiges Führungshandeln ist selbst von arbeitsteiligen und spezialisierten Beiträgen geprägt, die nur mit großem Aufwand harmonisiert werden können. Viele Teilsysteme der Planung, Information, Kontrolle, Beurteilung und der Anreize sind in sich widersprüchlich und damit kaum geeignet, das Mitarbeiterverhalten in eine erstrebte Richtung zu lenken. Es ist eine vordringliche Aufgabe des Managements, über die Handhabung von Denk- und Dialogprozessen mit den Mitarbeitern Gesamtzusammenhänge erkennbar zu machen, Interdependenzen zu verdeutlichen und Sinnangebote zu machen. Die Einsicht in ganzheitliche Auswirkungen von Teilentscheidungen ist Voraussetzung dafür, dass Führungskräfte einen konkreten Beitrag zur Entwicklung eines integrierten Managements (Bleicher, 1995) leisten, das letztlich als der eigentliche, Stoßkraft verleihende Wettbewerbsfaktor gelten kann.

2.5 Der Umgang mit Wandel verlangt die unternehmerische Aktivierung des Innovationspotenzials von Unternehmungen

Die hoch dynamischen Veränderungen, denen sich Unternehmungen in allen ihren Umfeldern gegenübersehen, verlangen eine hohe Flexibilität der Strukturen und des Verhaltens. Das Stichwort «Zweitwettbewerb» deutet den starken Zeitbezug allen Handelns in sich schnell verändernden Märkten an, der in vielen Fällen von der Substitution herkömmlicher durch neue avantgardistische Technologien getragen wird. Eine Bewältigung des Wandels verlangt nicht nur situative Handlungsflexibilität, sondern auch eine proaktive, vorausschauende Invention neuer Ideen, die letztlich im Inneren der Unternehmung und am Markt durchgesetzt werden müssen (Innovation), um einen Erfolgsbeitrag zu bewirken.

Ohne ein chancenorientiertes Unternehmertum sind Einzelansätze zur Generierung von Innovationen erfolglos. Ausgehend von «geerdeten» Visionen ist der Kurs in die Zukunft hinein zu bestimmen – bei allen Schwankungen in der Beherrschung technologischer und marktlicher Entwicklungen und den daraus folgenden Korrekturen.

2.6 Dynamische Unternehmer tragen die Innovation der Unternehmung

«Es ist einfacher um Vergebung als um Erlaubnis zu fragen.» Dieser alte Grundsatz stößt bei vielen Unternehmungen derzeit noch an die Grenzen etablierter und formalistisch gewordener Organisationen. Die Turbulenzen und Diskontinuitäten in unserem Umfeld verhindern aber über einen vorprogrammierten Dienst nach Vorschrift die notwendige, vorausschauende und schnelle Anpassung an den Wandel. Risiken werden überbewertet, Chancen verpasst. Strukturelle und konjunkturelle Veränderungen gehen zulasten der dinosaurierhaft agierenden langsamen Anpasser: Nicht die Großen fressen die Kleinen, nein, jetzt sind es die Schnellen, die die Langsamen schlucken. «How to teach elephants to dance» ist die existenzkritische Herausforderung von großen Traditionsunternehmungen mit einer spektakulären Vergangenheit geworden.

Technokratische Systeme schaffen es nicht, diesen Anpassungsprozess in angemessener Zeit zu bewältigen. Ausschau muss nach dem flexibelsten Element in unseren Systemen gehalten werden, nach den neugierigen, initiativen, engagierten und nach neuen Möglichkeiten strebenden Führern und Mitarbeitern, die ein Management of Change tragen. Dies verlangt statt der traditionellen «harten» heute «weiche» Faktoren wie Vorstellungskraft, Vision über ein Zukunftsbild der Unternehmung in Wirtschaft und Gesellschaft, die Fähigkeit, diese missionarisch in die Unternehmung hineinzutragen und den Resonanzboden für die Vorwärtsstrategie durch die Bereitstellung innovativer Strukturen und die Entwicklung lernfähiger Kulturen zu schaffen.

Statt Gleichgewichte in Markt und Technologie zu suchen, gilt es, im Laufe der Unternehmungsentwicklung Ungleichgewichte im Umfeld zu erkennen und in die Unternehmung selbst provokativ einzubringen. Gefragt ist hierzu nicht der Verwalter und weniger der technokratische Manager als vielmehr der dynamische Unternehmer in seiner Brandstifter- und Führungsrolle. Dies aber nicht nur an der Spitze der Unternehmung, sondern in voller Breite der Mitarbeiterschaft: Unternehmertum in der Unternehmung – Intrapreneurship – als bewegende Kraft eines ganzen Systems auf der Suche nach neuen Ufern «geerdet» durch Realitätssinn und Erfahrungspotenzial.

2.6.1 Unternehmer, Führer, Manager und Verwalter – Vier Rollen in der Leitung von Unternehmungen

Um die Identitätsprägung einer Unternehmungskultur stehen vier Rollen im Wettstreit miteinander: Am dynamischen Ende einer Spannungsreihe steht der Typ des Unternehmers, der visionär Ungleichgewichte in der Unternehmung produziert, indem er strategisch nach neuen marktlichen und technologischen Möglichkeiten Ausschau hält. Er ist dabei stark zukunftsorientiert und gewohnt, mit Unsicherheiten und Risiken zu leben. Der Unternehmer vermittelt der Unternehmung sinnhafte Konzeptionen («erhöhter Nutzen für bestimmte Bezugsgruppen», «Produktführerschaft», «Lösung technologischer Probleme jenseits des State of the Art»). Am statischen Ende einer Spannungsreihe von Rollen der Träger strategischer Unternehmungsführung stehen Verwalter, die von Managern in fließende Gleichgewichtslagen umgesetzte dynamische Impulse in standardisierte, programmierte Formen zur Sicherung des Erreichten umsetzen. Während der Unternehmer eher improvisierend bis hin zur Erzeugung chaotischer Situationen agiert, strebt der Verwalter danach, Ordnung durch Dauervollzug von Aufgabenerledigungen herzustellen: Er schafft Bürokratien, die dem Einzelnen wenig sinnhafte Vollzüge schaffen, dem System jedoch Struktur und Dauerhaftigkeit verleihen. Während der Unternehmer durch seine Außenorientierung über das Schaffen von zukünftigen Erfolgspotenzialen einen Beitrag zur Überlebensfähigkeit der Unternehmung leistet, tut dies der Verwalter durch das Herstellen einer auf dem Prinzip der Sicherheit beruhenden Ordnung. Ist der Unternehmer risikofreudig, wird das Verhalten des Verwalters eher durch Risikoscheu getragen. Er ist eher introvertiert und arbeitet reglementgerecht gerade so viel wie notwendig. Er wird selbst zu einem nicht identifizierbaren Rädchen im Getriebe einer bürokratischen Maschinerie, zum auswechselbaren Funktionär, der ersetzbar wird, ohne dass die Stellenbeschreibung geändert zu werden braucht. Seine Sicherheit findet er, indem er sich auf die formalen Aspekte zurückzieht. Seine Devise ist: Ordnung schafft Konsistenz und Sicherheit. Er wird sowohl zum Hüter der Ordnung als auch zum Erzeuger zusätzlicher Ordnung, worauf sich seine Kreativität konzentriert. Konformitätszwänge werden vom Verwalter nicht nur akzeptiert, sondern auch gefördert.

Die Rolle des Menschenführers ist persönlich: Mit seinem Charisma beeinflusst er die Motivation seiner Mitarbeiter und stabilisiert über den «esprit de corps» die Gruppenkohäsion, indem er den «team spirit» fördert. Seine Beweggründe sind eher persönlich: Sie entsprechen seinen Vorstellungen, seinen Erwartungen und seinem Willen. Führer sind in der Regel aktiv, begeisternd und haben einen missionarischen Eifer, den sie auf ihre Mitarbeiter übertragen wollen. Sie vermitteln ihren Mitarbeitern sinngebende Aufgaben, indem sie unternehmerische Visionen und managerielle Aufgabenstellungen in erstrebenswerte Ziele für die Mitarbeiter umsetzen. Damit werden Identifikationsprozesse ausgelöst, die als Motor für weitere Initiativen und Aktionsprogramme wirken. Unpopuläre und harte Entscheidungen werden konsequent und zielstrebig gefällt und durchgesetzt. Menschenführern liegen Inhalte und weniger formelle Verfahren am Herzen. Organisationsgerechtes Verhalten ist nicht ihre Stärke: Die Sache dominiert die Form. In Einschätzung ihres Verhältnisses zur Organisation arbeiten sie zwar in Organisationen, gehören diesen aber nie mit Haut und Haaren an. Manager streben danach, von Unternehmern geschaffene ungleichgewichtige Situationen verfahrenstechnisch unter Kontrolle zu bringen und auf ein Gleichgewicht hinzubewegen. Der Manager betrachtet die Unternehmung instrumental: Er benötigt sie als Mittel für seine Karriere. Deshalb wird er alles das tun, was ihm bei seiner Karriere hilft. Dies kann in besonderer Leistung bestehen, aber auch in einer hohen Bereitschaft zur Opportunität beim Erreichen seiner persönlichen Ziele. Gibt ihm die eine Unternehmung hierzu geringere Möglichkeiten als eine andere, wird er sein Instrument «Unternehmung» ohne jegliche Scheu wechseln. Eine engere Bindung zur arbeitsgebenden Institution wird dabei bewusst vermieden, man bleibt offen für andere vielversprechende Berufsmöglichkeiten. Indifferenz und Beweglichkeit sind kennzeichnend für den hier beschriebenen Typ des Managers: Er ist eher ein Technokrat, der seine eigenen Ziele in Distanz zur jeweiligen Unternehmung verfolgt. Im Gegensatz zum Führer ist er in seinem Verhalten eher unpersönlich. Er wird mehr durch Notwendigkeiten als durch zukunftsweisende Visionen und eigenen Willen motiviert. In der Tendenz reagiert er mehr, als dass er agierende Bewegung schafft.

Sein Streben ist auf Rationalität ausgerichtet. Im Rahmen einer durchstrukturierten Organisation bedient er sich analytischer, quantitativer Methoden. Prognosen und Budgetmethoden müssen die persönliche Urteilskraft ersetzen, die ein herausragendes Merkmal des Unternehmers darstellt. Heinrich Oswald bezeichnet daher den Manager als «Technokraten aus zerebralem Kunststoff». Statt unternehmerischer Autonomie sucht der Manager persönliche Absicherung und ist um sein Fortkommen und Überleben in Organisationen besorgt. Sein Streben nach Sicherheit und Überleben fordert seinen Tribut nicht nur bei der Art der Aufgabenerfüllung, dem Wie, der Art, wie Probleme angegangen werden, sondern nimmt auch einen gewichtigen Teil seines Arbeitspensums in Anspruch.

Nicht alle beschriebenen Rollen lassen sich in einer Person verbinden, dazu sind einige von ihnen zu widersprüchlich. Gelingt es einer Person, mehrere der hier aufgezeigten auf sich zu vereinigen, dann scheint sie damit herausragenden Einfluss auf die Geschicke von Unternehmungen und Mitarbeitern auszuüben. Immer bleibt jedoch – bei unterstellter Unvereinbarkeit aller Rollen – die Notwendigkeit zu sogenannten «Gespannstrukturen» im Sinne Eberhard Wittes, der komplementären Rollenverteilung und Zusammenarbeit unterschiedlich geprägter Rollenträger im Führungsteam.

2.6.2 Unternehmertum in Unternehmungen erfordert Gestaltung neuer Rahmenbedingungen

Indem überschaubare teilautonome Einheiten gebildet werden, lassen sich Ansätze zur Infiltration unternehmerischer Rollen in die Unternehmungsführung verwirklichen: Intrapreneurship erlaubt ein Zurückdrängen des Verwaltungsaspektes und überbordender Technokratie und Bürokratie. Statt einer Beschränkung des unternehmerischen Aspektes auf die Spitzenposition mit helfender Unterstützung durch viele Manager können nun viele Kleinunternehmer ihren eigenen Bereich führen. Damit wird eine Integration der Rollen von Unternehmern, Managern und Führern in vielen Einheiten möglich. Die Organisationspyramide sollte dazu wesentlich verflacht und übersichtlicher gestaltet, Prozesse zur Wertschöpfung deutlicher in den Vordergrund gestellt und der Informationsfluss verbessert werden.

Aber auch die Anreizsysteme gilt es für ein unternehmerisches Handeln neu einzustellen. Eine zusätzliche Risikoübernahme bedarf einer Beteiligung an Erfolgen wie Misserfolgen. Fixgehalte mit Teuerungsausgleich sind geeignet, Verwalter zu fördern, Erfolgs- und partnerschaftliche Beteiligungsmodelle hingegen eignen sich dazu, Unternehmer zur Mitarbeit zu gewinnen. Die flexible und individuelle Ausgestaltung derartiger Anreizsysteme für Unternehmungen in Unternehmungen ist neben der Auflösung zentralistischer und bürokratisch gewordener Organisationsstrukturen in autonome Einheiten und Projekte der Versuch, marktwirtschaftliche Systeme auch in Unternehmungen zur Geltung zu bringen. Dies gilt im besonderen Maße für «intelligente» Unternehmungen, die einen Nutzen für Kunden über Qualität, Zeit und Kosten erbringen, der nicht in einzelnen Produkten, sondern in umfassenden systemischen Problemlösungen besteht.

Dabei darf nicht übersehen werden, dass hierbei viele Vorteile eines gesamtunternehmerischen Agierens infrage gestellt werden: die Einheitlichkeit des Agierens im Gesamtunternehmungsverband nach außen im Erzielen «kritischer Massen» beim Durchsetzen von Interessen, die Synergie im Qualitativen und Quantitativen, die sich letztlich positiv auf die Kostenstruktur auswirken kann. Hier ist im Einzelfall sehr kritisch zu prüfen, ob diese vermeintlichen Vorteile nicht auf der Leistungs- und Ertragsseite durch ein flexibleres Wachstum bei Weitem überkompensiert werden. Hinzu kommt, dass beim Argument eines Erreichens von Synergien durch eine Zentralisation von Aufgaben fast immer das Rechenbare auf der Kostenseite eingeht, wenig rechenbare Opportunitätskosten aber leicht auf der Strecke bleiben.

Immer muss beiden Aspekten Genüge geleistet werden: einerseits der Einheitlichkeit, mit der die Gruppe nach außen auftreten kann, um dabei Gesamtvorteile über eine mögliche strategische Ressourcenballung zu erzielen, und andererseits der Notwendigkeit, Wachstumsschübe durch unternehmerisches Verhalten in kleineren Einheiten auszulösen. Im Sinne einer Organisationsdynamik sollte dieses Verhältnis von Einheitlichkeit und Differenzierung, von Zentralisation und Dezentralisation nie statisch betrachtet werden: «Leine geben», um Innovations- und Wachstumsschübe auszulösen, muss immer wieder durch Integrations- und Konsolidierungsphasen abgelöst werden, in denen gegenüber dem unternehmerischen wieder das managerielle Element überwiegt.

Zehn Gebote für den Intrapreneur

1	Komme täglich mit der Bereitschaft zur Arbeit, Dich feuern zu lassen.
2	Umgehe alle Anweisungen, die Dich daran hindern, Deinen Traum zu verwirklichen.
3	Unternimm alles, um Dein Projekt fortzuführen, ganz gleich, was in Deiner Stellenbeschreibung steht.
4	Suche Dir Mitarbeiter, die Dich dabei unterstützen.
5	Folge Deiner Intuition bei der Auswahl von Leuten und arbeite nur mit den Besten.
6	Arbeite im Untergrund, solange Du irgendwie kannst – Publicity löst den Immunmechanismus einer Unternehmung aus.
7	Setze nie auf ein Rennen, an dem Du nicht beteiligt bist.
8	Denke daran, dass es einfacher ist, um Vergebung als um Erlaubnis zu bitten.
9	Bleibe Deinen Zielen treu, aber bleibe auch realistisch im Hinblick auf die Wege zu ihrer Erreichung.
10	Erkenne Deine Sponsoren an.

2.7 Ohne Vision bleiben Umsetzungsstrategien richtungslos

Ein Veränderungsmanagement zur Bewältigung des Wandels in unsicheren Zeiten verlangt eine Kursangabe, soll die Vielzahl der derzeit angebotenen Einzelmaßnahmen Sinn und Erfolg haben:

> «Man sollte den Kurs eines Schiffes nach den Lichtern der Sterne und nicht denen der vorbeifahrenden Schiffe bestimmen.» (Omar Bradley)

Am Anfang aller Überlegungen für eine Repositionierung von Unternehmungen im Wandel steht daher die kreative, aber auch durch Erfahrung «geerdete» Suche nach einer Vision. «Die Vision ist ein konkretes Zukunftsbild – nahe genug, dass wir die Realisierbarkeit noch sehen können, aber auch schon fern genug, um die Begeisterung der Organisation für eine neue Wirklichkeit zu erwecken.» (Boston Consulting Group, 1988, S. 7) In ihr sind damit zwei Muster enthalten: Die rationale Suche nach einer Zukunftspositionierung der Unternehmung in Wirtschaft und Gesellschaft über die Bereitstellung von Nutzen, der sinnvoll ist und vom Markt honoriert wird; aber emotional auch der damit entstehende «Sogeffekt» auf die Mitarbeiter, die es interessant und sinnvoll finden, an dieser Aufgabenstellung mitzuwirken. Derartige «Visionen sind durch kreative Höchstleistungen entstandene innere Bilder von einer noch anstehenden im Prinzip realisierbaren Wirklichkeit». Sie sind einmalig und unverwechselbar. «Die echten, bewusst angestrebten und systematisch verwirklichten Unternehmens-, Marketing- und Produktvisionen sind so selten, wie die Allerwelts-Leitbilder, die durchschnittlichen Konzepte und die Feld-Wald-und-Wiesen-Strategien häufig sind.» (Magyar, 1989, S. 4) Interessant ist es, dass sich viele Visionen in der Wirtschaftspraxis derzeit inhaltlich mit der informationsgestützten Ausformung von virtuellen Unternehmungen in einer sich verändernden Wettbewerbsarena verbinden.

Visionen stellen eine gleichsam eingebungsartige Wesenserfassung dar, die zukunftsbezogen formuliert sind. Die Vision rückt eine denkbare Situation, die in der Zukunft eintreten oder herbeigeführt werden könnte, geistig vor. Dieses Bild kann sowohl der mentalen Verarbeitung von zukunftsbezogenen Informationen als auch der subjektiven Einschätzung zukunftsweisender Entwicklungen entspringen. Durch ein laufendes Messen an den Erfolgen und Misserfolgen ihrer Umsetzung muss der Realitätsbezug der visionären Vorstellungen immer wieder erprobt werden.

Jeder erfolgreiche Unternehmungsgründer hat erfahrungsgemäß eine Vision, welche Chancen und Risiken sich mit einer neuen marktlichen oder technologischen Entwicklung verbinden und wie er sich die Zukunftspositionierung seiner Unternehmung vorstellt. Für ihn ist die Forderung, dass am Anfang einer Unternehmungsentwicklung eine Vision stehen sollte, eine Selbstverständlichkeit. Dieser unternehmerische Ansatz scheint jedoch bei vielen älteren und größeren Unternehmungen verloren gegangen zu sein. In vielen dieser Unternehmungen ist überhaupt kein alle Unternehmungseinheiten umschließendes Konzept, geschweige denn eine Vision für ein Ziel einer durch den Wandel veranlassten Repositionierung zu erkennen.

Sie folgen den «Signalen der vorbeifahrenden Schiffe», indem sie ausgerichtet auf relative Marktanteilspositionen ihren Kurs wählen und sich dabei wundern, dass ihnen größere innovative Durchbrüche nicht mehr gelingen.

Literatur zu Abschnitt 2
Ansoff, H. I. (1976): Managing Surprise and Discontinuity – Strategic Response to Weak Signals. In: Zeitschrift für betriebswirtschaftliche Forschung, 28, S. 129–152.
Bleicher, K. (1995): Das Konzept Integriertes Management. 3. Aufl., Frankfurt am Main / New York.
Boston Consulting Group (1988): Vision und Strategie. Die 34. Kronberger Konferenz. München.
Gomez, P. (1983): Frühwarnung in der Unternehmung. Bern.
Krystek, U. (1987): Unternehmungskrisen – Beschreibung, Vermeidung und Bewältigung überlebenskritischer Prozesse in Unternehmungen. Wiesbaden.
Krystek, U. / Zumbrock, St. (1993): Planung und Vertrauen. Stuttgart.
Luhmann, N. (1989): Vertrauen. Ein Mechanismus der Reduktion sozialer Komplexität. 3. Aufl., Stuttgart.
Magyar, K. (1989): Visionen schaffen neue Qualitätsdimensionen. In: Thexis, 6, S. 3–7.
Schein, E. (1984): Coming to a New Awareness of Organizational Culture. In: Sloan Management Review, Winter, S. 3–16.
Schein, E. H. (1995): Unternehmenskultur. Frankfurt am Main / New York.
Schneider, H. (1992): Vertrauensbildende Maßnahmen als Komponenten der Unternehmenskultur. In: IO, 7–8, S. 27 ff.

KAPITEL III

Wandel, Innovation und Technologie

1 Technologiemanagement und organisationaler Wandel
Knut Bleicher, bisher unveröffentlicht

Das Management von Technologien akzentuiert in einer Zeit dynamischer Veränderungen vor allem die Transformation von bislang etablierten zu neuen zukunftsführenden Technologien. Da Technologie auf menschlichen Erfahrungen im Umgang mit materiellen Objekten beruht, bedingt eine technologische Transformation eine veränderte kulturabhängige Problemerkenntnis und -lösungsfähigkeit der Mitarbeiter, die durch den Wandel struktureller Rahmenbedingungen in Form von Organisationsstrukturen und Managementsystemen herbeizuführen ist, um eine Unternehmung strategisch gegenüber dem Wettbewerb neu positionieren zu können.

1.1 Technologie als Objekt des Managements

1.1.1 Tradition kann technologische Innovation beeinträchtigen
In einer laufend komplexer und dynamischer werdenden Welt stellen fortschreitende technologische Veränderungen, die sich letztlich auch im Marktwandel niederschlagen, vor allem Traditionsunternehmungen vor überlebenskritische Herausforderungen. Ein geschärftes Problembewusstsein und ein der Innovation förderliches Umfeld allein reichen jedoch für Unternehmungen zur Bewältigung einer technologischen Transformation nicht aus. Diese muss durch zielführende Strategien im Management, strukturelle Anpassungen vor allem in der Organisation und eine Entwicklung der Unternehmungskultur getragen sein. Unternehmungen müssen auf breiter Front gegebene Chancen nutzen, indem sie die Bereitschaft der Mitarbeiter fördern, sich neuen Herausforderungen zu stellen und Schritte in ein häufig ungewisses Neuland zu wagen. Da bedarf es auch struktureller und systemischer Rahmenbedingungen, um innovative Leistungen zu erzielen.

Die größte Gefahr für das Überleben von Unternehmungen besteht dabei im unkritischen Festhalten an dem, was sich in der Vergangenheit als besonders erfolgreich erwiesen hat. Es zeigt sich immer wieder, dass es Unternehmungen mit einer erfolgreichen und beeindruckenden Geschichte besonders schwer fällt, notwendige

Anpassungsprozesse einzuleiten und zu vollziehen: Man hat ja in der Vergangenheit bewiesen, was man kann, die Firmengeschichte ist reich an erfolgreich bestandenen Herausforderungen und vielleicht auch an gemeisterten Krisen, man hat draußen einen guten Namen, was soll da schon Großes passieren? Die Sichtweise ist eher vergangenheits- als zukunftsorientiert. Die betrachtete Zeitspanne reicht dabei viele Jahrzehnte in die Vergangenheit zurück, die Bewältigung der Zukunft ist demgegenüber auf die Erledigung der Tagesgeschäfte geschrumpft. Man beutet die von den Vorgängern erarbeiteten Erfolgspotenziale aus, ohne neue Zukunftspotenziale aufzubauen.

1.1.2 Technologie in Managementperspektive

Die Behandlung einer derartigen überlebenskritischen strategischen Fragestellung setzt eine Klärung des Wesens von Technologien voraus. Acht Merkmale erscheinen für eine Kennzeichnung von Technologie wesentlich:

a| Technologie ist für das Management kein «harter», sondern ein «weicher» Faktor, denn er gründet sich auf Wissen und Erfahrung über den prozessualen Umgang mit physischer und chemischer Materie zur Herstellung von Erzeugnissen. Da Techno«logie» auf menschlichem Wissen und menschlicher Erfahrung beruht, ist sie kommunizier- und erlernbar.

b| Technologie – als Inhalt und Ergebnis menschlicher Kommunikations- und Lernprozesse – kristallisiert sich in marktfähigen Produkten und in Prozessen zu ihrer Herstellung. Diese stellen die Artefakte der Technologie dar.

c| Als «weicher» Faktor bildet Technologie einen wesentlichen Teil der Unternehmungskultur. Sie besteht sowohl aus Wissen (Kognitionen) über technische Verfahren und Hilfsmittel als auch über Einstellungen (Affektionen) gegenüber alten und neuen Techniken, die über einen intergenerativen Prozess der Sozialisation und Enkulturation erlernt worden sind. Aus diesem aus der Vergangenheit heraus geprägten Prozess entspringen die Bereitschaft zur Aufnahme und Verarbeitung gegenwärtiger und zukünftiger neuer technischer Ideen und – im Gesamtprofil der Unternehmungskultur – die Technologiefreundlichkeit oder -feindlichkeit als tragende «basic assumption» (vgl. Schein, 1987, S. 85 f.) der Unternehmungskultur.

d| Die technologieumgreifende Unternehmungskultur ist dabei selbst strukturell durch den organisatorischen Rahmen und die gestalteten Managementsysteme mitgeprägt, die menschliches Verhalten in Unternehmungen kanalisieren und gratifizieren (vgl. Schanz, 1982, S. 10 f.).

e| Technologie ist sowohl Mittel als auch Ergebnis unternehmerischen Bemühens um eine Zukunftssicherung. Unternehmungskultur, Organisationsstruktur und Managementsysteme, die alle die Unternehmungsentwicklung in eine Erfolg versprechende Richtung steuern wollen, sind unterschiedlich und im Verhaltensbereich nur teilweise durch das Management mach- und beherrschbar.

f| Als Teil eines evolutionären Prozesses unterliegt Technologie nur in Grenzen rationalen Entscheidungsprozessen. Technologie sollte deshalb vor allem durch die Gestaltung von Rahmenbedingungen gefördert werden, die dem Sozialsystem der Unternehmung Orientierung über angestrebte Entwicklungsrichtungen vermittelt:

«One should recognize and manage [technological] innovation as it really is – a tumultous, somewhat random, interactive learning process linking a worldwide network of knowledge sources to the subtle unpredictability of customers end uses.» (vgl. Quinn, 1985)

g| Ein evolutorisches Verstehen von Technologie akzentuiert Probleme eines Managements des Wandels, wie Zeitaspekte, Unsicherheit und Überraschung, Unbestimmtheit, Diskontinuität und Umbrüche. Dabei wird der Zeitaspekt in einer Umwelt, bei der sich Dynamik zur Turbulenz steigern kann, zur kritischen Variablen des Prozesses der Bewältigung technologischer Veränderungen durch das Management. Dazu sind Intuition und Vision im Erkennen von potenziellen Möglichkeiten neuer technischer Erfindungen genauso notwendig wie deren missionarische und konsequente Umsetzung, um aus Inventionen Innovationen zu machen.

h| Technologie bedarf daher des besonderen Interesses des Managements als strategisches Erfolgspotenzial, das von kritischer Bedeutung für die Sicherung der Überlebens- und Entwicklungsfähigkeit einer Unternehmung im Wettbewerbsverhältnis ist.

1.2 Strategisches Technologiemanagement – Gestaltung eines Transformationsprozesses

1.2.1 Technologiemanagement schafft strategische Erfolgspositionen

Es kann heute als unbestritten gelten, dass Technologie in industriellen Unternehmungen zu einer der kritischen Variablen zur strategischen Positionierung gegenüber dem Wettbewerb gehört. Erfolg oder Misserfolg von Unternehmungen im Zeitablauf lassen sich nur unschwer über deren Handhabung technologischer Fragestellungen erklären.

In ihrer Analyse von Organisationszyklen haben Aplin/Cosier (1980) festgestellt, dass Unternehmungen durch kreative und bestandserhaltende («maintenance») Phasen gehen. Dabei erweist sich vor allem der Übergang von der «Maintenance»-Phase zur kreativen Phase als äußerst schwierig.

«Technology leaders tend to become technology loosers. A few companies manage transitions to new technological fields effectively, but many others are unable even to begin the process, and most find it impossible to complete the move successfully.» (vgl. Foster, 1982, S. 10)

Die Überleitung von alten auf neue Technologien ist vor allem für viele ältere Unternehmungen zu einer Lebensfrage geworden, deren Bewältigung von der Formulierung neuer Ziele und der Entwicklung geeigneter Strategien, Strukturen und Managementsysteme zur Erreichung dieser Ziele abhängt.

Foster kommt sogar zu dem Ergebnis, dass es bei einer Ablösung von einer Technologie durch eine andere nur wenigen Unternehmungen gelingt, erfolgreich Anschluss an die neue Technologie (Mikroelektronik, Biotechnologie als Beispiele) zu finden. Zumeist entsteht mit der neuen Technologie ein völlig neues Feld von zunächst kleinen und mittelgroßen Anbietern, die zu Beginn von den mächtigen Großproduzenten, die sich auf die alte Technologie stützen, überhaupt nicht ernst genommen werden. Erst später wird durch diese Traditionsunternehmungen das Potenzial erkannt, das sich mit der neuen Technologie verbindet. Für eigene Anstrengungen ist es dann selbst unter Einsatz erheblicher Forschungs- und Entwicklungsmittel zumeist zu spät, sodass man versucht, das sich abzeichnende Engpassproblem durch zwischenbetriebliche Kooperationsvereinbarungen, Beteiligungen und die Übernahme von technologisch fortschrittlichen Unternehmungen zu lösen. Dabei wird jedoch übersehen, dass dies bestenfalls zu einem «Paradigma»-Kampf von im System angelegten Perzeptionen und Präferenzen, die sich mit der vertrauten und beherrschbaren alten Technologie verbinden, mit den neuen und bislang ungewohnten Technologien führt. Der verspätete Einstieg durch das Hinzugewinnen fremden Know-hows auf dem Wege der Kooperation und des Kaufs ist damit keineswegs ein sicherer Erfolgskurs zum Schließen der sachlichen und zeitlichen Lücke bei der Bewältigung des Problems des Übergangs von einer alten auf eine neue Technologie.

1.2.2 Technologische Innovation als strategische Herausforderung

Das Management technologischer Innovationen wirft eine Reihe strategisch relevanter Fragen auf:

- Das Management technologischer Innovationen ist immer ein Kampf an zwei Fronten, der des Marktes mit asymmetrischen Wettbewerbsverhältnissen im Äußeren und der im Inneren der Unternehmung. In beiden Fällen geht es darum, Ungleichgewichte zu produzieren, um Entwicklungsprozesse zugunsten der eigenen strategischen Positionierung in Gang zu setzen.

- Die technologische Substitution zu meistern ist eines der Hauptanliegen eines technologischen Managements. Die Entwicklung verschiedener S-Kurven der Technologieentwicklung muss vorhergesehen, laufend beobachtet und für die Entwicklung eigener technologischer Erfolgspotenziale genutzt werden. Verteidiger alter Technologien und Angreifer mit neuen Technologien sind die Hauptakteure im Kampf mit der technologischen Substitution. Im Gegensatz zur militärischen Erfahrung sind es aber hier die Angreifer, die über die strategisch günstigere Ausgangslage verfügen. Foster hat festgestellt, dass die Erfolgschancen für die Angreifer etwa 3 zu 1 betragen.

- Die relative Wirtschaftlichkeit von Verteidigern und Angreifern bestimmt dabei die Geschwindigkeit, mit der die Substitution abläuft:

    «*The slimmer the defender's margin, the greater the attacker's rate of cost decline the faster the economic transition will occur.*» (vgl. Foster, 1986, S. 163)

- Mit fortschreitender Substitution bricht der Markt für die alte Technologie plötzlich zusammen, während der Markt für die neue Technologie explosionsartig wächst. Da dies nach längeren Inkubationsperioden erfolgt, trifft es Verteidiger wie Angreifer zumeist unvorbereitet. Allgemein lässt sich feststellen, dass die Transitionsperioden dazu tendieren, sich zu verkürzen, wenn sich die Rate technologischer Veränderung beschleunigt und die Spannen kleiner werden.
- Eine Selbstüberschätzung der Akteure im «Transitionsspiel» scheint die Perzeptionen der Beteiligten zu prägen. Foster kennzeichnet sie wie folgt (1986, S. 152 f.):
  - Selbstüberschätzung der Verteidiger
    - Ein evolutionärer Ansatz zur Fortentwicklung bestehender Technologien sei völlig ausreichend.
    - Mögliche Diskontinuitäten machen sich rechtzeitig vorher durch deutlich erkennbare Signale bemerkbar.
    - Man glaubt, sehr genau zu verstehen, was die Kunden wirklich brauchen.
    - Man definiert den Markt falsch, missversteht Vorhaben und Aktionen der Wettbewerber und glaubt, dass man völlig rechtzeitig und in angemessener Zeit reagieren kann und auch reagiert.
  - Selbstüberschätzung der Angreifer
    - Man packt zu viel an neuer und vielleicht noch nicht völlig ausgereifter Technologie in ein neues Produkt, womit sich die Wahrscheinlichkeit erhöht, dass irgendwelche kleineren Schwachstellen die neuartige Konzeption am Markt unglaubwürdig erscheinen lassen.
    - Ein zu frühzeitiger Markteintritt, der die Akzeptanz des Neuen überschätzt.
- Imitative und kooperative Strategien können die eigene Innovationsstrategie teilweise dann ersetzen oder ergänzen, wenn der Wechsel zu einer Angreiferposition aus Kultur-, Kosten- oder Zeitgründen kaum tragbar erscheint.
  - Imitative Strategien bieten sich immer dann an, wenn eine Chance besteht, dass man den Vorsprung des frühen Angreifers kurzfristig – und ohne das Lehrgeld zu bezahlen, das er aufwenden musste – aufholen kann. Sie bieten sich geradezu dann an, wenn auf diesem Wege die Kosten niedriger sind als beim Verfolgen einer Innovationsstrategie und der frühe Angreifer keine wesentlichen Markteintrittsbarrieren aufbauen konnte.
  - Kooperative Strategien bieten sich dagegen vor allem für diejenigen Fälle an, bei denen Partner komplementäres Know-how – sei es bei der Entwicklung und dem Marketing oder beim Zusammenbringen unterschiedlicher technischer Gebiete, die zum Entstehen eines ganzheitlich vermarktbaren systemnotwendig sind – einbringen. Hier ist es immer die denkbare Synergie, die die strategische Stoßkraft erhöht, oder ganz simpel die Unmöglichkeit, ein technologiegetragenes Marktsegment aus eigener Kraft allein erobern zu können.

1.2.3 Ansätze zur strategischen Bewältigung des technologischen Wandels

Technologie stellt ein kritisches strategisches Erfolgspotenzial für die Zukunft dar. Es ist daher zusammen mit anderen strategischen Erfolgspotenzialen Objekt strategischen Managements. Dabei ergibt sich eine Reihe von Problemfeldern.

1.2.3.1 Diagnose von Schlüsseltechnologien

Wie Produkte scheinen auch Technologien einer Lebenszyklusentwicklung zu unterliegen. Nach anfänglichen Schwierigkeiten wird das Potenzial, das eine neue Technologie bietet, zunehmend erkannt und es kommt zu einem sich beschleunigenden Durchbruch. Die Ausschöpfung der technologischen Konzeption unterliegt jedoch später Sättigungserscheinungen: Einem überproportionalen Aufwand zur Perfektionierung stehen abnehmende zusätzliche Leistungsergebnisse gegenüber. Um diese Entwicklung deutlicher durchschauen zu können, ist es zweckmäßig, neben einer Einschätzung des Reife- und Ausbeutungsgrades einer Technologie auch eine der S-Kurve der Ausschöpfung der technologischen Möglichkeiten ähnliche Kurve zu entwickeln, die das Interesse der Käufer an den mithilfe dieser Technologie hergestellten Erzeugnissen ausdrückt.

Liegt es logisch nahe, ein Verhalten von Unternehmungen zu erwarten, das in der Phase sinkender Leistungszuwächse einer Technologie auch eine Reduzierung des F&E-Einsatzes für diese Technologie vorsieht, so steht dem eine gegenteilige Erfahrung gegenüber: Man steigert eher die Investitionen in die weitgehend ausgereifte Technologie. Dies ist eine Gefahr, der insbesondere größere und ältere europäische Unternehmungen zu erliegen scheinen.

Zur Erklärung dieses eigenartigen Phänomens bieten sich folgende Argumentationsmuster an:

- Es ist in der Praxis außerordentlich schwierig, den Entwicklungsverlauf einer Technologie selbst und des erreichten Standes auf dieser Verlaufskurve eindeutig zu bestimmen. Daher fällt es konkret schwer, das zukünftige Entwicklungs- und Marktpotenzial einer Technologie hinreichend zufriedenstellend zu ermitteln und abzubilden.

- Bestimmende Elemente von Unternehmungskulturen, die ja aus der Vergangenheit heraus entwickelt worden sind, präferieren den Einsatz knapper Mittel für bekannte Technologien, die risikoloser erscheinen als ein Investment in neue, unsichere technologische Konzepte, von denen angenommen wird, dass sie größere Risiken in sich bergen.

- Die auch bei Produktplanungen feststellbare optimistische Neigung, im Zeichen rasanter Umsatzzuwächse Wachstum einfach zu extrapolieren, lässt sich auch auf die Einschätzung von Technologiepotenzialen übertragen. Der Optimismus, der Investitionsentscheidungen dieser Phase eigen ist, dominiert das Denken und Handeln von Entscheidungsträgern noch zu Zeiten, wenn eine eher pessimistische Einschätzung der weiteren Entwicklungsmöglichkeiten angebracht wäre.

- Die organisatorische Subsystembildung institutionalisierter Abteilungsinteressen, die sich eher mit der Widmung von Ressourcen in Richtung ihrer bisherigen Aufgaben und Erfahrungen verbinden. Der Abbau von Interessen, die sich mit der alten Technologie verbinden, und der Aufbau von Abteilungsinteressen, die sich mit neuen Technologien verbinden, ist weitgehend nicht organisiert. Für neue Technologien gibt es ja vielfach überhaupt noch keine Abteilungen, die ihre Interessen geltend machen können, d. h. das organisatorische Machtgefüge ist schieflagig auf den Einsatz von Mitteln für die ausgereifte Technologie eingestellt.

Jede bahnbrechende technologische Substitution scheint daher das Entstehen völlig neuer Anbieter zu begünstigen, die ihrerseits kein oder ein nur wenig geprägtes kulturelles Erbe der Identifikation mit einer sich in Ablösung befindlichen älteren Technologie besitzen.

Die bedeutendste Unsicherheit bei der Einschätzung des Verlaufs der Substitution einer alten durch eine neue Technologie ergibt sich aus der kaum prognostizierbaren Dynamik, mit der die Verfechter einer neuen Technologie an die Durchsetzung ihrer Vorstellungen und Pläne herangehen, und aus der Konsequenz, mit der sie diese in der eigenen Unternehmung und im Markt durchsetzen.

1.2.3.2 Ermittlung der eigenen Stärken und Schwächen im Hinblick auf die Erschließung des Potenzials neuer Technologien

Auf der Grundlage einer kritischen Einschätzung des Potenzials geläufiger Technologien und der Wahrscheinlichkeit ihrer Ablösung durch neue Technologien ist weiter eine Analyse ihrer wirtschaftlichen Konsequenzen vorzunehmen. Dabei ist es wichtig, dass die Stärken und Schwächen der eigenen Unternehmung im Hinblick auf Technologie und Markt miteinander verbunden betrachtet werden.

Das von Pfeiffer und anderen entwickelte Technologieportfolio (vgl. Pfeiffer/Dögl, 1986) ist zu diesem Zweck mit dem üblichen produkt-marktorientierten Programmportfolio in Verbindung zu bringen, um die eigenen Stärken und Schwächen in einer Verbindung mit der Attraktivität von Märkten und Technologien betrachten zu können. Besondere Einsichten pflegen kritische Diskussionen über den Zusammenhang von Technologie und Markt bei der Einordnung der eigenen Aktivitäten in die integrierte Matrix für weitere Überlegungen beizusteuern.

1.2.3.3 Beurteilung möglicher Veränderungen in der Technologieorientierung

Bei einer Beurteilung möglicher und u. U. erstrebenswerter Veränderungen in der Technologieorientierung einer Unternehmung sind es vor allem zwei strategische Dimensionen, in denen Überlegungen anzustellen sind:

- Produkt- vs. Prozesstechnologien: Eine Abwägung beider Aspekte als Ausdruck des technologischen Bemühens kann nicht ohne Rückkopplung mit dem grundlegenden strategischen Konzept einer Unternehmung erfolgen: Erscheinen beispielsweise keine neuen Technologien für eine veränderte Produktgestaltung am Horizont, befindet sich aber dennoch der marktmäßige Lebenszyklus einer Erzeugnisgruppe in der Phase der Stagnation, bei der ein Preiswettbewerb weitgehend typisch ist, wird die Orientierung der Technologiestrategie auf die Gewinnung von Kostenvorteilen durch prozesstechnologische Innovation abstellen. Rückt dagegen eine neue, substitutive Technologie in den Bereich des technisch und marktlich Machbaren, hat es allgemein wenig Sinn, Mittel für eine prozesstechnologische Innovation einzusetzen. Hier bedarf es vielmehr eines eindeutigen strategischen Fokus in Richtung produkttechnologischer Innovation.

– «Technology push» versus «market pull»-Orientierung: Unternehmungsphilosophien und -kulturen können im Laufe der Entwicklung einer Unternehmung unterschiedliche Einstellungen, ja nahezu «Ideologien» des Umgangs mit Technologie und Markt hervorbringen, die in der Folge die Perzeptionen und Präferenzen der Organisationsmitglieder weitgehend steuern. «Technology push»-Konzepte gehen von der Meinung aus, dass es ausreiche, jeweils an vorderster Front der technologischen Entwicklung neue Produkte oder Prozesse zu entwickeln, deren marktmäßige Verwertung sich dann mehr oder weniger von allein einstellt. «Market pull»-Konzepte unterstellen dagegen, dass jede Beschäftigung mit Problemen technologischer Art als vom Markt gesteuert angesehen werden müsse. Vom Markt her und den sich dort entwickelnden Bedürfnissen ist retrograd nach zweckmäßigen Technologien für die Herstellung von Erzeugnissen zu suchen. Irgendwie könne man sich auch ohne geförderte eigene Forschung und Entwicklung dann schon einen Zugang zum technischen Know-how verschaffen, wenn man über das Marketing eine entsprechende Marktstellung aufgebaut hat. Beide Orientierungen stellen Extrempositionen einer Spannungsreihe dar, die jeweils – wenn nicht besondere Branchenverhältnisse unterstellt werden – ihre Probleme haben und Gefahren in sich tragen.

– «Technology push»-Strategien führen nicht selten zum sogenannten «lab in the woods approach», bei dem die Forschung und Entwicklung vom übrigen Bereich organisatorisch und räumlich abgekoppelt wird, damit sie ungestört von Alltagsroutinen ihrer zukunftsführenden Aufgabe technologischer Entwicklung nachgehen kann. Hier werden dann gern Lieblingsideen der Forschungsleiter weiter ausgefeilt, grundlegende wissenschaftliche Forschung betrieben, die einem Hochschulinstitut gut zu Gesicht stehen würde, sowie die Rückkopplung vom Markt unterbrochen, was nicht selten dazu führt, dass vorhandene Dinge noch einmal von Grund auf erfunden werden.

– Eine «market pull»-Orientierung neigt stark zum «face-lift» bestehender Produkte: Es wird lediglich die Peripherie – sei es das Styling oder die Verpackung – der Produkte verändert, ohne am technologischen Kern der Produkte oder an den Verfahren zu ihrer Herstellung etwas Wesentliches zu ändern. Eine derartige strategische Orientierung ist keine Garantie gegen ein plötzliches Erwachen, wenn der Wettbewerb zu einer schnellen und durchgreifenden Änderung Anlass gibt. Als Fazit bleibt, dass Unternehmungen, je nach branchenspezifischen Bedingtheiten, durchaus ihr Schwergewicht auf der Spannungsreihe beider Orientierungen bestimmen müssen, dabei aber dennoch eine Synthese zwischen beiden Aspekten im Auge behalten sollten.

Die Technologie spielt sowohl für eine Massen-Kosten-Preisführerschafts- wie für eine Nischen-Produktions-Differenzierungsstrategie eine Art logistische Rolle. Die Strategie der Massen-Kosten-Preisführerschaft betont im Allgemeinen die tragende Rolle der Prozesstechnologie für die kostenminimale Herstellung von preisgünstigen Erzeugnissen. Wird schwergewichtig eine Strategie der nischenorientierten Produktdifferenzierung verfolgt, verlagert sich das Interesse auf eine Unterstützung der Marketingbemühungen durch die Produkttechnologie, die es gestattet, neue Erzeugnisse zu entwickeln und anzubieten, um für kundenspezifische Problemlösungen jeweils den neuesten Stand der Technik offerieren zu können. Die Prozesstechnologie hat hier insbesondere eine große Bedeutung, weil die gesamte Logistik für die Entwicklung, Beschaffung, Produktion, Lagerung und Distribution bei Produkten, die eher einzelfallspezifisch konzipiert sind, eine hohe Komplexität annimmt, die vielfältige Möglichkeiten zu ihrer Rationalisierung bietet. Dies gilt in gleicher Weise für die Flexibilisierung von Entwicklungs-, Fertigungs- und Logistiksystemen wie für deren integrative Steuerung.

In beiden Fällen jedoch erhebt sich die Technologie nicht aus ihrer unterstützenden logistischen Funktion für das Marketing – sie unterliegt hier eher dem «market-pull»-Syndrom. Eine «technology push»-Orientierung der Unternehmungspolitik bringt eher das Marketing in eine unterstützende Rolle: Durch die Entwicklung einer völlig neuen Technologie werden Umbrüche am Markt ausgelöst, die nahezu unübersehbar sind. Neuartige Kunden und Wettbewerber bilden sich heraus, der Markt strukturiert sich in einem stürmisch verlaufenden Evolutionsprozess. Es hat daher keinen Sinn, sich in dieser Ungewissheitssituation des Marktes bereits in der Planung auf irgendeine Strategie festzulegen. Derartige Situationen, in denen die Technologieführerschaft zum eigentlichen Ausgangspunkt aller strategischen Überlegungen wird, mögen zwar nicht allzu häufig, aber dennoch denkbar sein.

1.3 Organisation eines strukturellen und kulturellen Wandels

Die Veränderung von Märkten und Technologien verlangt eine Anpassung der inneren Rahmenbedingungen des unternehmerischen Geschehens. Das Überwinden von erfolgreichen Routinen der Vergangenheit bei der Suche nach Konzepten einer marktlichen und technologischen Bewältigung der Zukunft erfordert letztlich nichts weniger als eine Metamorphose des Sozialsystems der Unternehmung. Ein Change Management zur Transformation ist damit unabdingbar mit dem Schaffen organisatorischer Rahmenbedingungen für ein kulturveränderndes Problemverhalten der Mitglieder eines Systems verbunden.

1.3.1 Technologische Veränderungen und Technologiemanagement
Technologische Veränderungen sind Gegenstand eines Innovationsmanagements. Der Begriff der Innovation kennzeichnet das kreative Schaffen und das marktmäßige Durchsetzen von Veränderungen mutativen Charakters (vgl. Geschka, 1983, S. 823) Bei der technologischen Innovation geht es demzufolge um prinzipielle Veränderungen,

die notwendig werden, um sich durch neue Produkte und Prozesse an veränderte Marktbedingungen anzupassen. Dabei darf jedoch nicht übersehen werden, dass neben mutativen Entwicklungssprüngen die inkrementale, ständige Verbesserung von Technologien eine Grundwelle der Anpassung erzeugen muss, die von tragendem Wert für ihre Überlebensfähigkeit ist. Letztlich haben für ein erfolgreiches technologiebezogenes Innovationsmanagement beide Dinge zusammenzutreffen: die laufende, inkrementale Verbesserung aller Aktionen zur Sicherung der Überlebensfähigkeit und die fokussierte Veränderung von Technologien in mutativen Sprüngen zur Förderung der Entwicklungsfähigkeit der Unternehmung. Hierfür gilt es die erforderlichen strukturellen und kulturellen Voraussetzungen zu schaffen.

1.3.2 Offenheit für Markt und Technologien

Ein technologisches Innovationsmanagement verlangt im Denken und Handeln der Mitarbeiter eine grenzüberschreitende Offenheit für den sie umgebenden Wandel. Diese wird getragen von einem konsequent auf die Entwicklung von Erfolgspotenzialen ausgerichteten strategischen Management, einer flexiblen und vernetzten Gestaltung struktureller Rahmenbedingungen und einer auf organisationales Lernen ausgerichteten Unternehmungskultur.

Nicht nur die strategische, sondern auch die strukturelle Öffnung sollte dabei auf den Kunden ausgerichtet sein. Die in der Vergangenheit vielfach vorherrschende Beschäftigung des Managements mit einer rationalen Systemgestaltung und der Lösung interner Koordinationsprobleme hat kaum zu einer Kundenorientierung der Organisation geführt. Zur strategischen und strukturellen Öffnung tritt notwendig die Öffnung der Unternehmungskultur für Forderungen der Umwelt und die Orientierung an einer evolutionär zu entwickelnden Zukunftsperspektive.

Zur Gewinnung der erforderlichen Offenheit ist dabei die Verkopplung von Forschung und Entwicklung einerseits mit dem Marketing andererseits kritisch für den Erfolg eines Technologiemanagements. Sowohl aus der Markt- als auch aus der Technologieentwicklung ergeben sich vielfältige dynamische Impulse, die in der Unternehmung aufzugreifen, miteinander zu integrieren und in eigene Entwicklungsprogramme umzusetzen sind. In der Praxis wird dabei dem Integrationsgedanken von Markt- und Technologieentwicklung nicht immer die notwendige Aufmerksamkeit gewidmet. Als Ergebnis stellen sich nicht selten marktmäßig kaum verwertbare technische Entwicklungen ein. Aber auch ein Verpassen bahnbrechender technologischer Entwicklungen, die zur Substitution bislang verwendeter Produkt- oder Prozesstechnologien mit Wirkungen auf das Leistungsangebot am Markt führen, kann die Folge sein.

1.3.3 Vertrauen als Voraussetzung für die strukturelle und kulturelle Bewältigung technologischen Wandels

Die organisatorische Anpassung an den marktlichen und technologischen Wandel vollzieht sich derzeit in vielen Unternehmungen fast ausschließlich über technokratische Maßnahmen innerbetrieblicher Rationalisierung. Zukunftsführende Ansätze eines Technologiemanagements sollten dagegen vielmehr auf das Schaffen günstiger

Voraussetzungen für ein flexibles Eingehen auf marktliche und technologische Veränderungen ausgerichtet sein. Dies stellt andere Anforderungen an die Art der organisatorischen Gestaltung: Es wird nicht mehr und nicht weniger verlangt als ein Wandel in der Organisationsphilosophie von einer bisherigen Misstrauens- zu einer zukünftigen Vertrauensorganisation, um die schöpferischen Kräfte der für den Unternehmungserfolg kritischen Ressource – des Humankapitals – freizusetzen.

Strukturelle und kulturelle Faktoren sind es deshalb vor allem, die erklären sollen, warum Technologieführer von einst zu Technologieverlierern von heute und morgen werden. Insbesondere größere Unternehmungen zeichnen sich durch einen höheren Grad an Arbeitsteilung und eine Hierarchisierung der Arbeitsbeziehungen aus als kleinere Unternehmungen. Dies macht sie anfällig für Störungen in der Kommunikation zwischen verschiedenen Bereichen, deren Schnittstellen nur mangelhaft durch die Koordination von übereinandergeschichteten Lagen an Leitungsstellen überbrückt werden können. Subsystemisches Denken und langwierige sowie zumeist auch formalisierte Entscheidungsprozesse sichern kaum eine rasche und kooperative Verarbeitung von marktlichen und technologischen Impulsen, die zur Innovation führen können. Dies prägt zugleich die Unternehmungskultur in Richtung einer Stabilisierung des Etablierten. Neuerungen werden skeptisch betrachtet, Initiativen versanden, denn sie stellen bislang Bewährtes infrage, die Bereitschaft zur persönlichen Risikoübernahme sinkt auf ein Minimum.

Sind derartige zur Erstarrung tendierende strukturelle und kulturelle Bedingungen anzutreffen, kann nur eine bewusste Schaffung von Ungleichgewichten in den Strukturen zu einer kulturellen Änderung des Problemverhaltens führen, die die Innovationskraft aktiviert, indem änderungsfreundliches Verhalten durch die Gestaltung der Organisationsstrukturen und Managementsysteme gezielt gefördert wird.

1.3.4 Technologiemanagement betont die Human Resources als kritischen Erfolgsfaktor

Technologiemanagement als «weicher» Faktor des Wissens und Könnens ist in enger Weise mit dem Humankapital statt dem Sachkapital der Unternehmung verbunden. Die technologische Intelligenz der Unternehmung wird von den Eigenschaften der Mitarbeiter getragen. Sie besteht zum einen aus den sach-rationalen Fähigkeiten zur Bewältigung von ökonomischen, sozialen und technischen Problemen und zum anderen aus sozio-emotionalen Einstellungen und Verhaltensweisen, die weniger deutlich analysierbar, aber dennoch nicht minder bedeutsam für die Entwicklung von Technologien sind.

Die Bedeutung der Human Resources für ein Technologiemanagement wird durch den hohen Grad der Professionalisierung aller mit der technologischen Innovation verbundenen Persönlichkeiten unterstrichen. Meffert (1976, S. 84 f.) weist darauf hin, dass den Innovator im Allgemeinen Eigenschaften wie außengeleitet, personenorientiert, kognitiv offen, niedriges Alter bei großer Vitalität, hoher Ausbildungsstand, positive Einstellung zum Risiko und leistungsorientierte Motivation auszeichnen. Die Motivation dieser meist wissenschaftlich-technisch geprägten Mitarbeiter ist häufig primär durch die Aufgabe und die sich mit ihr verbindende Forderung, Neues zu schaffen, gegeben: Mitarbeiter im Technologiebereich wollen schnell mit interessanten, herausfordernden Aufgaben konfrontiert werden. Davon, wie deren Einsatzfreude geweckt und erhalten wird, hängt der Erfolg technologischer Innovationsvorhaben in entscheidendem Maße ab.

Im Mittelpunkt der Innovationsaufgabe steht bei technologiegeprägten Unternehmungen neben der Einsatzfreude und der fachlichen Qualifikation des Einzelnen die Zusammenarbeit im Team, und dies nicht selten in interdisziplinärer Zusammensetzung. Das Team bildet einen dialogischen Raum für die Zusammenarbeit von Spezialisten, die voneinander lernen und sich damit in Richtung einer Generalisierung ihrer Perzeptionen und Präferenzen entwickeln. In ihm werden Anstöße gegeben, Assoziationen ausgelöst, laterales Denken gefördert, Wissen erlernt und aggregiert. Neue Wege werden entdeckt, Grenzen für ein nicht Erfolg versprechendes Vorgehen erkannt. Die zunehmende Durchsetzung traditioneller hierarchischer Organisationsmuster mit Formen der Teamarbeit stellt zugleich eine bewährte Strategie zur Transformation innovationsfeindlicher, rigider Strukturen in flexible, problembezogene Netzwerke mit hoher Innovationskraft dar.

Insgesamt verlagern sich damit die Akzente weg vom traditionellen Management technischer und finanzieller Ressourcen und hin zur Organisation und Führung eines hoch qualifizierten, naturwissenschaftlich-technisch gebildeten Mitarbeiterteams. Das Management muss hier Arbeitsbedingungen schaffen, die den Mitarbeitern nicht nur professionell fordernde Anreize bieten, sondern auch den Einsatz der Mitarbeiter entsprechend ihrer Neigungen und Qualifikationen steuern. An die Stelle einer konstruktivistischen Grundhaltung eines «Alles ist zentral plan- und machbar» muss eine evolutorische Einstellung treten; denn die hohe Komplexität der zu lösenden Probleme verbietet eine technokratische Handhabbarkeit. Die Aufmerksamkeit ist vielmehr auf das Schaffen von Rahmenbedingungen zu richten, die es gestatten, in einer zielbezogenen, sozialen Interaktion aller Beteiligten einen technologisch-marktorientierten Innovationsprozess zu vollziehen.

1.3.5 Technologiemanagement: Führung eines risikoreichen, kreativen Prozesses

Roberts/Fusfeld (1981, S. 22 ff.) haben in empirischen Untersuchungen festgestellt, dass es während eines Innovationsprozesses fünf kritische Funktionen oder Rollen gibt, von denen auch der technologische Innovationserfolg maßgeblich abhängt. Die erste Rolle bezieht sich auf die Generierung von Ideen für neue Produkte oder Prozesse («idea generating»). Diese Ideen müssen von der übrigen Organisation akzeptiert und unterstützt werden («entrepreneuring/championing»). Um dem neuen Projekt zum Erfolg zu verhelfen, sind zahlreiche Planungs- und Koordinationsaktivitäten erforderlich («project leading»). Während des weiteren Entwicklungsprozesses sind Informationen über Veränderungen der internen und externen Umwelt zu sammeln und auszuwerten (Gatekeeping). Letztlich müssen weniger erfahrene Mitarbeiter im Hinblick auf kritische Funktionen geführt und unterstützt werden (Sponsoring/Coaching). Jede dieser Rollen stellt spezifische Anforderungen an den Rolleninhaber, wobei ein einzelner Mitarbeiter auch gleichzeitig mehrere dieser Rollen wahrnehmen kann. Die Bestimmung der Art und Weise, wie diese Rollen während eines technologischen Innovationsprozesses wahrzunehmen sind, bietet Ansatzpunkte für nähere organisatorische und führungsmäßige Maßnahmen.

Im Führungsverhalten kommt der Art und Weise des Umgangs mit Fehlern bei technologischen Innovationsprozessen eine wesentliche Bedeutung zu. Im Gegensatz zu einem autoritären Führungsverhalten, das auf Fehlervermeidung ausgerichtet ist und jeden Fehler mit dem Ergreifen von Sanktionsmaßnahmen verbindet, ist bei der technologischen Innovation insbesondere dann, wenn sich diese an der Grenze der vorherrschenden Erkenntnis bewegt, eine gewisse Fehlertoleranz unvermeidlich. Fehler sind daher als Teil eines Lernprozesses zu akzeptieren. Gescheiterte Problemansätze können selbst einen höheren Informationsgehalt im Hinblick auf bestimmte Eigenschaften von Problemen und Erfolg versprechende Lösungsansätze bieten als ein zufälliger «Treffer», der zwar hoch befriedigend, aber auch kaum erklärbar ist. Das sich herausbildende Know-how über Problemstrukturen und -lösungen ist im Ergebnis fast immer genauso eine Geschichte erfolgreicher wie auch erfolgloser Versuche, Probleme zu lösen.

Beim Management eines technologischen Transformationsprozesses ist daher klar zwischen vermeidbaren und unvermeidbaren Fehlern zu unterscheiden. Gegenüber einem autoritären Führungsverhalten ist die Fehlertoleranz bei Know-how entwickelnden Fehlern deutlich zu erhöhen. Statt Sanktionen zu ergreifen, sollte eine partizipativ-kooperative Führung, die einer technologischen Innovationsaufgabe angemessen ist, ihr Augenmerk vielmehr darauf richten, dass das Lernen aus gemachten Fehlern zur Entwicklung eines gemeinsamen Wissens über die Problemlandschaft, der man sich gegenübersieht, im Sinne eines Beitrags zur Erhöhung der Intelligenz der Unternehmung genutzt wird.

1.3.6 Technologische Transformation – Ent- und Erlernen neuer Problemstrukturen und -lösungen

Die Bewältigung von Veränderungsprozessen vollzieht sich grundsätzlich nach dem Muster «unfreezing – moving – freezing» (vgl. Lewin, 1947, S. 5-41). Zunächst gilt es ein Bewusstsein für die Notwendigkeit des Wandels zu schaffen. Ist eine «kritische Masse» an Änderungsbereitschaft erreicht, können die eigentlichen Maßnahmen zur Herbeiführung von Änderungen ergriffen werden. Durch Managementsysteme und geeignetes Verhalten der Führung ist die Nachhaltigkeit des Veränderungserfolgs zu sichern.

Als typische Elemente eines Prozesses des Wandels, der auch für technologische Transformationen typisch ist, lassen sich mit Beckhard/Harris (1987, S. 30, 92 ff.), Connor/Lake (1988, S. 145 ff.), Beer/Eisenstat/Spector (1993, S. 269), Nadler (1987, S. 362, 368) und Allaire/Firsirotu (1985, S. 31) aufführen:

- Erkenntnis einer Notwendigkeit zum Wandel
  Die Erkenntnis, dass eine Notwendigkeit zum Wandel in der Technologie besteht, kann präsituativ, situativ oder erst postsituativ reifen. Je früher es gelingt, die Notwendigkeit zum Handeln zu erkennen, desto mehr Zeit verbleibt für die Konzipierung und Implementierung der notwendigen Veränderungsschritte.

- Mobilisierung von Unterstützung
Zur Herbeiführung des Wandels ist eine kritische Masse an Unterstützung zu mobilisieren, um Beharrungstendenzen und Akzeptanzwiderstände zu überwinden. Mit Unterstützung des Spitzenmanagements ist ein Bewegungsdrang herbeizuführen, der mit zunehmender Dynamik des Veränderungsprozesses ständig wächst und immer breitere Schichten der Unternehmung erfasst.

- Analyse von Situation und Notwendigkeit zum Wandel
«Oftmals entsteht der Wunsch nach Veränderung aus einer Unzufriedenheit mit der bisherigen Situation, ohne dass die eigentlichen Gründe für diese Unzufriedenheit [...] bekannt sind. Die erste Aufgabe ist dann die detaillierte Analyse der Unternehmungsin- und -umwelt und der sich daraus ergebenden Notwendigkeit des Wandels. Dies impliziert eine Analyse der Aktivitäten, der Strukturen, des Verhaltens und der Machtverteilung innerhalb der Unternehmung.» (vgl. Guthof, 1994, S. 262)

- Entwicklung einer gemeinsamen Vision
Von der Entwicklung einer gemeinsam getragenen Vision soll eine Sogwirkung in Richtung einer technologischen Transformation ausgehen, die bewegende Kräfte in Unternehmungen auslöst. Der Vision kommt die Rolle eines ferneren Fixpunktes zu, der die Richtung der Veränderung signalisiert.

- Kommunikation der Vision

«Die Entwicklung einer Vision allein genügt nicht, vielmehr muss die Vision in den Köpfen und Herzen der Organisationsmitglieder verankert werden. Dazu muss die Vision kommuniziert werden, eine breit gefächerte Unzufriedenheit mit den bisherigen Zuständen entstehen und die Vision als positives Zukunftsbild wahrgenommen werden.» (vgl. Guthof, 1994, S. 264)

Hierzu ist es wesentlich, dass ein Dringlichkeitssinn als Motor des Wandels entsteht. Geeignet sind auch Rotationsverfahren, um Fokusse der Veränderung zu schaffen und Nester des Widerstands aufzulösen.

- Visionsgeprägte Veränderung von Organisationsstrukturen und Managementsystemen
Neue, zumeist flexiblere Strukturen, aber auch andere, auf die Personalentwicklung ausgerichtete Managementsysteme sind erforderlich, um den Veränderungsprozess zu meistern. Für den Veränderungsprozess selbst sind temporäre Strukturen des Projektmanagements zu errichten. Das «freezing» von Strukturen und Systemen nach Überleitung in ein neues Muster sollte dabei in Richtung der bereits erwähnten Vertrauensorganisation einer flexibleren, stärker personengebundenen Soziostruktur gehen.

- Visionsgeprägte Veränderung des Problemverhaltens und der Unternehmungskultur
Als wohl schwierigstes Element eines technologischen Transformationsprozesses kann die Veränderung des Problemverhaltens der Mitarbeiter im Umgang mit der technologischen Transformation gelten. Aus ihr erwächst langfristig eine

Veränderung von Werten und Normen als Teil einer kulturellen Evolution der Unternehmung. Diese ist als Teil eines kollektiven Lernprozesses zu begreifen, der einer laufenden Pflege bedarf und durch viele Imponderabilien gekennzeichnet ist. In seinem Verlauf werden tradierte Machtstrukturen durch veränderte fachliche Ansprüche und Verhaltensanforderungen infrage gestellt, denen bisherige Machtträger nicht mehr entsprechen. Dem Einsatz von Trägern eines durch die neue Technologie erforderlich werdenden andersartigen fachlichen und sozialen Verhaltens ist personalpolitisch höchste Bedeutung beizumessen.

Literatur zu Abschnitt 1

Allaire, Y./Firsirotu, M. (1985): How to Implement Radical Strategies in Large Organizations. In: SMR, Frühjahr, S. 19-34.

Ansoff, H. I./Stewart, J. M. (1981): Strategies for a Technology Based Business. In: Rothberg, R. R. (Hrsg.): Corporate Strategy and Product Innovation. 2. Aufl., New York, S. 81-97.

Ansoff, H. I. (1978): Managing Surprise and Discontinuity - Strategie Response to Weak Signals. In: Zeitschrift für betriebswirtschaftliche Forschung, 30, S. 129-152.

Aplin, J. C./Cosier, R. A. (1980): Managing Creative and Maintenance Organization. In: Business Quarterly, Frühjahr, S. 56-63.

Beckard, R./Harris, R. T. (1987): Organizational Transitions - Managing Complex Change. 2. Aufl., Reading, Mass., et al.

Beer, M./Eisenstat, R. A./Spector, B. (1993): Why Change Programs Don't Produce Change. In: Jick, T. D. (Hrsg.): Managing Change, Homewood/Boston, S. 264-276.

Beer, M. (1980): Organization Change and Development. Santa Monica.

Bleicher, F. (1990): Effiziente Forschung und Entwicklung. Personelle, organisatorische und führungstechnische Instrumente. Wiesbaden.

Connor, P. E./Lake, L. (1988): Managing Organizational Change. New York/Westport, Conn./London.

Davidson, W. H. (1983): Structure and Performance in International Technology Transfer. In: Journal of Management Studies, 4, Oktober, S. 453-465.

Dincan, R./Weiss, A. (1979): Organizational Learning: Implications for Organizational Design. In: Research in Organizational Behaviour, 1, S. 75-123.

Fiol, C. M./Lyles, M. A. (1985): Organizational Learning. In: Academy of Management Review, 10, S. 803-813.

Fischer, T. (1982): Innovationsprozesse und Unternehmungsentwicklung. Die Initiierung von Neuerungsprozessen in Unternehmungen. Freiburg.

Foster, R. N. (1982): A Call for Vision in Managing Technology. In: Business Week, 24. März 1982, S. 10 f.

Foster, R. N. (1986): Innovation - The Attacker's Advantage. New York.

Galbraith, J. R. (1982): Designing the Innovating Organization. In: Organizational Dynamics, Winter, S. 525.

Gebert, D. (1979): Innovation – organisationsstrukturelle Bedingungen innovatorischen Verhaltens. In: zfo, 48, S. 283–292.

Gebert, D. (1979): Förderung von Kreativität und Innovation in Unternehmungen. In: Die Betriebswirtschaft, 39, 2, S. 317–326.

Geschka, H. (1983): Innovationsmanagement. In: Management-Enzyklopädie. Bd. 4, 2. Aufl., München, S. 823–837.

Guthof, Ph. (1994): Strategische Anreizsysteme – Eine entwicklungsorientierte Perspektive. Diss. St. Gallen.

Hage, J./Aiken, M. (1970): Social Change in Complex Organizations. New York.

Hedberg, B. (1981): How Organizations Learn and Unlearn. In: Nystrom, P./Starbuck, W. (Hrsg.): Handbook of Organizational Design. New York, S. 3–27.

Kanter, R. M. (1984): The Change Masters – Innovation & Entrepreneurship in the American Corporation. New York.

Kantrow, A. et al. (1983): Industrial Renaissance. New York.

Kern, W./Sehröder, H. H. (1977): Forschung und Entwicklung in der Unternehmung. Reinbek bei Hamburg.

Kieser, A. (1986): Unternehmungskultur und Innovation. In: Staudt, E. (Hrsg.): Das Management von Innovationen. Frankfurt, S. 42–50.

Kolodny, H. F. (1983): Organisationsformen und erfolgreiche Produktinnovationen. In: Die Betriebswirtschaft, 43, 3, S. 445–455.

Lewin, K. (1947): Frontiers in Group Dynamics. In: Human Relations, 1, S. 5–41.

March, J. (1981): Exploration and Exploitation in Organizational Learning. In: Organizational Science, 2.

Meffert, H. (1976): Die Durchsetzung von Innovation in der Unternehmung und im Markt. In: ZfB, 46, S. 77–100.

Nadler, D. (1987): The Effective Management of Organizational Change. In: Lorsch, J. (Hrsg.): Handbook of Organizational Behaviour. Englewood, S. 358–369.

Naisbitt, J. (1984): Megatrends – Ten New Directions Transforming Our Lives. 2. Aufl., New York.

Quinn, J. B. (1985): Large Scale Innovation. In: Tuck Today, Juni 1985.

Perillieux, R. (1987): Der Zeitfaktor im strategischen Technologiemanagement. Berlin.

Pfeiffer, W./Dögl, R. (1986): Das Technologie-Portfolio-Konzept zur Beherrschung der Schnittstelle Technik und Unternehmensstrategie. In: Hahn, D./Taylor, B. (Hrsg.): Strategische Unternehmensplanung, Stand und Entwicklungstendenzen. 4. Aufl., Heidelberg/Wien, S. 149–177.

Riggs, H. E. (1983): Managing High Technology Companies. New York.

Roberts, E. B./Fusfeld, A. R. (1981): Staffing the Innovative Technology-Based Organization. In: Sloan Management Review, Frühjahr, S. 22 ff.

Röpke, J. (1977): Die Strategie der Innovation. Eine systemtheoretische Untersuchung der Interaktion von Individuen, Organisation und Markt im Neuerungsprozess. Tübingen.

Schanz, G. (1982): Organisationsgestaltung – Struktur und Verhalten. München.

Schein, E. (1987): Organizational Culture and Leadership. San Francisco/London.

Senge, P. (1990): The Leader's New Work: Building Learning Organizations. In: Sloan Management Review, Herbst, S. 7–23.
Senge, P. (1990): The Fifth Discipline. The Art and Practice of the Learning Organization. New York.
Servatius, H. G. (1985): Methodik des strategischen Technologie-Managements. Berlin.
Sheppard, H. A. (1967): Innovation Resisting and Innovation-Producing Organizations. In: Journal of Business, S. 470 ff.
Staudt, E. (1983): Missverständnisse über das Innovieren. In: Die Betriebswirtschaft, 43, 3, S. 341–356.
Witte, E. (1973): Organisation der Innovationsentscheidungen – Das Promotoren-Modell. Göttingen.

2 Die Bedeutung von Technologie- und Innovationsnetzwerken für kleine Unternehmen. Ein Aufklärungsversuch.

Ronald Ivancic, bisher unveröffentlicht

Ein Unternehmen unterliegt, wie auch sein Umfeld, einem ständigen technischen, wirtschaftlichen und sozialen Wandel. Insbesondere mittlere und vor allem kleine Unternehmen sehen sich dadurch mit einer Reihe von neuartigen und schwierigen Herausforderungen konfrontiert. Will ein Unternehmen in der heutigen Zeit erfolgreich sein, so muss es sich auf diesen Wandel einstellen, ja vielmehr diesen aktiv mitgestalten, ihn also als Entwicklungschance nutzen, was hauptsächlich durch Innovationen möglich wird. Mehr denn je sind in der heutigen Zeit Innovationen für die Mehrheit der Unternehmen entscheidende, existenzsichernde Wettbewerbsfaktoren (vgl. Bruns/Reuth, 2005, S. 38 f.). Je kleiner nun die Unternehmen sind, desto wichtiger werden F&E für die Erhaltung der eigenen Konkurrenzfähigkeit (vgl. Ladwig, 1996, S. 118 f.). Gerade jedoch die strategische Verankerung von Innovationen wird in KU zu wenig forciert und bedarf fundamentaler Verbesserungen. Weitere große Probleme für KU im Innovationsprozess stellen auch die begrenzten Ressourcen dar. So ist es für KU sehr schwierig, den aktuellen Herausforderungen der Wirtschaft zu begegnen. Herkömmliche Unternehmensstrukturen ermöglichen dies nur in begrenztem Umfang.

> «Die heute notwendige Effizienz unternehmerischen Handelns, so scheint es, kann nicht innerhalb der Grenzen einzelner Organisationen erreicht werden, sondern setzt ein hohes Niveau zwischenbetrieblicher Kooperationsfähigkeit voraus.» (Bachmann/Lane, 2001, S. 76 f.)

Eine Reihe von wirtschaftlichen, sozialen und regionalwissenschaftlichen Theorien beschäftigt sich mit der Frage, warum KU kooperieren sollten (vgl. Dörsam/Icks, 1997, S. 154). Hierbei ist man sich prinzipiell einig, dass Kooperationsbeziehungen zwischen Unternehmen als besonders innovations- und wachstumsfördernd anzusehen sind (vgl. Hax im Vorwort von Dörsam/Icks, 1997).

Die Bedeutung von Technologie- und Innovationsnetzwerken für kleine Unternehmen soll nun im Fokus vorliegenden Beitrags stehen. Nach einer zweckmäßigen Bestimmung der Begrifflichkeiten, zu welchen eine große Interpretationsvielfalt vorliegt, sollen ausgewählte Vorteile von Netzwerken für KU sowie Nachteile und spezifische Problematiken gegenübergestellt werden, um schlussendlich mit einem Resümee, einem Ausblick und Handlungsempfehlungen zu enden.

Erst wenn KU über die Bedeutung von Netzwerken Bescheid wissen, können diese ihre potenziellen Wirksamkeiten entfalten.

2.1 Kleinbetriebliche Innovations- und Technologienetzwerke

Der Kooperationstyp Unternehmensnetzwerk gilt oft als organisatorische Basisinnovation der jüngsten Vergangenheit (vgl. Wohlgemuth, 2002, S. 2, sowie Hartmann/Schrittwieser, 2001, S. 9) und ist per se häufiger Mechanismus der Generierung und Verbreitung von Innovationen (vgl. Arndt, 2001, S. 25). Während sich große Unternehmen in ihren F&E-Bemühungen auf ihre eigenen Abteilungen verlassen, stellt die Formung von Netzwerken für das Vorantreiben von Innovationen in KU eine wichtige Handlungsoption dar (vgl. Baldwin/Gellatly, 2003, S. 68). Die europäische Unternehmenspolitik, welche schon seit Längerem ihren Schwerpunkt auf KMU legt, führt seit etwa Mitte 1997 Studien und Projekte zur Untersuchung von Unternehmensnetzwerken durch, da die Bedeutung von Netzwerken und Kooperationen erkannt und als ständig zunehmend tituliert wurde (vgl. König, 2001, S. 122 f.). Im Jahre 1997 publizierte das European Network for SME Research (ENSR) den fünften Report der europäischen Beobachtungen von KMU. (Transnationale) Kooperationen zwischen KMU waren im Rahmen der Untersuchung bereits eines der Hauptthemen, welche es zu erheben galt (vgl. Donckels, 2001, S. 86).

2.1.1 Kleine Unternehmen

Der Ausdruck KMU versucht generell, ein sehr weites und heterogenes Feld zu fassen. Die Palette der Unternehmen, die der Ausdruck umreißt – Kleine und Mittlere Unternehmen –, reicht von kleinen Familienbetrieben bis hin zu hoch technologischen Firmen, die an der Spitze technologischer Entwicklung stehen. Da eine qualitative Abgrenzung kleiner Unternehmen im Rahmen dieser Arbeit zu weit gehen würde, sollen im vorliegenden Fall unter dem Terminus vor allem kleine und mittlere Unternehmen mit bis ca. 50 Mitarbeitern verstanden werden. Dies entspricht auch der Definition der Europäischen Union, die kleine Unternehmen quantitativ mit einer Mitarbeiterzahl von unter 50 Mitarbeitern eingrenzt (vgl. Bauer, 2002, S. 15). Daher wird im Folgenden auch von kleinen Unternehmen (KU) gesprochen.

2.1.2 Innovation in KU

Obwohl sich der idealtypische Innovationsprozess (im Gegensatz zur ergebnisorientierten Sichtweise wird hier von einer prozessorientierten Sichtweise der Innovation ausgegangen; vgl. Gerpott, 1999, S. 39 ff. und im Besonderen 49 ff.) in Problemsuche,

Forschung, Entwicklung und Markteinführung gliedert, soll in dieser Arbeit nicht von einem linearen Innovationsverständnis ausgegangen, sondern es sollen explizit auch permanente Rückkoppelungen zwischen Forschungseinrichtungen, Produzenten und Anwendern berücksichtigt werden (vgl. Arndt, 2001, S. 6). Vor allem in diesem Zusammenhang nämlich wird deutlich, dass Innovationen auch Ergebnis vielfältiger dynamischer Prozesse sind, die von organisationsinternen und -externen Faktoren bestimmt werden. So bringt die moderne Innovationsforschung neben technischen auch zusätzlich soziologische Sichtweisen in den Diskurs ein, in welchen Lernprozesse eine entscheidende Rolle spielen (vgl. ebd., S. 33). Gerade solch ein interaktives Innovationsmodell erscheint nun in der Lage, den Bedeutungszuwachs von Innovationsnetzwerken zu erklären, da gerade auch Umfeldfaktoren (vgl. Koschatzky, 2/1997, S. 181 ff.) des betrieblichen Innovationsverhaltens thematisiert werden.

KU haben nach einer Studie partielle Innovationsvorteile gegenüber Großunternehmen. Zunächst sind die Entscheidungsstrukturen in Großunternehmen um einiges bürokratischer, zweitens profitieren Kleinunternehmen von der Abwanderung von Forschern aus Großunternehmen und drittens können Kleinunternehmen die Ergebnisse universitärer und außerbetrieblicher Forschung weit mehr nutzen, obwohl sich große Unternehmen in diesem Bereich mehr engagieren (vgl. Audretsch, 1992, Rothwell, 1989, sowie Scherer, 1991, zit. nach Kowol, 1998, S. 102). Folglich ist es kleinen Unternehmen möglich, ein breites Spektrum an Innovationen anzubieten (vgl. Koschatzky, 1/1997, S. 1).

Dennoch stoßen KU im Rahmen ihrer Innovationsfähigkeit häufig an die Grenzen ihrer Kapazitäten (vgl. Ladwig, 1996, S. 8, sowie Mugler, 1999, S. 77 ff. und Manz, 1990, S. 34 f.). So erschwert der gegenüber Großunternehmen geringere unternehmenspolitische Spielraum der KU die Realisierung von Strategieoptionen. Die begrenzte Unternehmensgröße, die an sich Flexibilität und Kundennähe garantiert, wird somit zum Engpass (vgl. Rautenstrauch/Generotzky/Bigalke, 2003, S. 3). Dezidiert zu benennen sind in diesem Zusammenhang Problematiken der Kostenstruktur, der schwere Zugang zu Kapital und Information, Schwierigkeiten in der Bewältigung von F&E sowie relativ geringe Management- und Marketingerfahrungen. Beispielsweise geben Thom/Etienne (1999) einen fundierten Überblick über organisatorische und personelle Aspekte sowie Anforderungen eines erfolgreichen Innovationsmanagements, deren Beachtung sich für KU lohnen würde. Es darf an dieser Stelle jedoch auch nicht vergessen werden, dass KU oftmals keine längerfristige Strategie definieren, welche auf Untersuchungen, Studien u. Ä. basiert (vgl. Donckels, 2001, S. 94). Gerade aber die Formulierung einer eigenen Strategie ist für ein Innovationsvorhaben von großer Wichtigkeit, wobei auch in diesem Zusammenhang den Führungskräften eine entscheidende Rolle zu konstatieren ist (vgl. Siemers, 1997, S. 75). Ähnlich verhält es sich mit der Benennung klarer Ziele, Visionen und Missionen etc. Der Kampf ums tägliche Überleben wirkt nun der Entwicklung neuer Ideen und Sichtweisen über den eigenen Horizont hinaus fundamental entgegen (vgl. Major/Cordey-Hayes, 2000, S. 589).

2.1.3 Kooperationen und Netzwerke

Unternehmensnetzwerke sind zwischenbetriebliche Kooperationen, wobei in verschiedensten Definitionen meist übereinstimmend eine größere Anzahl eingebundener Unternehmen (mindestens drei) genannt werden. Des Weiteren besteht ein Konsens darüber, dass Unternehmensnetzwerke sowohl sachlich als auch zeitlich unbefristet sind. Meist ist für Unternehmensnetzwerke eine projektbezogene Funktionsabstimmung kennzeichnend (vgl. Wohlgemuth, 2002, S. 17).

Stellvertretend für unterschiedliche Definitionen des Netzwerkbegriffs soll an dieser Stelle eine häufig zitierte Begriffsbestimmung von Sydow (1993) angeführt werden.

«Ein Unternehmensnetzwerk stellt eine auf die Realisierung von Wettbewerbsvorteilen zielende Organisationsform ökonomischer Aktivitäten dar, die sich durch komplex-reziproke, eher kooperative denn kompetitive und relativ stabile Beziehungen zwischen rechtlich selbständigen, wirtschaftlich jedoch zumeist abhängigen Unternehmen auszeichnet.» (Sydow, 1993, S. 79)

Im hier behandelten Zusammenhang ist aber auch dezidiert die Wichtigkeit der Partizipation von Forschungseinrichtungen, Universitäten, Entwicklungsagenturen u. Ä. am Netzwerk hervorzuheben (vgl. Ladwig, 1996, S. 67). Des Weiteren soll nun speziell das kooperative Element in Anlehnung an Semlinger (1995, zit. nach Arndt, 2001, S. 7) als ein zentrales konstituierendes Element von Unternehmensnetzwerken betrachtet werden. Hierbei sind vor allem Vertrauen sowie die Langfristigkeit der Beziehung von besonderer Bedeutung (vgl. Arndt, 2001, S. 7).

Im Folgenden sollen unter dem Begriff Netzwerk sowohl Innovations- als auch Technologienetzwerke verstanden werden. Innovation ist ein komplexer Prozess, in dessen Verlauf verschiedenste betriebliche Bereiche berührt werden (vgl. Boehme, 1986, S. 32). Dennoch ergeben sich spezifische Vorteile von Netzwerken insbesondere im Hinblick des Prozesses des Innovierens.

2.2 Ausgewählte Vorteile von Netzwerken für KU

Grundsätzlich kann die Relevanz von Netzwerken für alle Phasen eines unternehmerischen Engagements postuliert werden. Häufig findet man Netzwerke in solchen Kontextgegebenheiten, in denen sie für den Aufbau und die Entwicklung des Unternehmens besonders hilfreich sind. Netzwerke ermöglichen so die Schaffung einer virtuellen Größe des Unternehmens, ohne dass einzelne Unternehmen einem Wachstumsdrang unterliegen (vgl. Reiß, 2000, S. 10), verbinden also Vorteile großer mit solchen kleiner Unternehmen. Die nachfolgend angeführten Punkte erscheinen nun dazu in der Lage, direkte und indirekte Vorteile vor allem für das Innovationsverhalten für KU zu bedingen.

2.2.1 Stärkung der Kernkompetenzen

Netzwerke dienen nun u. a. dazu, Akteure so miteinander zu verbinden (zu vernetzen), dass deren komparative Stärken bzw. Kernkompetenzen ausgeschöpft und weiterentwickelt werden (vgl. Walter/Broß, 1997, S. 270).

Unter Kernkompetenzen sind in diesem Fall ganz allgemein Kompetenzen mit besonderer strategischer Relevanz, mit hohem Innovations- und Diversifikationspotenzial zu verstehen (vgl. Thiele, 1997, S. 67 ff.). Hierbei referenziert der Terminus vor allem auf Ressourcen intangibler Art (vgl. Bouncken, 1999, S. 866 f.).

Durch die Zusammenführung der Kernkompetenzen und den daraus resultierenden Synergieeffekten wird die Basis für eine gemeinsame zukunftsorientierte Entwicklung gelegt. Bestandteil der Zusammenarbeit ist es daher, unterschiedliche Fähigkeiten und Ressourcen voneinander zu nutzen sowie Potenziale gemeinsam zu erschließen. Auch die Weiterentwicklung und Neuerschließung unternehmensinterner Kernkompetenzen können durch Verbreitung der Ressourcenbasis sowie der jeweiligen Kompetenzbasis gefördert werden (vgl. Thiele, 1997, S. 93).

Da solche Netzwerke verschiedenste Kompetenzen integrieren sollen, müssen sie bezüglich ihrer Mitglieder offen bleiben. Jeder, der etwas Positives zum Funktionieren des Netzwerks und dessen Effektivität beitragen kann, soll problemlos Mitglied werden können (vgl. Pyka/Küppers, 2002, S. 9). Dabei wird ein besonderes Augenmerk auf die vorhandenen Stärken der einzelnen Partnerfirmen gelegt. Ziel ist die Verbesserung der eigenen Stärken sowie der Ausgleich unternehmensspezifischer Schwächen durch Leistungen anderer. Flexibler partnerschaftlicher Austausch wird durch klar definierte und auch transparent kommunizierte Kernkompetenzen und Kernprozesse gefördert. Leistungen und Vorgänge, die nicht zu den Kernkompetenzen zählen, sollen von (Netzwerk-)Partnern erbracht werden (vgl. Scheer, 2001, S. 115). In diesem Sinne sollten zentrale Themen von mehreren Netzwerkpartnern gemeinsam bearbeitet werden. Dadurch werden vorhandene Stärken der Unternehmen durch die Vernetzung ausgenützt. In diesem Zusammenhang hat sich vor allem die räumliche Nähe der Netzwerkakteure als wichtige Erfolgskomponente herausgestellt (vgl. Walter/Broß, 1997, S. 272).

Solch eine Vorgehensweise trägt auch zur Steigerung der Qualität der Produkte und/oder Dienstleistungen bei (vgl. Hansmann/Ringle, 2005, S. 221). Dadurch ergibt sich ein einfacherer Zugang sowohl zu größeren Projekten als auch zu komplexen Technologiebereichen (vgl. Ladwig, 1996, S. 74).

2.2.2 Gemeinsames Lernen

Der Ausdruck Wissensgesellschaft hat in den letzten Jahren eine wichtige Rolle im wissenschaftlichen Diskurs eingenommen und bezeichnet einen fundamentalen gesellschaftlichen Wandel (vgl. Küppers/Pyka, 2002, S. 3). Speziell die Identifikation von relevantem Wissen wird insbesondere für KU immer schwieriger. Zwischenbetriebliche Zusammenarbeit bietet nun den Vorteil, gemeinsam Wissen durch Ausnutzung von Synergieeffekten leichter entwickeln und systematisieren zu können. Vor allem die Reaktions- und Lernfähigkeit durch lose, hingegen breit gefächerte Verbindungen zu anderen Akteuren ist für innovative Netzwerke von besonderer Bedeutung (vgl. Grabher, 1992/1993, zit. nach Koschatzky/Gundrum, 1997, S. 211). Durch die breite Struktur des Netzwerks wird Redundanz innerhalb desselben ermöglicht, welche der Abhängigkeit von einzelnen Partnern diametral entgegenwirkt. Je wissensintensiver nun Innovationsaktivitäten sind, desto notwendiger und erfolgsfördernder sind Netzwerke im Allgemeinen (vgl. Arndt, 2001, S. II). Interorganisatorischer Austausch sowie gemeinsames Lernen spielen folglich in der Entwicklung von Netzwerken auch eine vitale Rolle (vgl. Scheer, 2001, S. 117 f.). Hieraus ergibt sich jedoch auch die Herausforderung, Wissensbasen im Feld des Polyzentrismus zu managen (vgl. Weissenberger-Eibl, 2000, S. 204).

2.2.3 Risikoreduktion
Vor allem im Bereich der Innovation ist Risiko ein bedeutendes Element. Dies trifft umso mehr zu, je kleiner und kapitalschwächer Unternehmen sind. Die im gegenseitigen Vorteil begründete Kooperation stellt eine erfolgreiche Strategie dar, wirtschaftlichen Unsicherheiten zu begegnen. Durch Netzwerke werden Risiken reduziert bzw. auf mehrere Unternehmen verteilt. «Risk sharing» ist als bedeuteter Faktor der Innovation zu sehen (vgl. Hansmann/Ringle, 2005, S. 219, sowie Rautenstrauch/Generotzky/Bigalke, 2003, S. 52).

2.2.4 Stärkung der Innovationskraft
Netzwerke sorgen also auf verschiedenste Art und Weise für eine Erhöhung des technischen und ökonomischen Know-hows der Partnerunternehmen (vgl. Letmathe, 2000, S. 556). Somit werden Innovationen als zentraler Wettbewerbsfaktor der heutigen Zeit zunehmend erkannt und gemanagt (vgl. Dörsam/Icks, 1997, S. 54). Netzwerke stellen nun eine Art Katalysator zur Nutzbarmachung des Innovationspotenzials dar (vgl. Tödtling, 1994, zit. nach Koschatzky/Gundrum, 1997, S. 209).

Zwischenbetriebliche Kooperationsprozesse lassen sich in allen Phasen des Innovationsprozesses beobachten (vgl. Kowol, 1998, S. 6) und tragen Entscheidendes zur Problemsuche, gemeinsamer Forschung und Entwicklung sowie auch zur Diffusion technischer Innovationen bei (vgl. Herden, 1992, zit. nach Arndt, 2001, S. 28). Innovationen entstehen in diesem Zusammenhang als Folge kollektiver dynamischer Prozesse (vgl. Maier, 1999, S. 12).

Auf diese Art und Weise wird es möglich, verschiedenste Innovationsengpässe im Unternehmen zu überwinden, Transaktionskosten zu senken und den effizienten Einkauf komplementärer Forschungsleistungen zu gewährleisten (vgl. Koschatzky/Gundrum, 1997, S. 209, sowie Koschatzky, 1/1997, S. 1 ff.).

So weisen Betriebe mit starker Netzwerkintegration einen evident größeren Innovationserfolg auf und entwickeln sich auch insgesamt positiver.

«Continuous innovation [...] leads to competitive advantage [...].»
(Nonaka/Takeuchi, 1995, S. 6)

2.2.5 Erschließung neuer Märkte

Auch im Rahmen der Erschließung neuer Märkte ist die Rolle von Netzwerken insbesondere für KU dezidiert herauszustellen. Ebenso ist die Integration ausländischer Partner in diesem Zusammenhang nicht zu vernachlässigen, da auch KU zunehmend internationaler ausgerichtet sind und dementsprechend agieren (müssen; vgl. Buse, 1997, zit. nach Rautenstrauch/Generotzky/Bigalke, 2003, S. 72). Die Internationalisierung von Netzwerken bietet nun verschiedenste Vorteile im Hinblick auf die Bearbeitung ausländischer Märkte und in Anbetracht des eigenen Unternehmenserfolges (vgl. Cubillo/Cerviño, 2004, S. 231 ff.). Auch die Stärkung der eigenen Marktmacht als Netzwerk, in Bezug auf Zulieferer und gemeinsame Konkurrenten, steht u. a. hiermit in Zusammenhang. Des Weiteren bietet internationale Zusammenarbeit auch spezifische Chancen im Innovationsprozess.

2.2.6 Steigerung der Flexibilität

Wie bereits angeführt, weisen kleine Unternehmen im Vergleich zu ihren großen Konkurrenten eine höhere Flexibilität auf. Sie sind aufgrund der Überschaubarkeit der Unternehmensprozesse bei der Durchführung von Innovationsvorhaben begünstigt (vgl. Schwarz/Schwarz, 2004, S. 339 ff.). Auch die meist hohe Entscheidungsautonomie des Unternehmens trägt Positives zur Wahrnehmung von «opportunities» und somit zur Flexibilität bei (vgl. ebd., S. 343).

Da nun Netzwerke spezifische Schwächen kleiner Unternehmen ausgleichen, können diese besser ihre Stärken entfalten. Netzwerke tragen also in KU zu einer Steigerung der interorganisationalen Flexibilität bei (vgl. Hansmann/Ringle, 2005, S. 219).

Als direkte bzw. indirekte Folge der angeführten Vorteile von Netzwerken entstehen den KU auch Kostenvorteile verschiedenster Art, auf die im Folgenden nicht näher eingegangen werden sollen. So wirken sich beispielsweise die gemeinsame Beschaffung von Forschungstechnologien, die gemeinsame Beauftragung von Forschungsinstituten, die gemeinschaftliche Marktbearbeitung, der Nutzen weiterer Synergieeffekte u.v.m. nachhaltig und positiv auf die Kostenstruktur eines jeden einzelnen Partnerunternehmens aus. In diesem Zusammenhang spielt auch die Zeitersparnis (vgl. ebd., S. 221 f.; zur Wichtigkeit des Zeitfaktors v. a. im Innovationsmanagement vgl. auch Gerpott/Wittkemper, 1991, S. 119 ff.) eine wichtige Rolle.

2.3 Ausgewählte Problematiken von Netzwerken für KU

Der Anteil kooperierender Unternehmen steigt mit der Unternehmensgröße an, eine Tatsache, die aufgrund der bisher angestellten Überlegungen paradox erscheint. Nur eine Minderheit mittelständischer Unternehmen arbeitet intensiv und mit einer bestimmten Regelmäßigkeit mit anderen Unternehmen zusammen. Dieses Ergebnis liefert sowohl eine quantitative Untersuchung des Instituts für Arbeit und Technik (IAT; vgl. Belzer, 1993, zit. nach Dörsam/Icks, 1997, S. 36) als auch eine Studie von Staudt u. a. (1995; vgl. Dörsam/Icks, 1997, S. 37), wobei gerade in der letztgenannten Untersuchung die befragten Unternehmen als besonders innovativ einzustufen sind (vgl. ebd., S. 38).

In diesem Zusammenhang drängt sich die Frage auf, warum gerade kleinere und mittlere Unternehmen Kooperationsengagements eher meiden. Insbesondere aber die Frage nach möglichen Nachteilen stellen nur die wenigsten Autoren (Ladwig, 1996, S. 73). Es ist meines Erachtens jedoch auch anzuführen, dass Netzwerke sehr risikobehaftet sind, und dies nicht nur auf externer Ebene, sondern auch intern, wobei ein Risiko im Kooperationspartner selbst gesehen wird (vgl. Belzer, 1993, zit. nach Dörsam/Icks, 1997, S. 41).

2.3.1 Die Auswahl der richtigen Partner

Empirische Untersuchungen haben gezeigt, dass vor allem dieser Punkt einen bedeutenden Kooperationsengpass darstellt (vgl. Friedrich/Fieten/Lageman, 1997, zit. nach Dörsam/Icks, 1997, S. 42 f.). Auch erfahrene Unternehmen sehen in der Phase der Partnerauswahl Probleme. Bei unerfahrenen Unternehmen in diesem Bereich (zu welchen naturgemäß auch vor allem kleine Unternehmen zu zählen sind) ist dieser Punkt sehr gravierend (vgl. Staudt u. a. 1995, zit. nach Dörsam/Icks, 1997, S. 43). Eine genaue Analyse der möglichen Kooperationspartner bildet zwar eine brauchbare Basis der konkreten Entscheidungsfindung, doch ist das Verhalten des Partners im Netzwerk nur schwer prognostizierbar.

2.3.2 Inkompatibilität der Unternehmenskulturen

Neben formalen Aspekten gilt es hier zudem informale Bedingungen und Einflüsse zu beachten, da es neben den formalen Strukturen auch die tatsächlichen Strukturen gibt, die informelle Beziehungen umfassen (vgl. Wald, 2005, S. 162) und somit auch Kulturen prägen. Die Zusammenarbeit kann durch inkompatible Unternehmenskulturen in negativem Ausmaße beeinflusst werden und im Extremfall sogar daran scheitern. Dies betraf beispielsweise die Zusammenarbeit der Reifenhersteller Michelin und Dunlop 1981 aufgrund von kulturellen Inkompatibilitäten (vgl. Bonder/Pritzl, 1991, zit. nach Rautenstrauch/Generotzky/Bigalke, 2003, S. 108). Trotz ähnlicher Geschichte, räumlicher Allokation und kultureller Gleichartigkeiten kann es an einer gemeinsamen Sprache fehlen (vgl. Dörsam/Icks, 1997, S. 44). Dies kann mit der unterschiedlichen Verwendung bestimmter Begriffe oder auch mit systemimmanenten Dynamiken und Logiken meines Erachtens adäquat erklärt werden.

Für weitere Implikationen zur Kultur des Unternehmens sowie begrenzten Gestaltungsmöglichkeiten derselben und der Notwendigkeit eines strategischen «fit» sei an dieser Stelle auf Bea/Haas (2001, S. 447 ff., insbesondere S. 473 ff.) verwiesen, wobei die Wichtigkeit des «fit» nicht nur für Organisationen, sondern vielmehr auch für ein Netzwerk postuliert werden soll (vgl. hierzu auch Wohlgemuth, 2002, S. 290 ff.).

2.3.3 Das Management

Verglichen mit traditionellen Managementverständnissen sehen sich nun netzwerkartige Führungskonzeptionen mit ungewohnten Herausforderungen konfrontiert. Konventionelle Steuerungsmodelle sind für Unternehmensnetzwerke nicht haltbar. Aufgrund der rechtlichen Unabhängigkeit jedes Unternehmens kann folglich keiner der Beteiligten einen Führungsanspruch formal begründen. Des Weiteren sind statische Führungsbeziehungen innerhalb von Unternehmensnetzwerken aufzugeben. Einflusspositionen unterliegen hier ständigen Veränderungen. Auch Management als substanzielles Führungshandeln mittels direkter Anweisungen ist in Bezug auf Unternehmensnetzwerke zu revidieren. Hier fehlen nicht nur informationelle Mittel, um dementsprechende Vorgaben zu entwickeln, sondern vor allem auch praktische, um diese durchzusetzen (vgl. Wohlgemuth, 2002, S. 4 ff.).

An Netzwerken partizipierende Unternehmen verfolgen im Sinne ihrer systemimmanenten Logiken unterschiedliche Interessen, welche sich ohne zentrale Instanz, beispielsweise im Sinne eines Moderators, nur schwer koordinieren lassen. Hierbei ist jedoch dezidiert festzuhalten, dass Koordination durch einen Koordinator nur dann sinnvoll ist, wenn derselbe von allen Netzwerkmitgliedern akzeptiert wird. Andernfalls könnten Netzwerkmitglieder in opportunistisches Verhalten verfallen und versuchen, sich einen Informationsvorsprung gegenüber anderen Netzwerkteilnehmern zu sichern. Prinzipiell lässt sich feststellen, dass auch an das Verhandlungsgeschick der Netzwerkteilnehmer große Anforderungen gestellt werden. In diesem Zusammenhang muss eine gewisse Konsensfähigkeit vorherrschen und die Bereitschaft vorhanden sein, Kompromisse einzugehen. Die Stabilisierung von Netzwerkbeziehungen, d. h. ein permanenter Ausgleich verschiedenster Interessen im Netzwerk und die Schaffung einer breiten Vertrauensbasis, stellt hohe Anforderungen an die Fähigkeit von Managern. Verhandlungsgeschick wird auch deshalb verlangt, weil Entscheidungen nicht wie in hierarchischen Unternehmen mittels Weisungen durchgesetzt werden können. Eine erfolgreiche Strategieimplementierung wird somit in Netzwerken aufgrund der relativen Autonomie der Netzwerkunternehmen und dem damit in Beziehung stehenden polyzentrischen Charakter unabdingbare Voraussetzung für das Funktionieren von Netzwerken (vgl. Dörsam/Icks, 1997, S. 44 f.).

2.3.4 Bedrohung des Unternehmens

Eine spezielle Herausforderung ist das Spannungsfeld von unternehmerischer Selbstständigkeit und Netzwerkeinbindung. Freiheitsdrang und Ablehnung der Netzwerkeinbindung bilden klassische Barrieren für Kooperationen mit anderen KU (vgl. Reiß, 2000, S. 17 f.).

Möglicherweise können auch einzelne Netzwerkunternehmen versuchen, einen Führungsanspruch im Netzwerk zu übernehmen. Diese partielle Systembeherrschung kann nun die Selbstständigkeit und die relative Entscheidungsautonomie gefährden. Eine einseitige Abhängigkeit von Netzwerkpartnern stellt eine ernst zu nehmende Existenzbedrohung dar. Des Weiteren besteht auch die Gefahr, dass aufgrund von Kommunikations- und Informationsdefiziten einige Netzwerkunternehmen den Anschluss an marktliche Veränderungen verlieren und somit auch einen Kompetenzverlust erleiden (vgl. Dörsam/Icks, 1997, S. 51). Hierbei ist vor allem ein Verlust der eigenen Kernkompetenz als besonders problematisch zu bezeichnen. Aber auch Wissensabfluss, Verlust von Verantwortlichkeiten, schwindende Mitarbeiterbindung bis hin zum Verlust organisationaler Identität sind Bedrohungen, welche Netzwerke mit sich bringen (vgl. Hansmann/Ringle, 2005, S. 219).

Mit all den angeführten Punkten zusammenhängend können nun wieder eine Reihe von Kosten entstehen, die im Folgenden nur überblicksartig angeführt werden sollen.

So entstehen kooperationsspezifische Kosten in Form von Kompromisskosten, da aufgrund gemeinschaftlicher Aktivitäten Leistungen nicht mehr auf einzelne Einheiten ausgerichtet werden können. Des Weiteren werden auch Flexibilitätskosten wahrscheinlich, da Unternehmen in der Kooperation teilweise an Autonomie einbüßen und folglich auch an Flexibilität verlieren könnten. Auch Koordinationswiderstände aufgrund von Autonomiebestrebungen einzelner Geschäftsbereiche werden wahrscheinlich, deren Abbau wiederum mit Kosten verbunden ist. Schließlich gilt es, Verhandlungskosten zu berücksichtigen (vgl. Dörsam/Icks, 1997, S. 50).

2.4 Resümee und Ausblick

Das implizite Hauptproblem liegt jedoch darin, dass strategische Handlungsalternativen wie Netzwerke von KU nicht oder nur unzureichend überprüft werden. Aufgrund der daraus resultierenden Unwissenheit herrscht eine Reihe von Ängsten in der Kooperation vor. Man fürchtet sich vor der Preisgabe von Betriebsinterna, vor dem Verlust der Eigenständigkeit, und will sich aufgrund falsch verstandenen Stolzes keine Blöße in Bezug auf betriebsinterne Schwächen eingestehen (vgl. Rautenstrauch/Generotzky/Bigalke, 2003, S. 38, sowie Gibb, 1987, und Hilbert/Sperling, 1988, zit. nach Manz, 1990, S. 205).

So werden mangels Kenntnis verschiedener Vorteile solcher Beziehungskonstellationen dieselben vom Management erst gar nicht näher in Betracht gezogen und scheitern bereits vor der Kooperationsanbahnung (vgl. Dörsam/Icks, 1997, S. 42).

Oftmals sind aber erst durch die Kopplung von Einzelressourcen komplexe Problemzusammenhänge fass- und bearbeitbar (vgl. Koschatzky/Gundrum, 1997, S. 212). Alleine das Verfügen über die Ressourcen bringt einem Unternehmen in der heutigen Zeit nicht unbedingt Vorteile (vgl. Darroch, 2005, S. 105).

Kooperationen an sich stellen eine grundlegende strategische Handlungsoption von Unternehmen dar. Beziehungsnetze aus Kooperationen werden für KU in Zukunft ebenfalls immer bedeutender (vgl. Bronder/Pritzl, 1992, zit. nach Rautenstrauch/Generotzky/Bigalke, 2003, S. 38). So geht Mytelka (1991) soweit zu behaupten, dass die Wettbewerbsfähigkeit eines Unternehmens nicht von seiner Größe, sondern von seinem externen Netzwerk abhängt. Es ist also nicht allein das Innovationsbudget, sondern vielmehr die Strategie im Umgang mit demselben von Relevanz.

> «No firm today can afford not to consider cooperation as an instrument to protect or entrance competitive advantage. If a company ignores cooperation as a management alternative, it may put itself a disadvantage vis-à-vis its competitors which utilize this tool.»
> (Niederkofler, 1989, zit. nach Rautenstrauch/Generotzky/Bigalke, 2003, S. 38)

Erst die Eingliederung von KU in externe Netzwerke erlaubt denselben die Ausübung ihrer so wichtigen Flexibilität (vgl. Sorge, 1987, zit. nach Manz, 1990, S. 205) sowie anderer Vorteile, ganz gemäß dem Chandler'schen Grundsatz der 1960er-Jahre

«Structure follows strategy» (Chandler, 1962, zit. nach Thiele, 1997, S. 18 ff. und S. 150 ff., wobei in diesem Zusammenhang jedoch nicht von einer kausalen Beziehung, sondern von einer gegenseitigen Beeinflussung und Wechselwirkung ausgegangen werden soll, ganz im Sinne der Theorie der Strukturation nach Giddens). Hierbei ist auch ein allumfassender strategischer «fit» zwischen verschiedensten Auswirkungen des Netzwerkes sowie eigenen Unternehmensspezifika zu beachten (vgl. Bea/Haas, 2001, S. 15 ff.). Der Grad des «fit» steigt in der Regel bei der Kooperation nicht direkt konkurrierender Unternehmen, mit gegenteiliger Vorteilserreichung sowie hohen Kompetenzen der Partner im Feld der Zusammenarbeit (vgl. Gerpott, 1999, S. 246).

Der Schwerpunkt der Netzwerkarchitektur soll auf den ablaufenden (Innovations-) Prozessen sowie den sozialen Strukturen und Kommunikationsbeziehungen liegen. Gemeinsame Zielvorstellungen, Verhaltensweisen und -regeln gehören nun ebenso zu wichtigen Erfolgsfaktoren (vgl. Koschatzky/Gundrum, 1997, S. 211) wie die Etablierung einer gemeinschaftlichen Netzwerkkultur. Das Netzwerk sollte für alle Partner Vorteile generieren, also mannigfache Win-win-Situationen herbeiführen (vgl. Letmathe, 2000, S. 552). Hierbei spielt auch die Ernsthaftigkeit eines jeden Partnerunternehmens im Netzwerk eine große Rolle (vgl. Abdul-Nour/Drolet/Lambert, 1999, S. 432). Konzepte dezentraler Organisationsführung (wie das Konzept der strategischen Geschäftseinheiten, Konzept der Profit-Center-Organisation, Management Holding) fördern die Bildung von Unternehmensnetzwerken (vgl. Thiele, 1997, S. 145 f.).

In Netzwerken ist ein Klima der Partnerschaft und des Vertrauens, in welchem Geben und Nehmen vorherrscht, von großer Wichtigkeit. Viele Netzwerke scheitern, weil nur die Wenigsten in der Beziehung bereit sind, etwas zu geben, aber grundsätzlich erwartet wird, alles zu bekommen. Partnerschaft erfordert nun aber auch die Einrichtung spezifischer Strukturen, in denen von allen Netzwerkpartnern konsensual Macht und Kompetenz delegiert werden. Obwohl Macht gleich verteilt sein sollte, ist es fallweise notwendig, zur Sicherung von Entwicklungs- und Steuerungsfähigkeiten Strukturen mit konzentrierter Macht zu etablieren (vgl. Scheer, 2001, S. 116). Hieraus ergibt sich auch eine besondere Herausforderung für das Schnittstellenmanagement, das Management des Netzwerkes und das Management der Berührungspunkte der Unternehmen mit dem Netzwerk. In diesem Zusammenhang gilt es, die multilateralen Interessen der Partnerunternehmen auszugleichen und für alle Unternehmen einen Mehrwert zu generieren (vgl. Stahl/Schreiber, 2003, S. 70 ff.). Jeder Teilnehmer sollte sich durch die Kooperation insgesamt besser gestellt fühlen, ohne sich jedoch unmittelbare Vorteile aus der Zusammenarbeit zu versprechen (vgl. Boehme, 1986, S. 26). Auch ein prozessuales Kooperationsmanagement verspricht in diesem Kontext große Erfolge (vgl. Ladwig, 1996, S. 180).

Erst diese Voraussetzungen ermöglichen eine enge Zusammenarbeit und helfen individuelle Unsicherheiten und Ressourcenschwächen zu überwinden sowie Synergiepotenziale zu generieren. Sinkende Transaktionskosten und bessere Handlungsergebnisse führen nun zu einem Kooperationsvorteil für alle Beteiligten (vgl. Koschatzky/Gundrum, 1997, S. 212) und rechtfertigen in weiterer Folge auch die Existenz des Netzwerkes.

Leider muss an dieser Stelle auch festgehalten werden, dass es kein allgemeingültiges Konzept für erfolgreiche Netzwerkarbeit gibt (vgl. König, 2001, S. 142).

Darüber hinaus wird man bei der näheren Betrachtung solcher Netzwerke häufig durch eine Diskrepanz von Fakten und Fiktion irritiert. So gibt es einerseits eine Fülle von Visionen, die die Vernetzung von KU als die Organisationsform der Zukunft schlechthin bezeichnen, andererseits lassen sich kaum Netzwerke ausmachen, welche die von der Theorie geforderten Funktionen und Reglements von Netzwerken erfüllen (vgl. Reiß, 2000, S. 17). So bestehen viele Netzwerke mehr auf dem Papier denn in der Realität und der effizienten Zusammenarbeit.

> «However, the processes by which networks are formed, and their role in innovation, is not yet well understood.» (Pyka / Gilbert / Ahrweiler, 2002, S. 193)

Aber der Versuch des Verständnisses lohnt sich, denn: «Relationships are one of the most valuable resources that a company possesses» (Håkansson, 1987, zit. nach Kasperzak, 2003, S. 224), und könnten zu einer neuen Blüte der Kleinbetriebe führen. Doch die Bildung und Evolution von Netzwerken hängt von der Bedarfswahrnehmung der Akteure ab (vgl. Stahl / Schreiber, 2003, S. 226). Sensibilisierung der KU für Vorteile von Netzwerken, die Identifikation und Motivation von aktiven Promotoren der Netzwerkgestaltung auf Ebenen der Politik, Wissenschaft und Wirtschaft sowie ein effizientes Wirken von Entwicklungsagenturen und die Ausbildung von potenziellen Netzwerkmanagern wären ein erster Schritt in die richtige Richtung. Bald werden Kooperationen nicht mehr Chancen, sondern ein von Kosten und Wettbewerb getragener Zwang für KU sein.

Literatur zu Abschnitt 2

Abdul-Nour, G. / Drolet, J. / Lambert, S. (1999): Mixed Production, Flexibility and SME. In: Computer & Industrial Engineering, 37, S. 429–432.

Arndt, O. (2001): Innovative Netzwerke als Determinante betrieblicher Innovationsfähigkeit. Das Beispiel Süd-Wales / UK (Kölner Forschungen zur Wirtschafts- und Sozialgeographie, hrsg. von Gläßer, E. / Sternberg, R. / Voppel, G., Bd. 51). Köln.

Bachmann, R. / Lane, C. (2001): Vertrauen und Macht in zwischenbetrieblichen Kooperationen – zur Rolle von Wirtschaftsrecht und Wirtschaftsverbänden in Deutschland und Großbritannien. In: Sydow, J. (Hrsg.): Management von Netzwerkorganisationen. Beiträge aus der Managementforschung. 2. Aufl., Wiesbaden, S. 75–106.

Baldwin, J. / Gellatly, G. (2003): Innovation Strategies and Performance in Small Firms. Cheltenham / Northampton, Mass.

Bauer, B. (2002): Kleine und mittlere Unternehmen. Übersicht über die Bedeutung, bereits getroffene und mögliche weitere Maßnahmen auf EU-Ebene und in Österreich (Materialiensammlung). In: Working Papers, 7.

Bea, F. X. / Haas, J. (2001): Strategisches Management (Bea, F. X. / Dichtl, E. / Schweitzer, M. [Hrsg.]: Grundwissen der Ökonomie. Betriebswirtschaftslehre). 3. neu bearb. Aufl., Stuttgart.

Boehme, J. (1986): Innovationsförderung durch Kooperation. Zwischenbetriebliche Zusammenarbeit als Instrument des Innovationsmanagements in kleinen und mittleren Unternehmen bei der Einführung der Mikroelektronik in Produkte und Verfahren (Technological Economics, Bd. 22). Berlin.

Bouncken, R. (1999): Dem Kern des Erfolges auf der Spur? State of the Art zur Identifikation von Kernkompetenzen. In: Zeitschrift für Betriebswirtschaft, 70, 7/8, S. 865–885.

Bruns, I./Reuth, R. (2005): Innovation als image- und bilanzwirksamer Erfolgsfaktor im demographischen Wandel. Produktentwicklung und Personalmarketing für das Unternehmen der Zukunft. In: FIR+IAW (Hrsg.): UdZ Unternehmen der Zukunft. Zeitschrift für Organisation und Arbeit in Produktion und Dienstleistung, 1. März 2005, S. 38–40. http://www.iaw.rwth-aachen.de/download/publikationen/udz1_2005_bruns.pdf (13.02.2014)

Cubillo, J. M./Cerviño, J. (2004): International Entrepreneurship in Local SME Supplier Networks. In: Entrepreneurship and Innovation, November, S. 231–239.

Darroch, J. (2005): Knowledge Management, Innovation and Firm Performance. In: Journal of Knowledge Management, 9, 3, S. 101–115.

Donckels, R. (2001): Cross-Border Co-operations and Networks. From SME Practice to Theory. In: Hartmann, C./Schrittwieser, W. (Hrsg.; 2001): Kooperation und Netzwerke. Grundlagen und konkrete Beispiele. Graz, S. 85–101.

Dörsam, P./Icks, A. (1997): Vom Einzelunternehmen zum regionalen Netzwerk: Eine Option für mittelständische Unternehmen (Bös, D./Hax, H. [Hrsg.]: Schriften zur Mittelstandsforschung, Nr. 75 NF). Stuttgart.

Gerpott, T. J. (1999): Strategisches Technologie- und Innovationsmanagement. Stuttgart.

Gerpott, T. J./Wittkemper, G. (1991): Verkürzung von Produktentwicklungszeiten. Vorgehensweise und Ansatzpunkte zum Erreichen technologischer Sprintfähigkeit. In: Booz Allen Hamilton (Hrsg.): Integriertes Technologie- und Innovationsmanagement. Konzepte zur Stärkung der Wettbewerbskraft von High-Tech-Unternehmen. Berlin, S. 119–145.

Flick, U. (2002): Qualitative Sozialforschung. Eine Einführung. 16. Aufl., Reinbek bei Hamburg.

Hansmann, K. W./Ringle, C. M. (2005): Wirkungen einer Teilnahme an Unternehmensnetzwerken auf die strategischen Erfolgsfaktoren der Partnerunternehmen – eine empirische Untersuchung. In: Die Unternehmung. Swiss Journal of Business Research and Practice, 3, S. 217–236.

Hartmann, C./Schrittwieser, W. (Hrsg.; 2001): Kooperation und Netzwerke. Grundlagen und konkrete Beispiele. Graz.

Hauschildt, J. (1998): Promotoren – Antriebskräfte der Innovation (Bodenhöfer, H. J. u. a. [Hrsg.]: Reihe BWL aktuell, Heft Nr. 1, Klagenfurt.

Kasperzak, R. (2003): Netzwerkorganisationen und das Konzept der rechnungslegenden Einheit. In: Zeitschrift für Betriebswirtschaft, 74, 4, S. 223–247.

Koschatzky, K. (1/1997): Technologieunternehmen im Innovationsprozeß. Management, Finanzierung und regionale Netzwerke. Heidelberg.

Koschatzky, K. (2/1997): Innovative regionale Entwicklungskonzepte und technologieorientierte Unternehmen. In: Koschatzky, K. (Hrsg.): Technologieunternehmen im Innovationsprozeß. Management, Finanzierung und regionale Netzwerke. Heidelberg, S. 181–205.

Koschatzky, K./Gundrum, U. (1997): Die Bedeutung von Innovationsnetzwerken für kleine Unternehmen. In: Koschatzky, K. (Hrsg.): Technologieunternehmen im Innovationsprozeß. Management, Finanzierung und regionale Netzwerke. Heidelberg, S. 207–227.

König, K. (2001): Europäische Perspektive von Netzwerken. In: Hartmann, C./Schrittwieser, W. (Hrsg.): Kooperation und Netzwerke. Grundlagen und konkrete Beispiele. Graz, S. 121–143.

Kowol, U. (1998): Innovationsnetzwerke. Technikentwicklung zwischen Nutzenvisionen und Verwendungspraxis. Mit einem Geleitwort von Wolfgang Krohn. Wiesbaden.

Küppers, G./Pyka, A. (2002): The Self-Organisation of Innovation Networks. Introduction Remarks. In: Pyka, A./Küppers, G. (Hrsg.): Innovation Networks. Theory and Practice. New Horizons in the Economics of Innovation. Cheltenham/Northampton, Mass., S. 3–21.

Ladwig, D. (1996): F&E-Kooperationen im Mittelstand. Grundlagen für ein erfolgreiches Prozessmanagement (Müller-Merbach, H. [Hrsg.]: Schriftenreihe technologie & management). Wiesbaden.

Letmathe, P. (2000): Operative Netzwerke aus der Sicht der Theorie der Unternehmung. In: Zeitschrift für Betriebswirtschaft, 71, 5, S. 551–570.

Maier, J. (1999): Kreative Milieus und Netzwerke. Neue Erklärungs- und Strategieansätze der Regionalentwicklung sowie deren empirische Überprüfung anhand von Fall-Studien in Bayern. Bayreuth.

Major, E. J./Cordey-Hayes, M. (2000): Engaging the Business Support Network to Give SMEs the Benefit of Foresight. In: Technovation, 20, S. 589–602.

Manz, T. (1990): Innovationsprozesse in Klein- und Mittelbetrieben. Soziale Prozesse bei der Einführung neuer Technologien (Der Minister für Arbeit, Gesundheit und Soziales des Landes Nordrhein-Westfalen [Hrsg.]: Sozialverträgliche Technikgestaltung; Materialien und Berichte, Bd. 14). Opladen.

Mayring, P. (2002): Einführung in die qualitative Sozialforschung. Eine Anleitung zu qualitativem Denken. Weinheim/Basel.

Mugler, J. (1999): Betriebswirtschaftslehre der Klein- und Mittelbetriebe. Bd. 2, 3. überarb. Aufl., Wien/New York.

Narula, R. (2004): R&D Collaboration by SMEs. New Opportunities and Limitations in the Face of Globalisation. In: Technovation, 24, S. 153–161.

Nonaka, I./Takeuchi, H. (1995): The Knowledge-Creating Company. How Japanese Companies Create the Dynamic of Innovation. New York.

Pyka, A./Gilbert, G. N./Ahrweiler, P. (2002): Simulating Innovation Networks. In: Pyka, A./Küppers, G. (Hrsg.): Innovation Networks. Theory and Practice. New Horizons in the Economics of Innovation. Cheltenham/Northampton, Mass., S. 169–196.

Rautenstrauch, T./Generotzky, L./Bigalke, T. (2003): Kooperationen und Netzwerke. Grundlagen und empirische Ergebnisse. Lohmar/Köln.

Reiß, M. (2000): Unternehmertum in Netzwerken. In: Reiß, M. (Hrsg.): Netzwerk – Unternehmer. Fallstudien netzwerkintegrierter Spin-offs, Ventures, Start-ups und KU. München, S. 1–37.

Scheer, G. (2001): Netzwerke und systemische Regionalentwicklung. In: Hartmann, C./Schrittwieser, W. (Hrsg.): Kooperation und Netzwerke. Grundlagen und konkrete Beispiele. Graz, S. 103–119.

Schmidt, S./Zurstiege, G. (2000): Orientierung Kommunikationswissenschaft. Was sie kann, was sie will. Reinbek bei Hamburg.

Schwarz, E./Schwarz, M. (2004): Lebenszyklusorientierte Finanzierung innovativer kleiner Unternehmen. In: Schwarz, E. (Hrsg.): Nachhaltiges Innovationsmanagement. Wiesbaden, S. 337–357.

Siemers, S. H. A. (1997): Innovationsprozeß im Mittelstand. Teamorientierte Arbeitsformen zur Förderung von Innovationen. Mit einem Geleitwort von Prof. Dr. Michael E. Domsch. Wiesbaden.

Stahl, T./Schreiber, R. (2003): Regionale Netzwerke als Innovationsquelle. Das Konzept der «lernenden Region» in Europa. Frankfurt/New York.

Sydow, J. (1993): Strategische Netzwerke. Evolution und Organisation. Wiesbaden.

Thiele, M. (1997): Kernkompetenzorientierte Unternehmensstrukturen. Ansätze zur Neugestaltung von Geschäftsbereichsorganisationen. Mit einem Geleitwort von Stephan Zelewski (Corsten, H. u. a. [Hrsg.]: Gabler Edition Wissenschaft. Information – Organisation – Produktion). Wiesbaden.

Thom, N./Etienne, M. (1999): Innovation und Reorganisation. Organisatorische und personelle Aspekte für ein erfolgreiches Innovationsmanagement – Business Reengineering. Bern.

Wald, A. (2005): Zur Effektivität von Organisationsstrukturen. Ein Vergleich formaler Soll- und realisierter Ist-Struktur. In: Die Unternehmung. Swiss Journal of Business Research and Practice, 2, S. 61–180.

Walter, G. H./Broß, U. (1997): Transformation deutscher Erfahrungen beim Aufbau von Innovationsnetzwerken in Mittel- und Osteuropa. In: Koschatzky, K. (Hrsg.): Technologieunternehmen im Innovationsprozeß. Management, Finanzierung und regionale Netzwerke. Heidelberg, S. 267–291.

Weissenberger-Eibl, M. A. (2000): Interaktionsorientiertes Agentensystem. Referenzmodell zur Handhabung von Wissen in Unternehmensnetzwerken. In: Zeitschrift für Betriebswirtschaftslehre, 71, 2, S. 203–220.

Wohlgemuth, O. (2002): Management netzwerkartiger Kooperationen. Instrumente für die unternehmensübergreifende Steuerung. Wiesbaden.

KAPITEL IV

Ausgewählte Herausforderungen im Umgang mit Wandel

1 Grenzen einer Lenkung der Unternehmungsentwicklung durch das Rechnungswesen

Knut Bleicher, bisher unveröffentlicht

Widmet man sich den Grenzen eines unser Fach von Anbeginn begleitenden Instrumentariums, einer die fachliche Diskussion zeitweise sogar dominierenden wissenschaftlichen Auseinandersetzung, kann beim Hörer leicht der Verdacht aufkommen, es gehe wieder einmal um die Überprüfung grundsätzlicher – und immer noch nicht hinreichend nachweisbarer – Annahmen über den Zusammenhang wirtschaftlicher Größen im Abbildungsobjekt oder ihrer mangelnden Abbildbarkeit durch rechentechnische Verfahren. Ich habe in meinen Ausführungen nicht die Absicht, diese Vermutung zu bestätigen. Vielmehr möchte ich mich in einer eher als perspektivisch zu kennzeichnenden Betrachtung unter dem Stichwort der «Grenzen» des Rechnungswesens der Funktionalität dieses Instrumentes zur lenkenden Beeinflussung einer sich im Zeitablauf vollziehenden – und dies deutet bereits so etwas wie einen Paradigmenwechsel in unserem Fach an – und damit nur teilweise mach- und lenkbaren Unternehmungsentwicklung widmen.

1.1 Die Lenkbarkeit der Unternehmungsentwicklung als Betrachtungsfokus

Man mag sich die Frage nach der Berechtigung einer derartigen thematischen Ausrichtung stellen. Ich meine in Rechtfertigung meiner Absicht auf eine Reihe von Entwicklungen verweisen zu müssen, die nicht nur die Bedeutung, sondern auch die Aktualität des gewählten Themas unterstreichen:

1| Die sogenannte «Erfolgsliteratur» des Managements der letzten Jahre ist getragen von der These, dass sich im Rahmen eines beschleunigenden Wandels das Gewicht der Erfolgsfaktoren von den «harten» (Strategien, Strukturen, Systeme) zu den «weichen» (Stammpersonal, Spezialkenntnisse, Stil und Verhalten der Führung und kulturelles Selbstverständnis; vgl. sog. «7-S» – Konzept nach Peters/ Waterman) hin verschiebe.

2| Nicht nur im Management sei eine derartige Akzentverschiebung nachzuweisen, sondern auch bei den durch das Management zukunftsweisend zu widmenden Ressourcen wäre eine Verlagerung von der erfolgswirksamen Bedeutung der «physischen» zu den «humanen» Potenzialen zu verzeichnen.

3| Zur Integration von physischen und humanen Potenzialen einzusetzende Systeme, die das Management zweckgerecht unterstützen, weisen eine zunehmende «software»- gegenüber der bisherigen dominanten «hardware»-Komponente auf.

4| In der Diskussion um den Wertewandel in unserer Gesellschaft werden Ansprüche nach Partizipation und Kooperation an entscheidenden Belangen auch in der Lenkung und Gestaltung von Unternehmungen deutlich. In diesem Zusammenhang stellt sich die Frage nach der Zeitgemäßheit grundlegender Annahmen über menschliche Motivationen und Verhaltensweisen, die der Gestaltung des Rechnungswesens implizit zugrunde liegen.

5| Hinzu tritt die damit verbundene, sich wissenschaftlich stärker durchsetzende evolutistische Auffassung, dass das Fassungsvermögen des menschlichen Geistes wenig geeignet ist, hochkomplexe Entwicklungen verstehen, geschweige denn steuern zu können. In F. A. von Hayeks Arbeiten werden «konstruktivistische» Vorstellungen von der Lenkbarkeit ökonomischer und sozialer Systeme kritisch beleuchtet. Für das Rechnungswesen stellt sich in diesem Zusammenhang die kritische Frage, ob es zu stark von einer Art «konstruktivistischen» Machbarkeitsideologie getragen ist, indem es den sach-rational agierenden Managern die notwendigen, wenn auch vielleicht recht reduzierten Steuerungsgrößen an die Hand gibt.

Werden Entwicklungen wie diese als relevant akzeptiert, stellt sich an das Rechnungswesen eine äußerst kritische Frage, der ich in meinen Ausführungen nachgehen will:

Signalisiert die jahrhundertelange Tradition und die heute zunehmend feststellbare und teilweise auch dogmatisch geführte Diskussion um Details einer Standardisierung und Formalisierung zur verbesserten intersubjektiven Überprüfbarkeit von Informationen vor dem Hintergrund eines sich verkomplizierenden und beschleunigt wandelnden Kontextes in seiner Tendenz zur Bürokratisierung und Politisierung das Auslaufen des Paradigmas eines Faches?

Thomas Kuhn (1976) geht von der These einer normal-wissenschaftlichen Entwicklung aus. Sie wird getragen von einem vorherrschenden Paradigma, das von einer «scientific community» allgemein akzeptiert wird, weil sich die fachliche Entwicklung auf der Grundlage dieses Paradigmas bei der Lösung von Problemen bewährt hat. Die Annahme eines gemeinsamen Paradigmas befreit die wissenschaftliche Gemeinschaft zudem von dem Zwang, ihre Grundprinzipien fortgesetzt überprüfen zu müssen. «Zwangsläufig steigert das die Wirksamkeit. Zwangsläufig steigert das die Leistungsfähigkeit, mit der die Gruppe als Ganze neue Probleme löst.»

Statt die Außenstabilisierung in den Mittelpunkt zu stellen, kann die Gruppe sich relativ ungehindert der internen Systemrationalisierung widmen.

Bislang hat sich das Paradigma unseres Rechnungswesens durchaus bewährt. Aber weisen die eingangs aufgeführten Veränderungen nicht zunehmend in die Richtung seiner Dysfunktionalität? Ich meine, die Funktionalität unseres Rechnungswesens scheint sich einem kritischen Punkt zu nähern, der ein grundsätzliches Überdenken unserer gegenwärtigen Praxis des Rechnungswesens und eine Diskussion um eine Neukonzipierung ratsam machen.

Kuhn behauptet, dass ein Auslaufen der Funktionalität eines Paradigmas durch eine zunehmende Formalisierung, Standardisierung und durch dogmatische Diskussionen unter Fachvertretern geprägt sei. Belegen die Diskussionen um eine weitere Verfeinerung der Technik der Rechnungslegung und des Ergebnisausweises Kuhns These?

Es ist deshalb nicht ohne Absicht, dass ich mich auf die Funktionalität des Rechnungswesens für die ohnehin begrenzte Lenkbarkeit einer Unternehmungsentwicklung konzentrieren möchte.

1.2 Allgemeine Anforderungen an die Funktionalität des Rechnungswesens im Hinblick auf eine Lenkung der Unternehmungsentwicklung

1.2.1 Das Rechnungswesen als Gestaltungsobjekt des Managements

Das Rechnungswesen ist institutionell selbst Objekt einer Gestaltung durch die Unternehmungsführung, während es funktionell auf Lenkung ausgerichtet ist. Das Rechnungswesen umfasst die Gesamtheit aller quantitativen wirtschaftlich auswertbaren Daten.

Es übernimmt Aufgaben der Dokumentation – der Planungs- und Kontrollrechnung, wobei es selbst stets im Hinblick auf seinen Beitrag zur Unternehmungseffizienz und -effektivität zu würdigen ist. Für unser Thema kommt ihm eine Funktion der Abbildung der Unternehmungsentwicklung in Vergangenheit, Gegenwart und Zukunft unter der Forderung nach Realitätstreue, Objektivität, Vollständigkeit, Ordnungsgemäßheit, Relevanz (Maßschneiderung auf den Zweck hin), Adäquanz (Verstehbarkeit und Verwertbarkeit), Genauigkeit, Übersichtlichkeit, Aktualität, Permanenz, Benutzerorientiertheit (und in der Folge Flexibilität), vielseitige Auswertbarkeit (zweckorientierte Verdichtung) und Wirtschaftlichkeit zu. In all diesen Forderungen können, wenn sie durch das Rechnungswesen nicht erfüllt werden, Grenzen einer Lenkung erkannt werden.

1.2.2 Anforderungen an Zeit-, Objekt- und Verhaltenstreue einer Abbildung der Unternehmungsentwicklung durch das Rechnungswesen

Aus diesem allgemeinen Anforderungskatalog an das Rechnungswesen sollen unter dem Aspekt seiner Funktionalität für die Lenkung der Unternehmungsentwicklung drei Forderungen herausgegriffen und beleuchtet werden:

1| Die Anforderung der Realitätstreue und Aktualität akzentuiert Probleme der Periodisierung der Information im Hinblick auf die Lenkungserfordernisse und enthüllt eine «Zeitgrenze» des Rechnungswesens.

2| Die Anforderung der Vollständigkeit und Relevanz akzentuiert das Abbildungsobjekt vor dem Lenkungszweck und enthüllt eine »Objektgrenze» des Rechnungswesens.

3| Die Anforderung der Adäquanz und Benutzerorientiertheit akzentuiert die Ausrichtung des Rechnungswesens auf die Bedürfnisse und die Perzeptionen und Präferenzen der Adressaten von Rechnungswesen-Informationen und enthüllt eine «Verhaltensgrenze» des Rechnungswesens.

Diese drei Aspekte stehen nicht unverbunden nebeneinander: Die Zeit- und die Objektlücke wirken sich auf das Verhalten der Adressaten des Rechnungswesens aus und erhöhen damit in der Tendenz die Gefahr fehlsteuernden Verhaltens der Lenkenden bei ihren Versuchen, die Unternehmungsentwicklung zu beeinflussen. Wie der hier behandelte Gesamtzusammenhang zeigt, können Dysfunktionalitäten durch politische, strukturelle und kulturelle Kontextfaktoren, die hier nur angedeutet werden können, forciert oder gemildert werden.

1.2.3 Die Unternehmungsentwicklung als Gegenstand der Lenkung durch eine Unternehmungsführung

Zentrale Aufgabe der Unternehmungsführung ist es, durch Lenkung und Gestaltung die Entwicklung einer Unternehmung im Zeitablauf von Vergangenheit und Zukunft gegenwärtig dergestalt zu beeinflussen, dass die Unternehmung als Institution, die in ständiger Gefahr ist, ihre Autonomie im Wechselspiel von Umwelt- und Inweltforderungen und -unterstützungen zu verlieren, nicht nur überlebt, sondern auch auf Dauer gesehen entwicklungsfähig bleibt. Die Gestaltungsaufgabe ist dabei in der systemorientierten Managementlehre Hans Ulrichs eher im Setzen von dauerhafteren Rahmenbedingungen für die Unternehmungsentwicklung zu sehen, die mit den Worten James Marchs «Schneezäune einzieht, damit der Pfad in die Zukunft nicht verweht wird». Die Lenkungsaufgabe gewinnt gegenüber dieser eher mittelbaren Beeinflussung der Systementwicklung eher kybernetisches Format über unmittelbare Eingriffe in die Systementwicklung, die innerhalb der gestalteten Rahmenbedingungen durch das Management vorgenommen werden.

Kapitel IV – Ausgewählte Herausforderungen im Umgang mit Wandel

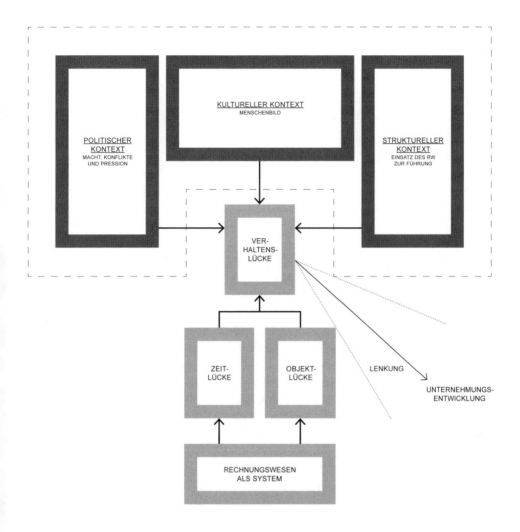

Abbildung 1: Unternehmungsentwicklung

Unter Unternehmungsentwicklung soll hier die Veränderung von technischen und humanen Leistungs- und aller sonstigen Nutzungspotenziale (auch im Sinne der «Erfolgspositionen» Cuno Pümpins) im Zeitablauf verstanden werden, die zu einer zunehmenden Qualifizierung des Problemlösungsvermögens einer Unternehmung relativ zu ihrer Umwelt führt. Unternehmungsentwicklung vollzieht sich in der Zeit. Damit wird das «Zeitliche» der Abbildungen von Vorgängen des Wandels im Rechnungswesen in den Mittelpunkt der Betrachtung gerückt.

1.3 Grenzen des Rechnungswesens unter dem Aspekt der zeitlichen Realitätstreue und Aktualität für die Unternehmungsentwicklung: «Die Zeitgrenze»

Niklas Luhmann weist auf Folgendes hin:

> «Ein Komplexitätsgefälle zwischen Umwelt und System kann nur entwickelt und ausgebaut werden, wenn das System auch in der Zeit ausdifferenziert wird. Auf sehr abstrakte Weise kann man sagen: Es entsteht systemeigene Zeit, die aber gleichwohl in die Weltzeit passen muss.» Und: «Müsste ein System auf Umweltereignisse, die es betreffen, immer in dem Zeitpunkt reagieren, in dem sie vorkommen, hätte es kaum Chancen zur Wahl seiner Reaktionsweisen. Nur Voraussicht einerseits und Verkürzung der Reaktion andererseits eröffnen einen Spielraum für eigene Strategien.» (Luhmann, 1985, S. 37)

1.3.1 Verhaltenserwartungen sind auf die Platzierung von Sachlichem und Sozialem in der Zeit und die Rolle der Zeit gerichtet

Verhaltenserwartungen von Mitgliedern und Teilnehmern eines Systems platzieren Ereignisse im Fluss der Zeit. Je harmonisierter diese Positionierung erfolgt, umso konsensfähiger dürften die Handlungsprämissen in einem arbeitsteilig organisierten System sein. Die Periodisierung erleichtert dem Menschen als Individuum seinen Umgang mit der Zeit. Dennoch sind mögliche dysfunktionale Wirkungen für die Zeitkonzeption des Managements auf der kollektiven Ebene derartiger Systeme nicht zu übersehen: die Gefahr der Reduzierung der Zeitlichkeit von Ereignissen und Prozessen auf die periodische Sicht. Mit ihr wächst die Dominanz des Zeitlichen gegenüber dem Sachlichen und Sozialen (vgl. Luhmann, 1985).

Soll jedoch Orientierung geschaffen werden, muss die sachliche und soziale Ordnung gegenüber dem Zeitfluss relativ unabhängig gemacht werden, ansonsten besteht die Gefahr, dass Zeitordnungen Wertordnungen überwuchern; denn Invarianzen der Ordnung gewinnen ihre Funktionalität aus ihrer Indifferenz gegenüber der Varianz der Zeit.

1.3.2 Die Zeit dient der Orientierung und Regulierung sozialer Systeme

Der Zeit kommt in der Unternehmung sowohl eine Orientierungs- als auch eine Regulierungsfunktion zu. Zur passiven Orientierungsfunktion der Zeit, die im System Sicherheitsäquivalente schafft, tritt die Regulierungsfunktion der Zeit. Maßnahmen der Lenkung und Gestaltung haben einen zeitlichen Beginn und ein zeitliches Ende. Dadurch eingeleitete Entwicklungen benötigen Zeit, um konzipiert und konsensiert zu werden, damit sie sich schließlich in der Realisierung entfalten können, was wiederum auf Zeit«konstanten» trifft.

1.3.3 Die Periodisierung der Zeit als Mittel zur Generalisierung von Verhaltenserwartungen

Wirtschaftliche Erwartungen waren sicherlich am Anfang der Beschäftigung mit der Lenkung von Betrieben im Oikos, dem antiken Haushalt, eher zyklischer Art und vom Rhythmus der Jahreszeiten geprägt: Vorsorge für den Winter, Aktivitäten der Produktion in der günstigen Jahreszeit des Frühjahrs (Saat), Sommers (Reife) und des Herbstes (Ernte). Das Kalenderjahr umschloss einen Zyklus.

Zwischen der Kalenderzeit und der Plan- und Realisierungsperiode ergab sich in der bäuerischen Kultur vom natürlichen Objekt her eine weitgehende Parallelität: die kosmische Ursächlichkeit bestimmte zugleich das Gestaltungsobjekt und das kalendarische Maß der Periode.

Der wissenschaftliche Fortschritt mit seiner Lösung von kosmischen Naturvorgängen veränderte diese Situation grundlegend. Die Entwicklungszyklen von Produkten und den ihnen zugrunde liegenden Technologien verlangten ihren eigenen, zumeist wesentlich längeren und genaueren Zeitmaßstab. Die Periodisierung durchschnitt jedoch diesen eigenständigen Zyklus willkürlich aufgrund einer generell akzeptierten Konvention, die zwar der Orientierung unter Wirtschaftsobjekten und von Handlungsträgern innerhalb der Unternehmung dienen mag, aber für die Regulierungsfunktion von immer zweifelhafterem Wert wurde.

Lässt sich diese Entwicklung als eine tendenzielle Abkehr von zyklischen Zeitvorstellungen und eine Hinwendung zu linearen interpretieren (der durch die Periodisierung beobachtete Kreisausschnitt ist immer eine Linie), bleibt festzuhalten, dass auch das hoch technokratische Gestaltungshandeln in Unternehmungen sich keineswegs von den historischen Schlacken des zyklisch-periodisierenden Zeitelementes frei gemacht hat.

So kommt eine langfristige oder strategische Planung nur mit Mühe gegen das in Anreiz- und Berichtssystemen nach wie vor vorherrschend verankerte (kurz-)fristige periodische Denken an. Die Problematik wird zusätzlich dadurch erschwert, dass es in den vorherrschenden Mehrprodukt-Unternehmungen nicht nur einen den eigenen Zyklus bedingenden Produkt- oder Technologiezeitraum gibt, sondern derer viele und unterschiedliche, die an sich einer Generalisierung bedürfen. Da diese Harmonisationsaufgabe bislang ohne Lösung geblieben ist, ergibt sich der einfache Rekurs auf das kleinere Übel, die Vergleichbarmachung in der kalenderzeitlichen Kurzfristperiode.

Zumindest ist seit der Erfindung der doppelten Buchhaltung durch den römischen Mönch Luca Pacioli die Periodisierung ein konstitutiver Tatbestand der überlieferten Konvention des Rechnungswesens. So machen vor allem die Bilanztheoretiker darauf aufmerksam, dass der wahre Erfolg (oder das richtige Vermögen) einer Unternehmung erst im Vergleich von Einsatz und Ergebnis am Ende ihrer Lebensdauer, nach Ablauf der Totalperiode, festgestellt werden könne. Die Periodenrechnung kreiert in diesem Lebenszyklus der Unternehmung allenfalls eine Fiktion, die gleichwohl der Orientierung unter Wirtschaftssubjekten dient, aber durchaus bei der Regulierung zu Fehlverhalten führen kann.

1.3.4 Periodisierung erweckt den Anschein der Kontinuierlichkeit

Dysfunktionalitäten einer Periodisierung ergeben sich jedoch auch aus anderem Grund. Die Periodisierung zerschneidet nicht nur Zyklen anderen Zeitverlaufs und macht damit den Periodenbezug zumindest für die Regulierung weitgehend unbrauchbar, sondern sie unterstellt damit über die implizite Linearisierung des Zeitausschnittes zugleich eine gewisse Gleichförmigkeit des Entwicklungsverlaufes. Igor Ansoff hat darauf aufmerksam gemacht, dass wir uns zunehmend aus Zeiten der Kontinuität heraus- und in ein Zeitalter der Diskontinuität hineinbewegen, das, wie er meint, nur durch ein Issue oder Surprise Management zu bewältigen ist. Vor einem derartigen Hintergrund können Zeitkonzeptionen, die aus einem periodischen Denken und Handeln reifen, für den Bestand einer Unternehmung in einer turbulenten Welt äußerst gefährlich sein.

1.3.5 Periodisierung als Produzent von sachgelösten Ritualen

Periodisierung schafft in den Perzeptionen der Lenkenden die Illusion einer zyklischen Wiederkehr von Ereignissen und die zeitlich definierte, repetitive Wiederkehr der Beschäftigung mit ihnen. R. Ackoff hat dies bezüglich der Planungsroutinen sarkastisch umschrieben:

> «A good deal of the corporate planning I have observed is like a ritual rain dance; it has no effect on the weather that follows, but those that engage in it think it does. Moreover, it seems to me that much of the advice and instruction related to corporate planning is directed at improving the dancing, not the weather...»

Hinter dieser metaphorischen Darstellung verbirgt sich die Gefahr jeder periodischen Repetition, denen sich auch das Rechnungswesen nicht entziehen kann: Die Form löst sich vom Inhalt; die anfangs durchaus sinnvolle Absicht, Lenkende von Zeit zu Zeit zu einer Auseinandersetzung mit Problemen der Zukunft durch die Definition von zyklisch wiederkehrenden «künstlichen» präsituativen Lenkungsanlässen zu zwingen, gleitet ab in ein Befolgen von Ritualen, die sich zunehmend vom Ursprungszweck lösen und in einem bürokratischen Kulturumfeld zum Selbstzweck degenerieren.

1.4 Grenzen des Rechnungswesens unter dem Aspekt der Vollständigkeit und Relevanz der Abbildung der Unternehmungsentwicklung: Die «Objektgrenze»

Neben der «Zeitlücke» weist das Rechnungswesen eine «Objektlücke» in der Erfassung aller relevanten Potenzialveränderungen im Zeitablauf auf, die seine Funktionalität einschränkt.

1.4.1 Die mangelnde Abbildung der Entwicklung des Humanvermögens durch das Rechnungswesen

Vielfach wird die mangelnde Informationsfunktion des Rechnungswesens über menschliche, verglichen mit sachlichen Unternehmungsressourcen bemängelt.

Zwar hat es während der letzten Jahre nicht an Versuchen gefehlt, aus der «Cash flow-Bolzerei» auszubrechen und eine Humanvermögensrechnung («human resource accounting») zu entwickeln.

Es fehlt bisher «in der deutschen BWL an Versuchen, ein Informationssystem zu entwickeln, das geeignet wäre, dieses Sozialpotenzial so abzubilden und seine Veränderungen aufzuzeigen, dass die gewonnenen Informationen eine brauchbare Grundlage für die Verbesserung betriebswirtschaftlicher Entscheidungen darstellen» (Marr, 1979).

Die bisherigen Vorschläge zum Füllen eines Teils der «Objektlücke» des Rechnungswesens in Form einer Humanvermögensrechnung füllen inzwischen Bände, die zugleich die Schwierigkeiten andeuten, die sich bei der Übertragung der bislang auf materielle Sachobjekte angewandten und bewährten Verfahren des Rechnungswesens auf immaterielle – und hier Humanobjekte – ergeben.

Zuweilen scheint der Eindruck nicht ganz von der Hand zu weisen zu sein, dass sich hier eine Zunft mit ihrem über Jahrhunderte verfeinerten und, da er sich bewährt hat, intergenerativ weitergegebenen und weiterentwickelten Rechnungsapparat und einer entsprechenden Methodik, getragen von einer spezifischen «Konvention des Denkens», an ein neues, abzubildendes Objekt herangewagt hat: «a method in search for a new problem?». Dass sich dabei eine Fülle von ungelösten Übertragungsproblemen ergibt, zeigt das einschlägige Schrifttum überdeutlich (repräsentativ der von Herbert Schmidt herausgegebene Sammelband «Humanvermögensrechnung – Instrumentarium zur Ergänzung der unternehmerischen Rechnungslegung – Konzepte und Erfahrungen. Berlin – New York 1982). Die Berücksichtigung und rechnungsmäßige Interpretation von Sozialplänen, die zwar die Flexibilität erhöhen, aber das Humankapital abbauen, mag hier als Beispiel genügen.

Unbefriedigende Perspektive der Humanvermögensrechnung für die Lenkung der Unternehmungsentwicklung
Auf der Suche nach den Gründen für mein Unbehagen über die eingeschlagene Entwicklungsrichtung gelange ich zu folgenden Anmerkungen:

1| Mir scheinen die bisherigen Ansätze von einem grundsätzlich technokratischen Geist durchzogen zu sein, der sich in vieler Weise im Widerspruch zum abzubildenden Objektbereich humaner Entwicklungen befindet. «Kann ein konstruktivistischer Ansatz zur Abbildung und Lenkung evolutorischer Prozesse erfolgreich sein?», könnte meine Frage in philosophischer Sicht lauten.

2| Die Abbildung einer Unternehmungsentwicklung als eines dynamischen Prozesses muss die Unternehmung als im Zeitablauf lernendes System begreifen. Abzubilden sind daher weniger zu Mess-Zeitpunkten gegebene Bestände unter dem Aspekt ihrer Liquidierbarkeit, sondern der Zugewinn an Lernerfahrungen relativ zu den Ansprüchen, die kritische Umwelten an die Gewährung eines Freiraums für das eigenständige Agieren einer Umwelt stellen. Die Messung dieses Intelligenzgewinns eines Systems ist aber im Rahmen der bisherigen Diskussion eine eher vernachlässigte Größe.

3 | Die Humanvermögensrechnung betont unter dem Blickwinkel einer Notwendigkeit der Abbildung einer Unternehmungsentwicklung bei Weitem zu stark das Statische und in dieser Weise zu interpretierende Bilanzielle, während gerade die präsituative Veränderung des Humankapitals im Hinblick auf Zukünftiges (das Humankapital als Erfolgspotenzial der Zukunft) unternehmungspolitisch sowohl quantitativ wie auch qualitativ zu werten wäre. Vielleicht ist der Eindruck nicht unberechtigt, dass es derzeit ein Anliegen der Humanvermögensrechnung ist, eher Hinweise für die Verwaltung des Humankapitals als für seine Zukunftsentwicklung zu geben.

Beide Ansätze (das Human Cost Accounting und das Value Accounting) zusammen sollen die Entscheidungen und Verhaltensweisen beim Personalmanagement in dem Sinne beeinflussen, dass die Belegschaft bzw. die einzelnen Mitarbeiter als ein für die Organisation wichtiger Kapitalbestandteil, das Humankapital, zu verstehen ist, dessen Wert es sorgsam zu verwalten gilt.

Denkbare Ansätze zur Verbesserung der Abbildung der Entwicklung des Humanvermögens durch das Rechnungswesen
In Form einer Nebenrechnung könnte meines Erachtens am besten den spezifischen Besonderheiten der Abbildung der Zukunftsentwicklung humaner Potenziale begegnet werden. Dies deckt sich mit der häufig erhobenen Forderung nach stärker prozessorientierten Aufzeichnungen und ihrer Verdichtung in Gestalt eines «behavioral log». Es ist durchaus daran zu denken, derartige Aufzeichnungen über Aktivitäten zu einem umfassenderen Indikatorensystem für die Lenkung einer Unternehmungsentwicklung auszubauen, in das die bisherigen Zahlen des Rechnungswesens lediglich als ein zwar wesentlicher, aber nicht alleiniger Teil eingehen.

Im Grunde genommen werden von erfahrenen Führungskräften bei der Beurteilung der Leistung des Managements heute bereits derartige, wenn auch weitgehend nicht formalisierte Kriterien zusätzlich zu den Zahlen des Rechnungswesens herangezogen. (Die Eindimensionalität einer alleinigen Orientierung an den periodischen Ergebniszahlen des Rechnungswesens in der «Quarterly earnings per share»-Berichterstattung nach außen und dem kontraktierten Ergebnisbeitrag einzelner Profit-Center scheint eine amerikanische Spezialität zu sein.)

«Attitude surveys» können zur periodenunabhängigen Ermittlung relevanter Indikatoren herangezogen werden. Ein «Indikatoren-Audit» im Rahmen hoffnungsvoller Ansätze der Geschäftsführungsprüfung könnte die Verlässlichkeit der ermittelten Informationen von Zeit zu Zeit überprüfen.

Ein derartiges Indikatorensystem dürfte dabei einen weiteren Vorteil aufweisen: Es deutet nicht nur einen Lösungsweg zum Schließen der humanen «Objektlücke» des Rechnungswesens an, sondern könnte auch zur Erfassung und Beurteilung anderer «weicher Faktoren» herangezogen werden. Dabei ist bei der diesbezüglichen Ausgestaltung besonders darauf zu achten, dass jede Ausbeutung von Erfolgspotenzialen der Vergangenheit zulasten einer Entwicklung von Zukunftspotenzialen aus ihrer Abbildung deutlich wird.

Mit einem Indikatorensystem verbindet sich unabdingbar die Notwendigkeit einer kontextualen und situativen Differenzierung der abzubildenden Bewegungsgrößen ökonomischer und sozialer Art. Diese Differenzierung kann in einer Zeit des Wandels – ja, der Diskontinuitäten und Turbulenzen – nicht völlig schematisiert und vorprogrammiert werden, sondern bedarf laufender Anpassung. Wird sie auf die führungsmäßige Basis eines partizipativ-kooperativen Konzeptes gestellt, sind hierzu Diskurs- und Konsensprozesse einer Vereinbarung notwendig, die ähnlich denen von Zielvereinbarungen im Rahmen eines Gegenstromverfahrens beim «Management by objectives», der Beurteilungs- und Förderungsgespräche, ablaufen und hier sogar zu einer gemeinsam akzeptierten Informationsbasis für derartige Gespräche führen.

1.4.2 Die mangelnde Abbildung der Entwicklung von Erfolgspotenzialen durch das Rechnungswesen

Führt die Abbildung von Erfolgspotenzialen im Rechnungswesen zur strategischen Bilanz? Die Unternehmungsentwicklung wird getragen vom Aufbau, der Stabilisierung und dem Abbau von Erfolgspotenzialen im Zeitablauf. Wie Cuno Pümpin (1992) gezeigt hat, ist sowohl dem systemtheoretischen Erfolgsbegriff wie dem strategischen Erfolgsdenken gemeinsam, «dass im Zentrum des Denkens die Entwicklung von Voraussetzungen und Fähigkeiten steht, die es erlauben, unter bestimmten Umweltbedingungen eine langfristige Perspektive zu sichern». Der von ihm geprägte zentrale Begriff des strategischen Denkens ist der der strategischen Erfolgsposition (SEP) und wird von ihm wie folgt definiert (Pümpin, 1992, S. 34)

> «Bei einer SEP handelt es sich um eine in einer Unternehmung durch den Aufbau von wichtigen und dominierenden Fähigkeiten bewusst geschaffene Voraussetzung, die es dieser Unternehmung erlaubt, im Vergleich zur Konkurrenz langfristig überdurchschnittliche Ergebnisse zu erzielen.»

Unter Bezug auf den Aspekt des damit verbundenen Aufbaus einer langfristigen Nutzungsmöglichkeit lässt sich auch von einem Erfolgspotenzial der Unternehmung sprechen. Pümpin unterscheidet dabei folgende SEP:

1| Produktbezogene SEP

  a| Befähigung zum Erkennen von Kundenbedürfnissen

  b| Befähigung zur Herstellung bedürfnisgerechter Marktleistungen

  c| Technologiebezogene SEP

  d| Wertbezogene SEP

2| Marktbezogene SEP

  a| Marktstellung

  b| Image

3| Funktionelle SEP

  a| Qualität

  b| Verkauf

  c| Kundenberatung

  d| Werbung

  e| Distribution

  f| Innovation

  g| Produktion

  h| Beschaffung

  i| Finanzen

  j| Personal

  k| Management

Wie immer man Erfolgspotenziale einteilen will, sie stellen weitgehend «weiche Konzepte» dar, für die materielle, finanzielle und humane Ressourcen bereitgestellt werden müssen. Die kritische Fokussierung auf das Humanvermögen stellt also lediglich einen kleinen Ausschnitt aus der Gesamtproblematik der Abbildung von relevanten Objekten des Rechnungswesens zur Diskussion. Es geht nicht nur um die Vollständigkeit der Abbildung der Leistungspotenziale in Ergänzung zu dem physischen Einbezug der humanen Potenziale, sondern vielmehr um die Erweiterung der Objektdimension um die Nutzungspotenziale, deren Gesamtheit so etwas wie die «Intelligenz» eines Systems zur Bewältigung seiner Zukunft widerspiegelt. Die Lenkung der Unternehmungsentwicklung verlangt ein kritisches Verfolgen der Entwicklung dieser Objekte strategischen Denkens im Einzelnen wie in ihrer synergetischen Kombination vor dem Hintergrund von Umwelt- und Wettbewerbsentwicklungen. Zur Lenkung der Unternehmungsentwicklung in strategischer Sicht bedarf es daher eines grundsätzlich anderen Schnitts des Rechnungswesens.

Vielleicht ist auf diesem Wege sogar ein Brückenschlag zur Schmalenbach'schen Idee, die dynamische Bilanz als «Kräftespeicher» der Unternehmung zu interpretieren, möglich: Die Bilanz als Ausweis über den Stand der Entwicklung von Erfolgspotenzialen würde die Bezeichnung «strategische Bilanz» rechtfertigen. Im Sinne Cuno Pümpins (1992) ließe sich hier sogar ein Bezug zur bereits diskutierten «Zeitgrenze» des Rechnungswesens herstellen: Eine «strategische Bilanz» ließe sich als erkaufte Zeit interpretieren, die einer Unternehmung die Kraft, den Atem gibt, ihre Zukunft zu gestalten.

Liegt hier nicht ein Weg für die Weiterentwicklung der Bilanztheorie? Eine strategische Bilanz müsste diese erkaufte Zeit zum Ausgangspunkt nehmen. Die periodisierte Zeit müsste bei ihr nicht am Anfang aller Überlegungen stehen: «Was soll in dieser Periode unternommen werden?», sondern ist endliche Folge strategischer Überlegungen: «Wenn wir diese Erfolgspositionen erreichen wollen, wann kann dies unter Berücksichtigung des Zeitbedarfs der dazu führenden Schritte frühestens der Fall sein?» Eine wahrhaft zentrale Frage für die Lenkung jeder Unternehmungsentwicklung.

Hoffnung auf Unterstützung durch den «audit approach»
Unzweifelhaft stellt sich bei einer derartigen strategischen Orientierung des Rechnungswesens – gesehen in seiner Funktion als Lenkungsinstrument für die Unternehmungsentwicklung – eine Fülle von ungelösten Fragen bei der Abbildung der «weichen» konzeptionellen Erfolgspotenziale. Neben der Möglichkeit eines anderen Zuschnitts des Rechnungswesens in Fokussierung auf Erfolgspotenziale als Erfassungs-, Auswertungs- und Berichtsobjekte und des Einbezugs bislang nicht erfasster immaterieller Objekte im Zeitverlauf über Indikatorenrechnungen ist insbesonders auf den «audit approach» zu verweisen. Dieser verspricht eine periodische (z. B. alle drei bis fünf Jahre durchgeführte) Prüfung des situationsgerechten Managementverhaltens, eine größere Bewertungsobjektivität oder – vorsichtiger ausgedrückt – eine geringere Subjektivität der Beurteilung als die Budget- oder die Erfolgskontrolle, weil eine Vielzahl quantitativer und qualitativer Faktoren berücksichtigt und gewogen werden kann.

1.5 Grenzen des Rechnungswesens unter dem Aspekt seiner verhaltensbeeinflussenden Funktion bei der Lenkung der Unternehmungsentwicklung: Die «Verhaltensgrenze»

Sind bereits in der Periodisierung («Zeitlücke») und der Erfassung des Abbildungsobjekts («Objektlücke») vergangener, gegenwärtiger und zukünftiger Unternehmungsentwicklung Grenzen der Funktionalität für die Lenkung erkennbar, gilt dies in besonderer Weise für die verhaltensbeeinflussende Wirkung, die das Rechnungswesen auf die Lenkenden selbst ausübt. Ansätze des «behavioral accounting» versuchen sich seit einiger Zeit dieser «Verhaltenslücke» des Rechnungswesens zuzuwenden. Insbesondere interessiert nicht die Untersuchung des Verhaltens von Mitgliedern des Rechnungswesens, sondern die des Verhaltens von Trägern von Lenkungsfunktionen als Adressaten der Informationen, die durch das Rechnungswesen geliefert werden. Aus dieser Sicht gewinnt das Rechnungswesen seine Funktionalität durch seine Ausrichtung an den Bedürfnissen der lenkenden Adressaten.

1.5.1 Implizite Annahmen des Rechnungswesens über seine verhaltenssteuernden Wirkungen

Derzeit scheint es in der Theorie des Rechnungswesens relativ wenig explizit definierte Grundannahmen sowohl über das Verhalten der Träger des Rechnungswesens als auch der Adressaten ihrer Informationen zu geben. Es ist davon auszugehen, dass die impliziten Grundannahmen des Rechnungswesens über das Verhalten von Mitarbeitern etwa denen entsprechen, die der traditionellen Betriebswirtschafts- und Organisationslehre im Sinne sog. «klassischer» Paradigmen zugrunde liegen.

Die Berücksichtigung verhaltenswissenschaftlicher Aspekte im Rechnungswesen ist in erster Linie die Folge der gewandelten Organisationsauffassungen. Diesem Wandel liegt letztlich eine Veränderung des Menschenbildes zugrunde.

Die dem traditionellen Rechnungswesen unterstellten Charakteristiken lassen sich folgerichtig aus der konventionellen Organisationsauffassung ableiten. Das Rechnungswesen erschöpft sich in der Erfassung und im Vergleich von Soll- und Ist-Zustand sowie in der Abweichungsanalyse und spielt darum im unternehmerischen Entscheidungsprozess eine passive, registrierende Rolle. Im Vordergrund des betrieblichen Rechnungswesens steht die Kostenüberwachung. Das Verhalten des Buchhalters ist das eines Aufpassers. Anstöße zur Verbesserung des Beziehungs- und Ablaufgefüges sind von ihm nicht zu erwarten. Die Organisation wird weitgehend als Datum hingenommen. Das klassische Organisationsmodell und mit ihm die konventionelle Auffassung von Rechnungswesen haben sich in stabilen Umweltverhältnissen bewährt. Sie sind auch heute noch mit relativ geringen Modifikationen vor allem im Vollzugssystem anwendbar, in denen Routineaufgaben zu lösen und programmierte Entscheidungen zu treffen sind. Den Anforderungen einer heterogenen, dynamischen Umwelt vermögen Bürokratiemodell und traditionelles Rechnungswesen allerdings nicht mehr zu genügen.

Fließen im Gegensatz dazu implizite Annahmen einer neoklassischen «Theorie-Y» in die Gestaltung des Rechnungswesens ein, müssten sich Ausprägungen des Rechnungswesens auffinden lassen, die stark in die Richtung partieller Lenkungsphilosophien vieler dezentraler Instanzen neigen, die nahe am organisatorischen Ort der Lenkung relativ spezifische Informationen bereitstellen und partizipativ am Problemlösungsprozess teilnehmen und eine weitgehende Selbstkontrolleneigung im Rahmen partizipativ-kooperativer Führungskonzepte zeigen; denn hier gelten gegenteilige Annahmen über den Mitarbeiter.

Ein modernes Rechnungswesen dagegen

- ist ein Informationssystem, das die Entscheidungsträger mit den für die Ausübung der Planungs- und Kontrollfunktion nötigen Daten versieht.
- Budgets und andere Planungs- und Überwachungsmethoden des Rechnungswesens sind nur dann von Nutzen, wenn für die Wechselwirkungen zwischen diesen Techniken, den Motiven und Anspruchsniveaus der zu kontrollierenden Individuen Verständnis besteht.
- Die Objektivität des Rechnungswesens ist ein Mythos. Der Mitarbeiter im Rechnungswesen können «bei der Ausübung ihrer Aufgaben persönliche Zwecke und Abteilungsziele verfolgen.»

Eine empirische Überprüfung eines daraus ableitbaren Hypothesenapparates würde wahrscheinlich heute ein recht gemischtes Bild vermitteln: Auf der einen Seite stehen wahrscheinlich vielfältige Belege dafür, dass Anhänger einer klassischen Lenkungsphilosophie des Rechnungswesens bei einer Veränderung menschlicher Ansprüche an eine Mitarbeit in der Unternehmung in Schwierigkeiten geraten. Nach der Devise «Zahlen lügen nicht» versuchen sie durch weitere Verfeinerungen der Rechnungslegung, der Informations- und Kontrollsysteme diese «wasserdicht» zu machen. Dies setzt eine bedenkliche Entwicklung in Gang, indem die Erkenntnis dysfunktionaler Verhaltensweisen zu einer zunehmenden Reglementierung und Einschnürung der Freiheitsgrade der Lenkenden führt. Im Bestreben, «Schlupflöcher zu verbauen», wird zwar drastisch der «organizational slack» reduziert, aber keineswegs die Anpassungsfähigkeit gesteigert. Ähnlich wie bei gesetzlichen Vorschriften, die ihren Anlass in wahrgenommenem Fehlverhalten haben, reißt jede neue Regelung neue – kreativ zu findende – Umgehungsmöglichkeiten auf. Am Ende stehen bürokratische Verhaltensweisen des «don't stick your neck out», die innovationsfeindlich sind, und des Zurückziehens auf einen das System wirksam lähmenden «Dienst nach Vorschrift»: «Each person has only to do his duty to wreck the world.» (Winston Churchill)

Die gegebene menschliche Kreativität wird «umkanalisiert». Es gilt dann im Kreis der Kollegen als anerkannte Leistung, das System mit seinen eigenen Waffen geschlagen zu haben («08/15»-Strategie): «How to beat the boss» und «how to beat the system» führen zu einer Abkoppelung des informellen Kommunikations- und Kooperationssystems vom formellen Gestaltungs-, Lenkungs- und Informationssystem mit nachhaltig negativen Wirkungen für die Entwicklung der Unternehmungskultur: «Wie lassen sich in kritischen Lagen Glaubwürdigkeit und Identifizierung unter diesen Umständen herstellen?», ist eine heute in der Wirtschaftspraxis nicht selten zu hörende Frage, die an den Betriebswirt gestellt wird.

Auf der anderen Seite müsste eine empirische Überprüfung aber auch eine zunehmende Aufweichung dieser klassischen Gestaltungsannahmen zeigen: Ist nicht gerade die Entwicklung eines neuzeitlichen Controllings ein Beleg für die Partialisierung und Dezentralisierung der Erfassung und Vermittlung von Informationen des

Rechnungswesens und zeigen nicht viele praktische Ausprägungen des Controllings das Streben nach einem Dialog vor Ort zwischen den Lenkenden und den Trägern des Controllings im Bemühen, eine Problemlösung partizipativ und kooperativ zu erreichen?

Insgesamt kann man bestenfalls «von einem Umbruch des Rechnungswesens» sprechen. Empirische Untersuchungen und eigene Beobachtungen bestätigen das starke Beharrungsvermögen früherer Organisationsauffassungen in der heutigen Praxis. Die Krise des Rechnungswesens ist im Grunde genommen darauf zurückzuführen, dass sich die Ansichten über das menschliche Verhalten in der Unternehmung geändert haben, ohne dass das System des Rechnungswesens diesem Wandel angepasst worden wäre.

1.5.2 Das «Janus-Gesicht» des Rechnungswesens im Hinblick auf die Lenkung einer Unternehmungsentwicklung

Wird das Rechnungswesen Gegenstand verhaltenswissenschaftlicher Betrachtung, ist eine doppelte Funktionalität seines Informationsgehalts bei den jeweiligen Adressaten – den Lenkern der Unternehmungsentwicklung – in Rechnung zu stellen: Zum einen sehen sich diese in eine verantwortliche Berichtspflicht gegenüber anderen Instanzen gestellt; zum anderen sind sie als Lenkende selbst für die Dimensionierung von Führungs- und Stellgrößen im Rahmen von Anweisungsrechten innerhalb von Planungs- und Kontrollsystemen verantwortlich und erhalten von zu lenkenden Instanzen im Rahmen des Rückkoppelungsprozesses Fortschritts- und Ergebnisberichte von diesen (Berichtsrechte). Aus dieser Doppelfunktionalität des Rechnungswesens in der Zufächerung von Informationen für beide Zwecke lassen sich beim Adressaten durchaus verhaltensmäßige Spannungen herleiten, die nicht ohne Einfluss auf sein Entscheidungs- und Informationsverhalten bleiben.

Das Rechnungswesen dient zum einen den Berichtserfordernissen seiner Adressaten an Dritte in einem umfassenderen Informationszusammenhang, der es extern den Wirtschaftssubjekten und intern den Mitgliedern der Unternehmung erleichtert, miteinander zu verkehren. Auf diese Weise schafft es Orientierung, indem es Unsicherheiten abbaut und Verlässlichkeit im Umgang miteinander bewirkt. Real- und Nominalgüterverkehrsentscheidungen im Makro- und Ressourcenbildungsentscheidungen im Mikrobereich werden vor allem auf eine solidere Grundlage gestellt. Während dies einerseits im externen Verhältnis der Unternehmung der gesetzlichen Standardisierung und Formalisierung aufgrund bewährter Konventionen bedarf, treten andererseits im internen Verhältnis quasi-gesetzliche Normen für die standardisierte Erfassung, Bewertung und Verarbeitung von Daten und Informationen an die Stelle gesetzlicher Vorgaben.

Standardisierung und Formalisierung bedeutet jedoch offensichtlich zugleich Reduzierung der Vielfalt von Erscheinungen und der Differenziertheit ihres Auftretens und ihrer Strukturiertheit. Reduktionismus gepaart mit Normativismus produziert jedoch im regulierenden Verhalten leicht eine Art «Wächter»-Mentalität über das System, das in die Richtung des Selbstzwecks informationeller Betätigung abgleiten kann.

Die Berichtspflicht von Spitzeninstanzen ist weitgehend nach außen gerichtet. Sie gewinnt damit unternehmungspolitische Bedeutung («Bilanzpolitik» als Beispiel) für die Positionierung einer Unternehmung in ihrer Umwelt. Für Lenkungsinstanzen einzelner Subsysteme ergeben sich ähnliche Berichtsprobleme, jedoch mit dem Unterschied, dass – um die Neutralität der Berichterstattung und Kontrolle zu gewährleisten – diesen die Berichts«politik» weitgehend aus der Hand genommen ist (ist dies bereits ein erster Beleg für ein Vorherrschen von Grundannahmen der klassischen «Theorie X» nach McGregor?). Wollen diese ähnlich wie die Spitzeninstanzen Politik betreiben, so können sie dies jedoch nicht über ein «window dressing» des Ausweises von Ergebnissen tun. Sie sind vielmehr gezwungen, substanzielle Veränderungen in ihrem Lenkungsverhalten vorzunehmen, um eine erträgliche Positionierung ihres Verantwortungsbereiches im innerorganisatorischen Umfeld zu erreichen.

Sie werden unter dem Druck sich verschlechternder Rahmenbedingungen zukunftsträchtige und ergebnismindernde Entscheidungen unterlassen. So ist generell zu vermuten, dass bei einer sinkenden Wahrscheinlichkeit der Realisierbarkeit angestrebter Ziele ein erhöhter Anreiz zur Kompensation langfristiger Investitionen in zukünftige Erfolgspotenziale durch kurzfristig realisierbare Prozesse besteht, wenn nicht auch diese unterbleiben. So zeigt sich immer wieder, dass dies vor allem auf den Bereich der «diskretionären» Kosten, etwa bei Instandhaltungsaufwendungen, zutrifft (diese werden in schlechten Zeiten zyklisch reduziert, um bei guten Erfolgsausweisen nachgeholt zu werden; dort, wo sie auf eine ohnehin angespannte Beschäftigungssituation treffen).

Das Rechnungswesen dient zum anderen unmittelbar den lenkenden Adressaten im Rahmen ihrer Anweisungsfunktion, indem es Entscheidungsträgern Informationen über das Abbildungsobjekt «Unternehmungsentwicklung» an die Hand gibt. Die Bedürfnisse der Adressaten leiten sich hier von der Art ihrer Lenkungstechnik ab. Folgende wesentliche Elemente, die konstitutiv für die Nachfrage nach und den Einsatz von Informationen des Rechnungswesens sein können, werden häufig genannt:

a| die Höhe der Zielvorgabe,

b| die Art der Zielvorgabe im Hinblick auf ihre autoritative oder partizipative Generierung,

c| die Bedeutung, die der Lenkende den Zielvorgaben bemisst,

d| die Art der Anbindung von Sanktionen an das (Nicht-)Erreichen von gegebenen Zielen.

In näherer Ausführung der Verhaltenswirkungen von konstitutiven Elementen des Einsatzes von Informationen des Rechnungswesens kommt Höher zu dem Ergebnis:
Als besonders einflussreich mag dabei die langfristige Verankerung derartiger konstitutiver Elemente in ihren Verhaltenswirkungen im Rahmen der Entwicklung einer Unternehmungskultur sein. Wie sich immer wieder zeigt, bestehen signifikante Interaktionseffekte zwischen der Art eines rechnungswesengebundenen Informationssystems und der kognitiven Struktur von Mitarbeitern. Eine stärker autoritative

Verwendung von Informationen des Rechnungswesens mit hohem Zielanspruch und einer übertriebenen Ergebnisorientierung («overstress on results») lässt die Gefahr der Fehlsteuerung durch die Lenkenden steigen. Dies ist insbesondere dann der Fall, wenn eine Unternehmung oder Teile von ihr unter eindimensional an den erfassten Zahlen des Rechnungswesens orientierten Ergebnisdruck geraten. Dysfunktionalitäten können etwa dadurch eintreten, dass

- Ergebnisse – wie bereits angedeutet – durch die Verlagerung von Sachentscheidungen in der Zeit oder ihrer generellen Unterlassung inhaltlich verändert und
- durch die Verzerrung von Uraufschreibungen oder die Bewertung von Vorgängen oder Ergebnissen manipuliert werden.

Letzteres verlangt zur konsistenten Nutzung von Umgehungsmöglichkeiten gesonderte Aufzeichnungen – eine Art zweites informales Rechnungswesen –, die auch als Verteidigungsinstrumente sehr dienlich sein können.

An das Rechnungswesen ist die Forderung zu stellen, sich auf die konstitutiven Gegebenheiten der lenkenden Adressaten einzustellen, will es den eingangs erwähnten Forderungen genügen. Dies kann auch bedeuten, dass es von sich aus Einfluss auf eine Veränderung konstitutiver Elemente der Lenkungspraxis nehmen muss.

Zusammenfassend sei darauf hingewiesen, dass jeder lenkend Verantwortliche stets in eine Art «janusgesichthafte» Doppelfunktion gestellt ist: Einerseits hat er unmittelbar seine Lenkungsaufgabe regulierend durch Anweisungen zu erfüllen. Hierbei stützt er sich auf die Informationen, die ihm das Rechnungswesen liefert. Hier ist neben anderen Realitätstreue, Objektivität, Vollständigkeit, Relevanz und Aktualität gefragt. Unter besonderen Bedingungen, die oben angedeutet wurden, kann sich jedoch die Einstellung der Lenkenden bei der Erfüllung ihrer Berichtsaufgabe an Dritte völlig ins Gegenteil verkehren: Man berichtet das, von dem man glaubt, dass es gerade in das Anforderungsbild der Berichtsadressaten passt, «kehrt Unangenehmes unter den Teppich», wertet positiv zu Vermeldendes auf etc.; kurzum, man fängt an, das Rechnungswesen zu manipulieren. Eine auf falschen Uraufschreibungen unterer Lenkungsinstanzen fußende Pyramide rechnungstechnischer Verarbeitung und Auswertung kann dabei genauso zu Fehleinschätzungen führen wie eine Bilanzpolitik des «creative accounting» seitens oberster Instanzen.

In der Bewältigung des «Harmonisationsproblems» von Anweisungs- und Berichtsfunktion des Rechnungswesens bei den Lenkenden liegt eine noch weitgehend unerforschte Fragestellung des «behavioral accounting». Ist hier ein weitgehendes «muddling through» im Hinblick auf unterschiedliche Ansprüche vor dem Hintergrund einer «Wachhund»-Rolle des Rechnungswesens die bislang erfolgreichste Vorgehensweise?

1.5.3 Dysfunktionale Einflüsse des Rechnungswesens bei der Teilautonomisierung von Lenkungseinheiten

Die derzeit weitgehend erhobene Forderung nach einer Teilautonomisierung organisatorischer Einheiten zur Erfüllung von Forderungen nach erhöhter Flexibilität in Bewältigung des marktlichen und organisatorischen Wandels führt zumeist zur Institutionalisierung von Profit-Centern. Sie bedürfen der Unterstützung durch das Rechnungswesen in Form von partiellen Ergebnisrechnungen entweder für organisatorische Einheiten (Unternehmungs- und Geschäftsbereiche bei eindimensionaler oder Produkt- und Projektgruppen bei mehrdimensionaler organisatorischer Strukturierung) oder für strategische Planungseinheiten (SGE). Neben den zur Unterstützung der Forderung nach einer Bildung derartiger Einheiten gebrachten Argumenten lassen sich jedoch über ihre verhaltensmäßigen Auswirkungen auch Bedenken anbringen:

1| Die «Partialisierung» der zumeist dennoch weit über eine Gemeinkostenverteilung hinausgehend vernetzten Verkettung von Zusammenhängen. Zwar lässt sich mit den üblichen Methoden der Umlage, der gegenseitigen Verrechnung innerbetrieblichen Leistungsverkehrs und den Ansatz von Verrechnungspreisen die Problematik im Ansatz «überbrückend» vermindern, es verbleibt jedoch, dass den Lenkenden in derartigen Einheiten vor allem Informationen über Auswirkungen im Gesamtnetzwerk nicht deutlich gemacht werden.

2| Dass daraus eine Art Perzeptibilitäts- und Präferenzverengung im Sinne eines «Bereichs- oder Spartenegoismus» entsteht – man kann dabei von einer struktureigenen Gefahr des «Ressortegoismus» sprechen –, ist kaum verwunderlich. Dies ist insbesondere dann der Fall, wenn

a| die «Profit-Center» vor dem Hintergrund einer «pressure cooker situation» beurteilt und gelenkt werden,

b| Anreizsysteme sich am PC-Ergebnis und sich insbesondere eindimensional an Größen des Rechnungswesens orientieren. Die Unternehmungsführung ist eine zu komplexe Aufgabe, als dass sie an einer einzigen Größe gemessen und bewertet werden könnte. Ihre Leistung lässt sich nicht allein nach quantitativen Maßstäben beurteilen. Welches Leistungskriterium auch immer zur Managementbewertung verwendet wird, die Tendenz des zu Beurteilenden ist unverkennbar, sein ganzes Verhalten auf diese Messgröße auszurichten, somit andere Führungsaufgaben zu vernachlässigen und mit den Zielen der Gesamtorganisation in Widerspruch zu geraten;

c| zwischen den teilautonomen Einheiten ein Wettbewerb um Ressourcen gefördert wird. Dies kann so weit führen, dass Maßnahmen bewusst eingeleitet werden, die zwar zu keiner Verbesserung der eigenen Ergebnisse, aber zur Verschlechterung der Planerfüllung anderer Abteilungen führen, mit denen man im innerbetrieblichen Wettbewerb steht.

d| In der Periodisierung drängen PC-Konzepte nicht selten in die Richtung kurzfristigen Verhaltens: Unterliegen beispielsweise die PC-Leiter einem Rotationsverfahren mit einer durchschnittlichen Verweildauer von 3 Jahren, sinkt ihr Zeithorizont laufend ab, um in 3 Jahren nur noch Projekte mit augenblicklicher Wirkung anzugehen (wer legt seinem Karrierekonkurrenten schon gern «goldene Eier ins Nest»?).

Die Ursachen für Dysfunktionalitäten des Profit-Center-Konzeptes mögen darin begründet sein, dass es trotz Lockerung der strengen Verhaltensprämissen der traditionellen Organisationsauffassung verhaftet bleibt. Das Konzept der Gewinnzentren leidet an denselben Schwächen wie das bürokratische Hierarchiemodell überhaupt. Die impliziten Verhaltensprämissen sind grobe Vereinfachungen, die der Komplexität der Wirklichkeit nicht gerecht werden. Die Segmentierung der Unternehmung in relativ geschlossene Subsysteme begünstigt die Isolierung und damit die Gefahr des Auseinanderstrebens der Teileinheiten; denn die Harmonievermutung ist eine Fiktion, die der Realität nicht standhält.

Diese zur Suboptimierung führende verhaltensmäßige Grenze ist im System der Partialisierung der Ergebnisse angelegt und lässt sich nur durch Verhaltensbezüge zum Ganzen hin überwinden. Dazu bedarf es einer weitgehenden Information über die Dysfunktionalität eigenen bereichsspezifischen Handelns auf andere Bereiche und das Ganze. Hinzu kommen müsste eine Philosophie des «ganzheitlichen Denkens», die zwar allgemein gefordert wird, sich aber an den organisatorischen Gegebenheiten und der Rechnungspraxis weitgehend stößt. Die derzeitige Lage lässt sich jedoch eher mit der Feststellung charakterisieren, dass das Rechnungswesen im Profit-Center-Konzept dazu beiträgt, dass intraorganisatorische Konflikte ausgelöst und verstärkt werden.

1.6 Zeit-, Objekt- und Verhaltensgrenzen verdichten sich zur «strategischen Lenkungslücke» der Unternehmungsentwicklung durch das Rechnungswesen

Haben die dargestellten Grenzen des Rechnungswesens für eine Lenkung der Unternehmungsentwicklung bereits im Einzelfall beachtliche Dysfunktionalitäten enthüllt, so verdichten sich diese im Hinblick auf die strategische Umsetzung einer Unternehmungspolitik. Wird die Aufgabe einer strategischen Unternehmungsführung in der Harmonisation der Nutzung von Erfahrungspotenzialen, die in der Vergangenheit geschaffen wurden, und dem Aufbau von zukünftigen Erfolgspotenzialen unter Dimensionierung des Ressourceneinsatzes hierfür gesehen, fügen sich die drei erkannten Grenzen zu einer Art «strategischen Lücke» des Rechnungswesens bei der Lenkung einer Unternehmungsentwicklung:

Das Rechnungswesen ist aufgrund seiner Neigung zur Periodisierung, unzureichenden Abbildung von zukünftig wesentlicher werdenden immateriellen Entwicklungen und der von seiner Konzipierung und der Zeit- und Objektdimension auf das Verhalten der Lenkenden ausstrahlenden Verengung ihrer Perzeptibilität und Präferenzen wenig geeignet, eine Unternehmungsentwicklung zu fördern, die zum strategischen Aufbau von Zukunftspotenzialen führt. Seine Verhaltenswirkungen sind vergangenheitsfreundlicher, aber zukunftsfeindlich:

1| Fördert das Rechnungswesen bei den Lenkenden die Neigung zur Ausbeutung von Erfolgspotenzialen, die in der Vergangenheit geschaffen wurden,

2| verhält es sich relativ neutral gegenüber Erfolgspotenzialen, die in der Gegenwart gerade im Aufbau sind, und

3| entmutigt die Entwicklung von Zukunftspotenzialen.

Da Strategien den Zweck haben, unternehmungspolitische Vorstellungen sach-rational im Zeitablauf der Zukunft zu realisieren, können diese Aussagen zu einer «strategischen Lücke» einer Lenkung der Unternehmungsentwicklung nicht ernst genug genommen werden.

Diese Aussage lässt sich zur These stilisieren, dass die strategische Entwicklung von Zukunftspotenzialen im Rahmen der Unternehmungsentwicklung mehr oder weniger davon abhängig ist, inwieweit es den Lenkenden gelingt, sich von den dem Rechnungswesen immanenten Routinen und das Verhalten von Teilnehmern und Mitgliedern der Unternehmung bestimmenden Dysfunktionalitäten frei zu machen: Erst die Autonomie gegenüber Verhaltenszwängen, die durch eine zu starke Gläubigkeit und eine eindimensionale Orientierung an den Informationen, die das Rechnungswesen über die Unternehmungsentwicklung liefert, ausgelöst werden, macht es einer Unternehmungsführung möglich, strategisch zu handeln.

Unternehmungsentwicklung erfolgt jedoch nicht nur und ausschließlich im Felde sach-rationaler Lenkung, sondern vollzieht sich weitgehend eigenständig und damit nur bedingt beeinflussbar durch die «Evolution» des sozialen Systems. Vorstellungen der «Enkulturation» und «Sozialisation» greifen dabei immer auf (intergenerative) Mechanismen der Dynamik eines sozialen Lernens zurück. In dieser Weise ist an das Rechnungswesen die kritische Frage zu stellen, ob seine heutige, durchaus differenzierte Gestalt ein Lernen bei den Lenkenden fördert, das der Ganzheitlichkeit und innovativen Zukunftsbezogenheit menschlicher Verhaltensweisen im organisationalen Kontext zugutekommt. Die vorausgegangenen kritischen Ausführungen lassen dies mit Fug und Recht bestreiten. Wenn sich Sinn oder Zweckmäßigkeit einer Handlung nur im Hinblick auf das Ganze bestimmen lassen – und ich möchte hinzufügen: im Wertesystem der Unternehmungsmitglieder im Hinblick auf ihre vermeintliche Nützlichkeit für die Bewältigung von Zukünftigem –, ließe sich aus dem sozio-emotionalen Bereich eine weitere These stilisieren:

Ist es neben anderem die Konvention unseres Rechnungswesens und die Vorliebe unserer wirtschaftlichen Umwelt wie eines häufig technokratischen Managements in seiner Neigung, Partiales im Kurzfristigen optimieren zu wollen, das zu dem heute weitgehend beklagten Sinnverlust der sozialen Systeme beiträgt?

1.7 Das Rechnungswesen sollte seinen informationellen Totalitätsanspruch und sein Menschenbild überprüfen, wenn es seine Grenzen überwinden will

Wie viele Probleme unserer Zeit, so gewinnen die Grenzen auch des Rechnungswesens in einer Zeit stark gewachsener Komplexität und erheblich gesteigerter Dynamik an Schärfe. Die tradierte Anspruchsbreite an die Funktionalität des Rechnungswesens für die externe und interne Beurteilung der Unternehmungsentwicklung muss die Funktionalität dieses Informationssystems für die Lenkung ökonomisch-sozialer Institutionen zunehmend infrage stellen: Haben wir das Rechnungswesen – was uns heute vielleicht deutlicher wird – nicht von Anfang an mit einer Art Anspruchsinflation überfordert?

Eine Lösung des Dilemmas liegt in einer zunehmenden Ausdifferenzierung von Informationszielen und einer ihnen angemessenen Bereitstellung von Informationen. Ähnlich wie in der externen und internen Ergebnisrechnung eine erste große Ausdifferenzierung in den 1930er-Jahren vollzogen wurde, ist es Zeit, diesen Weg innerhalb der internen Informationssysteme konsequent weiter zu beschreiten. Nur auf diesem Wege erscheint mir eine problemadäquate Beurteilung komplexer Aufgabenstellungen möglich zu sein.

Im Zuge dieser Differenzierung wäre es möglich, einmal von verhaltenswissenschaftlicher Seite zu überprüfen, ob nicht viele tradierte Elemente unseres Rechnungswesens von Grundannahmen über menschliche Verhaltensweisen in sozialen Systemen getragen werden, die nicht mehr zeitgemäß sind. Sind wir mit unserer technokratischen Managementphilosophie weitgehend amerikanischer Prägung und ihrer instrumentellen Umsetzung im Controlling nicht bereits auf dem besten Weg, alle vielerorts plakatierten Versuche zur humaneren Ausgestaltung von Unternehmungskulturen in einem evolutorischen Geist gleichzeitig und äußerst wirksam zu unterlaufen?

Mit Thomas Kuhn zögern Vertreter des bestehenden Paradigmas, die veränderte Perspektive des neuen Paradigmas anzunehmen, wenn diese nicht zwei Bedingungen entspricht:

1| Sie muss «einige hervorragende, allgemein anerkannte Probleme lösen können, die auf keine andere Weise zu bewältigen sind».

2| Es «muss das neue Paradigma die Erhaltung eines relativ großen Teils der konkreten Problemlösungsfähigkeit, die sich in der Wissenschaft von seinen Vorgängern hier angesammelt hat, gewährleisten, Neuheit um ihrer selbst willen ist kein Desideratum. Daraus ergibt sich, dass neue Paradigmata, auch wenn sie selten oder niemals alle Fähigkeiten ihrer Vorgänger besitzen, gewöhnlich doch eine große Zahl der konkreten Bestandteile vergangener Lösungen bewahren und immer noch zusätzliche konkrete Problemlösungen gestatten.» (Kuhn, 1976, S. 222)

Mir scheint zusammenfassend die erste Bedingung noch weit von ihrer Erfüllung entfernt zu sein. Das sollte uns jedoch nicht an einer selbstkritischen Perspektivenöffnung unter dem zweiten Aspekt hindern!

Literatur zu Abschnitt 1

Kuhn, T. (1976): Die Struktur wissenschaftlicher Revolutionen. 2., revidierte und um das Postskriptum von 1969 ergänzte Aufl., Frankfurt am Main.

Luhmann, N. (1985): Soziale Systeme. Grundriß einer allgemeinen Theorie. 2. Aufl., Frankfurt am Main.

Marr, R. (1979): Das Sozialpotential betriebswirtschaftlicher Organisationen: zur Entwicklung eines Personalinformationssystems auf der Grundlage der innerbetrieblichen Einstellungsforschung. Berlin.

Pümpin, C. (1992): Strategische Erfolgspositionen. Methodik der dynamischen strategischen Unternehmensführung. Bern.

2 Unternehmerisches Personalmanagement als Strategie zur Bewältigung von Transformationsprozessen – Anforderungen an Organisation und Personalarbeit

Organisation und Personalarbeit müssen die Unternehmungspolitik und die Strategien einer Unternehmung durch die Vorgabe von Leitplanken für das Verhalten und die Besetzung, Förderung und Vergütung der Mitarbeiter im Rahmen sich verändernder Strukturen unterstützen. Strategien sind in Zeiten, die sich durch diskontinuierliche und teils turbulente Entwicklungen auszeichnen, selbst einem schnellen Wandel unterworfen. Im Rahmen eines Management of Change von Transformationsprozessen werden damit auch sie unterstützende Konzepte der Organisation und Personalarbeit vermehrt zur Disposition gestellt. Im Folgenden wird versucht, eine Bestandsaufnahme notwendiger Anforderungen des Wandels an Organisation und Personalarbeit zu geben und anhand von erkennbaren Trends einige Thesen für eine Neuorientierung zu vermitteln.

2.1 Zur Notwendigkeit eines Management of Change

Unternehmungen sind heute zweifach gefordert: Zum einen müssen sie ökonomisch die Probleme einer Restrukturierung meistern und zum anderen die feststellbare Sinnkrise bei ihren Mitarbeitern bewältigen. Unser traditionelles Management-Paradigma, das auf der Annahme einer erstrebenswerten Marktführerschaft durch Massenproduktion («economies of scale») mit sinkenden Kosten und Preisen beim Einsatz weniger qualifizierter Mitarbeiter, die durch eine Hierarchie von Intelligenzträgern geführt werden, beruht, stößt zumindest in unseren Breiten an die Grenzen seiner Effektivität. Es hinterlässt uns jedoch im Denken und Handeln eine Bürgschaft in Form eines technokratischen Denkens der Machbarkeit in hoch arbeitsteiligen Strukturen (Taylorismus) und Gläubigkeit an die Quantifizierbarkeit des gesellschaftlichen und wirtschaftlichen Fortschritts. Diese Annahmen sind jedoch sowohl im Hinblick auf den wirtschaftlichen Fortschritt, der sich letzlich in Form der sozialen Evolution in Organisationen (von Hayek) vollzieht, als auch im Hinblick auf neue Formen intersystemischer Zusammenarbeit in intelligenten Organisationen zu bestreiten, die durch die Informationstechnik miteinander vernetzt ein projekthaftes Systemgeschäft betreiben («economies of scope»), dessen Inhalt weniger auf die Bereitstellung von Hardware als auf die von Software ausgerichtet ist (die sog. «virtuelle Unternehmung»). Ein damit bedingtes neues Weltbild der Unternehmungsführung zeichnet sich jedoch erst in einigen undeutlichen Konturen, die man im Management aufmerksam studieren sollte, ab. Erfolgsbeispiele im Umgang mit neuen Ansätzen und Formen sind daher eher rar. Dies ist ein typisches Merkmal für eine Transformationsperiode im Übergang von einem obsolet werdenden zu einem sich erst langsam durchsetzenden neuen Paradigma (Kuhn).

Für eine derartige Übergangsperiode ist es typisch, dass in weiten Kreisen von Führung und Mitarbeit Verunsicherung entsteht (die rasanten Steigerungen im Beratungsgeschäft, in der Nachfrage nach Orientierung in Tagungen und Kursen und über den Verkauf von Erfolgsbüchern des Managements – alle offensichtlich getragen von einer sich verkürzenden Halbwertzeit der Aussage – belegen diese These). Ist damit die Unternehmungsführung in ihrer Funktion der Handhabung von Komplexität und Dynamik in besonders kritischer Weise gefordert und vielleicht sogar überfordert? Vielleicht sind in der Antwort auf diese Frage die Gründe für unsere feststellbare Orientierungskrise zu suchen; denn offensichtlich war der Wunsch nach einer klaren, wegweisenden, ja sinnvermittelnden «visionären» Führung nie so groß und die Kritik am «Missmanagement» sozialer Organisationen nie so scharf wie derzeit («Nieten im Nadelstreifen»).

2.2 Überforderung durch eine Flut neuer Gestaltungsansätze

Derzeit will – und dies ist symptomatisch für eine Zeit des Paradigmenwechsels – eine Flut neuerer Ansätze Hinweise und Konzepte vermitteln, von denen behauptet wird, dass sie geeignet seien, diese Situation zu bewältigen. Die Aufarbeitung der neuesten «business fads» baut aber nicht nur die vorherrschende Verunsicherung ab, sondern sie schafft auch neue Unsicherheit. Zwar ist nicht zu bestreiten, dass wir uns in den erfolgreich bewältigten vier Jahrzehnten, die hinter uns liegen, eine Menge an Führungskomfort geleistet haben, in denen unsere Organisationen vielfältiges Fett angesetzt haben. Aber müssen wir auf dem Wege zur schlanken Unternehmung mittels «Reengineering», um nur ein modisches Beispiel herauszugreifen, nun gleich das Kind mit dem Bade ausschütten?

Gegenwärtig wird der deutschen Führungslandschaft flächendeckend geraten, in flachen Pyramiden «layer shedding» mit «simultaneous engineering» auf dem Weg zu einer Prozessketten-Optimierung mittels «outsourcing», «time to market» und «concurrent» unter Anwendung des Prinzips «just in time» zu betreiben, um sich zu «reengineeren», damit über ein «total quality management» der «customer focus» wiederhergestellt werden kann. Als Ziel gilt sodann, den «shareholder value» zu maximieren, damit man in die Wirtschaftsgeschichte als «lean, mean, and hungry company» im Vergleich zu anderen «less excellent companies» aufgrund der Entwicklung von «core competencies» eingehen kann. Damit die Mitarbeiter im laufenden und sich offensichtlich beschleunigenden Tempowechsel mithalten können, wird schließlich darauf verwiesen, dass über ein permanentes Krisenmanagement ein «organizational learning» zu gestalten sei, dass im «institutional memory» die vielfältigen Erfahrungen speichert, um auch für ein künftiges «management of transformation» gewappnet zu sein.

Ich will nicht bestreiten, dass in vielen Ansätzen ein guter und Erfolg versprechender Kern enthalten ist, wie beispielsweise die Hinwendung zu kundengesteuerten, ablauforientierten Prozessen gegenüber der aufbauorganisatorischen Hierarchisierung, der Beachtung des Zeitfaktors bei der Prozessgestaltung, der Neigung, die Komplexität in unseren Systemen zu vermindern, und die Betonung der Qualität – gegenüber der Dominanz des traditionellen Preiswettbewerbs. Was jedoch bemerkenswert ist und auch vor dem Hintergrund des amerikanischen Ursprungs dieses vielfältigen Angebots nicht überrascht, ist die zumeist völlig technokratische Ausrichtung dieser Konzepte, die der humanen Dimension von Veränderungsprozessen keinen oder nur wenig Raum gibt. Ist dies nicht ein Rückfall auf den Taylorismus auf höherem Niveau?

2.3 Anforderungen an unternehmerische Organisation und Personalarbeit

Vor diesem Hintergrund ist es nicht einfach, einen klaren Kurs bei der Gestaltung von Organisation und Personalarbeit zu steuern. Die Anforderungen, die sich dabei an die Bewältigung des Wandels stellen, reichen weit über ein traditionelles Verständnis von der Rolle des Managers hinaus. In einer Zeit diskontinuierlichen Wandels ist weniger der auf das Streben nach Gleichgewichten ausgerichtete Manager als vielmehr der Ungleichgewichte in der Markt- und Technologieentwicklung erkennende und im Inneren von Unternehmungen produzierende Unternehmer gefragt. Der Unternehmer vermittelt der Unternehmung sinnhafte Konzeptionen (im Sinne eines Nutzens für Bezugsgruppen) und setzt diese in Kooperation mit internen und externen Stakeholdern um.

Die sich daraus ableitenden Anforderungen an eine unternehmerische Gestaltung von Organisation und Personalarbeit lassen sich auf einen kurzen Nenner bringen:

- Kundenorientierung: Differentielles Handeln
  In neuer Offenheit gegenüber den Sachzwecken unternehmerischen Handelns müssen die Grenzen des auf interne Prozesse ausgerichteten Denkens und Handelns der Mitarbeiter überwunden werden. Dabei rückt der externe, aber auch der interne Kundenbezug jeglicher Leistung in den Mittelpunkt des Interesses. Da die Interessen einzelner Kunden und Kundengruppen unterschiedlich sind, ist ein differenziertes Vorgehen einer auf Standardisierung ausgelegten Nivellierung angenommenen Kundenverhaltens vorzuziehen. Eine Kundenorientierung konkretisiert sich einerseits in der Qualität der erbrachten Leistung gemessen am Anspruchsniveau des jeweiligen Kunden(segments) und andererseits am Serviceverhalten des Leistungserbringers.

- Mitarbeiterorientierung: Soziales Handeln
  Je intelligenter die erbrachte Leistung ist, d. h. je höher ihr Anteil an «brainware» ist, desto deutlicher wird die Rolle der Human Resources als der eigentlichen Kernkompetenz der Unternehmung. Traditionelle Ansätze der Mitarbeiterführung, die allein von der Fachkompetenz des Mitarbeiters ausgehen, sind in neueren vernetzten, prozessorientierten «lateralen» Kooperations- und Kommunikationsstrukturen zugunsten der als immer kritischer empfundenen Sozialkompetenz zu verändern.

- Innovationsorientierung: Flexibles Handeln
Trotz eines vorhandenen Schatzes von Ideen zur Erneuerung und Verbesserung ist es den meisten Unternehmungen bislang kaum gelungen, diesen Schatz durch geeignete Organisations-, Führungs- und Personalmaßnahmen zu heben, ihn für eine grundlegende Neupositionierung der Unternehmung und ihrer Leistungen einzusetzen («Reinventing the Corporation»). Die vielbeklagte «Innovationslücke» von Unternehmungen und ganzen Volkswirtschaften hat letztlich kulturelle Gründe. Es gilt daher vor allem nach personalpolitischen Ansätzen zu suchen, die ganzheitlich eine zukunftsorientierte Kulturentwicklung unterstützen, die durch eine kreative Kooperations- und Kommunikationshaltung und eine durchlässige, fehlertolerante Organisation und Führung getragen wird.

- Integrationsorientierung: Ganzheitliches Handeln
Arbeitsteilung und Spezialisierung haben uns vielfach aufgebrochene Prozesse mit wechselvollen Zuständigkeiten für einzelne Ablaufphasen beschert, die eine Fülle von horizontalen und vertikalen Schnittstellen mit sich bringen. Nicht nur Zeit-, sondern auch Effizienzverluste größeren Ausmaßes waren die Folgen. Das eigentliche Problem liegt jedoch in der eingeschränkten Wahrnehmung der Realität und dem isolierten Zuständigkeitsdenken und -verhalten der einzelnen «Stelleninhaber», was schließlich zu suboptimalen Insel-Lösungen ganzheitlich anzugehender, vernetzter Problemlandschaften führt. Insbesondere veränderte Gestaltungsmuster in Aufbau- und Ablauforganisation haben der Ganzheitlichkeit im Sinne eines integrierten Managements vermehrt Raum zu geben.

- Ergebnisorientierung: Effizientes Handeln
Letztlich hängt die Überlebens- und Entwicklungsfähigkeit einer jeden Unternehmung an der Effizienz, mit der die ihr zur Verfügung stehenden knappen Ressourcen eingesetzt werden. Geeignete Strukturen der Organisation und Führung sind durch Maßnahmen auf der Personalseite zu unterstützen. Hier ist insbesondere auf die erfolgsabhängige Gestaltung der Vergütung (siehe z.B. Strategische Anreizsysteme) zu verweisen.

2.4 Tendenzen für die Gestaltung von Organisation und Personalarbeit

Für Organisation und Personalarbeit leiten sich daraus die folgenden grundsätzlichen Tendenzen ab, deren wesentliche Veränderungen im Anschluss in Form einiger Thesen aufgelistet werden.

2.4.1 Organisatorische Gestaltungstendenzen

- von der bisherigen Misstrauens- zu einer auf Vertrauen beruhenden Organisations- und Führungskultur
- von einer tiefgreifenden Arbeitsteilung und Spezialisierung zur Gestaltung generalisierter, umfassender Aufgaben- und Verantwortungskomplexe nach dem Objektprinzip
- vom bürokratischen Zentralismus zur Konföderation (teil-)autonomer Bereiche
- von der Autarkie der Wertschöpfungskette zur Kooperation mit Partnern über die Unternehmungsgrenzen hinweg bei Konzentration auf Kernkompetenzen («virtuelle Unternehmung»)
- von der administrativen Steuerung arbeitsteiliger Systeme zu ihrer marktwirtschaftlichen Lenkung
- von steilen «Dienstweg»-Hierarchien zu flachen Organisationskonfigurationen mit lateraler Prozessorientierung

2.4.2 Gestaltungstendenzen der Personalarbeit

- statt Stellenbesetzung in Abteilungen Unterstützung prozessorientierter Arbeitsgruppen
- Veränderung der Rolle des Mitarbeiters vom gelenkten Aufgabenträger zum eigenverantwortlichen Unternehmer («empowerment»)
- Entwicklung der Rolle der Führung vom Supervisor zum Coach
- Personalentwicklung ausgerichtet auf multifunktionelle Aufgaben statt einfacher Arbeitsvorgänge
- vom Training individuellen Verhaltens zur Gestaltung von Rahmenbedingungen, die ein organisationales Lernen ermöglichen und unterstützen
- Karriereentwicklung weniger entlang funktioneller Aufstiegswege als vielmehr durch Erweiterung des Erfahrungshorizontes in unterschiedlichen Aufgaben- und (Sub-)Kulturkreisen
- Veränderung der Arbeitsbewertung und Vergütung von aktivitäts- zu ergebnisbezogenen Kriterien

2.5 Bewältigung der Umsetzungslücke

In vielen Unternehmungen fehlt es nicht an interessanten, zukunftsführenden Konzepten für eine unternehmerische Transformation. Dagegen wird weitgehend über Probleme geklagt, die sich bei deren Umsetzung in die Realität ergeben. Sowohl Organisation als auch Personalarbeit bieten Ansatzpunkte für eine Transfererleichterung.

2.5.1 Organisatorische Ansatzpunkte zur Transfererleichterung

- kontinuierliche Anpassung der Aufbauorganisation auf dem Weg selbstorganisatorischer Anpassung an veränderte Bedingungen im direkten Umgang von Vorgesetzten und Mitarbeitern
- diskontinuierliche Anpassung durch Projektgruppen, die Erfahrungen von internen und externen Experten miteinander verbinden
- Prozessketten und Wertanalysen seitens der Abnehmer von Leistungen im Hinblick auf Qualitäts-, Dienstleistungs- und Kundenorientiertheit im Rahmen der Ablauforganisation

2.5.2 Personale Ansatzpunkte zur Transfererleichterung

- Unternehmungsphilosophie und Gestaltung der Zukunftsvision – Leitbild entwickeln und verankern
- Herausforderung des Wandels durch Zielsetzungen und Erfolgserlebnisse einspuren
- Kulturreflexion in Veranstaltungen
- Personalselektion und -einsatz von «Kulturträgern» bewusst steuern
- den Einsatz von Rotationsverfahren verstärken
- Beurteilungs-, Anreiz- und Belohnungssysteme kulturfördernd einstellen
- alle Managementsysteme im Hinblick auf die Funktionalität der verwendeten Messkriterien überprüfen

2.6 Gestaltung im Dilemma einer Übergangssituation

Im Übergang von einem nun bereits teilweise überholten Management-Paradigma der arbeitsteiligen Massenproduktion standardisierter Güter (Taylorismus) zu einem den veränderten Anforderungen des Zeitwettbewerbs in einer hoch dynamischen Umwelt gerecht werdenden neuen Weltbild der Führung stellen sich für Organisation und Personal besonders anspruchsvolle Aufgaben. Für sie gilt es nämlich, diejenigen Ansätze, die sich in der Vergangenheit bewährt haben, daraufhin zu überprüfen, ob sie sich unter den veränderten Prämissen einer diskontinuierlichen

Entwicklung weiterhin bewähren können. Für alle diejenigen Ansätze, die keine Zukunftschancen mehr besitzen, sind auf relativ unerprobtem Terrain neue Konzepte zu entwickeln und vor allem zu implementieren. Dabei ist in dieser Übergangszeit das uralte Dilemma eines «Sowohl-als-auch» zu bewältigen, das es so schwer macht, integrierte Lösungen durchzusetzen. Dies führt im Regelfall zu hybriden Strukturen und nur schwer harmonisierbaren Unterschieden in den Führungsstilen und Subkulturen im Spannungsverhältnis von notwendiger, effizienter, routinemäßiger Multiplikation bestehender Erfolgspotenziale nach dem alten Paradigma und der effektiven, innovativen Entwicklung zukunftsführender Nutzenpotenziale einer Unternehmung nach dem neuen Paradigma. Dies kann die Komplexität der Problembewältigung für die Unternehmungsführung erheblich steigern und erhöht damit auch die Gefahr der eingangs vermuteten Überforderung. Wird jedoch unterstellt, dass sich das menschliche Improvisationsvermögen erst voll an der Grenze von der Unter- zur Überforderung bewähren kann, dann bietet gerade unsere Zeit eine Fülle von spannenden und Befriedigung schaffenden Möglichkeiten.

«Die Kunst des Fortschritts besteht darin, inmitten des Wechsels Ordnung zu wahren und inmitten der Ordnung den Wechsel aufrechtzuerhalten.» (Alfred North Whitehead)

KAPITEL V
Ausgewählte Gastbeiträge

1 Trüffelschweine der Marktwirtschaft: Unternehmer sind Spezialisten für die Zukunft
Norbert Berthold, erschienen 2011 und überarbeitet 2016

«Für den Unternehmer ist der Markt wie das Meer: voller Risiken.»
(Jean-Louis Servan-Schreiber)

Unternehmer und Unternehmertum haben es gegenwärtig sehr schwer. Die Stimmung ist auch in vielen wohlhabenden Ländern eher feindselig. Mal werden Unternehmer als vaterlandslose Gesellen beschimpft, mal als Heuschrecken diffamiert. Attacken gegen Spitzenmanager – bis hin zu körperlicher Gewalt – sind die Spitze des Eisbergs einer tiefen Skepsis gegenüber privatem Unternehmertum. Das erstaunt, ist doch der positive Zusammenhang von privatem Unternehmertum, wirtschaftlichem Wachstum und materiellem Wohlstand weltweit empirisch gut belegt. Wo sich private Unternehmer am Markt entfalten können, ist «mehr Wohlstand für alle» (Erhard, 1957) leichter möglich.

Was tun Unternehmer?
Der Begriff des privaten Unternehmers ist verschwommen. Als einer der ersten Ökonomen hat im 18. Jahrhundert der Franzose Richard Cantillon den Unternehmer als jemanden charakterisiert, der wirtschaftliche Gelegenheiten nutzt. Dabei geht er Risiken ein. Diese sind oft nicht ökonomisch beherrschbar und versicherbar («known unknowns»). Erfahrungswerte fehlen. Es herrscht Knight'sche Unsicherheit («unknown unknowns»). Plastischer drückte es Winston Churchill aus: «Viele sehen den Unternehmer als einen Tiger, den man erschießen sollte, andere als eine Kuh, die man melken kann, und nur wenige sehen ihn als das, was er wirklich ist, das willige Pferd, das den Karren zieht.»

Der österreichische Ökonom Joseph Alois Schumpeter hat die Forschung über die Rolle des Unternehmers in der Marktwirtschaft bis heute entscheidend geprägt. Danach schaffen und nutzen Unternehmer neues Wissen, um die Wünsche der Konsumenten besser zu befriedigen. Sie setzen neue Ideen in praktische unternehmerische Politik um. Unternehmer entwickeln neue Produkte, führen bessere Produktionsverfahren ein, öffnen neue Märkte, erschließen neue Ressourcen und organisieren ganze Branchen neu. Mit dem legendären Prozess der «schöpferischen

Zerstörung» (Schumpeter, 1912), den sie dabei auslösen, halten sie die wirtschaftliche Entwicklung und das Wachstum in Gang.

In der Marktwirtschaft sind Unternehmer die Spezialisten für die Zukunft. Sie versuchen, wirtschaftliche Entwicklungen richtig vorherzusagen, reagieren darauf und verändern die Welt mit eigenen Aktivitäten. Dabei entdecken Unternehmer immer wieder neue Ressourcen, neue Präferenzen der Konsumenten, neue technologische Möglichkeiten und neue Organisationsformen. Sie tun dies aus vielerlei Gründen; ein wichtiger ist, Gewinne zu erzielen. Erfolgreich sind Unternehmer, wenn sie die Wünsche der Konsumenten richtig antizipieren und die Ressourcen effizient nutzen, um sie zu befriedigen. Liegen sie daneben, erleiden sie Verluste, im schlimmsten Fall gehen sie pleite.

Institutionen und Unternehmer

Wenn alles gut läuft, sind Unternehmer ein Glücksfall für die gesamte Gesellschaft. Sie setzen knappe Ressourcen dort ein, wo sie den höchsten Ertrag bringen, vernichten unkalkulierbare wirtschaftliche Risiken («unknown unknowns») und erhöhen mit innovativen Ideen den individuellen Nutzen. Private Unternehmer machen eine Gesellschaft reicher, weil sie Ressourcen effizienter kombinieren und den Wohlstand der Individuen steigern. Der unternehmerische Gewinn ist der Lohn für ihre riskanten Aktivitäten. Kollektiver Neid ist nicht angebracht. Die meisten scheitern. Eine Marktwirtschaft wird erst durch privates Unternehmertum zu einem Positiv-Summen-Spiel.

Stellen wir uns allerdings ordnungspolitisch dumm an, kann es auch ganz anders laufen. Aus dem Positiv- kann ein Null- oder sogar Negativ-Summen-Spiel für die Gesellschaft werden. Welcher Fall eintritt, hängt davon ab, wie die Spielregeln in einer Gesellschaft, der ordnungspolitische Rahmen, gesetzt sind. Diese Erkenntnis haben die Ordoliberalen um Walter Eucken (1965) schon vor langer Zeit grundlegend formuliert. Sie hat nichts an Aktualität eingebüßt. Mit einem Positiv-Summen-Spiel ist immer dann zu rechnen, wenn zumindest drei Bedingungen erfüllt sind. Erstens müssen private Eigentumsrechte garantiert werden. Zweitens muss die Wettbewerbspolitik den Zugang zu den Märkten für alle wirtschaftlichen Akteure offenhalten und den unbehinderten Marktaustritt ermöglichen. Drittens muss der Rechtsstaat für möglichst große individuelle Vertragsfreiheit sorgen.

Ob dies der Fall ist, erkennt man daran, wie es um die wirtschaftliche Freiheit in einem Land bestellt ist. Das kanadische Fraser Institute (Gwartney/Lawson/Hall, 2015) erstellt seit Jahren eine Rangliste der wirtschaftlichen Freiheit für 123 Länder der Welt. In Ländern mit hoher wirtschaftlicher Freiheit blüht das Unternehmertum, der Wettbewerb funktioniert, der strukturelle Wandel läuft, ausgetretene Trampelpfade werden verlassen, das wirtschaftliche Wachstum ist hoch, die Arbeitslosigkeit niedrig. Wer dagegen die wirtschaftliche Freiheit einschränkt, kommt ökonomisch über kurz oder lang auf den Hund. Der Wettbewerb wird politisch eingehegt, Newcomer werden diskriminiert. Politische Renten dominieren ökonomische. Wirtschaft und Politik sind immer stärker verbandelt. Es droht «crony capitalism».

Politiker als Unternehmer

Die Zeiten sind wirtschaftlich unsicherer geworden. In jüngster Zeit haben Finanz- und Euro-Krise die Welt auf den Kopf gestellt. Wirtschaftliche Strukturen verändern sich in rasender Geschwindigkeit. Was zukunftsträchtig ist, liegt oft noch weitgehend im Dunkeln. Es ist eine Reise in unbekannte Gebiete. Für das, was ökonomisch vor uns liegt, gibt es zumeist keine gesicherten Erfahrungswerte. Die wirtschaftlichen Akteure bewegen sich quasi auf unbekanntem, nicht kartiertem Gelände. In diesen Zeiten sind private Unternehmer unabdingbar, um aus der Krise zu gelangen. Sie sind am besten geeignet, die riskanten Expeditionen in wirtschaftliche «terra incognita» zu leiten.

Das sehen allerdings nicht alle so. Private Unternehmen haben keinen guten Ruf. Vor allem die Politik misstraut privaten unternehmerischen Expeditionsleitern. Sie fackelt meist nicht lange und übernimmt selbst die Leitung der Expedition, ohne wirklich zu besseren Ufern aufzubrechen. Zumeist versucht sie, die Ökonomie in ihrem Sinne zu restrukturieren. Das Geld der anderen auszugeben, steht vorn auf der Agenda. Vermeintlich zukunftsträchtige Branchen werden ausgeguckt, milliardenschwere Cluster-Politik forciert (Berthold/Rieger, 2010). Heute ist «grüne» Industriepolitik en vogue, morgen ist eine andere Branche politisch in Mode. Oft kommt das viele Geld der eigenen politischen Klientel zugute.

Eines ist völlig klar: Weder Politik noch private Unternehmer wissen, welche Branchen eine Zukunft haben. Wer etwas anderes behauptet, maßt sich ein Wissen an, das er nicht haben kann. Allerdings sind private Investoren näher an den Märkten. Nimmt ihnen der Staat die Risiken nicht ab, versuchen sie, eigenes Geld rentabel einzusetzen. Dagegen agieren staatliche Akteure relativ marktfern. Sie spielen mit fremdem Geld und setzen auf bürokratische Planung. Dem Prozess der schöpferischen Zerstörung sind sie nicht ausgesetzt. Ineffizienzen halten sich viel länger. Eine Erfahrung galt gestern, sie gilt aber auch heute und wird auch noch morgen gelten: Politiker sind die schlechteren Unternehmer.

Wiedergeburt privater Unternehmer

Noch bis Mitte der 1970er-Jahre wurde der Unternehmer in kleinen und mittleren Unternehmen in reichen Ländern nicht wirklich ernst genommen. Befeuert durch Schumpeters (1946) epochales Werk «Kapitalismus, Sozialismus und Demokratie» war die Meinung lange weit verbreitet, große Unternehmen seien die eigentlichen Motoren innovativer Aktivitäten. Kleine und mittlere Unternehmen seien dem Untergang geweiht, Unternehmerpersönlichkeiten eine aussterbende Spezies. Diese Sicht der Dinge ist überholt. Unternehmertum ist ohne private Unternehmer nicht möglich. Mit der Globalisierung erleben Unternehmergeist und kleine und mittlere Unternehmen eine globale Wiederauferstehung.

Nachdem die Transaktionskosten (Information, Kommunikation, Transport) gesunken sind, die entstehen, wenn Märkte genutzt werden, fällt es Unternehmen leichter, sich auf ihre Kernkompetenzen zu spezialisieren. «Outsourcing» und «downsizing» sind Ausdruck dieser Entwicklung. Die durchschnittliche Unternehmensgröße sinkt. Daneben verschieben sich spätestens seit den 1960er-Jahren die wirtschaftlichen

Strukturen zulasten des industriellen Sektors und zugunsten des Dienstleistungssektors. Dort sind aber die Unternehmen im Durchschnitt kleiner. Schließlich fragen die Konsumenten mit steigendem Einkommen mehr differenzierte und weniger standardisierte Produkte nach. Kleinere Unternehmen können diese Nachfrage besser als große befriedigen.

Es spricht vieles dafür, dass kleine und mittlere Unternehmen in Zeiten der Globalisierung zu wichtigen «Agenten der Veränderung» werden. Die wirtschaftliche Entwicklung ist heterogener, unsteter und riskanter. Darauf muss schneller und flexibler reagiert werden. Unternehmen müssen schneller in Märkte eintreten und sie auch wieder verlassen können, sie werden öfter als früher durch Konkurrenten ersetzt. Das gilt vor allem für hoch entwickelte Länder an der technologischen Front. Kleinere und mittlere Unternehmen sind oft besser als große geeignet, mit diesen Veränderungen fertigzuwerden. Das alles spricht für eine «Wiedergeburt der unternehmerischen Gesellschaft».

Was motiviert Unternehmer?

Die lange weltweite Erfahrung ist eindeutig: Eine Wirtschaftsordnung, die ihren Akteuren genug wirtschaftliche Freiheit lässt, ist die Basis für ein blühendes Land. In einem solchen Umfeld entwickelt sich eine Kultur, wirtschaftliche Risiken zu übernehmen. Pionier- und Gründergeist sprießen wie Pilze aus dem Boden. Weite Teile der Bevölkerung goutieren unternehmerisches Handeln. Der kritischen Einstellung zu Unternehmern und Unternehmen wird die Spitze genommen. Das fördert Entrepreneurship, die Wirtschaft wächst und gedeiht. Die Akteure werden belohnt für ihren Mut, risikobehaftet, selbstständig und kreativ zu handeln. Das ist eine Basis für einen «Wohlstand für alle».

In einer umfangreichen Befragung der Unternehmen des deutschen Maschinen- und Anlagebaus versuchten wir herauszufinden, was für erfolgreiche, dynamische Unternehmer wirklich zählt (Berthold/Neumann, 2007). Drei Elemente sind entscheidend:

1| Es muss dafür Sorge getragen werden, dass Staat und Tarifpartner die Unternehmer unternehmen *lassen*.

2| Die Politik muss die Grundlagen legen, dass die Unternehmer unternehmen *können*.

3| Die Gesellschaft muss einiges tun, damit die Unternehmer auch unternehmen *wollen*. Mit dem *LKW-Modell* gelingt es zu zeigen, was Unternehmer des deutschen Maschinen und Anlagebaus, der Vorzeigebranche der deutschen Wirtschaft, motiviert oder demotiviert.

Kapitel V – Ausgewählte Gastbeiträge

Die mittelständischen Unternehmen beklagen, dass es viele Hindernisse gibt, die sie nur schwer unternehmerisch tätig werden *lassen*. Ein rotes Tuch ist der restriktive Kündigungsschutz, die heilige Kuh für die im industriellen Sektor noch immer sehr starken Gewerkschaften. Auch das gewerkschaftliche lohn- und tarifpolitische Verhalten gibt oft Anlass zur Klage. Nach wie vor ist der Arbeitsmarkt viel zu stark reguliert. Daran hat die Agenda 2010 nur teilweise etwas geändert. Auf der Negativseite stehen weiterhin der wenig transparente Rechtsrahmen, die administrativen Behinderungen und der bürokratische Aufwand. Das deckt sich mit den Befunden der Weltbank in den «Doing Business Reports».

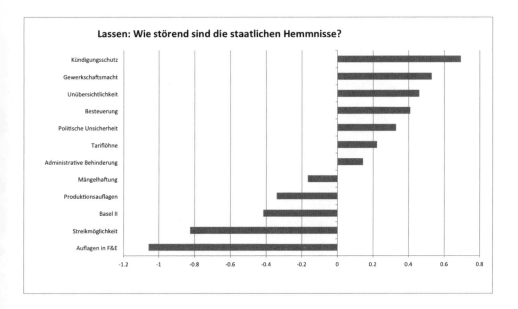

Abbildung 1: Lassen

Unternehmen *können* bedeutet für Unternehmen auch, wachsen zu können. Wachstum fußt wesentlich auf Innovationen bei Produkten, Prozessen und Märkten. Ein guter Zugang zu Kapitalmärkten, qualifizierte Arbeitskräfte und eine leistungsfähige Forschungslandschaft sind zentrale Elemente. Dem stehen vor allem staatliche Regulierungen entgegen. Sie erweisen sich als eine Bremse für innovative Aktivitäten privater Unternehmen. Das Wachstum wird aber immer öfter auch durch einen Mangel an qualifizierten Arbeitskräften behindert. Die Unternehmer im Maschinen- und Anlagebau sind sich einig, was sie wollen: mehr wirtschaftliche Freiheit. Dann klappt es auch mit dem Wachstum.

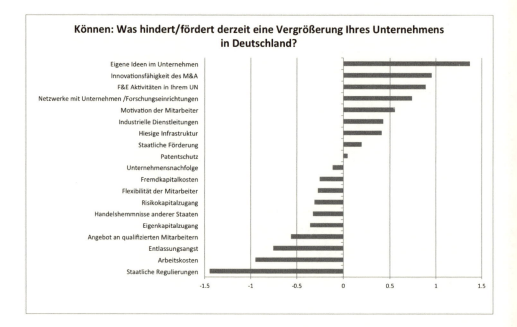

Abbildung 2: Können

Das zentrale Motiv, als Unternehmer tätig sein zu *wollen*, ist die Möglichkeit, eigene Ideen umzusetzen und sie selbst zu verwirklichen. Die Verantwortung gegenüber Mitarbeitern und deren Familien hat einen ähnlich hohen Stellenwert. Keine dominante Rolle spielt die Familientradition. Das überrascht in dieser mittelständisch geprägten Branche. Es gibt aber auch Faktoren, die Unternehmern die Lust nehmen, unternehmerisch tätig zu werden. Ganz vorne steht die Bürokratie. Staatliche Regulierungsdickichte, effizienzverschlingende Steuergesetze und politischer Zickzack rauben Unternehmern den letzten Nerv. Negativ zu Buche schlägt auch das schlechte Bild, das Unternehmer in unserer Gesellschaft haben. Die eher feindselige Haltung gegenüber privatem Unternehmertum demotiviert.

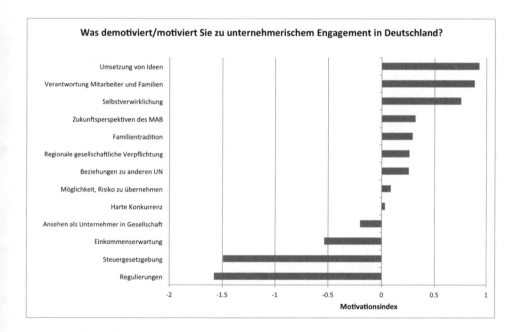

Abbildung 3: Wollen

Das LKW-Modell

Der Weg aus der wirtschaftlichen Krise führt in Zeiten globalisierter Märkte nur über mehr und nicht weniger wirtschaftliche Freiheit. Sie ist der geeignete Nährboden für privates Unternehmertum, mehr wirtschaftliches Wachstum und einen höheren Wohlstand. Empirische Untersuchungen zeigen, weltweit unterschiedliche Niveaus des Unternehmertums in Ländern erklären bis zur Hälfte die Unterschiede im wirtschaftlichen Wachstum zwischen den Ländern. Privates Unternehmertum wirkt vor allem auf lokaler Ebene auf die Zahl der Arbeitsplätze, den Wohlstand und die lokalen Einkommen. Mehr wirtschaftliche Freiheit und privates Unternehmertum tun not.

Eine adäquate Ordnungspolitik kann Hindernisse für unternehmerische Aktivitäten aus dem Weg räumen (LKW-Modell). Notwendig sind erstens Maßnahmen, um Unternehmer wieder unternehmen zu *lassen*. Privatisieren, Deregulieren und Entbürokratisieren stehen ganz vorn auf der Agenda. Unternehmer müssen zweitens wieder unternehmen *können*. Das macht es notwendig, die Eigenkapitalbildung zu verbessern, die Risikokapitalmärkte zu stärken und die Bildung von Humankapital zu forcieren. Schließlich müssen Unternehmen drittens wieder unternehmen *wollen*. Bessere Ertragsaussichten, geringere wirtschaftliche Risiken und ein weniger verzerrter Wettbewerb sind unabdingbar.

Und noch eines ist notwendig. Die Aktivitäten privater Unternehmer müssen sich stärker auf Märkte konzentrieren. Das macht es erforderlich, falsche Anreize zu beseitigen. Die werden oft durch die Politik gesetzt, wenn sie etwa mit Subventionen versucht, unternehmerische Risiken zu sozialisieren. Der Preis einer solchen Politik ist hoch. Knappe Ressourcen werden ineffizient eingesetzt, produktivere Unternehmen durch weniger produktive, aber subventionierte verdrängt. Und private Unternehmer werden in die Irre geführt. Sie suchen weniger nach marktlichen Gewinnchancen, sie jagen vielmehr hinter staatlichen Renten her. Der Staat muss auf diesem Feld an die Kette gelegt werden.

Fazit

Die Welt ist in Zeiten der Globalisierung wirtschaftlich chancenreicher, aber auch unsicherer geworden. Mit höheren Risiken haben alle wirtschaftlichen Akteure zu kämpfen. Am stärksten trifft es die international wenig mobile Arbeit, vor allem wenig qualifizierte. Private Unternehmer sind grundsätzlich bereit, ökonomische Risiken zu übernehmen. Das ist ihr tägliches Geschäft. Arbeitsplätze werden sicherer, Arbeitseinkommen fließen stetiger. Es ist in unser aller Interesse, möglichst viele dieser Spezies in unserem Land zu halten. Das wird aber nur der Fall sein, wenn wir Unternehmern nicht feindselig begegnen und Gewinne nicht als etwas Unanständiges betrachten. Ansonsten werden sie sich noch viel öfter dort niederlassen, wo sie willkommen sind.

Literatur zu Abschnitt 1

Berthold, N./Neumann, M. (2007): Motivatoren und Demotivatoren für Unternehmer im deutschen Maschinen- und Anlagebau. Impuls Studie. Frankfurt am Main

Berthold, N./Rieger, J. (2010): Clusteraktivitäten der Unternehmen im deutschen Maschinen- und Anlagebau. Impuls Studie. Frankfurt am Main

Erhard, L. (1957): Wohlstand für Alle. Düsseldorf.

Eucken, W. (1965): Grundsätze der Wirtschaftspolitik. Reinbek.

Gwartney, J./Lawson, R./Hall, J. (2015): Economic Freedom of the World, Annual Report 2015.

Schumpeter, J. (1912): Theorie der wirtschaftlichen Entwicklung. Berlin.

Schumpeter, J. (1946): Kapitalismus, Sozialismus und Demokratie. Bern.

Zum Autor Dr. Norbert Berthold

Prof. Dr. Norbert Berthold wurde am 11. September 1952 in Freiburg geboren. Er studierte an der dortigen Albert-Ludwigs-Universität Volkswirtschaftslehre. Nach dem Studium war er Wissenschaftlicher Assistent an der Westfälischen Wilhelms-Universität Münster am Institut für Finanzwissenschaft. Er kehrte danach an die Universität Freiburg zurück, promovierte und habilitierte an deren Wirtschafswissenschaftlicher Fakultät. 1987 folgte er einem Ruf auf eine Professur für Volkswirtschaftslehre an die Universität Hamburg. Im Jahre 1990 übernahm er einen Lehrstuhl für Volkswirtschaftslehre, insbesondere Wirtschaftsordnung und Sozialpolitik, an der Julius-Maximilians-Universität Würzburg. Trotz mehrerer Rufe blieb er der Alma Julia bis heute treu.

An der Wirtschaftswissenschaftlichen Fakultät war Professor Berthold Prodekan und Dekan. Er ist Mitglied im Senat der Leibniz-Gemeinschaft. Seit fast zwei Jahrzehnten gehört er dem Wissenschaftlichen Beirat des Bundesministeriums für Wirtschaft und Technologie an. Für die Bertelsmann-Stiftung verfasste der über lange Jahre im zweijährigen Turnus das «Bundesländer-Ranking». Neben weiteren ehrenamtlichen Tätigkeiten war Professor Berthold über ein Jahrzehnt lang Mitglied im Kuratorium der Impuls-Stiftung des VDMA. Er ist Mitherausgeber der «WiSt» und «ORDO» und Mitglied des Wissenschaftlichen Beirates des «Wirtschaftsdienstes». Seit nunmehr fast zehn Jahren initiiert er das ordnungspolitische Blog «Wirtschaftliche Freiheit».

2 Corporate Development von Hochleistungsnetzwerken. Das Management des «Netzwerklebenszyklus»

Christian Abegglen, erschienen im Jahr 2012

2.1 Auf dem Weg zur Netzwerkökonomie

Gerade innerhalb mittelständisch konstituierter Wirtschaftsräume, wie wir sie in Deutschland, Österreich und der Schweiz finden, gilt umso mehr, dass die Erarbeitung von Kompetenz- und Konzeptvorsprüngen für die Erhaltung der Überlebensfähigkeit der Unternehmung in einer Welt und in Zeiten sich rasch verändernder Umfeldbedingungen zur absoluten Notwendigkeit wird. Dieser permanente Wandel ruft auf der einen Seite nach einer (partiellen) Erhöhung der Komplexität der Unternehmung, einer höheren Verhaltensvarietät, offenbart auf der anderen Seite jedoch auch Möglichkeiten ungeahnten Ausmaßes (Bleicher, 2011a, S. 55). Traditionelle Grenzen von Unternehmungen werden dadurch zunehmend obsolet. Im Fokus steht mehr denn je die Realisierung bisher unausgeschöpfter Nutzenpotenziale hinsichtlich virtueller Organisationsformen, die kooperativ die Verwirklichung von Visionen mit anderen Unternehmungen, Geschäftseinheiten oder Personen anstreben (Bleicher, 2011a, S. 36ff.).

Aus systemischer Perspektive besteht eine Organisation, verstanden als zielorientierte, integrative Strukturierung, aus Elementen und Relationen selbiger, die Strukturen generieren (Kosiol, 1962). Um permanent steigende Außenkomplexitäten, also eine wachsende Vernetzung und Dynamisierung in der Umwelt der Unternehmung (Rieckmann, 2005) bewältigen zu können, ist somit ein Überdenken klassischer, organisationaler Konfigurationen notwendig – es müssen also intelligente Organisationen (Schwaninger, 2009, S. 83ff.) entwickelt, «optimal structures for social systems» (Schwaninger, 2007, S. 307) geschaffen und eine dahingehende organisationale Fitness (Schwaninger, 1993) etabliert werden. Ein hochflexibles Netz von die Unternehmungsgrenzen überwindenden Kooperationsbeziehungen kommt solch einer Struktur bereits recht nahe.

Daraus resultierend sind Netzwerke als Basisinnovation der jüngsten Vergangenheit zu betrachten (Wohlgemuth, 2002, S. 2). Nicht umsonst proklamieren zahlreiche Experten aus Wissenschaft, Politik und Wirtschaft die Zukunftsfähigkeit von Netzwerken – und diese in differenten sozialen Spektren (Becker/Dammer/Howaldt/Killich/Loose, 2005, S. 4ff.). Der Soziologe M. Castells geht gar so weit, die gesamte Gesellschaft des 21. Jahrhunderts als «network society» zu titulieren, und postuliert eine Gruppierung sämtlicher Vorgänge von Relevanz innerhalb der Gesellschaft und Wirtschaft um die Organisationskonstellation Netzwerk (Castells, 2000).

Dem systemischen, ganzheitlichen St. Galler Gedankengut zu Management, das unter anderem die Untrennbarkeit von Wirtschaft und Gesellschaft sowie die subsystemische Funktion Ersterer, also deren sozialen Zweck betont (Ulrich, 1984; Bleicher, 2011a; Rüegg-Stürm, 2003), folgend, kann in Analogie dazu unser derzeitiges Wirtschaftssystem als Netzwerkökonomie bezeichnet werden. Folglich sind Netzwerke bei der «langfristigen Entwicklung von Unternehmungen im Zeitablauf und den Beeinflussungsmöglichkeiten durch Management in einem hochdynamischen Umfeld» (Abegglen, 2007, S. 118) zu einem wesentlichen Parameter, zu einem bedeutenden Stellhebel der Unternehmungsführung geworden. Dem müssen geeignete Konzepte des Netzwerkmanagements zugrunde gelegt werden, um nicht einer allheilbringenden, naiven Netzwerkeuphorie (Berghoff/Sydow, 2007, S. 10) zu verfallen, denn «letztendlich sind Kooperationen selbst hochkomplexe und dynamische soziale Systeme, die eigenen Gesetzmäßigkeiten und Dynamiken unterliegen und von der Energie und dem Engagement der mitwirkenden Unternehmen bzw. Unternehmensvertreter abhängig sind» (Liebhart, 2011, S. 235).

In Zeiten stetigen Wandels kommt dem Management eine herausragende Bedeutung zu (Bleicher, 1994, S. 31), wobei zum einen hinreichend abgesichertes Wissen bereits vorhanden ist (Abegglen, 2007, S. 118), zum anderen jedoch die praktische Umsetzung oftmals zu wünschen übrig lässt und so weitergehende Änderungen im täglichen Handeln notwendig werden (Bleicher, 1999, S. 15). Zu Definitionen und Beschreibungen von Management bietet die Literatur eine inflationäre Flut unterschiedlicher Ansätze und Eingrenzungsversuche. Die organisationskybernetisch geprägte St. Galler Denkschule legt als Organisationsziele höherer Ordnung und so als wesentliche Aufgabe des Managements die Aufrechterhaltung der Lebensfähigkeit der Unternehmung, die Gestaltung ihres Corporate Developments und somit die Einflussnahme auf den unternehmerischen Lebenszyklus fest.

Auch Netzwerke unterliegen einer evolutionären, systemischen Entwicklung (Nagl/Wimmer, 2002). Im Fokus vorliegenden Beitrags steht das Corporate Development von Hochleistungsnetzwerken, also die Gestaltung und Lenkung des Netzwerklebenszyklus. In einem ersten Schritt gilt es, hierzu eine knappe theoretische Ausgangsbasis zu schaffen, also Kooperationen, Netzwerke sowie Besonderheiten ihres Managements näher zu erläutern (siehe 2.2). Anschließend werden basierend auf dem klassischen St. Galler Unternehmungsentwicklungsmodell Analogien zu einem Netzwerklebenszyklus sowie dessen häufigen Krisen geschlossen, um signifikante Momente und Herausforderungen des Managements von Hochleistungsnetzwerken zu erarbeiten (siehe 2.3). Hinweise und Anregungen zum Management eines permanenten Reorganisierens und Neukonfigurierens runden den Beitrag ab (siehe 2.4). Dabei wird deutlich:

«Konstanz und Veränderung sind komplementäre Voraussetzungen für Lebensfähigkeit und Entwicklung eines Systems [...].» (Ulrich/Probst, 1995, S. 92)

2.2 Theoretische Grundlagen – praktische Herausforderungen

Der Terminus Kooperation bezieht sich auf unterschiedliche Zusammenarbeitsformen von Institutionen, Personen oder Unternehmungen. Im ökonomischen Kontext versteht man hierbei die freiwillige Kollaboration mindestens zweier Unternehmungen,

> «[...] die unter Inkaufnahme einer (partiellen) Beschränkung ihrer wirtschaftlichen Selbständigkeit die Erreichung gemeinsamer wirtschaftlicher Ziele anstrengt»
> (Wohlgemuth, 2002, S. 14).

Kooperationen sind in Folge in inner-, über- und zwischenbetriebliche zu differenzieren, wobei letztgenannte in den Varianten Joint Ventures, Strategische Allianzen und Unternehmungsnetzwerke auftreten können. Auf nähere Beschreibungen dieser Klassifikation soll jedoch im Rahmen dieses kurzen Beitrags verzichtet werden und es sei beispielgebend auf T. Hess (1999, S. 226ff.) verwiesen.

Netzwerke werden innerhalb der Betriebswirtschaft gemäß Wildemann (1996) verstanden als Externalisierung sowie Internalisierung ökonomischer Wertschöpfungsprozesse, wobei die juristisch autonomen Netzwerkpartner jeweils jene Aktivitäten exekutieren, die sie besser als andere im Netzwerk beherrschen. Der Kooperationstyp Netzwerk kann nun per se unter Berücksichtigung verschiedenster Kriterien näher spezifiziert werden. Legt man solch einer Unterscheidung beispielsweise die Elemente Steuerungsform (polyzentrisch resp. fokal) und Netzwerkstabilität (temporale Befristung auf Leistungsebene) zugrunde, lassen sich Projektnetzwerke, strategische Netzwerke, virtuelle Unternehmungen, Verbundnetzwerke (Wohlgemuth, 2002, S. 20ff.) und Cluster differenzieren (Ivancic, 2011, S. 272).

2.2.1 Ausgewählte Problematiken innerhalb von Kooperationen und Netzwerken

Aufgrund partieller Einschränkungen autarker Freiheiten herrscht innerhalb kooperativer Organisationskonfigurationen zumindest latent ein entsprechendes Spannungsverhältnis zwischen *Autonomie und Interdependenz* vor (hierzu und im Folgenden Ivancic, 2011, S. 272f. und dort zitierte weiterführende Literatur). Obwohl auf der einen Seite selbstständiger Entscheidungsspielraum gewünscht wird, erwartet man doch auf der anderen Seite vom Netzwerkpartner die Berücksichtigung eigener Zielsetzungen und damit eine Einschränkung dessen Freiheitsgrades.

Eng damit in Verbindung steht auch oftmals ein konfliktträchtiges Kontinuum zwischen *Kooperation und Konkurrenz*. So kann mit Partnern in gewissen Sphären kooperiert, in anderen jedoch konkurrenziert werden. Allerdings ist solchen partiellen Wettbewerbssituationen auch ein großes Potenzial zuzusprechen, wird doch im Gesamten die Wettbewerbsfähigkeit erhöht. Als verdeutlichendes Beispiel sei an dieser Stelle die Geschichte und Entwicklung des Management-Valley St. Gallen angeführt, für die neben der Universität St. Gallen (HSG) insbesondere privatrechtlich organisierte Aus-, Weiterbildungs- und Consulting-Institutionen verantwortlich zeichnen.

Ein weiteres Widerspruchspaar ist das Prinzip der *Stabilität und Reziprozität*, das im Kern darauf abstellt, dass sozialer Tausch immer eine Gegentransaktion zur Folge hat. So führt auf der einen Seite rege Interaktion zwischen den Unternehmungen zu höherer Stabilität, auf der anderen korreliert diese negativ mit der Unternehmungsautonomie und den individuellen Zielsetzungen der Organisation.

Als eigenständiges System etabliert ein Netzwerk Grenzen zu seiner Umwelt. Folglich ist als weiteres Spannungsfeld das Management der Systemgrenzen, also der Grad an *Netzwerkgeschlossenheit beziehungsweise -offenheit* zu bezeichnen.

Aus diesen ausgewählt angeführten Spannungsfeldern ergeben sich besondere Anforderungen an das Management von Kooperationen, die im Zuge des gesamten Lebenszyklus des Hochleistungsnetzwerks anzutreffen sind und folglich an dieser Stelle kurz vorgestellt werden sollen. Zentrale Anforderungen an dieses Netzwerk sind hier die Aufrechterhaltung der Langfristigkeit der Beziehung sowie von Vertrauen (Arndt, 2001).

2.2.2 Netzwerke und deren Management

Führung innerhalb von Netzwerken vollzieht sich auf einer der Unternehmung übergeordneten Ebene und bekommt so einen völlig anderen Stellenwert (Sydow, 2001, S. 280). Im Fokus strategischen Managements stehen Aufgaben der Gestaltung der Kollaboration, die Festlegung von Kooperationszielen und die Entwicklung von Netzwerkstrategien und -strukturen, während operativ insbesondere der Umgang mit Schnittstellen besonderer Aufmerksamkeit bedarf (Wohlgemuth, 2002, S. 32f.).

Eine weitere Herausforderung stellt das Fehlen von Möglichkeiten der Begründung eines formalen Führungsanspruchs dar, ebenso wie die Dynamisierung von Führungsbeziehungen aufgrund sich permanent ändernder Einflusspositionen (Wohlgemuth, 2002, S. 4f.). Folglich kommen der Leistungskoordination und dem Ausgleich differenter Netzwerkinteressen herausragende Bedeutung zu, die oftmals einer allgemein akzeptierten Moderation bedarf (Dörsam/Icks, 1997, S. 44). Dies ist insbesondere von Relevanz, da sich Wertschöpfungskettenkonfigurationen und konkret partizipierende Partner von Anlassfall zu Anlassfall ändern (Wohlgemuth, 2002, S. 35). Somit müssen permanent Prozessinterdependenzen koordiniert (Wohlgemuth, 2002, S. 36) und Interessen ausgeglichen werden (Dörsam/Icks, 1997, S. 45), um vertrauensvolle «High-Performance-Beziehungen» sowohl auf Leistungs- als auch Beziehungsebene zu forcieren.

Doch was in der Theorie recht schnell formuliert ist, stellt in der Praxis erhebliche Anforderungen an das Management mit dem Metaziel der Aufrechterhaltung der Lebensfähigkeit der Unternehmung, also des langfristigen Managements der Lebenszykluskurve (Abegglen, 2007, S. 118ff.).

2.3 Management der Lebenszykluskurve

Kooperationen sind also adäquat zu führen, wobei das Management mit teils neuartigen Herausforderungen konfrontiert ist (Bronder, 1993). Organisationen sind Änderungen unterworfen, weil die Welt um sie herum sich verändert. Unternehmungen als human kreierte artifizielle Systeme ökonomischer Ausrichtung entwickeln sich ähnlich biologischen Systemen – unterliegen also de facto einem Lebenszyklus, der von Entstehung, Wachstum, Reife, Veränderung und Untergang geprägt ist.

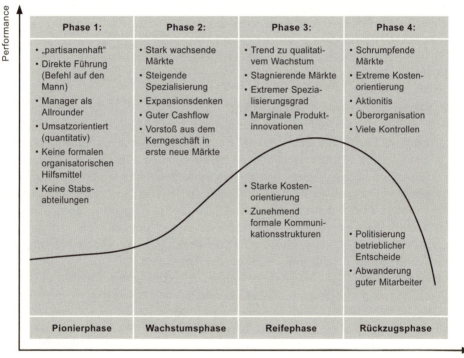

Abbildung 1: St. Galler Lebenszykluskonzept (Abegglen, 2007, S. 132)

Einzelne Phasen werden ausführlich im Rahmen des St. Galler Konzepts und weiterführender Überlegungen näher beschrieben und typisiert (Abegglen, 2007, S. 126ff.).

Dies trifft auch auf Netzwerke zu. Vorausschickend soll an dieser Stelle dezidiert darauf hingewiesen werden, dass Entwicklungsverläufe von Unternehmungen ebenso wie jene von Netzwerken stets individuell und singulär als auch oftmalig nicht antizipierbar sind. Trotzdem bieten solche idealtypischen Modelle oder besser Konzepte ein hilfreiches «Leerstellengerüst für Sinnvolles» (Ulrich, 1984), wobei in praxi insbesondere Phasenmodellen besonderes Potenzial zuzusprechen ist.

Aufgrund dessen impliziter Nähe zum St. Galler Lebenszykluskonzept (Abb. 1 und 2) sei im Folgenden aus der Fülle an Literatur zu solchen Modellen ein 4-Phasen-Modell nach Liebhart (2002) gewählt. Wie bereits ausgeführt, sind prinzipiell auch bei der systemischen Netzwerkevolution Rückschritte als auch ein vorzeitiger Netzwerkkollaps möglich.

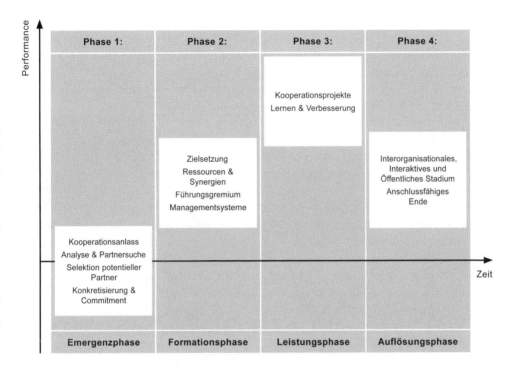

Abbildung 2: 4-Phasen-Modell von Netzwerken (Liebhart, 2002 eigene, modifizierte Darstellung)

Ähnlich dem klassischen St. Galler Lebenszyklusmodell umfasst auch das Lebenszyklusmodell von Hochleistungsnetzwerken drei Stadien der Evolution. So kann zwischen «innerer» Netzwerkentwicklung (Emergenz- und Formationsphase), «äußerer» Unternehmungsentwicklung (Leistungsphase) sowie «innerer und äußerer» Unternehmungsentwicklung (Auflösungs-/Restrukturierungsphase) differenziert werden.

2.3.1 Emergenzphase
Phase 1 beschreibt im Prinzip das Emergieren einer Kooperationsidee, die Manifestation von Potenzialen des Zusammenwirkens. Insbesondere die Ausprägung spezifischer Umfeldfaktoren begünstigen respektive hemmen die Entwicklung von Netzwerken (Liebhart, 2011, S. 253). Eine kurze Analyse Deutschlands, Österreichs und der Schweiz zeigt, dass in diesem Zusammenhang offenbar ein in der Tat eher kooperationsfreundliches und -förderndes Biotop entsprechende Entwicklungen unterstützt.

Trotzdem erfordert das Entstehen von Netzwerken eine Initialzündung, die in einem entstandenen Leidensdruck, einer relevanten Chance und vielem mehr liegen kann und so auf bewussten oder intuitiven Diagnosen der Unternehmungssituation beruht. Realitere Beweggründe sind hierbei vielfältig, zum Teil intransparent, auf alle Fälle jedoch unternehmungsspezifisch oder – gerade bei innovativ geprägten kleineren und mittleren Unternehmungen im Hightech-Bereich – im Wesen und der Philosophie des Firmengründers beziehungsweise des von ihm an Nachfolger übertragenen Gedankengutes begründet. Diese haben es – wie das Beispiel Dr. Manfred Wittenstein zeigt – oftmals am eigenen Leibe erfahren, dass in einer vernetzten internationalen Wissensgemeinschaft große Synergieeffekte erzielt werden können, wenn Stärken von verschiedensten Organisationen, Funktionen und Personen miteinander verbunden werden (Wittenstein, 2010, S. 205ff.).

Oftmals bilden persönliche, soziale Beziehungen zwischen Entscheidungsträgern respektive Schlüsselmitarbeitern unterschiedlicher Organisationen (latente) Möglichkeiten der Netzwerkgenese, wobei häufig engere Kooperationsformen mit etablierten Geschäftspartnern (Lieferanten, Kunden, Dienstleistungserbringern etc.) gesucht werden (Liebhart, 2007, S. 334f.). Detaillierte Analysen eigener Beziehungsgeflechte unter Einbeziehung differenter Stakeholder offenbaren das Netzwerkpotenzial der eigenen Unternehmung. So beginnt eine durch einen konkreten Anlass motivierte Unternehmung mögliche Kollaborationsformen strategisch und strukturell zu erörtern sowie potenzielle Partner zu selektieren (Liebhart, 2011, S. 254f.).

Mit dem Ziel der Exploration strategischer Lücken und wahrscheinlicher Erfolgspotenziale kommen in der *Analysephase* klassischerweise strategische Instrumente (Neumann, 2007a, Abegglen/Nagl, 2009) zur Anwendung. Daran schließt sich die Erarbeitung eines Partnerprofils. Im Fokus steht der Kooperationsnutzen und die Erhöhung der eigenen Wertschöpfung.

Gerade die *Partnerwahl* ist der wesentliche und somit kritischste Erfolgsfaktor eines Netzwerks, wobei neben der Sachebene besonders die Beziehungsebene als bedeutungsrelevant herauszustellen ist. Dementsprechend sind intensive Vorgespräche, Verhandlungen und vertrauensbildende Maßnahmen mit möglichen Partnerunternehmungen in der Reihenfolge deren Gesamtpotenzials notwendig. Ziele und Interessen der Beteiligten stehen hierbei im Zentrum. Mögliche hilfreiche Instrumente sind Ressourcen- und Kompetenzlandkarten, Kundenanalysen, Profilvergleiche, wobei durchwegs Objektivität an oberster Stelle zu stehen hat, um der Krux einer Netzwerkeuphorie (siehe 2.1) zu entgehen. Netzwerkpartner müssen kompatibel sein, sich gegenseitig ergänzen und konstruktiv zusammenarbeiten können (Liebhart, 2011, S. 254f.).

Mit der Reduktion potenzieller Kollaborationspartner geht vice versa eine Intensivierung des Kontakts und der *Konkretisierung* der Kooperation mit verbleibenden Unternehmungen einher. Ergebnis dieser Prozesse ist die Entwicklung eines *gemeinsamen Individualnutzens, Sinns* und entsprechenden *Commitments* sämtlicher Parteien (Liebhart, 2011, S. 255).

Den Sprung in die nächste Lebenszyklusphase des noch potenziellen Hochleistungsnetzwerks schaffen nicht alle Konfigurationen. Gerade in dieser ersten Phase ist das Krisenpotenzial als besonders hoch zu definieren (Abegglen, 2007, S. 133). Der zu erbringende Aufwand steht noch in negativer Relation zum Nutzen (Abb. 2). *Vertrauens- und Nutzenkrisen* können hier den Netzwerklebenszyklus vorzeitig beenden.

Die *wesentliche Aufgabe der Unternehmungsführung* ist es, in dieser Phase nicht in Netzwerkeuphorie zu geraten oder aus Angst vor Erosion bereits etablierter Beziehungen voreilige Kooperationen einzugehen, sondern rationale Analysen auf unterschiedlichen Ebenen durchzuführen. Im Fokus steht also eine Art *Konfigurations-Management,* das Ist- und Soll-Zustände abklärt und vielversprechende Wege aufzeigt (Abegglen, 2007, S. 130). In diesem Kontext empfiehlt sich die überlegte Anwendung des St. Galler Konzepts, also immer tiefer gehende Diagnosen und Analysen nach dem Zwiebelschalenprinzip (Abegglen/Zehnder/Rippberger, 2011, S. 666ff.). Die Praxis zeigt, dass gerade die schonungslose Ist-Aufnahme des Reifegrads der eigenen Organisation und der künftigen Partnerorganisation beziehungsweise die diese tragenden Führungskräfte von entscheidender Bedeutung ist: Je größer die Organisations- und Führungsprobleme im Innern der Organisationen ist beziehungsweise je stärker der Fokus auf das fordistische Prinzip möglichst isolierter Abteilungen mit wenig informeller stellenübergreifender Zusammenarbeit gelegt ist, desto größer ist die Wahrscheinlichkeit eines Scheiterns gerade auch im Netzwerk.

Vorausschauende Unternehmer tragen diesen Gefahren frühzeitig Rechnung: So bezeichnet sich – um ein konkretes Beispiel anzuführen – die WITTENSTEIN-Gruppe im Innenverhältnis «als Hidden Champions unter einem Dach», gemeint ist damit, dass die aus zahlreichen (eigenständigen) Geschäftseinheiten bestehende Firmengruppe von allen Geschäftseinheitsverantwortlichen und Zentralbereichsleitern verlangt, mit anderen internen Geschäftseinheiten so zu agieren, als hätten sie es mit externen Kooperationspartnern zu tun – was eine Art Öffnung aller innerbetrieblichen Grenzen verlangt. Denn die Tendenzen einer auf die Bedürfnisse von Netzwerkgesellschaften ausgerichtete Organisationsform zielen weniger auf Teilung ab denn auf Einigung. Bewusst schuf Dr. Manfred Wittenstein über dieses organisatorische und unternehmerische Konzept hinaus – mit Unterstützung des Verfassers dieses Artikels – zusätzlich ein einfaches, aber höchst probates Verhaltenskompendium, genannt «Rollen und Regeln zur Zusammenarbeit der Hidden Champions im WITTENSTEIN Netzwerk».

Dieses definiert die Anforderungen an die Rollen der Beteiligten, legt Leitplanken und Grundsätze bezüglich adäquater Verhaltensweisen in der Zusammenarbeit dar, versucht zudem, nicht durch eine hierarchisch angeordnete, sondern kooperativ entwickelte Verhaltenssteuerung eine Bündelung der Kräfte ohne Aufgabe der Autonomie der Glieder zu erreichen. So konnten die wesentlichen strategischen und operativen Facetten der Zusammenarbeit der Hidden Champions «aus einem Guss» gestaltet werden. Strategisch betrachtet ergeben sich daraus beträchtliche Synergien auf dem Weg zum Mechatronikkonzern, verfügen die einzelnen Geschäftseinheiten doch vielfach über entscheidendes Wissen, welches einer anderen Einheit zugute kommen kann. Daraus entstehen letztlich auch Quantensprünge in der Entwicklung von neuen Produkten und Lösungen. Operativ betrachtet ersparen sich die Hidden Champions dadurch nicht zuletzt auch die vielen häufig frustrierenden Kleinkonflikte beim operativen Aussteuern der Zusammenarbeit (Bleicher, 2011a, S. 37; Abegglen/ Zehnder/Rippberger, 2011, S. 655ff.).

Die Gestaltung und Implementierung einer solchen «Hidden Champions unter einem Dach»-Organisation mit einem dazugehörigen Regelwerk kann gleichsam als Lerninstrument und Vorbereitungsaktivität auf dem Weg zur Hochleistungsnetzreife verstanden werden. Ein selbstständig proaktiv Verantwortung übernehmendes Managementteam ist eine weitere höchst positive Folge. Darüber hinaus entsteht bezüglich Stärken und Schwächen eines Managementteams beziehungsweise einzelner Teammitglieder Transparenz, was der weiteren Entwicklung einer Unternehmung generell zugute kommt.

Nach diesen vorbereitenden Maßnahmen ist ein Übergang zu netzwerkartigen Kooperationsformen entsprechend behutsam zu orchestrieren (Bleicher, 2011d, S. 232f.), denn es wird massiver Einfluss auf die bisherige unternehmerische Identität geübt und die Unternehmung per se nicht unerheblich verändert – ja, transformiert. Eine Vision, eine erprobte eigene Organisation, wie oben am Beispiel von WITTENSTEIN dargelegt, getragen von Führungskräften mit hohem Kooperationsreifegrad sowie einem vielversprechenden Bild des künftigen Hochleistungsnetzwerkes selbst, ist für die Schaffung eines solchen Netzwerkes daher unabdingbar.

2.3.2 Formationsphase

Konkretisierungs-, Etablierungs- und Evaluationsprozesse sind wesentliche Vorgänge innerhalb der Formationsphase. In dieser *2. Phase* stehen sowohl die Formulierung strategischer Ziele, die Bündelung von Ressourcen und Strategien als auch Managementsysteme und die konkrete, strategische Führung und Organisation der Netzwerkkonfiguration im Fokus. Langfristige Ziele und Erwartungen sind transparent und klar zu formulieren, dabei ist der Zielformulierungsprozess unter Berücksichtigung gegenseitiger Interessen kollektiv zu durchlaufen. Resultat sind sowohl kollektive Netzwerkziele als auch Individualziele einzelner Partnerunternehmungen (Liebhart, 2007, S. 338). Hierbei gilt es, Ziele so konkret als möglich und so offen als nötig zu präzisieren.

Darauf aufbauend müssen nochmalig die konkrete Art und Weise der Zusammenarbeit skizziert und terminiert werden. Als hilfreich erweist sich dabei die Erstellung eines Kooperations-Businessplans (Liebhart, 2007, S. 339). Aufgrund des Netzwerks wird die Eigenkomplexität erheblich erhöht und das Management entsprechend gefordert (Bleicher, 2011d, S. 233), denn nicht nur die Konfiguration des Netzwerks muss gesteuert werden, ebenso gilt es Veränderungen innerhalb der eigenen Unternehmung professionell umzusetzen und entsprechendes Change Management zu forcieren (Liebhart, 2011, S. 256).

Diese Herausforderungen begünstigen das Auftreten einer *Formalisierungskrise*, welche insbesondere durch hohen Koordinationsaufwand, partiellen Autonomieverlust, hohen Veränderungs- und Abstimmungsbedarf einhergehend mit einem Mangel an konkreten Nutzen gekennzeichnet ist (Liebhart, 2007, S. 340). Auch treten in dieser Phase bereits sämtliche Spezifika des Managements von Unternehmungsnetzwerken (siehe 1.2.2) verstärkt zutage. Hinzu kommen die Herausforderung der

Schaffung von unternehmungsübergreifenden Managementsystemen und die Überwindung differenter Organisationsproblematiken (Bleicher, 1995, S. 59ff.).

Der Aufbau eines vertretbaren Maßes an transorganisationalen Managementsystemen und ihre inter- als auch intraorganisationale Verankerung unter professioneller Orchestrierung sind in diesem Kontext als die wesentlichsten Herausforderungen des Managements in der Etablierung eines Hochleistungsnetzwerkes zu nennen. Es geht im Wesentlichen also um Transitions-Management, die Umsetzung konkreter Maßnahmen und Prozessschritte und das Herbeiführen rascher, objektiver Verbesserungen (Abegglen, 2007, S. 130).

2.3.3 Leistungsphase

Erreicht das Hochleistungsnetzwerk *Phase 3*, wird konkrete Wertschöpfung aus der Kooperation realisiert und Nutzen für die Netzwerkpartner generiert. Allerdings können auch hier konkrete Probleme auftreten und sich in einer *Sinnkrise* manifestieren, die sich beispielsweise in differenten Prioritätsgewichtungen der Kooperationspartner bei konkreten Vorhaben und ganz allgemein in Vorstellungen zur Weiterentwicklung der Kollaborationskonfiguration zeigt (Liebhart, 2007, S. 342f.).

Neben der konkreten Leistungsgenerierung gilt es, permanent an der Weiterentwicklung der Organisation, an deren Verbesserung im Sinne eines kontinuierlichen Verbesserungsprozesses (Continuous Improvement) als auch an fortwährenden transorganisationalen Lernprozessen zu arbeiten und hierbei spezifische Leitlinien für das Wissensmanagement in Netzwerken zu berücksichtigen (Neumann, 2011, S. 285ff.; Neumann, 2007b, S. 352ff.) – das Netzwerk als «Ordnung des Wissens» (Neumann, 2000) zu verstehen. Dies setzt Kritikfähigkeit und Offenheit seitens sämtlicher Kooperationspartner voraus, ist aber für die Weiterentwicklung der Kooperationskompetenz unabdingbar. Wesentliche Sphären, die detaillierter und maßnahmenableitender Evaluationen bedürfen, sind dabei die Kundenebene, die Kooperationsebene, die Ebene einzelner Kooperationspartner, deren Mitarbeiter und sonstiger Stakeholdergruppen als auch die Ebene der Kooperationsumwelt und deren spezifische Stakeholdergruppen (Liebhart, 2011, S. 258). Instrumente, die in diesem Kontext erfolgswahrscheinlich zum Einsatz kommen könnten, sind beispielsweise eine modifizierte Netzwerk-Balanced-Scorecard (Kaplan/Norton, 1996). Im Fokus stehen also Prozesse permanenter Optimierung und Erneuerung (Rüegg-Stürm, 2003, S. 83ff.), also stringentes Performance Management, die Optimierung des Systemzustandes mit dem Ziel der Entfaltung der vollen Leistungsfähigkeit des Netzwerkes (Abegglen, 2007, S. 130).

2.3.4 Auflösungsphase

Phase 4 kennzeichnet nun das Ende der Kollaboration, das nicht immer als Folge eines Scheiterns zu beurteilen ist. So kann die Zusammenarbeit ihr zeitliches respektive inhaltliches Ende erreicht haben, dieser Auflösungsgrund ist aufgrund der Tatsache des Bestehens einer Reihe von temporal begrenzten Kooperationsformen evident (Liebhart, 2011, S. 258). Weitere Auflösungsgründe reichen von Nutzenverlust, dem Entstehen von divergierenden Interessen und/oder künftig verstärkten

Konkurrenzsituationen bis hin zur Eskalation von Konflikten. Aus einer zeitlichen Perspektive lässt sich die größte Gefahr eines Kooperationsendes mit 5 bis 6 Jahren nach Zusammenarbeitsbeginn angeben (Liebhart, 2007, S. 343ff.).

Dass gerade in dieser Phase Emotionen, Verfehlungen, Missverständnisse und etwaige *Kollaborationskrisen* gegeben sind, ist offensichtlich und soll folglich an dieser Stelle nicht näher behandelt werden. Trotzdem ist auch hier das *Management* gefordert. Allerdings bildet gerade im Sinne einer evolutionären Betrachtung jedes «Ende und Aus» eine Chance zur Entstehung von wiederum Ähnlichem, Verbessertem oder gar Neuem. Im Wettbewerb der Kooperationsmöglichkeiten kommt es zu einer Auslese der überlebensfähigeren Netzwerksysteme vor dem Hintergrund sich ändernder Rahmenbedingungen. Damit wandeln sich auch Chancen und Risiken wie sich auch Änderungen in den Stärken und Schwächen der Unternehmung ergeben, eine Unternehmungs-Konfiguration auf einem nächsthöheren Niveau sollte entstehen. Doch zunächst gilt es natürlich, die Verflechtungen mit anderen Unternehmungen adäquat zu lösen. Wie bei jeder Veränderung treten hier typische Hindernisse und Widerstände auf, was wiederum eines entsprechenden Change Managements bedarf. Von Bedeutung ist, dass eine beendete Zusammenarbeit nicht bloß archiviert, sondern vielmehr hinsichtlich Entstehung, Entwicklung und Auflösung genauer analysiert werden sollte, um zu guter Letzt ein anschlussfähiges Ende für das oben dargelegte Neue zu generieren (Liebhart, 2011, S. 259). Als hilfreich in diesem Kontext ist die Verwendung des an dieser Stelle vorgestellten 4-Phasen-Modells von Netzwerken, also das Durchlaufen und Analysieren jeder einzelnen Phase ex post, zu nennen.

2.4 Permanentes Reorganisieren und Neukonfigurieren als Realität

Unternehmertum ist seit jeher mit Strukturbrüchen und Sinnkrisen konfrontiert. Angesichts des von Knut Bleicher vor über 20 Jahren angemahnten Paradigmenwandels, der zwischenzeitlich weit fortgeschritten ist, stellt sich gar die Frage, ob nicht unser organisatorisches Wissen am Ende eines Lebenszyklus angekommen ist (Bleicher, 2011c, S. 161).

Gerade bei Netzwerken oder anderen Zusammenarbeitskonfigurationen dürfte bezüglich dieser Fragestellung die alte griechische Weisheit «panta rhei» gelten. Bleicher spricht aus diesem Grunde auch von «fluiden Organisationen».

> *«Netzwerke verfügen über durchlässige, zum Teil sogar ‹verschwimmende Grenzen› (‹fuzzy boundaries›) und sind deshalb Ausdruck einer dynamischen Organisationskonfiguration. Dank ihrer hochflexiblen, organischen Gestalt befinden sich Netzwerkstrukturen in einem permanenten ‹Zustand der Bewegung› und können, quasi durch ihr ‹Mitfließen› im Strom der Umweltentwicklungen, das in rigiden Strukturen besonders deutlich werdende Defizit zwischen der Umweltdynamik und der eigenen Veränderungsgeschwindigkeit verringern. Die Vorstellung von einem derartigen dynamischen ‹Mitfließen› von ‹ever shifting organizational structures› führte deshalb zu der Bezeichnung als ‹fluide Organisation›.»*
> (Bleicher, 2011d, S. 231)

Gefordert sind so Formen flexibler, unsteter, lateraler Zusammenarbeit auf einer starken gegenseitigen Vertrauensbasis (Bleicher, 1992, S. 72ff.).

Um in diesem Kontext als Führungskraft zu bestehen, gilt es sich ständig weiterzuentwickeln, professionelle Vernetzung mit (potenziellen) Partnern zu fördern und zeitgerecht Planung, Steuerung, Realisierung sowie Verankerung von Anpassungs- und Veränderungsprozessen zu forcieren und hierbei entsprechendes Führungsverhalten an den Tag zu legen (Neumann, 2007a, S. 181ff.; Bleicher, 2011a, S. 31ff.). Da Managementsysteme zunehmend an ihre Grenzen gelangen, wird eine Rückbesinnung auf eines der flexibelsten Instrumente unserer Systeme, das menschliche Improvisationsvermögen, vonnöten (Bleicher, 2011c, S. 163); wichtiger als Perfektion wird Aktion mit entsprechend kontinuierlichen Verbesserungen im Rahmen eines gesamtheitlichen Konzepts (Abegglen/Zehnder/Rippberger, 2011, S. 641ff.) und gerade dabei wird oftmals die Organisation per se zum Erfolgsfaktor (Bleicher, 2011b, S. 127ff.).

Netzwerke konstituieren eine eigene Identität, sind per se als Systeme zu verstehen (Rometsch, 2008; Schwaninger, 2009, S. 95ff.). Die Kollaboration ist ein solches Metasystem, das,

«aus verschiedenen Systemen bestehend, sich von der Umwelt abgrenzt, auf sich selbst bezieht (Selbstreferentialität) und sich durch eigene Elemente weiterentwickelt (Autopoiesis). Die Lebensfähigkeit solch eines Metasystems hängt von der Fähigkeit desselbigen ab, der ökonomischen binären Codierung Gewinn respektive Verlust zu entsprechen. Ergeben sich keine unmittelbaren materiellen Vorteile aus der Kollaboration, so läuft das Metasystem Gefahr, sich in seine Systemelemente – also die separaten Unternehmungssysteme – aufzulösen.» (Ivancic, 2011, S. 278)

Aktion und Reflexion werden hier zu den wichtigsten Eigenschaften der Führungskraft, denn leider gilt aktuell:

«Je komplexer die Situation, umso grösser der vermeintliche Zeitdruck, umso rascher wird auf kurzfristige, blosse Symptome bekämpfende isolierte Rezepte gesetzt. Insbesondere die letzten Jahre zeigen einen eklatanten Rückschritt im Verständnis dessen, was unseren Umgang mit nachhaltiger Unternehmensentwicklung anbelangen sollte.»
(Abegglen, 2007, S. 119)

– und dem gilt es mit aller Kraft entgegenzuwirken, um erfolgreiche Hochleistungsunternehmungen, wie beispielsweise die WITTENSTEIN-Gruppe, innerhalb von makro- und mikroökonomisch bedeutsamen Hochleistungsnetzwerken erfolgreich auf einem Wachstumspfad zu halten und so weiterhin die Existenz von Hidden Champions zum Wohle von Wirtschaft und Gesellschaft zu sichern.

Für wertvolle Recherchen, Hinweise und redaktionelle Unterstützung danke ich Herrn Mag. mult. Ronald Ivancic.

Literatur zu Abschnitt 2

Abegglen, C. (2007): Nachhaltige Unternehmensentwicklung als Oberziel eines Integrierten Managements. Das Management der Lebenszykluskurve. Theorie und Beispiele aus der Praxis. In: Neumann, R./Graf, G. (Hrsg.): Management-Konzepte im Praxistest. State of the Art – Anwendungen – Erfolgsfaktoren. Wien, S. 117–146.

Abegglen, C./Nagl, R. (2009): Ganzheitliche Strategieentwicklung. St. Galler Business Books & Tools, St. Gallen.

Abegglen, C./Zehnder, P./Rippberger, A. (2011): Das Konzept Integriertes Management in der Praxis. In: Bleicher, K. (Hrsg.): Das Konzept Integriertes Management. Visionen – Missionen – Programme. 8., aktual. u. erw. Aufl., Frankfurt am Main, S. 641–684.

Arndt, O. (2001): Innovative Netzwerke als Determinante betrieblicher Innovationsfähigkeit. Das Beispiel Süd-Wales/UK. Köln.

Becker, T./Dammer I./Howaldt J./Killich, S./Loose, A. (2005): Netzwerke – praktikabel und zukunftsfähig. In: Becker, T./Dammer, I./Howaldt, J./Killich, S./Loose, A. (Hrsg.): Netzwerkmanagement. Mit Kooperation zum Unternehmenserfolg. Berlin et al., S. 3–11.

Berghoff, H./Sydow, J. (2007): Unternehmerische Netzwerke – Theoretische Konzepte und historische Erfahrungen. In: Berghoff, H./Sydow, J. (Hrsg.): Unternehmerische Netzwerke. Eine historische Organisationsform mit Zukunft? Stuttgart, S. 9–43.

Bleicher, K. (1992): Organisation. Strategien – Strukturen – Kulturen. 2., vollst. neu bearb. u. erw. Aufl., Wiesbaden.

Bleicher, K. (1994): Normatives Management. Politik, Verfassung und Philosophie des Unternehmens. Frankfurt am Main/New York.

Bleicher, K. (1995): Unterwegs zur Netzwerk-Organisation. In: Balck, H. (Hrsg.): Networking und Praxisorientierung. Gestaltung des Wandels in Unternehmen und Märkten. Berlin et al., S. 59–71.

Bleicher, K. (1999): Das Konzept Integriertes Management. Visionen – Missionen – Programme. 5., rev. u. erw. Aufl., Frankfurt am Main/New York.

Bleicher, K. (2011a): Das Konzept Integriertes Management. Visionen – Missionen – Programme. 8., aktual. u. erw. Aufl.. Frankfurt am Main.

Bleicher, K. (2011b): Möglichkeiten und Grenzen der Selbstorganisation: Organisation als Erfolgsfaktor. In: Abegglen, C. (Hrsg.): Meilensteine der Entwicklung eines Integrierten Managements. Knut Bleicher – Gesammelte Schriften in 6 Bänden. Band 4: Managementsysteme: Die Flexibilisierung und virtuelle Öffnung der Unternehmung, hier: Möglichkeiten und Grenzen der Selbstorganisation. Künzelsau, S. 127–132.

Bleicher, K. (2011c): Der Weg zu virtuellen Managementsystemen. In: Abegglen, C. (Hrsg.): Meilensteine der Entwicklung eines Integrierten Managements. Knut Bleicher – Gesammelte Schriften in 6 Bänden. Band 4: Managementsysteme: Die Flexibilisierung und virtuelle Öffnung der Unternehmung, hier: Auf der Suche nach zukunftsgerichteten Organisationsstrukturen. Künzelsau, S. 161–186.

Bleicher, K. (2011d): Anmerkungen zur «Virtuellen Organisation». In: Abegglen, C. (Hrsg.): Meilensteine der Entwicklung eines Integrierten Managements. Knut Bleicher – Gesammelte Schriften in 6 Bänden. Band 4: Managementsysteme: Die Flexibilisierung und virtuelle Öffnung der Unternehmung, hier: Anmerkungen zur «Virtuellen Organisation». Künzelsau, S. 230–233.

Bronder, C. (1993): Kooperationsmanagement. Unternehmensdynamik durch strategische Allianzen. Frankfurt am Main.

Castells, M. (2000): The Rise of the Network Society. Oxford.

Dörsam, P./Icks, A. (1997): Vom Einzelunternehmen zum regionalen Netzwerk. Eine Option für mittelständische Unternehmen. Stuttgart.

Hess, T. (1999): ZP-Stichwort. Unternehmensnetzwerke. In: Zeitschrift für Planung, Bd. 10, Nr. 2, S. 225–230.

Ivancic, R. (2011): Systemisches Management von Unternehmensnetzwerken. In: Abegglen, C. (Hrsg.): Meilensteine der Entwicklung eines Integrierten Managements. Knut Bleicher – Gesammelte Schriften in 6 Bänden. Band 4: Managementsysteme: Die Flexibilisierung und virtuelle Öffnung der Unternehmung, hier: Besonderheiten netzwerkartiger Kooperationsformen und deren Management. Künzelsau, S. 267–282.

Kaplan, R. S./Norton, D. P. (1997): Balanced Scorecard: Strategien erfolgreich umsetzen. Stuttgart.

Kosiol, E. (1962): Organisation der Unternehmung. Wiesbaden.

Liebhart, U. (2002): Strategische Kooperationsnetzwerke. Entwicklung – Gestaltung – Steuerung. Wiesbaden.

Liebhart, U. (2007): Unternehmenskooperationen. Aufbau, Gestaltung und Nutzung. In: Neumann, R./Graf, G. (Hrsg.): Management-Konzepte im Praxistest. State of the Art – Anwendungen – Erfolgsfaktoren. Wien, S. 295–350.

Liebhart, U. (2011): Kooperationssysteme gestalten und entwickeln. In: Abegglen, C. (Hrsg.): Meilensteine der Entwicklung eines Integrierten Managements. Knut Bleicher – Gesammelte Schriften in 6 Bänden. Band 4: Managementsysteme: Die Flexibilisierung und virtuelle Öffnung der Unternehmung. Künzelsau, S. 235–264.

Nagl, R./Wimmer, R. (2002): Systemische Strategieentwicklung. Modelle und Instrumente für Berater und Entscheider. Stuttgart.

Neumann, R. (2000): Die Organisation als Ordnung des Wissens. Wissensmanagement im Spannungsfeld von Anspruch und Realisierbarkeit. Wiesbaden.

Neumann, R. (2007a): Professionalität im Change Management. Veränderungen in Gang bringen und wirksam umsetzen. In: Neumann, R./Graf, G. (Hrsg.): Management-Konzepte im Praxistest. State of the Art – Anwendungen – Erfolgsfaktoren. Wien, S. 181–244.

Neumann, R. (2007b): Wissensmanagement in netzwerkartigen Unternehmensverbänden. In: Neumann, R./Graf, G. (Hrsg.): Management-Konzepte im Praxistest. State of the Art – Anwendungen – Erfolgsfaktoren. Wien, S. 351–364.

Neumann, R. (2011): «Zusammenarbeit multipliziert Wissen» – Ansätze eines integrativen Wissensmanagements in Unternehmensnetzwerken. In: Abegglen, C. (Hrsg.): Meilensteine der Entwicklung eines Integrierten Managements. Knut Bleicher – Gesammelte Schriften in 6 Bänden. Band 4: Managementsysteme: Die Flexibilisierung und virtuelle Öffnung der Unternehmung. Künzelsau, S. 282–296.

Rieckmann, H. (2005): Managen und Führen am Rande des 3. Jahrtausends. Praktisches, Theoretisches, Bedenkliches. 3., durchges. Aufl., Frankfurt am Main et al.

Rometsch, M. (2008): Organisations- und Netzwerkidentität. Systemische Perspektiven. Wiesbaden.

Rüegg-Stürm, J. (2003): Das neue St. Galler Management-Modell. Grundkategorien einer integrierten Managementlehre. Der HSG-Ansatz. 2., durchges. Aufl., Bern/Stuttgart/Wien.

Schwaninger, M. (1993): A Concept of Organizational Fitness. In: Espejo, R./ Schwaninger, M. (Hrsg.): Organizational Fitness – Corporate Effectiveness through Management Cybernetics. Frankfurt am Main/New York, S. 39–66.

Schwaninger, M. (2007): Optimal structures for social systems. In: Kybernetes. Bd. 36, Nr. 3, S. 307–318.

Schwaninger, M. (2009): Intelligent Organizations – Powerful Models for Systemic Management. Heidelberg.

Sydow, J. (2001): Zum Verhältnis von Netzwerken und Konzernen. Implikationen für das strategische Management. In: Ortamann, G./Sydow, J. (Hrsg.): Strategie und Strukturation. Strategisches Management von Unternehmen, Netzwerken und Konzernen. Wiesbaden, S. 271–298.

Ulrich, H. (1984): Management. Bern et al.

Ulrich, H./Probst, G. J. B. (1995): Anleitung zum ganzheitlichen Denken und Handeln. Ein Brevier für Führungskräfte. 4., unv. Aufl., Bern/Stuttgart/Wien.

Wildemann, H. (1996). Management von Produktions- und Zuliefernetzwerken. In: Wildemann, H. (Hrsg.): Produktions- und Zuliefernetzwerke. München, S. 13–45.

Wittenstein, M. (2010). Geschäftsmodell Deutschland. Warum Globalisierung gut für uns ist. Hamburg.

Wohlgemuth, O. (2002): Management netzwerkartiger Kooperationen. Instrumente für die unternehmensübergreifende Steuerung. Wiesbaden.

3 Führung 4.0: Worthülse oder echte Herausforderung?
Interview mit Dr. Manfred Wittenstein und Dr. Christian Abegglen, erschienen 2016

Dr. Manfred Wittenstein und Dr. Christian Abegglen sprachen mit Andrea Veerkamp-Walz darüber, wie sich Industrie 4.0 auf ein ganzheitliches Management und den Führungsstil auswirkt.

Herr Dr. Wittenstein, inwiefern erfordert Industrie 4.0 eine neue Form der Führung – eine Führung 4.0?

Wittenstein: Ich denke nicht, dass wir nun plötzlich eine völlig neue Form der Führung brauchen. Vielmehr ist es doch so, dass schon seit Längerem die klassische Führung über hierarchische Mechanismen immer weniger funktioniert. Mehr und mehr müssen Führungskräfte außerhalb ihres durch die Aufbauorganisation zugewiesenen Verantwortungsbereichs für Ziele und Orientierung sorgen. Das ist eine lang andauernde Entwicklung, die durch Industrie 4.0 allerdings eine zusätzliche Dynamik erfährt. Vernetzung, Geschwindigkeit, die Gleichzeitigkeit und Wechselwirkung von Ereignissen, Digitalisierung, das Verheiraten unterschiedlicher Technologien und Disziplinen, unternehmensübergreifende Kooperationen – das sind nur einige Begriffe, die jedoch zeigen, dass die Anforderungen an Führung steigen. Meinetwegen nennen wir es plakativ Führung 4.0.

Herr Dr. Abegglen, Sie beraten seit Jahren Unternehmen und bilden in St. Gallen ganze Managergenerationen aus. Welchen Blick haben Sie auf das Thema?

Abegglen: Es ist richtig, die Komplexität von Führung steigt. Das gilt besonders für Schlüsselindustrien wie den Maschinenbau. Er vollbringt von der Mechanik bis hin zur Elektronik, Sensorik und Software innovative Integrationsleistungen und digitalisiert zunehmend online im Rahmen völlig neuer Geschäftsmodelle. Die Wertschöpfung findet interdisziplinär, über Abteilungen und Unternehmen hinweg, und immer öfter international sowie interkulturell statt. Die Zeiten zentralistischer, tayloristisch organisierter Wertschöpfungsketten sind vorbei. Mehrwert entsteht in Wertschöpfungsnetzwerken, die sich je nach Aufgabenstellung neu konfigurieren müssen.

Welches Verständnis von guter Führung brauchen wir zukünftig?

Abegglen: Gute Führung sorgt dafür, dass die Netzwerke attraktiv, anschlussfähig und imstande zur Neukonfiguration sind. Gute Führung sorgt für Gemeinsamkeiten bei Visionen, Sinnhaftigkeit und Werten. Es ist eine schwierige Aufgabe, eine dezentrale Intelligenz und Autonomie auf eine übergeordnete Zielsetzung auszurichten, noch dazu bei einem immer größer werdenden Radius der Beeinflussung. Das gilt vor allem auch für die Unternehmen des deutschen Maschinenbaus im Wettlauf um die Vormachtstellung bezüglich Industrie 4.0.

Dr. Christian Abegglen im Gespräch mit Dr. Manfred Wittenstein

Teilen Sie diese Ansichten? Und was tun Sie in Ihrem Unternehmen, um führungstechnisch gut gerüstet zu sein?

Wittenstein: Ich möchte mich Christian Abegglen ausdrücklich anschließen und bin mir sicher, wir müssen dem Thema Führung im Kontext Industrie 4.0 mehr Aufmerksamkeit schenken. Wir sehen es doch: Wir diskutieren unter der Überschrift Industrie 4.0 seit Jahren. Wir sind auch gut vorangekommen auf unserem Weg. Aber in der konkreten Umsetzung, im täglichen «Machen», tun wir uns vielerorts schwer. Und das liegt auch an der Führung, ganz entscheidend sogar, meine ich. Ich glaube, dass wir bei WITTENSTEIN grundsätzlich auf der richtigen Spur sind, indem wir seit einigen Jahren systematisch dezentrale Autonomie und Eigenverantwortung stärken. Gleichzeitig bauen wir visionäre, normative und strategische Kräfte in der Konzernzentrale aus. Zudem versuchen wir, wo möglich, organisatorische Grenzen aufzubrechen und auf Augenhöhe miteinander im Dialog zu stehen. Egozentrisches und machtorientiertes Verhalten ist unerwünscht, denn Zielkonflikte können immer weniger durch den Vergleich von Schulterklappen aufgelöst werden. Auch bei der Auswahl unserer neuen Vorstandsmitglieder haben wir uns bewusst für eine in Persönlichkeit und Fachdisziplin heterogene Gruppe junger Leute entschieden.

Lassen sich die Fähigkeiten zur optimalen Führung erlernen beziehungsweise aus Ihrer Perspektive lehren?

Abegglen: Die optimale Führung kann es nicht geben, dafür sorgen bereits die sich ständig ändernden äußeren Umstände. Aber genau diese Tatsache weist auch den Weg, auf dem man sich dem Ideal der optimalen Führung stetig versuchen muss zu nähern – nicht statisch und zentralistisch, sondern vor allem anpassungsfähig und in Netzwerken, nicht entlang von Berichtslinien, sondern über Begeisterung und Orientierung, nicht arrogant und selbstsicher, sondern kritisch-rationalistisch, achtsam und bescheiden im Popper'schen Sinne. Und man muss jeden Tag aufs Neue versuchen, seine Fähigkeiten diesbezüglich zu verbessern, wissend, dass man nie das perfekte Resultat erzielen kann. Man sollte in diesem Tun im Wortsinne infektiös sein, denn mehr und mehr braucht es Multiplikatoren und Satelliten im beschriebenen Hochleistungsnetzwerk. Alleine kann man nicht führen. Genau in diesem Sinne muss man auch die Aus- und Weiterbildung von Führungskräften optimieren, das heißt beispielsweise anreichern um psychologische Aspekte sowie verhaltensökonomische Inhalte. Auch das ist ein Weg, auf dem man nie ankommt, aber immer in Bewegung bleiben muss. Dabei können wir Unternehmen nicht belehren oder vor uns hertreiben. Wir können sie lediglich auf ihrem eigenen Weg unterstützen.

Abschließend interessiert mich, was die Konstante guter Führung im zeitlichen Ablauf ist? Was war schon immer entscheidend und wird es immer bleiben?

Abegglen: Überzeugungsfähigkeit …

Wittenstein: … und Haltung.

Herr Dr. Abegglen, Herr Dr. Wittenstein, wir danken Ihnen für dieses Gespräch.

Zur Person Dr. Manfred Wittenstein sowie zur Unternehmung WITTENSTEIN SE

Dr.-Ing. Manfred Wittenstein, geboren 1942 in Berlin, ist Gründer sowie heutiger Aufsichtsratsvorsitzender der WITTENSTEIN SE, ehemaliger Präsident des VDMA, Vizepräsident des BDI und Sprecher der Allianz Industrie 4.0 Baden-Württemberg. Neben weiteren Funktionen ist er Mitglied des Senats der Fraunhofer-Gesellschaft sowie der Forschungsunion Wirtschaft – Wissenschaft der Bundesregierung. Wittenstein ist u. a. Träger des «Preis Deutscher Maschinenbau 2015», Inhaber der Grashof-Denkmünze des VDI und als «Entrepreneur des Jahres 2011» in der Hall of Fame der weltbesten Unternehmer vertreten.

Die WITTENSTEIN SE steht national und international für Innovation, Präzision und Exzellenz in der Welt der mechatronischen Antriebstechnik. Die Unternehmensgruppe umfasst sechs innovative Geschäftsfelder mit jeweils eigenen Tochtergesellschaften: Servogetriebe, Servoantriebssysteme, Medizintechnik, Miniatur-Servoeinheiten, innovative Verzahnungstechnologie, rotative und lineare Aktuatorsysteme, Nanotechnologie sowie Elektronik- und Softwarekomponenten für die Antriebstechnik. Darüber hinaus ist die WITTENSTEIN SE *(www.wittenstein.de)* mit rund 60 Tochtergesellschaften und Vertretungen in etwa 40 Ländern in allen wichtigen Technologie- und Absatzmärkten der Welt vertreten.

KAPITEL VI
Das Konzept Integriertes Management in der Praxis

1 The Integrated Management Concept in practice

Christian Abegglen, Peter Zehnder, Andreas Rippberger, bisher unveröffentlichte englische Übersetzung des Beitrages «Das Konzept Integrierter Management in der Praxis» in der 8. Auflage des Werkes «Konzept Integriertes Management»

1.1 From uncertainty to the St. Galler Integrated Concept

The financial crisis has shaken the world. Its aftershocks are still shaking the ground on which we thought for a long time we were standing safely. The rehearsed order of up and down in world economy is sliding. It is uncertain who will be up front in the race of growth and prosperity in the future. The USA and Western European states – for a long time guarantors of further increasing prosperity trends in spite of all setbacks – have strayed off their road to success. Not the Americans and Western Europeans pull a country depending on exports like Germany out of depression like it mainly used to happen but the Chinese. Disoriented and confused not only companies but entire nations are pursuing the way onto safe territory. They are searching for a new regulatory framework and asking for new ideas in order to connect – repositioned – with the good old times before the financial crash.

It is not a complete surprise, however, that the long-time predominant capitalistic West has gotten into this position. Many of the changes whose effects are currently being felt painfully were repeatedly predicted during the last 40 years. But such prognostics were negated in the hitherto spoiled parts of our world. These include a political shift of emphasis between East and West, a global competition linked to the creation of new economic areas, a global integration made possible by information technology as well as other developments which Naisbitt – to name only one pioneer – demonstrated already in 1984. It also includes the necessity in management thinking to react to these changes with a paradigm change as it was identified as being necessary and postulated by Knut Bleicher already at the beginning of the 1980s, long before the publication of the first issue of this work.

In the meantime, more than two generations of students and executives could study and benefit from the new handling of complexity in the economic world as it was taught by Bleicher and other systems theorists. They have learned that the speed of change in a globally integrated world and the resulting forced development of an international knowledge society require a new design of habitual thinking and behavioral patterns from management. The hasty interventions alone, initiated by the economy and single states in the last years to save our economic system, and the present control of symptoms – feeding the next crisis in its core – demonstrate that we are still lacking a basic understanding of how to deal with dynamics and complexity.

A look into the present management literature for practitioners shows that most concepts presented there do not live up to the new complexity regardless of the titles promising success. Many concepts tend to oversimplify a business reality that is not simple; others focus too much on the top-down principle and follow mechanistic analytic schools of thought. Then there are theorizing concepts with little relation to management practice or those which are too process-related, too synthetic or too performance-related and, therefore, no big help for executives.

Meanwhile, smart executives are skillfully making use of the strong winds from Asia. They have made their companies fitter on the cost side than it was deemed possible ten years ago and are, thus, keeping their companies away from shallows. Other captains are not aware of the extent of the threat resulting from this change of weather conditions yet and are rather waiting instead of definitely adjusting to the shift of critical parameters of their environment. Hardly an entrepreneur or top manager assumes that government interventions which are to lead our companies and with that our societies back onto a path of development which promises prosperity will guarantee long-time success. The doubts increase due to the flood of new corporate governance rules which question even the rights of the owners of the companies and which are increasingly restricting corporate and individual freedom of action.

The cyclic development of companies alone which can, by all means, be compared to the life cycle of biological systems, bears the risk of failing over and over again especially during phase transition. Due to the developments mentioned above, the potential of collapse for companies has, however, multiplied yet again. And the course corrections due to the necessity of adaption entail further disturbance and risks which are difficult to foresee to the companies' day-to-day business. Simply because of the speed of the current political and economic changes, turbulences are to be expected in the years to come which could possibly match the financial crisis seemingly overcome in the meantime. The next collapse in parts of the world or the economy is to be expected sooner or later. In the Far East, especially in China, there are more and more signs of overheating which could result in a bursting bubble sooner or later – with probably even worse consequences for world economy than the last crisis. Therefore, it is imperative to prepare companies for these threats today.

It will, therefore, most likely help only temporarily to adjust the sails short-term and in an opportunistic manner to the winds of current fashion and to keep indulging in old habits. Permanent stability can only be achieved if management practice is guided by a competence of thought and action that knows how to combine synthetic and analytic knowledge regarding long-term corporate development in the tradition of Mintzberg. Management needs to recognize that building such a skill is the prior goal. This skill conveys the potential for success which can supply the long-term security of viability. This is the only way management can be prepared for a contingency and react to quick changes in a specific and appropriate manner. It is the rehearsed reaction model and within its framework and benefitting from its flexibility it can guarantee the survival of the company if applied.

Once such a reaction model has been implemented the striking and often-posed question asking for the next step becomes obsolete. «Do we have to optimize or reinvent (change) our corporation?». Science did answer this long ago. Science has generated knowledge which enables managers to prepare their companies to obtain a greater benefit for every reference group in comparison to other competitors anytime by adequately claiming success potentials. For only this legitimizes managers and companies under evolutionary aspects.

Optimizing here means that the course set by a vision can be held by all means because the necessary tools are not only prepared but it has also been practiced how to use them. The «Re-invent (change)», however, needs to go deeper. It signifies fundamentally re-thinking the construction and the vision in order to make the company even more weather resistant before launching it. The first can be done by conducting repairs and corrections on critical spots of the socio-economic body which we call commercial enterprise. An increase in productivity shows that the repair was successful. It is essential that the situation is systematically penetrated by analysis. The second requires a single fundamental and integrated revision of the entire business model («Re-inventing»), thus, in holistic and integrated form. In this case a synthesizing thinking which indicates visions and directions is asked for.

On a high level of abstraction it is pretty easy to say what management has to do in which situation or not. And as a matter of fact there is sufficiently assured knowledge in scientific literature – demonstrated by the present work – on how corporations in a dynamic environment can maintain their inner constitution long-term by permanent («Optimizing»-mode) or radical («Change»-mode) change. This applies to young as well as mature companies. It has to be expected from a good management that it can ensure to lead the company onto a long-term secure path to success in this fast-moving world no matter what the company's current phase of development is and which mode it is in at the moment (Optimizing or Change).

In young companies it is important to constantly check whether the pioneers of the first hour will be able to be the executives of the future («Optimizing»-mode). For a mature company it might be necessary to revitalize it completely or to provide it with a new vision («Change»-mode). Basically, this is about regarding conflicts, crisis and problems in the course of development of a company as normal, and to not only bear them but to be inspired and spurred by them as the source of creative ideas. The company has to be understood and treated as what it really is: a social system which does not only follow rational and causal processes and cannot be managed and controlled on the basis of facts and figures. This can only be accomplished if executives and entrepreneurs develop an understanding and learn to prepare the company for every internal and external change. Adequate synthetic and analytical knowledge as provided in this work is, therefore, essential for management.

The decisive contribution for the development and expansion of the St. Galler management approach was made during the last 40 years by the University of St. Gallen (HSG). It was Hans Ulrich and Walter Krieg who, together with colleagues, recognized the importance of a holistic, integrated management based on the cybernetic approach of the time and who – by fundamentally analyzing the so-called system approach – created the foundations which were presented in the 1970s as the St. Galler Management Model to a broad public for the first time.

In view of the increasing complexity of the business environment, Ulrich's predecessor Knut Bleicher expanded the model to the St. Galler Management Concept of today. It was Bleicher who early publicized a paradigm change of the prevailing understanding of leadership. His work is still regarded as the central pillar of the St. Galler management understanding irrespective of numerous further developments towards a new St. Galler Management Concept.

Theoretical material, thus, exists. It shows how it can be possible to be leading in the fight for the best position on the market during transitory phases such as this one. It is comforting that it is not necessary to invent the world over and over again. It is, however, alarming that this substantial knowledge is hardly ever implemented in practice. Often it is done in an incomplete manner, too, if not even wrong or unprofessionally. This is even more deplorable in view of the amplitude of specialist literature published each year addressing the question of how to react to complexity and sudden change.

There is an ever larger divide between what management really accomplishes and what it could accomplish provided with adequate knowledge on how to act. It could be tolerated as long as in an environment of low dynamics success could still be achieved with conventional management methods. The development in the years after the millennium showed, however, that management is hardly able to move their companies in an admittedly narrow passage of success of a targeted long-term corporate development. Putting it bluntly, the managers cannot handle the flood of interacting new influence factors anymore. The experiences of the last years unfortunately have taught something else: the more uncertain the seemingly safe becomes, the more likely it is that the wrong thing is done. The more complex a situation is, the stronger the pressure to act becomes and the faster short-term isolated solutions fighting only the symptoms are reverted to.

Instead of thinking about flexible systems, fortresses are built, old-fashioned principles are perfected or corporate governance rules used as a pretext. It is hardly ever discernible that the problems are solved by moving forward, as Knut Bleicher untiringly emphasizes in his lectures. Especially in times of quick changes, instead of setting clear and long-term goals for the company and communicating them, too, lack of sustainability is tolerated, side effects of the applied tools are underestimated, the time factor is not duly considered, human social and specific conduct aspects are ignored while hectically dealing with crisis management. Apparently there is no understanding whatsoever how companies are to be managed in their different phases of development of formation, growth and maturity. What is even worse: many do not even strive to search the code for their company that would make a continuous renewal and adaption to the fast moving world possible.

Such a divide of theory and practice can, however, not only be blamed on the practitioners in the companies. The scientific community should rather be reproached with not being able or not wanting to explain or communicate helpful theoretical findings and abstract contributions for real life situations. As is generally known, based loosely on Konrad Lorenz, an idea has not necessarily been thought through, thoughts have not necessarily been written down and writings have not necessarily been understood. It is especially important to consider this when developing a vision (normative management). The company's purpose of future-proof acting is essentially more important than the analytical bringing together of single parts of the enterprise. As Goethe said: they have the parts but the link that's missing is the living soul.

It is, furthermore, not enough to know where the journey is headed. It is even more important to choose the adequate vehicles to reach the goal undamaged. Therefore, differentiated solutions for different situations are needed and that does not make it easier to choose the adequate approach. For this reason it is helpful for both sides – the theorists conducting management research and the practitioner managing a company – to simplify abstract approaches at the expense of universality and to implement real-life solutions from time to time. Otherwise you give way to self-proclaimed gurus claiming to be impulse generators of management doctrine who in fact just know how to effectively sell one-dimensional and banal pretense solutions.

It is the merit of scientists and graduates of the University of St. Gallen as well as practitioners, professors and consultants affiliated with the university who early recognized this problem and accepted the challenge to develop practical approaches to solve complex tasks in a dynamic environment and to present them in a manner that they can be put into practice. For this reason St. Gallen has in the past 30 years turned into the center of attraction for management education as requested and envisioned by the father of the St. Galler Management doctrine Hans Ulrich not least thanks to privatization, spin-offs and entrepreneurially administered university institutes. It has, in the style of Silicon Valley, turned into the Consulting or Management Valley of Switzerland with an enormous economic importance for the entire region. Some institutions have – together with the University of St. Gallen – successfully made the St. Galler Management approach internationally known in different forms and have effectively influenced the actions of numerous managers.

Irrespective of the fame and real-life orientation especially in German speaking countries, the readiness to get to know the St. Galler approaches is still not large enough and consulting practice has shown that the requirements regarding a successful implementation of the St. Galler approach obviously presents a relatively high barrier. It remains to be noted that the readiness in management to work with an integrated management approach still needs to increase.

This work is intended to contribute to this.

The lack of implementation in companies stimulated Knut Bleicher after his retirement to become scientific head of the St. Galler Business School organized under private law. Thus, it became possible to bring together his enormous knowledge with his colleagues' real-life know-how at the St. Galler Business School. Together with renowned managers and entrepreneurs within the framework of consulting projects and in seminars, he was able to develop practice-oriented procedure models, necessary differentiated ways of thinking and tools for adapting the Integrated Management Concept in practice. The remarkable result is that the contents of the theoretical concept are not only understood in practice but can also be implemented.

In the following, it is primarily intended to demonstrate possibilities of where to apply the concept of Integrated Management as a result of this cooperation in an overall context. It is to be demonstrated which mechanisms of approach, synthesis, analysis, evaluation and decision are to be institutionalized in the framework of a company's course of development. The goal is to develop precise, coordinated and accepted action programs which either lead to a holistic reorientation and, therefore, to a reinvention of the enterprise, or to the optimization of a company on its way to economic recovery. This represents a development process (beyond painting black and white, over-systemized and «rational decision alternatives thanks to proper problem analysis») which was very successful in the last couple of years and which uses the synthesizing and qualifying thinking often seen with successful entrepreneurs on a new level. This makes way for the solution already postulated by Mintzberg for the «planning dilemma» he described.

At the beginning there needs to be a thinking that creates visions, missions, directions and perspectives for the future, a thiking that synthesizes. This thinking then needs to be specified using analytic tools and processes. If it is hard to generate activities, start over; a sequence of thoughts which seems to be rooted deeply in humans (Heinrich, 2000, p130 ff.). The «Integrated Management Concept» will ideally turn into a self-controlling and corrective system. It will not be necessary to constantly design new strategies for new errors in a quickly changing environment. Hence, solution approaches for answering the following questions can be generated:

– How should companies approach future challenges?

– Which approaches were successful in corporate development?

– How does the process of a corporate development concept work?

– How is our company going to look like in three, in ten years?

– How can we develop visions and missions?

– Is a new vision necessary or is it enough to optimize what exists?

– Where does our company stand? Is the present course the correct one?

– Which approach is needed to optimize business?

– Worst case: How can we prepare ourselves for a crash?

1.2 Corporate development as success potential: setting the right course from the beginning

1.2.1 Mechanisms of corporate development

The question regarding the immediate and long-term future of a company needs to be asked over and over again. Such an alertness regarding corporate development is not an automatic one. For this reason the following question has to be answered: How does a company have to be organized to make the control of its own existence possible? Nagel and Wimmer (2002, p30 ff.) and Lechner (2008, p3 ff.) amongst others have extracted four common and typical but mostly unexpressed variations and patterns from strategic practice on how to set course if the future is uncertain.

In practice, the entrepreneur as the boss often makes the decisions regarding the company's future himself. It is very common to buy external competence (external professionals on the subject or the method). The high level of accuracy of these decisions of the boss surprises again and again. There are the «lucky entrepreneurs» who are obviously able to react to all changes with the right decisions and decisions based on experience.

But there are many that fail with this kind of emotional management and they are likely to be ignored. The charisma of the successful is recognized and praised and the coworkers accept the vision unreservedly. In most cases intuitive acting is nothing but the result of synthetic thinking and long-time experience in certain business areas paired with distinctive entrepreneurial talent. These kind of unilateral decisions exist everywhere, in pioneer companies as well as in mature companies. What counts is to record their knowledge as well as their success code (of thinking), to culturally adapt it if possible and to pass it on to the next generation. The danger is that in such cases executives or key employees are hardly ever included in the decision-making process and that the readiness to take on responsibility diminishes as a consequence. Middle management is degraded to be the messenger between the executive floor and the basis. A procreative atmosphere of constructive debate does not exist. This becomes more dangerous the longer the company's success story lasts.

In our opinion this could be remedied with a corporate development process requiring a high degree of institutionalizing, synthesizing ability of (self) reflection and not only from the entrepreneur but from the entire team. This is the only way to trigger discussions in order to eliminate taboos with respect to the pioneer and make the management assume responsibility. The image of an entreprise emerges which can survive the founder.

Sometimes it can be observed that (mostly employed) top management does not assume entrepreneurial responsibility by passing the insecurity of decisions regarding the future on to external consultants or internal staffs. Such a corporate development relying on external expertise is based on the tradition of «rational choice» which indicates that there is a set of options for every fact which can be evaluated with rational criteria. In case of a failure, management is relieved especially if «the best in the field» had been hired.

With this behavior top management denies its essential task of successfully positioning the company in the long term. Brilliant analysis of numbers, data, strategy papers and Power Point presentations are only one side of the medal. The other side is that innovative ideas or even visions cannot develop this way and that the necessary interlocking of findings and goals with middle and lower levels and their mobilization will not be possible at all. Without this an implementation is difficult from the beginning. The postulation of Mintzberg «Turn your strategy into a good strategy by breathing new life into it and letting all kind of different coworkers participate in its development» is clearly contradicted. This form of corporate development which is only justifiable in an existential crisis promises security at first sight by processing the required knowledge. But it does not mean that this knowledge has been understood or conveyed. Such an approach negates the required aspects of synthetic thinking which should be the starting point as well as the deviated process competence and the matching power of intermediation and implementation.

But those who trust the evolutionary corporate development give a chance to uncontrolled development. The top management does not determine the way into the future but rather allows scope for development and innovation. The future is the result of innumerable impulses of daily business life. Single actors or business units pick up on ideas and develop a business. This is an intended process in the sense of synthetic thinking. But: who distributes the resources, who balances overall and particular interest, who makes sure that small decisions will not lead to large unwanted side effects, who is responsible for optimizing new developments? This type of corporate development which focuses mainly on synthetic thinking often leads to the loss of a healthy overall development. In such a case of corporate development the role of the top management becomes a vague one. On the one hand it is important to synthetically develop «big ideas». On the other hand the subsequent implementation needs to be specified and channeled. This requires analytical tools. If those do not exist the development might take a zigzag course. Almost every day new opportunities are seized only to be neglected the next day.

1.2.2 Integrated corporate development as a solution

«Integrated corporate development» as defined by Bleicher and many others and as a «solution to the planning dilemma» as outlined by Mintzberg can be understood as an integration of all addressed types on a higher level. The characteristics of the different types of development presented above are recorded by management and submitted to a team-oriented, at first synthesizing (normative level), later analytical (strategic and operational level) process of awareness and decision-making which cannot be delegated. Since the extract of different approaches and models, synthetic, rational and emotional aspects, accumulated business knowledge based on experience as well as statistically proven scientific results are integrated in the process of handling the future, the result is a consistent and stable corporate development concept, high quality with regard to content which will be supported and advanced by everybody: the Integrated Management Concept.

In our experience, this system-oriented, cybernetic approach of an integrated corporate development is the safest and possibly only approach to successfully manage companies over the course of many years. Thus, corporate development is not a single action in a certain phase but a permanent process, simply management par excellence. The broad spectrum which this process covers and the resulting manifold innovations, design and optimization possibilities will enable the company to not only develop an overall concept for handling the future that will stay valid during a longer period of time but to have a tool to subsequently optimize and further standardize the launched concepts. In the ideal case this will result in a permanent revitalization with a simultaneous permanent optimization of the company. With such a model and such an institutionalized approach the corporate development process will turn into the potential for success par excellence. The company will reach a higher level regarding its problem solving capacities.

1.2.3 Conditions for successful corporate development

As it was made clear above: corporate development is a matter of utmost importance: supervisory committees, board of directors, top management, CEOs and members of the executive board are responsible for the overall control of the enterprise. But obviously a lot of chief executives have difficulties with successfully leading their companies to the future, to maintain a good market position over a long period of time and to increase the company value for the benefit of the shareholders.

Lucky is the one-man business since the entrepreneur only has to lead and control himself; synthetic and analytical thinking and acting, tasks, competences and responsibilities fall to one person. Therefore, management is easy: it is about leading oneself. Does this as a consequence mean that companies are harder to manage the larger they are?

Let us look back to Fayol and Gutenberg. To them, corporate development was a highly systematic process which promised safety with regard to determining and fulfilling business objectives. Collecting data, arranging, preparing, planning, giving instructions and controlling. Those were the tasks. Planning was supposed to find ideas and solutions for them. If such an endeavor was not opportune back then, such a process will lead to nothing today. It is unhelpful to exchange terms, to replace corporate planning with strategy. Behind a new strategy most of the times are only old methods.

Let us understand integrated corporate development as the revitalization of a company with a simultaneous optimization. Hence, in practice several common theoretical and methodical obstacles are to be overcome. Some of them will be described hereafter.

1.2.3.1 Synthetic thinking leads the way to real change

If you consider that a company is a man-made social system following economic objectives, it is possible to recognize parallels to biological processes. Biological as well as socio-economic systems follow the rhythm of formation, growth, maturity, age and decay. They both have in common that strength for the development of similar things, improvement or even new things develops on the basis of decay.

In nature this development oriented on a life cycle is the expression of a natural evolution which in a competition causes the selection of the viable systems against the background of changing frame conditions. This evolution is not an analytical systematic process controlled by a purpose, though. The development of organisms is not a monolithic succession of instances or as Kant put it: being does not result in obligation. Nature does not demonstrate a standardized methodology in developing new things (at least not one we could recognize). There are too many options for a solution for human capabilities to evaluate them analytically with regard to consequences. Designing the future has proven to be too much of a multi-layered design problem to capture and master it with methodical tools (see Heinrich, 2000, p130 ff.).

Visions and purposes of companies cannot be developed following a phase scheme where the decision will be made after the analysis. Intuition and fantasy, images and thoughts of a possible future do not like to be cast into a rigid form on paper.

If we want to reach an eternal life cycle with a company and if we want to reach the next level with each new life cycle then we have to develop new images of a future, learn new patterns of behavior and approaches on the normative level by synthetic thinking exclusively. At the same time we have to say goodbye to visions which were quite successful so far and unlearn patterns of behavior.

The working on change by thinking synthetically is to be understood as normal, the cyclic aspect of the system «business» as ever returning rhythm. Bleicher emphasizes that this type of working on a change needs to be cultivated with missionary zeal. Management and coworkers of a company have to venture to acquire the maximum synthetic knowledge, find the key to the creative inventive level, they need to bear the subsequent phases of insecurity and, thus, learn a methodology which is by far superior to mere analytic thinking.

The working on change in a company should, therefore, always begin by synthetically exploring the «Doing the right things» («Change»-mode). If a vision emerges that provides a sense of purpose, if an identity which mobilizes new energies becomes visible then the focus is to be directed towards «Doing things right» («Optimizing»-mode) requiring a simultaneous transition to analytical thinking. Finally, the required implementation happens in day-to-day business. Many controlling and designing activities finally sum up to an overall adaption. The vision becomes reality.

If in the further course of the development process activities meant to increase efficiency and productivity reach their limits, another re-modeling is due. This includes always keeping an eye on one's own development in order to evaluate and control the operational day-to-day business. If this does not happen, an inbuilt, creeping downfall might follow the phase of optimization. There are many examples for this risk. For each step towards perfection in optimization means increasing maturity and, therefore, one step closer to the end of the phase of the cycle. Thus, management is required to keep a challenging balance between optimizing what already exists and re-orientation, between optimizing mode and change mode. Enjoying permanent change in combination with synthetic competences in the beginning and followed by analytical competences, thus, needs to be institutionalized. The high goal of Integrated Management is, therefore, to be able to adequately react at any time to any kind of change in a short time. For this reason implementation competences need to be built.

1.2.3.2 Collect scattered intelligence, vitalize coworkers and balance single interests

Therefore, a corporate development process is required which makes it possible to optimally record knowledge, skills and creativity of all key persons and of all persons interested in the future of the company, to collect scattered intelligence and to motivate coworkers towards entrepreneurship. At the same time it needs to be ensured that the interests of all persons involved and the stakeholder are balanced. Therefore, in a first step common interests have to be identified and be put on the table in order to show possibilities how the most interests can be considered in the further course of corporate development.

1.2.3.3 How to make the abstractness of our company understandable and productivity in knowledge companies quantifiable

The development for companies and coworkers is increasingly turning from specific to abstract. A farmer sows wheat, a construction company builds houses. This is palpable with the hands and, therefore, understandable. A bank develops and sells derivatives of real estate mortgages, a power supplier sells green energy. The palpable steps into the background, manual work trades places with mental work. Physical products and the productivity of the hands can be measure and, therefore, controlled. But how is it with abstract products? What about the productivity of knowledge workers in a company, what about the productivity of learning? Abstract products and activities in companies which Bleicher calls knowledge companies inevitably lead to a loss of comprehensibleness and sympathy for the system. This became very obvious during the last global financial crisis. The productivity of the actions were not comprehensible anymore neither overall not personally.

Hence, a corporate development system is required which creates transparency in the things we do or should do and which ensures that risks are recognized as such in time. This applies to the matter of «doing the right things» and to the matter of «doing things right» as well. In the normative and strategic areas creating transparency means talking in images, «story-telling». In the operational sector this means the measurability of optimization activities and the performance of every single person.

1.2.3.4 Don't let feedback and time lag effects unsettle you

Gälweiler called management art, «to be able to think and manage excellently on different levels», and summarized it clearly in the Gälweiler model. In practice, the time-related and content-related tension between normative, strategic and operational management with regard to feedback cycles results in the three following common cases:

1| The normative concept which was defined and formulated a long time ago is exactly pursued trusting that the road taken is the right one even though disturbances and failures have already occurred in the operational sector. Operational management focuses on operational controlling of disturbances. There is no feedback beyond the operational level. A plus of what already exists additionally increases the predominant disturbances. Customers and markets are analyzed deeper and deeper: paralysis through analysis.

2| Every essential disturbance on the operational level leads to hasty corrections on the strategic level. By constantly correcting strategic concepts this feedback process eventually affects normative and operational levels. As a consequence, the company gets on a zig zag course which devours resources and might lead to a crash.

3| The quick flow of operational business and pressure of quarter-oriented success in combination with an often streamlined organization forces top management and executives to focus on day-to-day business. Again and again, this leads to basic questions about the long-term business model as well. But in the restlessness of the operational business such questions cannot be dealt with, neither can they be discussed thoroughly nor answered.

Therefore, it is necessary that management institutionalizes a permanent «Management of Change» which results in a permanent «Management of Improvement» on the normative, strategic and operational level. The goal is to constantly adapt structures, conduct and activities of the changing conditions in an optimal manner. The company will be perceived as flexible and innovative. In the beginning it might have been the potential of boisterous creativity which made growth possible in the first place but in a later phase of the company it might be the rather rigid, central structures which make the skimming of a successfully established market position possible. Both can be the right position at a certain moment.

1.2.4 Setting the right course with the St. Galler Concept

The present work makes it clear that the St. Galler Concept deliberately does not want to present a panacea. It is rather intended to create a framework, a «scaffolding of blanks for things that make sense» (Ulrich) which helps leaders to identify challenges themselves and recognize useful approaches for sustainable solutions due to better knowledge of the context.

The work should also have made it clear that this is not about a quick strategy development and strategy implementation but that the goal is to establish the ideas of a corporate development process. The created knowledge consequently turns into the actual core competence and the future success potential. Such a goal requires strength, persistence and courage and in particular it has to be imparted in a precise manner. The above statements make it very clear that integrated corporate development needs to be controlled in a differentiated manner and that numerous stumbling blocks need to be avoided.

The task of top management on the normative, strategic and operational level in particular is to develop a stable procedure of thinking and approach. This procedure ensures that with the synthetically and analytically generated contents (interconnecting systems) the company upholds a long-term sustainable viability. Since a procedure model following the principle of «dropping the bomb» can be ruled out from the beginning, figuratively no off the peg suit will be bought either. The introduction of a corporate development process must rather follow the integrated approach detailed above. The result of experimenting with different fabrics and measuring one's own body should be a fine and perfectly fitting tailor-made suit. The wearing comfort will develop later, that is to say in execution, in the specific implementation and the activities related thereto. Just as in real life, the body changes, sooner or later adaptions need to be made which will finally awaken the desire for a new suit. An implementation team guided by top management, therefore, has to accompany and control the permanent use of the corporate development process which means that the tailor-made suit needs to be checked constantly for new wrinkles. In practice this means that all measures taken because of the concept have to be constantly evaluated, optimized and adapted if necessary with regard to their contribution to success. In order to illustrate these ideas we like to use the newly re-designed Thought and Knowledge Navigator below which was created on the basis of the General Management Navigator of Müller-Stevens.

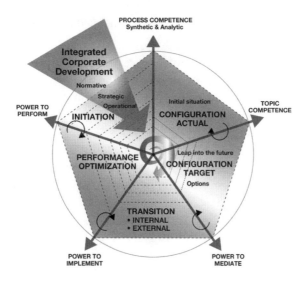

Figure 1: St. Galler Thought and Knowledge Navigator

With the image of the Navigator we follow the learning process postulated by Ulrich and Bleicher. The first impression is obtained from the perspective of a helicopter, then the single elements are filled with life, first with a rough then with a more detailed approach. The way this approach is structured, every mindset and every tool can recursively be used again on the next level.

With each round, it is possible to better understand the system of the approach and the company. There is no initial result after each stage but roughly after the first round. In a second round, matters which were already thought, said and recognized are recapitulated; they are again synthesized and analyzed. This process is repeated until images and emotions have developed by repetition which might have been perceived as right from the beginning but could not yet be communicated and transmitted. Thus, the accomplishment is to convince yourself, the team and the coworkers (commitment). And finally, the customer, too.

Each working cycle with the Navigator teaches new competences: improvement of synthetic and analytic process competence, the ability of thinking strategically can be learned at least to some extent with this procedure. The openness of the process by the initial synthetic thinking leaves room for intuitive «gut decisions». It is possible that corresponding tools will be developed as well; a consequent application of tools together with a common thread and documentation will convince the rather analytical academic. It is inevitable to learn more about the company and its environment. The necessity to communicate what has been ascertained and decided will result in a powerful and convincing transmission. It is important to keep presentations and forms simple. Only an executive who is able to illustrate the company's future in words will find that his or her actions are accepted (competence to act) and will reach real performance expertise. Such an approach will provide information about the future important coworkers and executives with an appropriate performance profile.

The subsequent steps have to be followed as outlined above:

1| **Initiation:** If corporate development is understood as a central process and if it is supposed to turn into an essential success potential, no external occasion is required for the initiation of such a process. The process itself has to be regarded as a central topic of top management which cannot be delegated and which has to be planned with priority. For this it is helpful to review past similar processes and to adapt the approach model with regard to time and content to the maturity of the company. This includes defining corresponding guardrails with regard to roles, rules, training, communication, resources and quality measurement.

2 | **Configuration management:** Determining the actual status and the optional target status including the paths to take and necessary measures. Two cases are possible.

Case 1: An accepted and implemented vision does already exist and has already been developed. In such a case the normative management level needs to be abandoned quickly, simply keeping the existing vision in mind is mostly sufficient. Beginning on the level of strategic management it has to be examined with analytical methods whether the enterprise is on the right course. It has to be examined in which phase of the corporate development cycle the company is, if optimization of the existing is sufficient or if more radical changes are necessary. Furthermore, it has to be discussed whether the initiated implementation methods are effective, how current activities regarding processes, disposition systems and the performance and cooperation attitude of the coworkers can be optimized.

Case 2: There is no clear vision, no identity concept for the future. The company designs an image of itself, its future and the possible optimal options through a synthetic-oriented approach. It has to be examined whether these options match the current strengths and weaknesses with regard to possible chances and risks and which measures might have to be taken. The clearer the image of the future becomes the stronger the initially synthetically generated assumptions about the business are confirmed in the course of the discussion, the stronger the focus will be on more analytic and more traditional methods.

3 | **Transition management:** The options developed and favored during the configurative phase are initiated and implemented with defined bundles of measures.

4 | **Optimization and Performance Management:** Optimization of the new state of the system, in order to obtain the full performance of the organization. At the end of the transition the optimal effect on the market has not yet been reached, not all coworkers and systems are consistent with the intended strategic programs. It is important to fine-tune and optimize. The best performance which has to be surpassed and, above all, has to be turned into an experience, has not been reached yet. This can only be achieved by creating maximum transparency (performance measurement). It has to be observed that at a later point the climaxes can already be critical signs towards an impending transition into a new phase. In a mature company often the top management's pressure is needed and it cannot hesitate to keep a short «fuse» in the company in order to provide improvements over and over again. Success still is the drug which conceals impending failure for a long time. Figure 2 exemplifies this corporate development process.

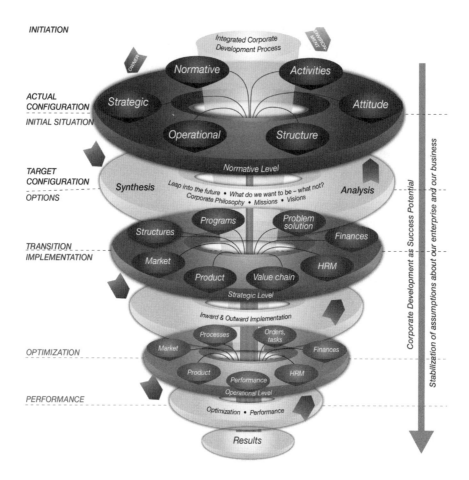

Figure 2: St. Galler Corporate Development Process

A corporate development with such an approach demonstrates the different scopes of perspectives. At first, awareness is to be created towards alternative designs for the future which later become more and more specific. The interconnection of the different levels of consideration has to be visible. The analysis of the different levels and the subsequent design provides management with the possibility to make precise statements about the level of development and the future orientation of the company.

With this perspective, processes which in practice often take place simultaneously are supposed to be simplified didactically. Therefore, it becomes possible to always direct ones attention towards one aspect knowing that this aspect can subsequently be harmonized and things already thought of can be reversed («Thinking back»). The process is, therefore, to be understood as pendulum movement, as iterative approach. A lot of things that might happen in the future have already been thought of. Possible future actions have previously been considered and discussed in view of a later performance. This also means that in an advanced process thoughts already considered several times will be repeated. The common question «Where in the process are you» has to become unnecessary. At the most, an answer could be: The fog is lifting.

Therefore, it should have become clear how the concept of Integrated Management can sustainably and recursively be transferred onto an enterprise with the theoretical concepts and tools. In the beginning, this requires a lot of time and commitment of the management. But this effort will pay off and will reverse long-term. This will happen when the model turns into the key for success for a company and continuously added value is created without the need to constantly search for new strategies and initiatives.

Since a number of different action parameters need to be coordinated in order to safely head for a clearly defined goal taking into account the initial situation, a process-oriented, iterative approach is decisive. With such an integrated approach there are more questions than answers in the beginning. Solutions are evolutionary generated only after several «thought loops». This poking around in the dark which will not be resolved until later in the course of the cognitive process creates insecurity and often leads to top management preferring solutions tending towards «quick fixes» which seem to be effective immediately. During the subsequent implementation, the comparatively high expenditure of time initially required by the St. Galler approach more than pays off. But this result unfortunately often will not be experienced anymore. For this reason, in an overview, it will be demonstrated on the basis of a specific example why it is worthwhile to take this initially hard path.

1.3 Operational implementation of the St. Galler Concept

1.3.1 From the externally visible symptomatic entanglement to the internal causal core of our enterprise

The following presentation of a corporate development process based on the Integrated Concept is based on the multitude of practical experiences dealing with the theoretical approaches postulated by Bleicher on the basis of specific situations in companies. In a simple and practical manner it is to be demonstrated how such a process is ideally started, how this process is to actually proceed and with which content it is to be filled. This approach includes manifold practical findings from the discourse with top managers, executives, scientists and consulting colleagues of the St. Galler Business School in the framework of consulting projects. Therefore, this approach based on Bleichers approach, thanks to different adaptions and corrections during the last ten years, can justifiably be called field-tested and proven.

As is general known, the St. Galler Management Concept distinguishes between normative, strategic and operational dimensions which have to be reconciled in view of necessary activities, structures and behavior in order to secure the long-term viability of a company. The nine reference topics resulting from the formal reference frame permeate and influence each other like a network. Hence a process of corporate development can be deduced in which every single element will have to be adjusted (actual configuration) and adapted (target configuration) repeatedly in the lapse of time. Thus, every state of development corresponds to a certain constellation of elements.

First of all it is necessary for such an approach to get a general idea of the present, more symptomatic than causal entanglements inside the company and in its environment. In a synthesizing manner, understanding the actual state of the company simultaneously conveys first ideas about a possible future development. With iterative knowledge and thought loops on the Navigator, normative management (causal) finally determines the objective and formal frame for further corporate development. On the level of strategic management (aligning), alignments, topics and programs are specified iteratively and recursively which can lead to changes in strategic success positions in the medium-term. At the same time, market, product and financial situation as well as value chains and human resources are included in a common analysis in cooperation with normative management. These programs are then to be reviewed in relation to the operational implementation until they can be regarded as suitable and sustainable.

The actual implementation happens at the basis. Since many obstacles were already overcome in advance and control loops were completed several times, no problems should come up at the basis. In the further course, optimizations and even corrections have to be carried out («optimization» mode) so that the company is able to successfully prevail under changing internal and external conditions. In the later development such optimizations alone will not be sufficient. It has to be thought about a change of the business model («change» mode) in a synthesizing manner. This should possibly happen before negative quantitative results of past normative and strategic requirements become visible at a later point. Figure 3 shows this network of integrated corporate development.

It is, furthermore, significant that Bleicher determines the respective extreme poles of the nine single reference fields in order to provide the management with the possibility to move towards stability or change within these fields. Such considerations about positioning are much more than the simple collection of numbers, data and facts. They are to be understood as an invitation and instruction to a synthetic cognitive process. This is the only way that it can be accomplished to formulate profound creative statements with regard to the future orientation of the company by demonstrating the historically grown identity (actual configuration). This is the only way to say goodbye to the old culture still shaping the current corporate logic if necessary.

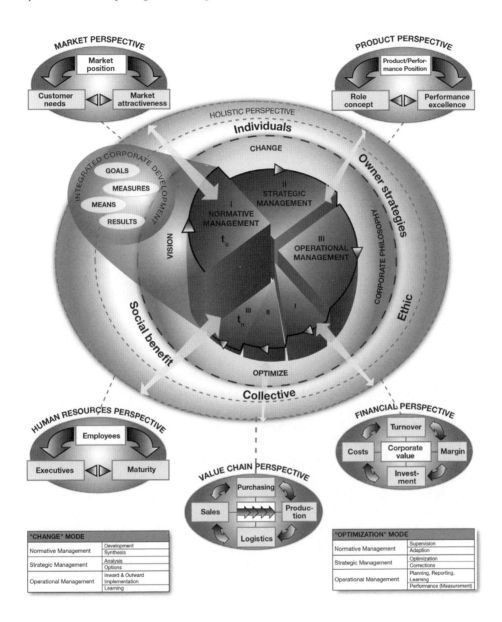

Figure 3: The network of integrated corporate development

1.3.2 Step 1: Determining the basis of the company through normative management

For the presentation of the corporate development process we take the example of a large, international and broadly diversified group which has continuously grown for 50 years with particularly high growth rates since the millennium. In total more than 300 companies belong to this group. Besides the corporate parent as nucleus and pioneer of all activities there are national companies which still produce and sell the original core products of the founding phase in modified form as well as companies which have nothing to do with the original product-service programs and are considered diversification.

Decentralized management is typical for this group. Each manager of a national affiliate or a diversified daughter is responsible for his part of the corporation and provided with extensive competences. At the yearly strategy meeting the corporations' top management discusses the results with the persons in charge of the different parts of the business. The respective goals of the companies which are derived from the group's goals or are based on them are discussed together on the basis of the results and resources for the next five years are agreed on and assigned.

1.3.2.1 Initiation

The kick-off for the revision of the company in this case was the vague feeling of several members of the top management that the corporate parent as well as several large national companies were slowly reaching the boundaries of growth with their formerly successful companies and were generating smaller returns with increasing input.

Short-term programs which were repeatedly attempted did not bring the expected effects. Middle management and the directors of the national affiliates grew tired of consistently new corporate activities which were frequently replaced by others after a short time. It became more and more obvious that a simple improvement («optimizing» mode) of what already existed would not be sufficient. An overall reorientation seemed to be necessary («change» mode). It became obvious to everybody involved that the present problems were the result of activities, processes and conduct of the present but that their origin was to be found in strategies (programs), management systems and codes of conduct determined in the past. Another conclusion was that it finally still all rooted in the content originated from the corporate policy, constitution and culture established at the beginning.

This conclusion made it clear that the management had to urgently deal with normative aspects as described in the St. Galler Integrated Concept irrespective of the pressing need for action on the operational level. This was the only way to get to the core of the problem. Therefore, the first and simultaneously hardest step was to convince top management itself of the Integrated Management Concept and a synthetic approach. On the one hand the seriousness of the present situation had to be made clear. On the other hand some of the rather technocratic analytical members of the corporate management who had already ordered several trend analyses and had contracted consultants for this reason, had to be convinced of the advantages of a completely new approach.

In light of this, corporate management and coworkers in key positions met in an Eastern European capital to an initiating two day kick-off workshop. The meeting started off with an irritating and provoking discussion about the age-long regime of this capital. This fight was exploited for this workshop by analyzing the development, growth and decay of the city's institutions with the help of an historian and an external presenter. Together they searched for universal reasons for the growth and failure and for parallels in their own company. This resulted in a poignant presentation of the state of the art ideas of strategic management and a promising use of synthetic and analytical hypothesis as provided by the Integrated Management Concept.

1.3.2.2 Determining the actual configuration on the normative basis

With this preparation in a second workshop in the following quarter this question was to be answered: «What is happening here?» The goal was to determine the actual configuration on the level of normative management and, thus, implicitly synthesizing first outlines of an intended target configuration. The course of action was as follows:

Using the St. Galler Result Pyramid (see Figure 4) a «flash screening», an image of the overall corporation, with the pros and cons was presented. The teams had to deal with the following questions:

1| In relation to the present situation: What is good, what is positive and what works in your opinion?

2| In relation to the present situation: What is bad, what is negative and what does not work in your opinion?

3| What are the causes? Become a «pyramid diver» in your own company! Which sectors have the biggest problems? How are these interconnected? What are the causes?

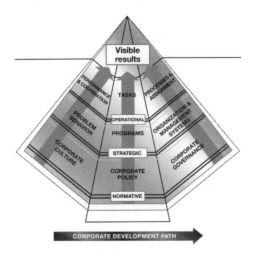

Figure 4: St. Galler Result Pyramid

The results were an expression of the decision makers' conceptions which had formed and grown in the last couple of years and their firm convictions regarding the company and its environment. Subsequently it was possible to make visible the manifold symptoms and their causes as well as the interconnections between the problematic sectors by graphic representation.

First of all, helicopter-view was used to detect the clearly visible, mostly hard-fact oriented web of problems which was placed in the center of the observations. In a next step causes and symptoms were determined. In the framework of a difficult self-discovery process it was ultimately agreed upon that business success was, thus, not guaranteed anymore. Once effective adjustment measures, such as a quick expansion into new markets by multiplication were detected as overstrained.

Trying to find out what caused the problems, it became obvious that the members of executive management were leading an isolated life of their own. In meetings formalities were waved through and the really important matters were not sufficiently consulted in the hectic of day-to-day business. Therefore, many matters could only fail (topics corporate culture, structure and management systems in St. Galler Results Pyramid). It was also detected quickly that the existing definition of business focused too much on products and that the customer usually bought something different and not what they thought they were selling.

Instead of dealing with the matter of a vision immediately, it was proposed to analyze the corporate culture at the group management and parent company and, therefore, the work done by executive management. In the course of different discussions concerning the ideal course of action of an executive team in certain situations, attitudes of different individuals became obvious that did not match the actual degree of maturity of the group. At other national companies which were analyzed with the same approach this situation quickly became obvious as well. At the same time there was a heated discussion at a high level (as postulated in the tool of the new St. Galler Thought and Knowledge Navigator as well) about possible target configurations and options of change potential. After several rounds between ACTUAL and TARGET and lowering the level during each round, first target profiles of an ideal executive of the future developed. Furthermore, it became very clear that human resources development had been neglected so far and that in retrospective they had, for instance always waited too long to part with unsuitable executives. Applying the principles of synthetic thinking, these discussions took place on different levels and at different degrees of substantiation. Thinking back and forth between actual and target configuration increases the quality. Word creations such as «hedgehog in the stomach» and «thinking backwards» made the discussion descriptive and created favorable conditions for the process.

Soon, though, the participants could give the all-clear. The resources for the further success of the group existed. Experience, customers, production sites, markets, logistics, top coworkers, financial resources leave nothing to be desired. Just the executive management, leadership behavior and the respective management structure as well as the inadequate distribution channels do not correlate to the actual configuration of the group which has significantly grown. A reorientation beginning at the normative level was necessary. First results were available and solutions suggested. It could already been seen where matters would have to be changed and which possible tasks existed. The executive team committed clearly to these issues.

Especially «pyramid diving» demonstrated nota bene that the deeper the problems lie, the more important it is to answer normative questions first. If it becomes apparent, though, that the problems are operational, they could be linked to an economic slump. In general: the more fundamental problems the more difficult the solution and the more extensive the therapy.

1.3.2.3 Development of target-configuration through synthetic thinking

Due to elaborate preliminary work and the common perception of reality together with a revitalized sense of solidarity the following questions needed to be answered: «Consequently, where do we stand today?» and «Where do we not stand today?».

Identity today and in the future
It was the goal to question the supposed causes and own doctrines, to detect mistakes and to design the future image of the company in an open process and by developing the actual situation (actual configuration) in an iterative and synthetic manner. At first there were statements which clarified personal interests. But instead of immediately turning these into future target positions coined by individuals, it was possible to develop community compliant target positions with external help, thus, covering the numerous interests of the participants and stakeholders.

Actual and target profiles of the configurations
Actual and target configurations of the normative management's reference fields can be deducted from this. In a first step these were horizontally harmonized and in a second step they were prepared as a first specification for the strategic dimension. As an example see Figure 5.

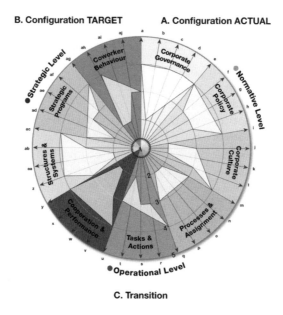

Figure 5: Horizontal and vertical harmonization

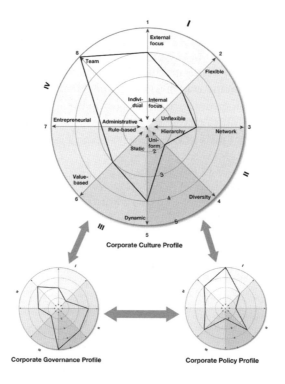

Figure 6: Normative level harmonization

Therefore, norms for corporate culture and a corporate constitution were created which should apply to the company, management and coworkers. Regarding the corporate constitution, the tension between stability which promises security and adaption-oriented flexibility was very important. Regarding corporate culture, questions mainly focused on permitted business conduct especially before the background of the company's global orientation.

It needed to be defined which importance the company had to the owners and which use it was supposed to have for the common good and the society. Security, ecological responsibility and jobs were issues as well as shareholder value and appreciation value. Political, legal and social conditions are intertwined with economic logic. It is obvious that this mixture resulted in a complex situation which needed to be detangled by the exemplary profile «Harmonization normative level» (Figure 6).

The corporate philosophy could be developed by answering these questions. It was made visible what the benefit contribution of the company should consist of and how this could be implemented in a vision which would have to be followed with utmost dedication in the future. This resulted in specific missions (programs) for the strategic level. During the course of the process the participants recognized that the procedure stipulated by the St. Galler Corporate Development Process and the St. Galler Thought and Knowledge Navigator was relevant and correct. As a consequence, this approach was step by step applied to other large companies of the group.

1.3.3 Step 2: Company orientation thanks to strategic management

1.3.3.1 Determining the actual configuration on the strategic level: central analysis

The discussions on the normative management level from the beginning focused on considerations about core competences, success and benefit potentials, skills in connection with attractive market areas of the future. Those were triggered by tensions regarding the topic of corporate policy. Again and again the workshop participants became caught up in questions how skills could be used to create a higher added value in the future. In the heated discussions it often took a long time until it became obvious that the participants thought they had understood or not understood the other due to different concepts. The sentence «To catch a flea», for instance, demonstrates different action alternatives depending on how it is interpreted. The director of the flea circus is very happy that he can present the flea during the next show, a prison director will have the security provisions checked and start a search for the escapee.

In relation to this approach it is, therefore, a condition to exactly define concepts and create a common language. This applies to all levels. Especially executives who for whatever reasons want to obstruct such a process or distinguish themselves will gladly take up other terms and use them as empty phrases in the discussions. The concept of the new St. Galler Thought and Knowledge Navigator will be of great advantage.

After clearly defining the concepts, it was recognized that the questions regarding the own skills and «What's our business?» (printers) had not been finally answered on the normative level regrading corporate policy and that those questions led to the core. Just like years ago at Langenscheidt, a German publisher of dictionaries, the question was: Do we sell dictionaries or do we take care that people understand each other better? Depending on the result a company will either invest in printing plants and book stores or think about language-related online solutions or Apple's «app-shop».

Such ideas were considered in relation to the strategic level of the St. Galler Concept regarding the normative parameters of corporate policy. The ideas of the «Morphological Box» supported the workshop teams to think about today's business intensively. Which possible roles can or do we want to play? What will remain an utopia, what will deteriorate in tomorrow's reality? Companies mostly think of new products and technologies and their improvement in order to provide the customer with seemingly better, cheaper, more extensive or better adapted performance. Everybody was aware that for the future such product-oriented thinking would only mean «More of what already exists». Therefore, it was necessary to take a closer look at today's situation with regard to markets, products, finances, human resources and value-added chain with an initially superficial and later interactively extended screening on the strategic level. The respective perspectives were supposed to be oriented on customers and needs and not product-oriented. Figure 7 provides the framework for such an analytically-iteratively conducted analysis.

Kapitel VI – Das Konzept Integriertes Management in der Praxis

Configuration ACTUAL
Evaluation of the Initial Situation

Perspectives		Initial Situation	Developments	Opportunities Threats
Market				
Market Position	Customer	……	……	……
	Markets	……	……	……
	Segments	……	……	……
	Needs	……	……	……
	…	……	……	……
Product				
Product Position	Business Model	……	……	……
	Products	……	……	……
	Services	……	……	……
	Substitutions	……	……	……
	Innovations	……	……	……
	…			
Finance				
Financial Position	Liquidity	……	……	……
	Costs	……	……	……
	Productivity	……	……	……
	Contribution Margin	……	……	……
	Turnover	……	……	……
	Capital Intensity			
	…			
Value Chain				
Value Creation Position	Purchasing	……	……	……
	Construction	……	……	……
	Production	……	……	……
	Market	……	……	……
	Sales	……	……	……
	…			
Human Resources				
Human Resources Position	Employer-Attractiveness	……	……	……
	Performance Potential	……	……	……
	Degree of Maturity	……	……	……
	…	……	……	……

Figure 7: Evaluation of the initial situation on strategic level

After having a thorough look at the initial situation, possible developments and the resultant chances and risks, the participants realized that there were not stagnating markets for the company but stagnating minds. They detected a mentality that in case of strong winds would rather build walls than try to get into the energy business with wind engines. It was significant to repeat the respective analysis perspectives in an iterative manner as long as it took to reveal an overall picture that was coherent for everybody. As an analogy, using a puzzle from the fairytale world, for instance, from whose picture elements it is possible to deduct the fairytale it stands for by grouping few pieces together, makes it possible to come to conclusions quite quickly. Gingerbread, for instance, points towards Hansel and Gretel. If Snow White's white dress appears on the puzzle pieces in addition to that, we know that something is obviously not coherent and that we have to deepen the analysis or even synthesize it again as a consequence and repeat this process until we have found certainty regarding the corporate and market situation.

It would be wrong to indicate a necessary paradigm change too quickly. This became apparent during the analyses insofar as it became clear that existing market solutions were to be regarded as much more stable that originally suggested. Due to orientation on genuine (original) customer problems from which secondary and tertiary needs were derived, it was possible to define numerous innovative growth areas and further business possibilities through segmentation as well as other forms of market cultivation (new sales channels).

Business area structure was addressed on the reference field of structure and management systems as well. Reviewing the structure of the business areas based on the planned strategic programs and the findings on the normative level, important courses of action for the development of the group were contemplated including the effects on the corporate culture and problem solving behavior of the coworkers.

Taking up the example of Langenscheidt once more: if we sell dictionaries and focus on the topic «printing», then we think mainly about books and their sales channels. The lack of direct contact with the end consumer will lead to a completely different behavior towards customers (performance and cooperation behavior) than if it had been decided to offer online translation services for private persons.

Regarding the respective perspectives, the following aspects need to be taken into particular consideration:

- **Market and product aspect:** The single product/performance cycles of a company have to be considered. How does the positioning in the relevant market look like? How about the development of the markets and customer needs regarding existing business? What has to be done to secure long-term success with this business and what has to be done to secure this business and to further develop it (chances/risks)? How profitable are our markets? Do we see ourselves as mass merchandiser, cost leader, niche supplier, specialist or do we belong to the efficient small suppliers? Is our niche slowly drying up or is the market we created expanding so that big suppliers could be interested in it? Is anything existing being replaced by anything new (substitution)? How does our product pipeline look like, how about our expenses for R&D?

- **Human resources aspect**: In this area the focal point is the extensive review of behavior in problem solution, structures and processes as main topics in the Integrated Management Concept. Have we lost our advantages as a major enterprise due to wrong structures, complex processes, bad executive behavior and loss of trust? Which incentive systems trigger which behavior? How can we preserve the spirit of the founding fathers? Decentralization: Regarding management, do we see ourselves as «hidden champions» below one roof or as lone fighters? Do our processes favor the desired behavior of our coworkers and management or are they forced to install unauthorized auxiliary processes just to satisfy our customers? It has to be taken into account that in the course of the company's growth different forms of organization and management structures with different typical behavior have to be considered, often differentiating single business areas or national companies. Such extensive considerations lead to conclusions about employee conduct and future employee potential (i. e. demography), further education of employees and quantitative employee parameters.

- **Financial and performance aspect**: Each business disposes of a profit potential which has to be recognized and used. Do we use the possibilities of profit optimization regarding costs? Where do we stand regarding experience, where regarding the break-even point? With respect to capital intensity: How can capital intensity of the business be reduced? How much capital do we need for one euro turnover with which capital costs, stock turnover, collection days? Regarding marginal return and turnover increase possibilities: Which programs for gross profit increase regarding turnover development do we have? Which capital-intensive value-added steps can be outsourced? Do we use the possibilities of reducing the depth of added value, cost variabilization, mass customization? Should we work with other suppliers? Global Sourcing?

1.3.3.2 Development target configuration: Options for the leap into the future

Based on what was outlined above with regard to the initial situation, possible options for the future have to be developed synthetically as well as analytically in an iterative process in coordination with the normative requirements and the insights generated on the strategic initial level. The main focus lies on insights that stipulate a continuation of what already exists on the one hand and insights with completely new aspects with regard to diversification on the other hand. Attention needs to be turned to developing clearly distinctive alternatives, options which remain plausible in relation to the whole in spite of their diversity. It is important to establish a relation to the dimension of normative management. There it had become obvious during the review of the object of the company that everything could be completely different. There the situation of the company was put into perspective by synthetic thinking which, therefore, led to a partial detachment process with respect to old images and business definitions, especially in discussing customer problems. During this phase the external presenter used creative approaches such as working with images, stories and role play.

Keeping in mind the chances and dangers regarding the respective product, financial, human resources and performance position perspective, it has to be the goal to develop a preferably complete set of options and alternatives. It turned out that generating options was easy. On the one hand participants had already thought of numerous new enterprises. On the other hand, the «Morphological Box» mentioned above had been a useful generator of ideas. It was more difficult and challenging to select the best options. Now the single options had to be discussed and examined with respect to their strengths/weaknesses in the respective analyzed perspectives. Here the so-called St. Galler Option Generator (see Figure 8) helped. It was decisive to iteratively repeat the single options with regard to attractiveness (chances and dangers), own ability and strength until a decision was possible. If an option is still attractive after different executives have deliberated it for a long time, a successful implementation is very probable due to the emotional attachment which has developed in the meantime. It was decisive to now (vertical harmonization) convey in a plausible manner what had been thought of on the level of normative management regarding objective of the company, mission and future corporate identity. This again caused small changes on the normative level and finally led to a coherent set of options. The teams warmed quickly to single new options which was identified as a clear sign that they were on the right course.

During this process of searching for options it has to be kept in mind that it can be aided by impulses from different strategic conceptions (see «Strategic Programs» of this publication) but has to be aware of having too much faith in the models. It is dangerous to only bet on growths options and the like. Trying to select the best of the often redundant supply of strategic concepts (Porter, PIMS, Stalk, Ansoff) and not to accept either-or offers is more promising. The final decision for or against an option can subsequently be made only after examining the effects on the operational level. It has to be determined which measures and resources (concentration of strengths) would be required for an implementation of the respective option towards the inside and towards the outside on the one hand and what could be generated on the revenue side in form of profit potential and other advantages on the other hand. The presentation of an overview of all options including distribution of resources, financing and pool possibilities in the form of a master plan will then decide about a definite go or no-go.

Figure 8 provides the framework of such an analysis which is to be conducted iteratively, analytically and synthetically this time.

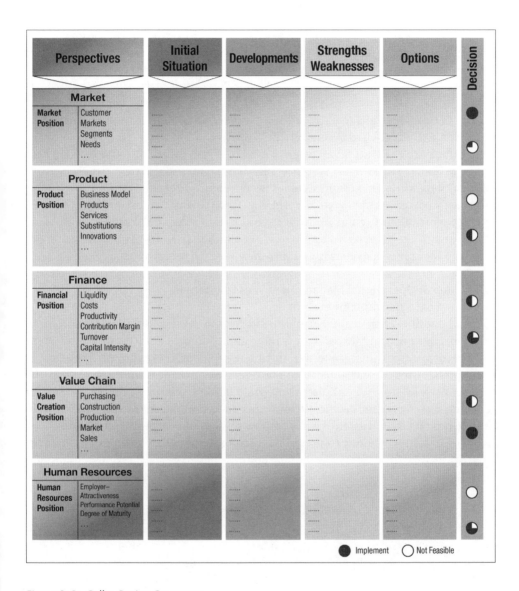

Figure 8: St. Galler Option Generator

How can options be made plausible?

It might be possible to explain it pretty simply in theory and it might sound easy, yet it has resulted to be very time-consuming in practice. For this reason the authors have used a recurring image in seminars for illustration and motivation: the image of the boxer on his way to becoming chess world champion. What does a boxing world champion do once he realizes that future success could be scarce and that the boxing market will not be an attractive market for him in the future? He starts searching for new markets. Maybe he will set the goal to become chess world champion instead. Let us further assume that playing chess will turn into an attractive market in the future. But the question remains: Do we have the confidence that a boxing world champion will succeed in becoming chess world champion after a couple of years of training? Are the core capabilities that a boxer has sufficient to be a good chess player as well? Will long arms, quick reaction, vigor and physical fitness help to become chess world champion? Or does it not require completely different skills? It might be smarter for our boxing world champion not to get lost in utopic visions of a new possible future but to be aware of his own strengths. How about the idea of working in the security sector? Would we think that he is capable of building a company that rents bodyguards and provides personal security services?

1.3.4 Step 3: Operational Management sees to internal and external implementation

So far, the results of the strategic and the normative level were presented including the respective opposing forces within the company together with top management and executives from the second and third level. This presentation was preceded by a comprehensive, two-day Integrated Management Concept training so that in the following workshop a serious discussion could be started quickly. On the second day it was discussed how to specifically implement the generated strategic programs on the operational management level and how a subsequent optimization could look like. The objective was not to present numerous activities in a superficial manner and to prioritize them but to dig deep. Everything had to be substantiated financially as well.

This resulted in specific master plans with precise approaches, goals which were qualitatively presented, required financial means, quantified measures. Each master plan was then presented in yet another workshop. Comparing all master plans with each other before the background of the overall goal, the decision was made later. Therefore, a process which convinced all essential internal protagonists could be initiated. First, this process made consequent acting possible. Then an adaption towards optimization was made possible thanks to permanent reflection on the initiated activities. Figure 9 shows the elements which need to be examined with respect to activities, performance and cooperation behavior and processes on the operational level which can simultaneously be considered for controlling and performance measurement.

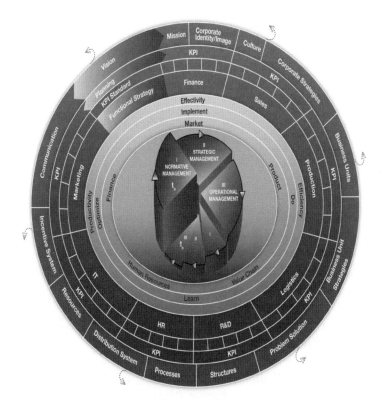

Figure 9: Operational level management optimization and performance

On the normative management level it had already become clear and had, therefore, been proven that with respect to the topic of performance and cooperation behavior the own executive personality needed to be examined. Inadequate behavior patterns needed to be identified as well since they could hinder cooperation instead of stimulating it. During two two-day workshops more than 2000 executives in 100 groups studied this topic. At the same time the respective elements of Integrated Management were discussed, presented and internalized.

Instructed by the respective person responsible for the project in the single strategic programs, master plans (tasks and actions) for realization and subsequent optimization were developed. At the same time existing processes and disposition systems should be improved and changed. The initial poking around in the dark regarding possibilities and chances turned into work on the small scale. Correct and performance-oriented acting provided, it is always this work in the microcosm of a company and its environment that eventually leads to success.

This presentation of the practical approach in implementing the Integrated Management Concept in order to maintain the viability of a company has made it clear how important an interactive, synthetic-analytical and process-oriented approach is.

In the end, enterprises are interpreted only by activities borne by people. Only if the people support these activities with conviction and motivation and only then will an enterprise come together at its core, then optimizing will turn into innovation once more. The condition is always the will to shuffle the cards and to allow a possible total change. Companies which go through this process for the first time will initially be surprised how elaborate this approach is but they will also be surprised by the sustainable effect regarding implementation and future results.

We hope that this contribution could provide ideas on how to encounter the challenges of day-to-day business and how to simultaneously develop future potentials for securing the viability of the company to benefit everyone. The process presented here is, insofar, not an easy one for an impatient person but a profound one for a dedicated systematic person.

Literatur zu Abschnitt 1

Bleicher, K. (2011): Das Konzept Integriertes Management: Visionen – Missionen – Programme. 8. Aufl., Frankfurt am Main.
Bleicher, K. (2017): Das Konzept Integriertes Management: Visionen – Missionen – Programme. 9., überarb. und erw. Aufl., Frankfurt am Main.
Heinrich, D. (2000): Tod dem Management. Es lebe die Führung. Bonn.
Lechner, C./Kreutzer, M./Schädler, J. (2008): Wachstumsinitiativen erfolgreich managen. In: Harvard Business Manager, Oktober 2008, S. 2–11.
Nagel R./Wimmer R. (2002): Systematische Strategieentwicklung: Modelle und Instrumente für Berater und Entscheider, Stuttgart.

2 Ausblick: Führung in komplexen und zunehmend digitalisierten Welten – Theorie & Praxis auf dem Prüfstand

Christian Abegglen

Die Digitalisierung der Wirtschaft und ihrer Geschäftsmodelle schreitet mit großen Schritten voran. «Industrie 4.0» ist in aller Munde. Und in der Tat und völlig zweifelsfrei steckt in dieser Entwicklung gerade für hochentwickelte Volkswirtschaften enormes Potenzial. Die Möglichkeiten der Vernetzung – mitunter in Echtzeit und bei Weitem nicht nur in der Fertigung – sowie die zunehmende Verschmelzung von realer und virtueller Welt über cyber-physische Systeme sorgen für völlig neue Individualisierungs- und Wertschöpfungspotenziale gerade auf dem Gebiet der Spitzen- und Hochtechnologien. Auch außerhalb des Industriesektors verändern sich die Dinge teilweise dramatisch, bisher erfolgreiche Geschäftsmodelle werden wertlos, völlig neue «Smart Services» übernehmen die Herrschaft.

Die Dynamik ist unübersehbar, überall – auf staatlicher, verbandspolitischer und betrieblicher Ebene – wird fleißig diskutiert (und durchaus auch daran gearbeitet!) über Fragen der Geschäftsmodellinnovation, der Fertigungstechnologien und -prozesse, der rechtlich-institutionellen Gegebenheiten, der Datensicherheit, der Aus- und Weiterbildung der Mitarbeiter (Stichworte: «Internet of things», «Big Data», «neue Arbeitswelten», «Mensch-Maschine-Schnittstellen», «Digitalkompetenz») und so weiter. Doch deutlich zu kurz in der Befassung kommt der Themenkomplex rund um die Fragestellung: «Welche neuen Herausforderungen ergeben sich für das Management, das Führen auf Top-Level in einem solchen Umfeld?»

Nicht dass man nun plötzlich eine völlig neue Form der Führung bräuchte. Vielmehr ist es doch so, dass schon seit Längerem die klassische Führung über hierarchische Mechanismen immer weniger funktioniert. Mehr und mehr müssen Führungskräfte außerhalb ihres durch die Aufbauorganisation zugewiesenen Verantwortungsbereichs für Ziele, Orientierung und auch Konsequenz sorgen. Egozentrisches und machtorientiertes Verhalten ist unerwünscht, denn Zielkonflikte können immer weniger durch einen Vergleich der Schulterklappen aufgelöst werden. Das ist eine schon lange andauernde Entwicklung, die durch «Industrie 4.0» allerdings eine zusätzliche Dynamik erfährt. Vernetzung, Geschwindigkeit, die Gleichzeitigkeit und Wechselwirkung von Ereignissen, Digitalisierung, das Verheiraten unterschiedlicher Technologien und Disziplinen, unternehmensübergreifende Kooperationen – nur einige Begriffe, die jedoch zeigen: die Anforderungen an Führung steigen, die Komplexität nimmt zu. Nennen wir es plakativ «Führung 4.0».

Die Wertschöpfung – beginnend mit den ersten Ideen und Diskussionen – findet verstärkt interdisziplinär, über Abteilungen und Unternehmen hinweg, zunehmend international und interkulturell statt. Die Zeiten zentralistischer, tayloristisch organisierter Wertschöpfungsketten sind vorbei, Hierarchien haben vielerorts ihre Kraft verloren. Mehrwert entsteht in intelligenten Wertschöpfungsnetzwerken, die sich je nach Aufgabenstellung neu konfigurieren müssen. Das Ausrichten von dezentraler Intelligenz und Autonomie auf eine übergeordnete Zielsetzung, noch dazu bei einem größer werdenden Beeinflussungsbereich – das ist die schwierige Aufgabe, die es zu meistern gilt. Und selbst Unternehmer, die ganz vorne mit dabei sind auf dem Weg in diese neuen Welten, geben es zu: Man tut sich hier schwer! Daher nochmals die Frage: «Wie führt man eigentlich in zunehmend digitalisierten Welten, die sich noch dazu dadurch auszeichnen, dass ein immer größer werdender Anteil der zu führenden Personen(gruppen) außerhalb des direkten Verantwortungsbereichs und außerhalb der eigenen beziehungsweise unternehmensspezifischen Know-how-Felder liegt?»

Wer hier die besten Antworten findet, wird das Rennen gewinnen – auf betrieblicher, aggregiert auch auf volkswirtschaftlicher Ebene. Der Unternehmer führt zum Erfolg oder Misserfolg, seine Fähigkeiten und Möglichkeiten sind die bestimmenden Größen. Primär ist es naturgemäß die Aufgabe der Unternehmen beziehungsweise von deren Führungskräften, sich dieser Herausforderung zu stellen. Dabei kann es optimale Führung nie geben, dafür sorgen bereits die sich laufend ändernden äußeren Umstände. Aber ebendiese Tatsache weist auch den Weg, auf dem man sich dem Ideal der optimalen Führung stetig versuchen muss zu nähern: nicht statisch und zentralistisch, sondern anpassungsfähig und in Netzwerken, nicht an Berichtslinien entlang, sondern über Begeisterung und Orientierung, nicht arrogant und selbstsicher, sondern kritisch-rationalistisch, achtsam und bescheiden im Popper'schen Sinne. Dabei muss man jeden Tag aufs Neue versuchen, seine Fähigkeiten diesbezüglich zu verbessern, wissend, dass man nie das perfekte Resultat erzielen kann. Und man muss in diesem Tun «infektiös» sein, denn mehr und mehr braucht es Multiplikatoren und «Satelliten» im beschriebenen Hochleistungsnetzwerk; alleine kann niemand führen.

Das ist umso bedeutsamer vor dem Hintergrund der Chancen und Risiken neuer Geschäftsmodelle, die sich durch die neuen (digitalen und vernetzten) Möglichkeiten ergeben. Die Erfolgsfaktoren bisheriger Geschäftsmodelle stehen in Frage, Wertschöpfungs-, Leistungs- und Erlösmodelle sortieren sich neu, verschwimmen mitunter. Teilweise liegen die entscheidenden Größen plötzlich außerhalb des eigenen Unternehmens und direkten Einflussbereichs. Neue Player sind plötzlich höchst relevant oder gar systemdominierend; nicht die bisherigen Wettbewerber sind die große Gefahr, sondern bisherige Kunden, Lieferanten oder gar Branchenfremde. Wertschöpfung und Führung ist hochkomplex geworden, und das Verstehen sowie – falls geboten – radikale Neukonfigurieren von Geschäftsmodellen gehört unbedingt zur unternehmerischen Überlebensausrüstung.

Genau in diesem Sinne hat sich folglich die Aus- und Weiterbildung von Führungskräften weiterzuentwickeln. Auch das ist ein Weg, auf dem man nie ankommt, aber immer in Bewegung bleiben muss. Ebendies ist unser Anspruch, unsere Mission. Die St. Galler Business School möchte hier einen wertvollen Beitrag leisten und die Unternehmen auf ihrem Weg als exzellenter Partner begleiten. Daher haben wir uns für die nächste Zeit das Thema «Führung 4.0» in all seinen Facetten mit auf die Fahnen geschrieben und werden uns mit Leidenschaft diesem ebenso spannenden wie herausfordernden Thema widmen.

Der ganzheitliche, dynamische St. Galler Managementansatz bildet für dieses Unterfangen eine geeignete Referenzarchitektur, ein adäquates Denkgerüst. Allerdings muss sich auch dieses Modell von Zeit zu Zeit auf den Prüfstand stellen lassen;

zudem bedarf es weiterer Überlegungen und praxistauglicher Konkretisierungen, die den Führungskräften in ihrer täglichen Arbeit tatsächlich eine robuste Hilfestellung und Begleitung sein können. Damit sind die Forschungs- und Arbeitsfelder für die nächste Zeit vorgezeichnet – eine Auswahl:

- Wo liegen die Grenzen zentralistischer, tayloristisch-hierarchisch organisierter Wertschöpfungs- und Führungsmuster?
- Wie funktioniert erfolgreiches Führen in intelligenten Netzwerken?
- Wie schafft und erhält man anschlussfähige und attraktive Hochleistungsnetzwerke mit der Fähigkeit zur Selbststeuerung und Neukonfiguration in Raum und Zeit?
- Wie lassen sich die erforderliche Achtsamkeit sowie die Fähigkeit zur Innovation von Geschäftsmodellen in der Organisation etablieren?
- Wie lassen sich dezentrale Intelligenz und Autonomie auf übergeordnete Zielsetzungen hin ausrichten, ohne dass auf hierarchische Mechanismen zurückgegriffen werden kann?
- Wie erreicht man Anschlussfähigkeit, Orientierung und Konsequenz über Vision, Sinnhaftigkeit und Werte?
- Wie funktioniert Führung durch Multiplikation und «Satelliten»?

Um diese und weitere Fragen bestmöglich beantworten und den Transfer der Erkenntnisse in die Unternehmen sicherstellen zu können, ist für 2017 ein konkreter Maßnahmenkatalog entworfen worden, unter anderem mit folgenden Elementen:

- Schärfung und theoretische Überarbeitung des St. Galler Management-Konzeptes in all seinen Dimensionen.
- Theoretische sowie empirische Analyse der Führungsmechanismen in den größer werdenden Radien und zunehmenden Schichten der Beeinflussung.
- Theoretische sowie empirische Analyse der Erfolgsfaktoren von Geschäftsmodellen in zunehmend digitalisierten und vernetzten Wertschöpfungs- und Leistungswelten.
- Analyse zielführender psychologischer und verhaltensökonomischer Aspekte.
- Intensive Befassung mit interkulturellen und interdisziplinarischen Herausforderungen.
- Begleitung und Auswertung von «real cases».
- Entwicklung praxistauglicher Hilfestellungen und Lehreinheiten für Führungskräfte.

Die St. Galler Business School wird bei alledem auch in Zukunft die Menschen nicht vor sich hertreiben und belehren wollen; unser Anspruch ist es, die Menschen auf ihrem eigenen Weg bestmöglich zu unterstützen. Das geht nur durch Austausch, Diskussion und ein Stück weit auch gemeinsames Lernen auf Augenhöhe.

ANHANG

Professor Dr. Knut Bleicher – In memoriam

Das Leben und Werk von Knut Bleicher

Was prägt ein Leben? Die Welt und Zeit, in die man hineingeboren wird, das Milieu, das einen umgibt, Menschen, die einen begleiten und denen man begegnet, Freiheiten und Zwänge, Planung und Zufälle, Wünsche und Erfüllung oder Enttäuschung, Freude und Schmerzen, Erwartung und Bestätigung oder Ernüchterung... Und die Veranlagungen des Menschen, sich in dieser nur zum Teil berechenbaren und sich stets ändernden Szenerie zurechtzufinden, sie mitzugestalten dank Talenten, Neugierde, Lernen, Können, Wollen, der Fähigkeit zum Verzicht wie zum Wahrnehmen.

Auch Knut Bleichers Leben war geprägt von dieser Fülle an Umständen und Zusammenhängen. Wie es dazu kam, dass er zu einem führenden Vertreter der Managementlehre und von 1956 an dies- und jenseits des Atlantiks in einer schier enormen Vielzahl von – zunehmend herausragenden, auch außeruniversitären – Ämtern und Funktionen tätig und zu einem überragenden «interkulturellen» Brückenbauer zwischen Organisations- und Führungslehren des deutschen und des angelsächsischen Sprachraums tätig wurde, das schildert der folgende Beitrag. Die ausführliche Darstellung der wichtigsten Lebensstationen soll so auch ein besseres Verständnis des Gesamtwerkes ermöglichen und vor allem auch dem jüngeren Leser eine von Höhen und Tiefen besonders geprägte Epoche deutscher Wissenschafts- und Wirtschaftsgeschichte vermitteln.

Wurzeln, Kindheit, Jugend

Knut Bleicher wurde am 22. April 1929 in Berlin geboren. Seine Eltern waren die Berlinerin Margarete, geb. Lemke, und Josef Bleicher, Kaufmann aus Bayern. Dieser, gebürtiger Münchner, wuchs in Weiden in der Oberpfalz auf, wo er zunächst in der Porzellanindustrie als Gestalter von Dekors tätig war. 1926 kaufte der Inhaber die «Marienhütte» in Berlin-Köpenick, eine Fabrik zur Herstellung von hochwertigen Gläsern, und Knuts Vater übernahm dort die technische Leitung. Hergestellt wurden vor allem Glaswaren für die Luxusschiffe des Norddeutschen Lloyd und anderer bekannter Transatlantiklinien. Margarete Lemke lebte in einem Nachbarhaus von Josef Bleicher, was bald einmal die eheliche Fusion Berlin-München bewirkte.

Ihr Vater, früherer Gardeoffizier und ehemaliger Magistratsbeamter der Stadt Berlin, verkörperte preußische Werte, die er auch seinem Enkel vermittelte, denn die junge Familie zog in das großelterliche Haus, das am Zusammenfluss von Dahme und Spree gelegen war und sogar einen sogenannten «Strandgarten» am Fluss besaß.

Knut Bleicher auf Kreuzfahrt Ende der 1960er-Jahre

Hier konnte Knut seine Jugendjahre mit viel Wassersport in einer der schönsten Umgebungen der Großstadt verbringen. Für den Vater zogen allerdings bald dunkle Wolken auf. Sein Arbeitgeber hatte sich mit Holzgeschäften auf dem Balkan verspekuliert und musste Konkurs anmelden. Damit war die Tätigkeit des Vaters in der «Marienhütte», die in den Konkurs hineingerissen wurde, vorbei. Von den heute üblichen Absicherungen für Führungskräfte war damals noch keine Rede. Dem Vater ging es deshalb vor allem darum, sein noch ausstehendes Gehalt einzufordern, leider vergeblich. Die Lösung bestand schließlich darin, dass er seine Forderungen in der Form von Ware realisieren konnte. Zu deren weiterer Verwertung gründete er an zentraler Lage in Köpenick ein Glas- und Porzellangeschäft mit eigener Schleiferei, sodass nach kurzer Zeit Handel und Handwerk die Familie ernährte.

In der Entwicklung des jungen Knut deuteten sich bereits einige Merkmale und Neigungen an, die ihm bis zu seinem Tod eigen waren: die Verbindung von preußischer Disziplin und Pflichterfüllung mit bayerischer Lebensfreude, die Befolgung von Grundsätzen, das Streben nach Konsens und einem intakten, sozialen, freundschaftlichen Umfeld. Und die Pflege künstlerischer Interessen, die ihn immer wieder in Mußestunden für Malerei begeisterten; seine Neugier fürs Maritime hat ihn später zu einem passionierten «Kreuzschifffahrer» und Kenner von Schiffskonstruktionen und gar zum Modellbauer werden lassen.

Krieg

Nach einer unbeschwerten Kinder- und Schulzeit unterbrach der Zweite Weltkrieg die beschauliche Entwicklung. Einige unbedachte Äußerungen des seit Jahren gegenüber dem herrschenden System kritisch eingestellten Vaters waren Ursache für die Schließung des Geschäfts durch die Behörden. Der Vater wurde zwangsverpflichtet und in die Wehrmacht eingezogen, allerdings nicht mehr an die Front geschickt, sondern zur Verwaltung eines Reifenlagers in Paris eingesetzt, wo er später als Gefangener der Résistance eine lebensbedrohliche Zeit durchlebte.

Als die alliierten Luftangriffe auf Berlin eskalierten, wurden auch dort die Schulen geschlossen und «Kinderlandverschickungen» Richtung Osten ins Warthegau organisiert. Ein solcher Wegzug ließ sich jedoch vermeiden, denn außerhalb der Hauptstadt gelegene Schulen boten Unterricht für sogenannte «Fahrschüler», nicht zuletzt, so ist anzunehmen, um einen Teil der in Berlin verbliebenen Lehrer weiter beschäftigen zu können. Da ein Onkel von Knut im Süden von Berlin bei Teupitz am Tornower See ein Haus gebaut hatte, bot es sich an, bis auf Weiteres dorthin umzuziehen und den Schulbesuch in Königs-Wusterhausen zu organisieren. So fuhr Knut je nach Lage einmal von Köpenick und ein andermal von Teupitz aus zum Nachmittagsunterricht. Dies war etwas mühsam und nach kurzer Zeit auch nicht ungefährlich wegen der nun auch tagsüber geflogenen Luftangriffe auf Berlin und Umgebung. Die Großeltern waren in der Stadt verblieben und begrüßten es, wenn Knut hin und wieder zu Besuch war, denn einer musste schließlich bei oder nach einem Luftangriff aufs Dach gehen, um nachzuschauen, ob das Haus getroffen worden und ein Brand zu löschen sei. Die Angriffe wurden gegen das Jahr 1945 immer vernichtender, das Haus blieb glücklicherweise von direkten Treffern verschont, wurde aber mehrmals «ausgeblasen» durch Luftminen, die in nächster Nähe detonierten.

Das Kriegsende nahte, die auswärtigen Schulen schlossen und die Familie kehrte nach Köpenick zurück. Zum Glück noch früh genug, denn die sowjetischen Armeen der Marschälle Schukow und Konjew kesselten die deutsche Armee ein, die Berlin verteidigen sollte, und vernichteten sie. Das Haus des Onkels wechselte bei diesen verheerenden Kämpfen mehrmals den Besitzer und wurde geplündert. Noch Jahre später waren die Wälder voll von Zeugnissen dieser großen Endschlacht: ausgebrannte Panzer, kaum mehr erkennbare Lkw-Kolonnen, von den menschlichen Überresten ganz zu schweigen.

Im April 1945, kurz vor Knuts 16. Geburtstag, erreichte die Rote Armee das Ufer der Spree und begann mit dem Beschuss eines Brückenkopfes auf der Knuts Familienhaus gegenüberliegenden Seite. Der Artilleriebeschuss steigerte sich in der Nacht, am nächsten Morgen brannten ganze Straßenzüge und Trommelfeuer setzte zur Vorbereitung der Landung ein. Nach Verstummen der Kanonen ging ein eigenartiges Vibrieren durch den Luftschutzkeller, und als Knut ans Tageslicht kroch, sah er schwere russische «Stalin»-Panzer Richtung Berlin fahren. Bald drangen einige Rotarmisten in das Haus ein: Alle Bewohner wurden schließlich aus dem Keller getrieben und zu einem zerschossenen Bootshaus in der Nähe verbracht. Hier musste sich Knut mit seiner Familie an eine Ziegelmauer stellen. Sie warteten alle darauf, erschossen zu werden. Doch inzwischen hatte sich die deutsche Flak-Großbatterie in Oberspree auf den Ponton-Flussverkehr eingeschossen. Die Familie wurde auf einem Floß aus zusammengebundenen Baumstämmen auf die andere Seite des Flusses gebracht. Mitten auf dem Fluss erlebte Knut dann wohl einen nicht minder kritischen Moment seines Lebens, denn zwei deutsche Jabos FW 190 flogen an und begannen, den Übersetzverkehr zu beschießen. Welch ein Ende wäre es gewesen, von den eigenen Leuten ins Jenseits befördert zu werden. Nach Ankunft und Freilassung auf der anderen Flussseite begann eine längere Odyssee, die in eine Laubenkolonie führte, wo sie schließlich eine provisorische Bleibe fanden – neben einer «Stalin-Orgel», einer fahrbaren Raketenabschussrampe, die sehr spektakulär ihre heulenden Geschosse in die Berliner Innenstadt auf den Weg brachte.

Neubeginn

Nach vielen anderen bedrohlichen und unangenehmen Erlebnissen, welche Knut stark prägten, begann Ende Mai 1945 die unstete Nachkriegszeit in Berlin. Unter sowjetischer Militäraufsicht wurden Schulen geöffnet. Aus politischen Gründen schloss Knuts Schule jedoch bald wieder. Alternativ bot sich die «Oberschule für Jungen» im benachbarten Stadtteil Berlin-Adlershof an. Da nach den Zerstörungen noch keine Straßenbahnen fuhren, waren nun längere Fußmärsche zur Schule erforderlich. Einen interessanten Lichtblick gab es im Umfeld der neuen Schule: Adlershof war zur damaligen Zeit Sitz der Deutschen Versuchsanstalt für Luftfahrt, in die während des Kriegs viele begabte Wissenschaftler zwangsverpflichtet worden waren. Diese, nun arbeitslos, waren begeistert, als Lehrer tätig zu werden. So kamen die Schüler zu außerordentlich qualifizierten und engagierten Lehrkräften. Viele sollte Knut später beim Studium an der Freien Universität Berlin als Professoren wiedersehen. 1948 bestand er das Abitur an der Adlershofer Schule.

Schule, Praktikum, Studium

In Berlin gab es zu dieser Zeit zwei Universitäten: Die Humboldt-Universität in der sowjetischen Besatzungszone, dem späteren Ostberlin, welche sich an der planwirtschaftlichen, marxistisch-leninistischen Ideologie orientierte, und die Technische Universität in der amerikanischen Besatzungszone, dem späteren Westberlin, die zu diesem Zeitpunkt keine wirtschaftswissenschaftliche Ausbildung betrieb.

Eine Zulassung an der Humboldt-Universität war kaum denkbar, denn Knut war weder Arbeiter- noch Bauernkind noch Verfolgter des NS-Regimes und auch kein «junger Pionier». Was tun? Eine Westberliner Handelsschule in Wilmersdorf erkannte den Bedarf an Ausbildung in Wirtschaftsfächern und bot einen längeren Lehrgang für Abiturienten an. Hier schrieb sich Knut ein und absolvierte das Programm, welches wirtschaftliche Grundlagen, Handelstechniken, Fremdsprachen, Stenografie und Schreibmaschinenunterricht umfasste.

Inzwischen waren die Zugangswege nach Berlin durch die Sowjets abgeschnitten worden – Berliner Blockade – und alle beobachteten fasziniert den Aufbau und die Entwicklung der Luftbrücke. Knut bot seine Hilfe dem PR-Offizier der Royal Air Force im Flughafen Gatow an und half beim Dolmetschen. Dies war wegen seiner guten

Englischkenntnisse möglich, und er konnte dabei den gesamten Flug- und Entladebetrieb von englischen Yorks, Hastings und Tudors sowie den ebenfalls dort landenden amerikanischen DC-4 beobachten und auch Gespräche mit den Besatzungen führen.

Zur gleichen Zeit absolvierte Knut, noch immer im sowjetischen Ost-Sektor bei den Eltern wohnhaft, ein kaufmännisches Praktikum bei der AEG in Westberlin, erst in der Röhren-, dann in der Groß- und Kleinmotorenfabrik, um schließlich bei Hermann Meyer, dem Leiter der Fabrikenleitung, in der AEG-Zentrale zu landen. Hier organisierte Knut den Prozess der Erstellung der DM-Eröffnungsbilanz, was ihm buchhalterische Kenntnisse eintrug, die er später bei Referaten vor der Industrie- und Handelskammer und vor gewerblichen Organisationen umsetzen konnte. Während dieser Tätigkeit erfuhr er vom Aufbau der neuen Berliner Freien Universität (FU) in Dahlem, bei der er sich sofort bewarb und ohne Zeitverlust 1949 das Studium der Betriebswirtschaftslehre beginnen konnte. Die FU bestand aus Baracken und improvisierten Räumen, das Auditorium Maximum war ein hölzerner ehemaliger Reitstall mit Spreu auf dem Boden, auf den zusammengesuchte Parkbänke gestellt waren – und die Mensa bot eine von den Alliierten gespendete Speisung aus einem undefinierbaren, milchigen Etwas. Für die Studenten war es dennoch eine Traumsituation – verglichen mit dem, was unzählige andere Menschen zu erleben hatten.

Die widrigen Umstände wurden allerdings gänzlich wettgemacht durch einige hervorragende Dozenten, die es verstanden, Knut für die Wirtschaftswissenschaften zu begeistern. Da sein Interesse betriebswirtschaftlichen Fragen galt, konzentrierte er sich vor allem auf Professor Erich Kosiol, der aus Nürnberg nach Berlin berufen worden war. Dieser hatte sich nach einer mathematischen Habilitation zunächst stark mit Fragen des Rechnungswesens auseinandergesetzt und versuchte, einen logischen Zusammenhang abzuleiten, der auf den Zahlungsvorgängen für das Rechnungswesen bis hin zur Bilanzierung basierte. Mit dieser sogenannten «pagatorischen Bilanztheorie» entstand ein sehr komplexes System von Zahlungsvorgängen, die schließlich zur Bilanz führten. Später wandte er sich dann neben der pagatorischen Buchhaltung dem kalkulatorischen Rechnungswesen zu, wo Knut an einigen Projekten mitarbeiten konnte. Was Knut aber weit mehr faszinierte, waren Vorlesungen wie «Organisation und Führung der Unternehmung» und «Der Mensch in der Organisation der Unternehmung». So blieb es nicht aus, dass er sich mit diesen Themen auch bei Seminararbeiten, in der Diplomarbeit und schließlich in der Dissertation befasste.

Die Vorlesungen von Kosiol wurden durch einen Unternehmungspraktiker ergänzt, der aus Dresden fliehen musste und mit dem Knut ebenfalls eng zusammenarbeitete. Hier errang Knut einen Achtungserfolg mit der hundertseitigen Seminararbeit «Natur und Aufgaben der Geschäftsleitung». Damit schuf er die Grundlagen für seine Diplomarbeit «Die oberste Leitung in industriellen Unternehmungen – eine organisationstheoretische Funktionsanalyse», wodurch das Interesse an dem, was wir heute Management nennen, überdeutlich wurde. Besonders motivierend war der von Studenten und einigen Assistenten gegründete «Arbeitskreis Organisation», in welchem die vom Fachgebiet Begeisterten das Thema «Aufgabenanalyse» weiterentwickeln wollten. Dies führte schließlich nicht nur zu einer kleinen Schrift, die dann

Knut Bleicher (Bild links) bei einem der legendären Ausflüge mit Prof. Kosiol, Prof. Grochla, Dr. Rex, Dr. Rother (Bild rechts; von rechts)

in das kosiolsche Schrifttum einging, sondern auch zu lebenslangen Freundschaften unter den Beteiligten. Kosiol beauftragte Knut während dessen späterer Assistenzzeit mit der Anfertigung der Manuskripte zu seinem ersten «großen» Buch «Organisation der Unternehmung». Knut übernahm den Teil «Aufbauorganisation», während sein Assistentenkollege Marcel Schweitzer (später Professor in Tübingen) die Ausarbeitung der «Ablauforganisation» betreute. An jedem Samstagvormittag traten sie zum Rapport in Kosiols Wohnung an.

Die Beschreibung seiner Studienzeit wäre jedoch unvollkommen ohne die Erwähnung von zwei weiteren Persönlichkeiten: In der Volkswirtschaftslehre war es Professor Andreas Paulsen, der mit seinem Werk «Neue Wirtschaftslehre» Gedankengut von Keynes aufgegriffen hatte und allgemein der «Deutsche Keynes» genannt wurde. Was Knut jedoch weit mehr interessierte, waren seine mikroökonomischen Ansätze, die etwa dem entsprachen, was Erich Schneider, Kiel, in seinem mehrbändigen Werk zum Ausdruck brachte.

Und schließlich noch diese anekdotische Erinnerung: Kosiol veranstaltete traditionellerweise am Ende eines Sommersemesters für seine Studenten des Oberseminars ein Seminarfest. Dieses begann mit einem Spaziergang entlang einem der Seen am Grunewald in nach Seniorität geordneter Reihenfolge: Erich («der Chef») zuvorderst mit Sombrero und langen, wallenden Haaren, neben sich Grochla (später Professor in Mannheim und Köln), mehrere Schritte hinter sich die «gnädige Frau», leicht exaltiert und in Begleitung des Lehrstuhlassistenten (Rex, später Dorn), dann die übrigen Assistenten und schließlich die Studenten. Das Ganze endete meist in einem reservierten Bootshaus am Wannsee bei Verköstigung und Unterhaltung. Auch dieses Ritual war ein Zeichen für den Wandel zur Normalität nach all den düsteren Kriegs- und belastenden Nachkriegsjahren.

Assistenz, Forschung, Unternehmungskontakte

1952 erlangte Knut den Abschluss als Diplom-Kaufmann und es folgte Kosiols Angebot für eine Viertel-Assistentenstelle an seinem Lehrstuhl. 1953 wechselte er zum neuen, durch die Berliner Industrie finanzierten «Institut für Industrieforschung». Hier versammelte sich ein Team von hochmotivierten Assistenten. Die Mehrzahl von ihnen wurden später anerkannte Professoren, wie Eberhard Witte (Hamburg, Mannheim und schließlich München), Ralph-Bodo Schmidt (Freiburg), Marcel Schweitzer (Tübingen), Klaus Chmielewicz (Bochum); andere wurden in der Praxis sehr erfolgreich. Diese Professoren förderten ihrerseits professoralen Nachwuchs an ihren jeweiligen Standorten, so Witte: Hauschild (Kiel), Gemünden (TU Berlin), Grün (Wien), Wossidlo (Bayreuth); Schmidt: Berthel (Siegen), Wild (Freiburg), Krüger (Gießen) usw. Knut Bleicher konnte auf vier Professoren aus seiner Schule verweisen: Seidel (Siegen), Wagner (Potsdam), Paul (Mainz), Simon (Ravensburg).

Die Arbeit am Institut konzentrierte sich zunächst auf die Weiterentwicklung der Plankostenrechnung, was zu einer ganzen Reihe von Forschungsreisen im Team führte, vor allem nach Westdeutschland zu Unternehmungen, die auf diesem Gebiet besondere Entwicklung vorzuweisen hatten, wie eine Maschinenfabrik in Braunschweig, die Chemischen Werke Hüls, Mannesmann Röhren in Ratingen, Zellstoff Walshof in Wiesbaden usw.

So ergab sich für Knut die gute Gelegenheit, aus dem eingeschlossenen Berlin herauszukommen, was allerdings mit Schwierigkeiten verbunden war, da er ja noch bei den Eltern im sowjetischen Sektor Ostberlin gemeldet war und deshalb keine Berechtigung zum Grenzübertritt von der DDR in die Bundesrepublik hatte (ansonsten hätte er ja Republikflucht begangen). Die Lösung bestand darin, dass im Alliierten Kontrollratsgebäude in der Westberliner Potsdamer Straße gegen Hinterlegung des Ost-Ausweises ein Passierschein für Westdeutschland ausgestellt wurde, mit dem er zeitlich befristet auf dem Luftweg nach Westdeutschland aus- und wieder nach Westberlin zurückreisen konnte. Während sich seine Assistentenkollegen mit Chef im VW-Bus über die Interzonen-Autobahn gen Helmstedt bewegten, flog Knut mit «Ambassador» der BEA oder «Dakota» von PANAM nach Hannover, wo man sich zur Weiterfahrt traf. Die Besuche waren meist sehr informativ, die anschließende Bewirtung und das Kennenlernen noch nicht bekannter Landschaften und Städte boten für einen in der «Festung Berlin» Aufgewachsenen natürlich zusätzliche Reize. Eine Reise brachte auch privates Glück: Knut lernte auf ihr nicht nur die Werkzeugmaschinen-Ausstellung in Brüssel und Paris kennen, sondern auch seine spätere Frau Eveline.

Perspektive USA

Nebenher arbeitete Knut weiter fleißig an seiner Dissertation «Die Organisation der Planung in Unternehmungen». Anfang 1955 kam Professor Kosiol mit einem speziellen Anliegen. Er hatte ein Projektpapier auf dem Tisch von der OECE (später OECD) bzw. von deren European Productivity Agency in Paris, die ein interessantes Projekt (EPA 329-1) zum Thema Marshallplan-Wiederaufbauhilfe lancierte mit der Frage, wie man aus dessen Mitteln Seed Money sinnvoll und nachhaltig für die Ausbildung von Fachleuten verwenden solle. Das Projekt sah vor, in den fünf Marshallplan-Ländern nach einem strikten Verfahren eine eng begrenzte Anzahl Personen auszuwählen, vorzugsweise aus dem Forschungs- und Lehrbereich. Diese sollten in den USA mit dem aktuellen Stand der Managementlehre und vor allem mit der amerikanischen Ausbildung vertraut gemacht werden, um danach ihr Wissen und Können für die Verbesserung der wirtschaftlichen und sozialen Entwicklung in Europa einzusetzen. Das war eine weise Verwertung von Funds, ganz im Sinne eines modernen Wissensmanagements: Anstatt Geld für Hardware mit letztlich doch beschränkter Wirkung zu verwenden, nun der Versuch, Menschen weiterzubilden, um diese als Multiplikatoren von Wissen und Erfahrung zur Förderung des Wohlstands einzusetzen.

So schloss die International Cooperation Agency in Zusammenarbeit mit dem amerikanischen State Department Verträge mit fünf angesehenen amerikanischen Universitäten zur Durchführung von Spezialprogrammen und der Betreuung «for these distinguished European educators» ab. Beteiligt waren: Harvard University (Boston); Wharton School der University of Pennsylvania (Philadelphia); Indiana University (Bloomington); University of Illinois (Champaign-Urbana); University of California (Berkeley). Für jedes europäische Land wurde ein Auswahlgremium gebildet, welchem das Screening der vorgeschlagenen «Applicants» oblag. Die Idee, auf diesem Weg nach Amerika zu gelangen, reizte Knut, und er gab sein Interesse an diesem Projekt deutlich zu erkennen. Alsbald wurde er zu einem Gespräch nach Kronberg bei Frankfurt eingeladen, wo ihn EPA-Vertreter und berühmte Professoren wie Gutenberg, Mellerowicz, Sandig und Hax befragten. Das Ergebnis muss positiv gewesen sein, denn bald wurde seine Teilnahme am Programm bestätigt. Nun galt es, die Dissertation endgültig abzuschließen und das Promotionsverfahren hinter sich zu bringen. Seine Verlobte Evi wollte verständlicherweise vor der Abreise klare Verhältnisse. Die Hochzeit fand am 24. September 1955 in der Dahlemer Dorfkirche in Berlin statt.

Noch ein Nachtrag zu der Zusammenarbeit mit der OECE: Jahre nach der Rückkehr aus den Vereinigten Staaten wurde Knut bei einem Meeting in Zürich die Leitung der Management-Abteilung (mit diplomatischem Status) in Paris angetragen. Sein Interesse war geweckt. Aber sein Chef, Professor Kosiol, gab ihn aus dem laufenden Vertrag nicht frei mit dem Hinweis, er solle zunächst sein Habilitationsverfahren abschließen, wofür Knut ihm rückblickend dankbar war.

Die Neue Welt

Mitte Januar 1956: Antritt der Reise nach Amerika – mit Halt in Paris. Am Sitz des Ministerrates der OECE im Palais Chaillot wurden die Teilnehmer über den Studienaufenthalt in Amerika orientiert, allerdings ohne Mitteilung, welches Institut in den USA wen aufnehmen werde. Auf der Zugfahrt nach Le Havre lernten sich die deutschen Reiseteilnehmer näher und auf der Überfahrt besser kennen. Das Schiff war die «Liberté», die frühere deutsche «Europa», die nach Kriegsende als Reparation an Frankreich ging, eines Tages im New Yorker Hafen ausbrannte und im französischen Stil renoviert über den Atlantik fuhr. Der Komfort war beträchtlich, die Cuisine française gepflegt, die Weine dazu ebenso und erst noch in der Einladung inbegriffen, der Service im Speisesaal und auf Deck mustergültig und die Begeisterung groß, mit einer solchen Fahrt aus der Nachkriegs-Tristesse in die Neue Welt zu gelangen.

In New York erfolgte die Unterbringung in einem alten Hotel. Die Betreuer von den verschiedenen Universitäten trafen ein, stellten sich vor und Knut wurde der Wharton School an der University of Pennsylvania in Philadelphia zugeteilt. Dort war sein Betreuer ein alter Bekannter, Professor Dr. Adolph Watz, dem Knut während seiner Plankostenrechnungs-Aktivitäten in Berlin begegnet war, wo Watz mehrfach als EPA-Experte aufgetreten und von Kosiol zu Vorträgen geholt worden war. Knut konnte in Wharton im Rahmen des Spezialprogramms an allen «Classes» teilnehmen und gewöhnte sich rasch an das Leben in der neuen Umgebung. Da war es auch an der Zeit, dass ihm seine Frau Evi nachfolgte.

Geboten wurde viel: Gastreferate von Professoren anderer amerikanischer Universitäten (wie beispielsweise vom Harbridge-House über das Schreiben und Lehren von Case Studies), Besichtigungen in Philadelphia, Reisen zu anderen Universitäten und Instituten sowie mehrere Internships bei Firmen wie Yale&Towne (Chicago), Eli Lilly (Indianapolis), Formica (Cincinnati) und private Rundreisen mit Teamkollegen (um «America pure» zu erfahren). Besonders intensiv gestalteten sich die Beziehungen zur Indiana University in Bloomington (Indiana), wo sich Professor Dr. L. Leslie Waters der Gruppe annahm. Ihm ist es auch zu verdanken, dass sich aus diesen Begegnungen später das «International Business Forum» entwickelte, das er mit charismatischem *Leadership* führte.

Hochzeit am 24. September 1955

Dazwischen fanden an involvierten Universitäten *Follow-up*-Konferenzen mit Fortschrittsberichten zu den institutionellen und individuellen Programmen statt, geleitet von Programmkoordinatoren und dem Regierungsbeauftragten.

Zum Schluss musste jeder Teilnehmer eine Art PhD-Thesis schreiben. Knuts Arbeit trug den Titel: «Business Policy and how it is taught in the USA». Schließlich der Abschied: Veranstaltungen und Einladungen bei jenen Universitäten, die einen Controller als Programmleiter eingesetzt hatten. Schonte man während des Jahres das Programmbudget akribisch, so wurden nun die Mittel kurz vor Ultimo großzügig und schnell ausgegeben. Auf der Rückreise konnten sich die Teilnehmer als Habitués fühlen, fand die Fahrt über den Atlantik doch erneut auf der «Liberté» und die Reise über Paris nach Berlin wiederum per Bahn statt.

Berlin: Planspielmodell-Erfolg

Zurück in Berlin versuchten Knut und Evi nun den eigenen Haushalt zu gründen. Das war kein leichtes Unterfangen, herrschte damals doch große Wohnungsnot und somit eine extreme Wohnraumbewirtschaftung.

Knut nahm die Tätigkeit am Institut wieder auf, schrieb vielerlei kleine Schriften und vor allem «praktische Fälle» (cases) für das Rationalisierungskuratorium der Deutschen Wirtschaft (RKW) in Frankfurt, das sich als Einziges für die Amerika-Ergebnisse des EPA-Programms interessierte. Die Berliner Industrie- und Handelskammer (IHK) kam auf Knut und einige andere deutsche EPA-Teilnehmer mit der Idee zu, ein Berliner Institut für Betriebsführung als Teil der Kammer zu gründen und die Leitung Knut anzuvertrauen. Er entwickelte hierfür ein Konzept, das bald in die Tat umgesetzt wurde. Die «Fortschrittliche Betriebsführung» des REFA-Verbandes publizierte einen Artikel von Knut über Unternehmungsplanspiele («Management Games»), was den Leiter der Ausbildungsabteilung der

Knut Bleichers erste Dozentenversuche Ende der 1950er-Jahre

Deutschen British Petroleum (BP) in Hamburg veranlasste, im BP-Studienhaus ein derartiges Planspiel mit Teilnehmern aus der Firma durchzuführen. Die allgemeine Begeisterung hatte die Einladung an den Erfahrungsaustauschkreis der Organisation «Neuer Betrieb» (heute Deutsche Gesellschaft für Personalführung) nach Hamburg zur Folge.

An dieser Veranstaltung präsentierte Knut erstmals ein von ihm entwickeltes deutsches Planspiel und löste damit großes Interesse aus. Danach folgten weitere Einsätze quer durch die deutsche Industrie und nach Großbritannien zur BP-Muttergesellschaft mit Aufträgen zur Entwicklung von unternehmungsspezifischen Planspielmodellen. Das RKW-Niedersachsen organisierte Planspielveranstaltungen in Norddeutschland. Das erste dieser empirisch untermauerten Realmodelle für bestimmte Branchen wurde für die BASF geschaffen, ein weiteres für den Otto-Versand. Es folgten Planspielmodelle für Bosch, Roche, Reemtsma und andere. Für die Siemens AG entwickelte und leitete Knut zwei sehr komplexe Modelle für das Massen- und Seriengeschäft. Die Gesellschaft für Organisation, in der er Mitglied und später Vorstandsmitglied war, beauftragte ihn, ein spezifisches, integriertes Organisationsplanspiel zu erarbeiten. Dies bedurfte einer anderen Technik, weil der

Knut Bleicher bei der Durchführung eines Unternehmungsplanspiels Ende der 1950er-Jahre

programmierten, tabellarischen Beurteilung von Spielerentscheidungen das qualitative Beurteilungsraster für nicht programmierbare Entscheidungen zur Seite gestellt werden musste. Dies öffnete die Methodik für einen weitergehenden Einbezug von qualitativen Kriterien bei der Durchführung von Unternehmungsspielen.

Da neben einem Spielleiter die einzelnen parallel arbeitenden Teilnehmergruppen fachlich und vor allem abrechnungsmäßig durch Schiedsrichter betreut werden mussten, leistete seine Frau Evi anerkennenswerte Dienste als Schiedsrichter-Koordinatorin. Knut kann somit als Vater des Planspieles in Deutschland bezeichnet werden.

1957 Geburt des Sohnes Frank Oliver und 1960 der Tochter Joan Kristin
Endlich konnte eine großzügigere Wohnung in Wilmersdorf gemietet werden, am Hohenzollerndamm, in einer verkehrsreichen Gegend, in der vierten Etage, mit Umständlichkeiten betreffs Kinderspielplatz und Kinderwagenparkplatz...

Habilitation, Venia Legendi, Berufung an die Universität Gießen

Knut fiel es wegen der Arbeitsfülle nicht leicht, mit der Habilitationsschrift («Zentralisation und Dezentralisation von Aufgaben in der Organisation der Unternehmungen») bei Erich Kosiol voranzukommen. Sie wurde Anfang 1966 der Fakultät vorgelegt und akzeptiert, sodass Knut Bleicher nun die «Venia Legendi» für das Fach Betriebswirtschaftslehre erteilt bekam und zum Privatdozenten an der Freien Universität Berlin ernannt wurde.

Nach dem üblichen Warten und der Serie von Probevorträgen folgte Knut 1967 dem Ruf nach Gießen an die Justus-Liebig-Universität, Lehrstuhl für Organisation, Führung und Personal. Dies waren erneut Aufbaujahre für ihn. Denn an der Gießener Universität, nach dem Krieg geschlossen und erst kurz zuvor wiedereröffnet, waren viele Einrichtungen noch nicht wiederhergestellt und für die Betriebswirtschaftslehre – im Rahmen der Juristischen Fakultät – wurde nur ein Lehrstuhl geführt. Aber es bestand bereits ein umfassendes Lehrprogramm. Karl Alewell war erster Betriebswirt am Platz und Knut konnte sich naturgemäß nicht auf sein engeres Gebiet der Organisationslehre beschränken, sondern musste sogleich versuchen, mit einem breiten Angebot Lücken im Besetzungsprogramm auszufüllen, das sich von der Einführung in die Allgemeine Betriebswirtschaftslehre über die Bilanztheorie, das Rechnungswesen, die Personalwirtschaft bis schließlich zur Organisation erstreckte. Die Zusammenarbeit mit vielen Kollegen wie Artur Woll (später Gründungsrektor in Düsseldorf und Siegen) war angenehm, trotz der vielen Sit-ins, Demonstrationen und gesellschaftskritischen Diskussionen seitens der Vertreter der 68er-Bewegung. Neue Kollegen kamen hinzu – wie Gerd Aberle, Fritz Selchert und andere –, zu denen ein freundschaftliches Verhältnis entstand. Trotz allem konnte Knut es aber nicht

Knut Bleicher während seiner Habilitationszeit Mitte der 1960er-Jahre

lassen, sein Engagement in der betrieblichen Weiterbildung einzubringen. Zusammen mit der Industrie- und Handelskammer veranstaltete er die «Gießener Seminare für Führungskräfte». Als diese Aktivitäten auf ein breites Interesse stießen, wurde hierfür ein eigenes Institut (GIUS) gebildet. Im Auftrag der Hessischen Landesregierung gründete Knut später in Kassel das Institut für Management-Ausbildung (IMA) mit einem ansprechenden, längerfristigen Weiterbildungsprogramm, in das dann auch die Gießener Aktivitäten übernommen wurden. Ein Teil des Angebots ging bei der Gründung des Instituts für Unternehmensplanung (IUP) wieder zurück nach Gießen, wo es unter neuer Leitung geführt wurde. Daneben war Knut weiter als Vizepräsident der Bundesakademie für öffentliche Verwaltung in Bonn-Bad Godesberg tätig.

Anfang der 1970er-Jahre wurde Knut von Dr. Walz, Geschäftsführer der Gesellschaft für Organisation, die Schriftleitung der Fachpublikation «Zeitschrift für Organisation» angeboten. Nach einer gemeinsamen Redaktionszeit mit seinem Vorgänger, Dr. Reuter, gestaltete Knut die Zeitschrift inhaltlich wie äußerlich völlig um. Dies brachte Erfolge, nicht nur am Markt, sondern auch als Forum für Knuts fachliche Ideen. Vermehrt nutzte er den redaktionellen Teil für praktische Beiträge, in dem er Firmendarstellungen veröffentlichte, auch mit Interviews, die er mit dem jeweiligen Verantwortlichen geführt hatte. So entstand ein interessantes Kompendium der deutschsprachigen Organisationspraxis. Später wurden diese Darstellungen anlässlich von Reisen nach Japan und in die Vereinigten Staaten mit dort aktuellen Gestaltungsansätzen erweitert. Zusammengefasst und systematisch eingeordnet wurden sie in der zweiten Auflage des Buches «Organisation – Strategien – Strukturen – Kulturen».

Meilenstein: Führungsmodell und Unternehmungsverfassung

Als Grundlage für seine Gießener Vorlesungen entwickelte Knut ein systemtheoretisch orientiertes *Führungsmodell*, das, mit seinen verschiedenen Gestaltungsdimensionen als «Harmonisationstensor» ausgelegt, bereits Ähnlichkeiten mit dem später von ihm entwickelten St. Galler Management-Konzept aufwies. Ausgehend von seinem Gießener Ansatz entstand daraus auch die Schrift «Perspektiven für Organisation und Führung», die den von ihm dereinst besprochenen Paradigmenwechsel in Bezug auf Strukturen und Systeme des Managements vorwegnahm. Um dabei auch die humane Seite des Managements weiterzuverfolgen, verfassten er und sein Mitarbeiter Dr. Erik Meyer das Taschenbuch «Führung in der Unternehmung», welches eine Synthese von sach-rationalen und sozio-emotionalen Fragestellungen des Managements versucht.

Knut Bleicher mit Gattin bei einem gesellschaftlichen Anlass Mitte der 1980er-Jahre

Während Knuts Zeit als wissenschaftlicher Leiter und Vizepräsident der «Kommission Organisation im Verband der Hochschullehrer für Betriebswirtschaft» bemängelte der Kollege Chmielewicz (Bochum) die starke Vernachlässigung betriebswirtschaftlicher Aspekte bei der Diskussion einer Änderung des Unternehmungsrechts in der von der Bundesregierung eingesetzten Gruppe und regte an, hierzu Vorschläge zu unterbreiten. Die Kommission beschloss deshalb, diesen Fragen, die heute unter dem Titel der *Corporate Governance* diskutiert werden, nachzugehen. Kollege Grochla (Köln) und andere beantragten Förderungsmittel für einen betriebswirtschaftlichen Forschungsschwerpunkt. Die deutsche Forschungsgesellschaft (DFG) veranstaltete hierfür in Bonn-Bad Godesberg eine Anhörung, bei der auch Knut seinen Vortrag zum Inhalt einer empirischen Studie hielt und ein Vorgehenskonzept vorstellte, das von Fachkollegen und Frau Hoppe als Vertreterin der DFG wohlwollend aufgenommen wurde. Sowohl der Forschungsschwerpunkt als auch sein Antrag auf ein Forschungsprojekt wurden genehmigt, und Knut musste nun ein konkretes Forschungsdesign ausarbeiten. Dabei zog er in Gießen zwei Honorarprofessoren hinzu, mit der Bitte um Rat aus der Vorstands-/Aufsichtsratspraxis: Professor Klaus Freiling (Finanzvorstand der Firma Rasselstein), der aus der Kenntnis des Einflusses von Otto Wolf und Thyssen die Schwachpunkte der deutschen Spitzenverfassung sehr genau kannte, und Professor Friedrich Thomee (Finanzvorstand Volkswagenwerk), der ihm eher von dem Vorhaben abriet, weil er sich damit auf unternehmungspolitisches Glatteis begeben würde («Mönchlein, du gehest einen schweren Weg!»).

Dennoch machte sich Knut auf den Weg mit einiger Unterstützung von Reinhard Mohn, dem Inhaber von Bertelsmann, der im Hinblick auf seine Nachfolgegestaltung an diesem Thema sehr interessiert war und gerne das amerikanische Boardsystem in Deutschland verwirklicht gesehen hätte.

Zur Erarbeitung einer empirischen Basis waren vorerst je 30 Interviews vorgesehen mit Vorstands- und Aufsichtsratsmitgliedern deutscher Aktiengesellschaften sowie Mitgliedern von US-Boards mit hohem CEO-Anteil und einem kleineren Sample von Schweizer Spitzenführungskräften, da der Schweizer Ansatz eine Variante zwischen dem deutschen zweistufigen und dem angelsächsischen einstufigen Boardmodell darstellte.

Knut widmete dieser Untersuchung viel Kraft, galt es doch, in mehreren USA-Reisen etwa 50 interessante Interviews mit weltbekannten Partnern zu führen und vielfältige Einsichten in die Spitzenstrukturen und die Profile der Unternehmungen zu gewinnen. Ähnlich war der Aufwand bei europäischen Firmen, dies jedoch vor einem vertrauteren Hintergrund. Die Nachbearbeitung gestaltete sich aufwendig, da die auf Band aufgenommenen Äußerungen transskribiert, teilweise übersetzt und schließlich von den Interviewpartnern – in den USA von den Legal Councils – genehmigt werden mussten. Die Verfahrenskosten brachten der DFG einigen Kummer, denn das Reisebudget sah derartige Fälle nicht vor.

Nach dem Schlussbericht bat Reinhard Mohn Knut zunächst in den Düsseldorfer Industrieclub, um im kleinen Kreis von Industriellen über Eindrücke und Empfehlungen zu berichten. Dann folgte die öffentliche Großveranstaltung im Flughafenhotel Frankfurt/Main unter Moderation eines Fernsehjournalisten, bei der Knut ebenfalls seine Einsichten vortrug und sie im größeren Kreis diskutierte. Mohn war an diesem Thema sehr interessiert und doppelte nach und gab dem befreundeten EMNID-Institut in Bielefeld den Auftrag, eine repräsentative Studie der Befindlichkeit von rund tausend deutschen Aufsichtsräten per Interview zu erfragen. Die Vorbereitung und Auswertung dieser Umfrage wurde Knut übertragen. Die Bertelsmann-Stiftung veröffentlichte die Ergebnisse in zwei Broschüren.

Als 2001 nach einigen Exzessen in Vorstandsetagen die Regierungskommission «Deutscher Corporate Governance Kodex» unter Leitung von Gerhard Cromme (Thyssen Krupp) ihre Tätigkeit aufnahm und auch anderswo Ethikkommissionen Mode wurden, kam leider niemand auf die Idee, an diese von der DFG und EMNID/Bertelsmann einst mit großem Aufwand erarbeiteten Einsichten und Erkenntnisse anzuknüpfen («Das Rad will doch immer wieder noch einmal erfunden werden!»).

Neben diesen Aktivitäten übernahm Knut Gastprofessuren an europäischen Hochschulen (Universität Stuttgart; Technische Universität München; Universität Alcala de Henares, Spanien) und an amerikanischen Universitäten (Indiana University, Bloomington und Indianapolis; Carnegy Mellon University Pittsburgh).

Wechsel nach St. Gallen

1985 folgte Knut einem Ruf an die Universität St. Gallen (Hochschule St. Gallen, HSG) als Nachfolger von Professor Dr. Dres. h.c. Hans Ulrich, der mit seinem systemtheoretischen Gedankengut Knuts Arbeiten bereits in Gießen wesentlich beeinflusst hatte. Für ihn besonders beeindruckend war, dass die HSG auf diesem Weg einen neuen, ergänzenden Kreis von interessierten Professoren, Mitarbeitern und Studienwilligen sowie neue Kunden aus der Industrie anzog. Letztere nutzten das Angebot St. Galler Management-Konzept oft weit begieriger als die Betriebswirtschaft Studierenden. Das belegen viele Arbeiten, die zur Weiterentwicklung des Konzepts wesentliche Anregungen vermittelten.

In St. Gallen wurde Knut zugleich Präsident der Geschäftsleitenden Ausschüsse der Institute für Betriebswirtschaft (IfB), für Personalmanagement (IFPM) und des neu gegründeten Instituts für Technologiemanagement (ITEM), das er in dessen Gründungsphase mit Unterstützung von Ferdinand Ruesch und Werner Gächter bis in politische Gremien hinein gegen manchen HSG-Widerstand konzeptionell und realisierend begleitet hatte.

In dieser Zeit erfolgte basierend auf dem ulrichschen Gedankengut die Entwicklung eines Gestaltungsmodells der Integration, das *St. Galler Konzept Integriertes Management*. Daran beteiligt waren die Kollegen Hans Siegwart, Robert Staerkle, Emil Brauchlin und Cuno Pümpin sowie die jüngeren sich habilitierenden Mitarbeiter Gilbert Probst, Peter Gomez und Markus Schwaninger. Das Werk liegt nunmehr bereits in der 9. Auflage und 25-jähriger Jubiläumsausgabe vor. Knut war klar, dass er während der zehn Jahre, die ihm bis zu seiner Emeritierung in St. Gallen verbleiben würden, einen markanten Beitrag zur Weiterentwicklung des systemtheoretischen St. Galler Gedankenguts zu leisten hätte, schwergewichtig zugunsten praktischer Verwertbarkeit. Er erkannte schnell, dass der beste Weg hierzu die Verdichtung von aus der amerikanischen Managementlehre herauswachsenden neueren Ansätzen mit

Bild links: Knut Bleicher in seinem ersten Jahr an der Universität St. Gallen (HSG)
Bild rechts: Knut Bleicher bei der Übergabe von Nixdorf-Computern an die Universität St. Gallen. Rechts im Hintergrund Prof. Dr. Robert Staerkle vom Institut für Betriebswirtschaftslehre

praktischen Erfahrungen sein sollte, dies nach neuem Konzept, das die ulrichschen Leitideen und systemischen Grundlagen einbeziehen müsste.

Im Unterschied zu den meist eher rigiden Strukturen eines Modells sollte dieses aber weit offener sein für Ergänzungen, zusätzliches Ausformen und praxisbedingte Anpassungen. Statt «Modell» also «Konzept». In enger Zusammenarbeit mit seinem Assistenten Volker Simon, der sehr gut vertraut war mit Knuts Gedankenwelt, wurden immer neuere Teile entworfen, in Varianten zu einem Konzept verdichtet und monatlich einem kleinen Kreis von Kollegen und Assistenten vorgestellt. Aus den anschließenden Diskussionen ergaben sich dann weiterführende Anregungen. Als das Konzept in seinen Konturen deutlich war, wurde es anlässlich einer Großveranstaltung in Zürich vorgestellt. Und ein geeigneter Verlag musste gefunden werden. Dieser sollte nicht bloß das wissenschaftliche Umfeld ansprechen, sondern auch in die Welt der Praxis hineinwirken. Nach Verhandlungen mit mehreren betriebswirtschaftlichen Verlagen ergab sich die Zusammenarbeit mit dem Campus Verlag, Frankfurt/New York vor folgendem Hintergrund:

Campus-Bücher werden wegen ihrer inhaltlichen und herstellerischen Qualität geschätzt. Frank Schwoerer gründete 1975 den Campus Verlag (der Beltz Verlag war Gründungsgesellschafter). Schwoerers Kurzvita liest sich so: 1925 in ärmlichen Verhältnissen eines Schwarzwalddorfes geboren; Abitur auf Umwegen und mit Unterstützung eines Kaplans, Krieg und Gefangenschaft in England – dadurch hoffnungslos anglophil geworden; Lehr- und Wanderjahre in Diensten des Herder-Verlages in Freiburg, Barcelona, São Paulo und New York. Widerwillig in die Bundesrepublik zurückgekehrt, in Frankfurt den Campus Verlag gegründet ... Dem ehemaligen «Zentralverlag für langatmige Wissenschaft» wurde Anfang der 1990er-Jahre nachgesagt, dass er nicht nur intelligente, sondern auch verkäufliche Bücher betreut. Gute Gründe, weshalb Knuts Weg direkt zu diesem erfolgreichen Verleger in die Goethestadt führte.

Frank Schwoerer beschrieb seinerzeit in einem seiner leichtfüßigen, geistreichen Editorials die zwei Probleme des Verlagsgeschäfts (T. S. Eliot zugeschrieben). Das eine: Verlagslektoren sind oft verhinderte Schriftsteller, was auch für Schriftsteller gilt. Das zweite Problem: dass andererseits zu viele Leute, die nur halbwegs ein Buch schreiben können, es auch tun. Beide Probleme setzte er aus, als die Campus-Programmvorschau im Frühjahr 1991 erschien. «So bereiten dem alten Verleger jene erfolgreichen Bücher den Spaß, dass sie ihm auch für seinen Beruf etwas (bei)bringen und sei es nur Selbstbestätigung.» Im Frühjahrsprogramm standen zahlreiche Titel aus dem Programmteil Geschichte, wie Deutsche Identität, Bücher für Frauen oder das Konzept Zeitwettbewerb, welches aufzeigte, dass Schnelligkeit auf den Märkten entscheidet. «Um die Behauptung zu widerlegen, die Natur verhindere mithilfe der Zeit, dass alles gleichzeitig passiert», kündigte Frank Schwoerer obendrein noch Knut Bleichers Werk *Das Konzept Integriertes Management* «aus der renommierten Wirtschaftshochschulburg St. Gallen» an. (Frank Schwoerer verstarb 1997, von 1995 bis 2015 war sein Sohn Thomas Carl Schwoerer Verleger. Dann übernahm die Beltz Rübelmann Holding dessen Verlagsanteile; heute führt die Beltz-Mitgesellschafterin und Geschäftsführerin der Verlagsgruppe Beltz, Marianne Rübelmann, den Verlag.)

Institut für Technologiemanagement (ITEM)
Nach dem Erscheinen des umfassenden Konzepts für Integriertes Management, das auf großes Interesse stieß und weitere Auflagen im Campus Verlag zur Folge hatte, stellte sich Knut die Frage, wie dem Thema der technologischen Weiterentwicklung in Europa größerer Raum verschafft werden könnte zugunsten der Unternehmungen wie auch des Fachs Betriebswirtschaftslehre, das er an der HSG vertrat. Die HSG hatte zwar einige Vertreter mit technologischer Kompetenz im Lehrplan, es schien ihm jedoch bedeutend, hier einen stärkeren Akzent zu setzen, der nur durch die Gründung eines eigenen Instituts zu erreichen war.

Angeregt vom damaligen Hochschulrat Ferdinand Ruesch (Inhaber und Chef der Gallus Maschinenfabrik in St. Gallen), vom Kollegen Walter Eversheim (RWTH Aachen) und mit Zuzug von Peter Pscheid (damaliger Leiter der Ingenieurschule St. Gallen, heute Jakarta) und Dr. Franz Hagmann (Verwaltungsdirektor der HSG) fand im Restaurant Metropol in St. Gallen ein bedeutungsvolles Treffen statt, das nach einigen Problemen und Widerständen zur Gründung des neuen *Instituts für Technologiemanagement (ITEM)* führte. Die Universität sperrte sich etwas gegen eine ihr teils von außen aufgedrängte Initiative, aber schließlich gelang die Gründung und ITEM erlangte unter der tatkräftigen Leitung von Dieter Seghezzi u. a. sehr schnell Anerkennung in der fertigungstechnisch orientierten Industrie. Es avancierte inzwischen zu einem Schmuckstück der Universität St. Gallen. Knut wurde auch an diesem Institut zum Präsidenten des Geschäftsleitenden Ausschusses gewählt.

Institut für Führungs- und Personalwirtschaft (IFPM)
Ein anderes Gebiet lag Knut aber noch näher als die technologische Orientierung. Schon in Gießen befasste er sich mit Fragen der Mitarbeiterführung und Personalwirtschaft. So verfasste er 1976 das bei Rowohlt erschienene Buch «Führung in der Unternehmung – Formen und Modelle» und schrieb immer wieder über das Thema Unternehmungskulturen. Deshalb sagte er zu, als er von seinen Kollegen Rolf Wunderer und Martin Hilb zum Präsidenten des Geschäftsleitenden Ausschusses bei ihrem «Institut für Führung und Personalwirtschaft» (IFPM) berufen wurde.

Intensive Beratungstätigkeit
Hans-Ulrich Baumberger (Alt-Ständerat und Präsident der Hasler Stiftung in Bern) bat Knut, ihn bei der Reorganisation der kommunikationstechnisch ausgerichteten Hasler AG in Bern zu unterstützen. Bezugspunkt war, dass er und Knut früher auf dem gleichen Gebiet publiziert und sich gegenseitig zitiert hatten. Es galt, die funktional organisierte Gruppe, die sich stark in das Feld der Telekommunikation vorgearbeitet hatte, in eine neuzeitlichen Ansprüchen genügende, divisionale Spartenorganisation umzuwandeln. Dies gelang sehr schnell dank frühzeitiger Einbindung der Geschäftsleitungsmitglieder. Wie sich später herausstellte, war dies die organisatorische Vorbereitung für einen Zusammenschluss der wesentlichen Schweizer Unternehmungen dieses Tätigkeitsgebietes zur Arbeitsgemeinschaft Schweizer Kommunikationsunternehmen (ASCOM).

Weitere Aufgaben in der Wirtschaftspraxis folgten. Wiederum war es Baumberger, der diesmal als Verwaltungsratspräsident der Schweizerischen Industrie-Gesellschaft (SIG) in Schaffhausen/Neuhausen Knut in den Aufsichtsrat der gerade erworbenen PKL-Combibloc in Linnich (Deutschland) holte. Der Mischkonzern SIG hatte große Interessen im Verpackungsbereich, vor allem bei der Herstellung von Verpackungsmaschinen (Beringen), und versuchte, in den hochtechnologischen Bereich der Herstellung von aseptischen Flüssigkeitsverpackungen vorzustoßen. Ein vorausgegangenes Joint Venture mit einem führenden amerikanischen Hersteller (IP) war gescheitert, sodass Baumberger mit starker Unterstützung des Schweizer Bankvereins zugriff, als sich die im Rheinmetall-Besitz befindliche Firma Jagenberg zum Verkauf der früher familieneigenen PKL entschloss. Knut sollte helfen, in besserer Kenntnis der deutschen Verhältnisse als eine Art Delegierter die deutschen und Schweizer Interessen zum Ausgleich zu bringen, was er in einer Branche, die von einem großen Marktführer beherrscht wurde, gerne tat. Die PKL hatte mit Klaus Kamin glücklicherweise eine erfahrene und starke Führungspersönlichkeit. Knut gliederte sich im Aufsichtsrat schnell ein und erkannte bald die Besonderheiten des Geschäftsmodells der Branche. Auf der einen Seite wurden Maschinen für die aseptische Abfüllung von Getränkekartons gebaut, die nur unterhalb der Selbstkosten an die Abfüllbetriebe abgegeben werden konnten. Auf der anderen Seite wurden die dabei entstehenden Defizite über den Verkauf der Kartons wieder aufgelöst, was manche Aufsichtsratsmitglieder bei der Beurteilung der Ergebniszahlen oft zu Fehlinterpretationen verleitete. Dies war für Knut eine hochinteressante Zeit, weil er hier mit seiner ausgleichenden Art auch manche sozialen Konflikte lösen half, beispielsweise im Umgang mit den Belegschaftsvertretern. Nach seiner Emeritierung wurde er wegen Erreichens der Altersgrenze aus dem Aufsichtsrat verabschiedet. Inzwischen war ein Paradoxon eingetreten: Nach einer übertriebenen Diversifikationsphase hatte sich die SIG aus fast allen Tätigkeitsgebieten zurückgezogen. Es verblieben einzig die ehemals durch die PKL vertretenen Aktivitäten, sodass eine Art *reverse take-over* der SIG durch die PKL stattfand.

Bei Knuts Tätigkeitsspektrum lag es nahe, dass ihn zunehmend weitere Unternehmungen um Rat fragten und ihm Beratungsmandate übertrugen. Einige Beispiele:

Entwicklung einer Vision und Strategie für das internationale Bauunternehmen Hochtief in Essen mit der Empfehlung zum Rückzug aus dem reinen Baugeschäft und zur Entwicklung zum General Service Provider rund um das Bauen mit Konzentration auf BOT (Build, Operate, Transfer-Modelle) in den Bereichen Airport und Verkehrswege-Gestaltung.

In anderer Form wurde dieser Ansatz für Bilfinger & Berger, Mannheim für baunahes Service-Geschäft entwickelt, mit hervorragenden Resultaten.

Von Hochtief wurde Knut an die Muttergesellschaft RWE in Essen weiterempfohlen, die sich als führende deutsche Elektrizitätsversorgungs-Unternehmung ein neues strategisches Profil geben wollte. In mehreren Runden eines von Knut geleiteten *Steering Committee* entstand als Vision das Konzept *Multi-Energy & Multi-Utility* für eine Zukunft als *Total Energy Provider*. Das Auffüllen strategischer Lücken wurde zur Leitidee erhoben. In der Folge erwarb RWE weltweit mehrere Wasserversorgungsunternehmungen und war nun bestrebt, Lücken im Gasversorgungsbereich zu schließen.

Beim Hightech-Konzern Heraeus in Hanau leitete Knut eine Projektgruppe zur Einführung eines durchgehenden Prozessmanagements im Quarzglassektor, den Otto-Versand Hamburg unterstützte er in Fragen der strategischen Planung, die Deutsche Bundespost bei der Ausgliederung der Telekom und bei der Führung ihrer Zentralämter, die Deutsche Bahn in Fragen der Organisation und die schweizerische Telecom bei der Überführung in eine privatwirtschaftliche Unternehmung und der Organisation des Großkundengeschäftes usw.

Im Hause Siemens leitete er eine Projektgruppe in Vorbereitung auf die «Privatisierung» der Sparte Halbleiter, später «Infineon».

Auch für Banken war Knut tätig, so bei der Reorganisation der Bayerischen Hypotheken- und Wechselbank in München und in Zürich bei der Bank Bär für die organisatorische Überleitung in eine neue Führungsgeneration. Ein weiteres Mandat kam ihm aus London zu: Hier hatte die niederländische ABN-AMRO Bank die kleinere Investment-«Boutique» Hoare&Govett übernommen und suchte die Unterstützung eines internationalen Kreises. Ein International Advisory Council entstand, eine äußerst interessante Mischung von Persönlichkeiten und Erfahrungen. Dieser Beirat wurde später in die Amsterdamer Muttergesellschaft übernommen und erweitert. Knut entsann sich auch später noch sehr positiv der interessanten und recht offen geführten Gespräche mit dem Board von ABN-AMRO und mit den anderen Beiratskollegen wie Klaus von Dohnanyi, dem früheren deutschen Forschungsminister und Ersten Bürgermeister Hamburgs, Horst Teltschik, Stellvertreter des Chefs des Bundeskanzleramtes unter Helmut Kohl zur Zeit der deutschen Wiedervereinigung und bis 2003 Vorsitzender der BMW Foundation Herbert Quandt, sowie dem späteren Premierminister Polens, Pawel Belka, und andere. Mit dem Wechsel des CEO in Amsterdam und einer völlig veränderten Strategie, die vom Investment Business wegwies, löste sich dieser Kreis leider auf.

Emeritierung und Weiterwirken
Nach der Emeritierung im Jahr 1995 unterstützte Knut weiterhin Vorstände verschiedener Unternehmungen und begleitete zahlreiche Veränderungsprozesse großer internationaler Firmen.

Prof. Dr. Knut Bleicher bei einem Referat in der St. Galler Business School

Im Rahmen von Vorlesungen, Lehrgängen und Vorträgen an renommierten Universitäten oder bei bekannten Corporate Universities verbreitete er weiterhin das Gedankengut des *St. Galler Management-Konzeptes* und pflegte intensiv seine Kontakte zu Praktikern, Wissenschaftlern, Doktoranden und Studenten.

Die höchst konstruktive, freundschaftliche und kollegiale Zeit an der Universität St. Gallen zählte er rückblickend zu den schönsten Zeiten in seiner beruflichen Laufbahn. Diese wirkten nach. So bestanden bis zu seinem Tod enge Kontakte zu noch Tätigen sowie Ehemaligen der HSG und auch sein Mitwirken an der *St. Galler Business School* bedeutete für alle Seiten großen Zugewinn.

St. Galler Business School
An der privatrechtlich organisierten *St. Galler Business School (SGBS)* war Knut Beiratsvorsitzender und Wissenschaftlicher Leiter. Diese Funktionen übernahm er einerseits aufgrund des freundschaftlichen Verhältnisses zu Dr. Christian Abegglen, welcher die SGBS aus ihren Anfängen heraus zu einer der renommiertesten Anbieterinnen von Management Education im deutschen Sprachraum entwickelt hatte, andererseits, weil sich ihm dadurch neue und fruchtbare Möglichkeiten boten. Denn in diesem privatwirtschaftlich ausgerichteten und höchst konstruktiven, resultatorientierten Umfeld konnte er sein geschaffenes Konzept auch längst nach seiner Emeritierung mit Kollegen in der St. Galler Business School weiter ausbauen, es vor allem auch einer jungen Generation von Wissenschaftlern und Managern zugänglich machen, sein Wissen weitergeben und so ein Gegengewicht zu vielfach vorherrschenden, eher eindimensionalen und gegenläufigen Entwicklungen in der Managementlehre legen.

Entsprechend konzentrierte sich Knut auf die Weiterentwicklung des St. Galler Management-Konzeptes hin zu den besonderen Anforderungen des quartären Sektors in einer emergenten Wissensgesellschaft. Die vielfältigen, sozusagen universalen Einsatzmöglichkeiten des Konzeptes aus dem St. Galler Management Valley sollten vermehrt international erkannt werden. Zahlreiche Seminare, Veranstaltungen, Beiratstagungen und der jährliche Management-Kongress der St. Galler Business School sowie zahlreiche innerbetriebliche Firmenveranstaltungen trugen dazu bei.

St. Galler Gesellschaft für Integriertes Management (GIMSG)
Im Rahmen der GIMSG engagierte sich Knut zudem aktiv in verschiedenen Forschungsprojekten zur Weiterentwicklung einer integrierten Managementlehre und befasste sich, zusammen mit Kollegen, mit Fragen des Managements in einer Wissensgesellschaft, der Unternehmungsentwicklung (Corporate Dynamics) und des Lernens durch Unternehmungssimulationen.*)

Diese von Dr. Christian Abegglen initiierte, gemeinnützige GIMSG hat das Ziel, mit praxisnahen Publikationen, Forschungsberichten und einer jährlich stattfindenden Wissenschaftswoche das Gedankengut eines ganzheitlich-integrierten Managements auf der Basis bleicherscher Ansätze verbreitend auszubauen. So wird sichergestellt, dass sich das von Knut Bleicher und seinen Kollegen an der Universität St. Gallen entwickelte Konzept auch in Zukunft als eine der tragenden Säulen des St. Galler Management-Verständnisses behaupten wird und der Bedeutung eines wegweisenden Standards in der deutschen Managementlehre gerecht bleibt. Diese Intention hat offensichtlich ihre besondere Berechtigung angesichts von Anstrengungen für

Anlässlich der Gründung der St. Galler Gesellschaft für Integriertes Management im Jahr 2002. Im Bild mit Dr. Christian Abegglen, Präsident und Begründer der Gesellschaft

Prof. Dr. Knut Bleicher und Dr. Christian Abegglen beim kritischen Review der 7. Auflage von «Das Konzept Integriertes Management» im Jahr 2004

eine aus Sicht der *scientific community* anscheinend eher reduktionsorientierten «Weiterentwicklung» des ursprünglichen St. Galler Modells.

Zahlreiche Beiträge in Fachzeitschriften und Publikationen zeugten in den letzten Jahren von Knuts nach wie vor unermüdlichem Interesse und dem großen Engagement für die St. Galler Lehre, obwohl er aus Altersgründen den Beiratsvorsitz an Bettina Würth übergab.

Drittes Ehrendoktorat für Prof. Dr. Knut Bleicher

Die Cracow University of Economics – Uniwersytet Ekonomiczny w Krakowie – in Polen verlieh am 19. August 2008 die Ehrendoktorwürde an Knut. Die 1924 gegründete Universität in Krakau, deren Wurzeln in der Krakauer Akademie, einer der ältesten Universitäten in Europa, zu finden sind, gehört zur drittältesten Hochschule in Polen. Deren Senat würdigte das Schaffen und Lebenswerk Knut Bleichers in Anerkennung einerseits seiner herausragenden wissenschaftlichen Beiträge zur Managementlehre und andererseits der Ausgestaltung des «European Multicultural Integrated Management Program», eines MBA-Programms, welches im Rahmen einer schon seit mehreren Jahren bestehenden Zusammenarbeit der Cracow University of Economics mit der St. Galler Business School (SGBS) begründet wurde. Der Rektor der Universität, Professor Dr. Ryszard Borowiecki, betonte in seiner Ansprache den richtungsweisenden Einfluss Knut Bleichers auf die Managementlehre und die wissen-

Prof. Dr. Knut Bleicher zusammen mit dem Rektorat anlässlich der Zeremonie

schaftliche Fundierung eines Integrierten Managements. Im Anschluss erhielt Dr. Christian Abegglen den Krakauer Stadtschlüssel für die Kooperation der SGBS mit der Cracow University of Economics und den Grundstein zum «European Multicultural Integrated Management Program».

Knut hat ein sehr beachtliches Werk geschaffen, das sich in über 160 Aufsätzen manifestiert. Dabei beeindrucken die Weite der behandelten Themen, die theoretische Fundierung und der Praxisbezug. Für seine Lebensarbeit wurde er durch drei Ehrendoktorate geehrt: Neben der Ehrung in Krakau sind ihm von der Indiana University ein Dr. of Laws h.c. sowie von der Universität Siegen ein Dr. oec. h.c. verliehen worden.

Prof. Dr. Ryszard Borowiecki mit Dr. Christian Abegglen bei der Übergabe des Krakauer Stadtschlüssels

25 Jahre Konzept Integriertes Management

Knut lebte von nun an in Hamburg, wobei er sich auf die Weiterführung der St. Galler Ansätze konzentrierte. Zudem trieb er nach wie vor Forschungsprojekte zum Thema «Integriertes Management» voran.

2013 übergab er Dr. Christian Abegglen die Schriftleitung und Verantwortung zur wissenschaftlichen und praktischen Weiterführung und Weiterverwertung des Konzepts Integriertes Management. Knuts Ziel war, sein umfangreiches Werk über seinen Tod hinaus zu erhalten, gleichzeitig mit Neuem zu verbinden, zu modifizieren, neu anzuwenden und dadurch sicherzustellen, dass das profunde wissenschaftliche Gedankengut in die nächste Generation getragen werden kann.

Vor diesem Hintergrund entstand die Überarbeitung von *Das Konzept Integriertes Management*, welches als Ergebnis des Jubiläums – 25 Jahre Konzept Integriertes Management – 2017 jetzt aktuell in der 9. Auflage vorliegt.

«Deshalb möchte ich mit dieser Neuauflage, die hoffentlich gelingen werde, nicht nur bewirken, dass dieses Werk interessierten Lesern wieder zugänglich gemacht wird, sondern diese gleichzeitig nutzen, um immer wieder einige Leitgedanken gerade (jüngeren) Führungskräften mit auf den Weg zu geben», so Knuts Gedanken im Vorfeld der 9. Auflage, nachzulesen auf den Seiten 299–307.

Am 13. Januar 2017 ist Knut im Beisein seiner Familie für immer von uns gegangen, doch seine Lehre bleibt uns erhalten – umfangreicher und aktueller denn je.

Prof. Dr. Dieter Wagner
Universität Potsdam, Berlin

aus: Knut Bleicher – Gesammelte Schriften in 6 Bänden
(im Mai 2017 von der Redaktion aktualisiert)

Prof. Dr. Knut Bleicher mit seinem Standardwerk «Das Konzept Integriertes Management»

*) Die GIMSG verfolgt drei Forschungsprojekte:

a) Nachfolgemanagement: Das St. Galler Management-Konzept im Spannungsfeld der Unternehmungsnachfolge. Kann sich das Modell in diesem Anforderungsfeld bewähren oder ist es anzupassen resp. weiter zu schärfen? Welche zentralen Dos und Don'ts erfolgreichen und ganzheitlichen Nachfolgemanagements lassen sich aus der Studie ableiten?

b) Unternehmungs-Lebenszyklus: Der Unternehmungs-Lebenszyklus auf dem Prüfstand: Untersuchung der Gültigkeit und Wirksamkeit bestehender Lebenszyklus-Konzepte im quartären Sektor westlicher Gesellschaften. Wie sind Unternehmungen strategisch und kulturell auszurichten – auch in der Transitionsphase vom tertiären in den quartären Sektor?

c) Aus- und Weiterbildung: Studien zur Qualitätsoffensive in der Landschaft der Aus- und Weiterbildung von Führungskräften. Struktur und Inhalt moderner Ausbildungskonzepte für Manager der mittleren und oberen Führungsebenen. Was greift und ist sinnvoll, was nicht? Wo besteht weiterhin Handlungsbedarf?

ANHANG

Drittes Ehrendoktorat für Professor Dr. Knut Bleicher

Die Cracow University of Economics – Uniwersytet Ekonomiczny w Krakowie – in Polen verlieh am 19. August 2008 die Ehrendoktorwürde an den international renommierten Betriebswirtschaftler und St. Galler Managementlehrer Knut Bleicher. Die 1924 gegründete Universität in Krakau, deren Wurzeln in der «Krakauer Akademie», einer der ältesten Universitäten in Europa, zu finden sind, gehört zur drittältesten Hochschule in Polen.

Prof. Dr. Knut Bleicher mit dem Senat der Universität Krakau. Im Hintergrund die Ehrentafeln mit allen Ehrendoktoren, der letzte Eintrag gilt Knut Bleicher

Deren Senat würdigte nun das Schaffen und Lebenswerk Knut Bleichers in Anerkennung einerseits seiner herausragenden wissenschaftlichen Beiträge zur Managementlehre und andererseits der Ausgestaltung des «European Multicultural Integrated Management Program», eines MBA-Programms, welches im Rahmen einer schon seit mehreren Jahren bestehenden Zusammenarbeit der Cracow University of Economics mit der St. Galler Business School begründet wurde.

Prof. Dr. Ryszard Borowiecki, Rektor der Universität Krakau, führt den Vorsitz der Zeremonie

Dr. Abegglen anlässlich seiner Dankesrede an den Senat der Universität Krakau

Der Rektor der Universität, Professor Dr. Ryszard Borowiecki, betonte in einer festlichen Ansprache den richtungsweisenden Einfluss Knut Bleichers auf die Managementlehre und die wissenschaftliche Fundierung eines Integrierten Managements sowie seine unerschöpflichen Initiativen zur Verbreitung des ganzheitlichen

Gemeinsames Gruppenbild nach der Zeremonie. Im Hintergrund das historische Hauptgebäude der Universität Krakau

Anhang – Drittes Ehrendoktorat für Prof. Dr. Knut Bleicher

Prof. Dr. Janus Teczke, Prorektor der Universität Krakau, anlässlich der Laudatio

Prof. Dr. Knut Bleicher nach der Würdigung. Insgesamt hält er drei Ehrendokorate

Gedankengutes in der Unternehmungspraxis. Im Anschluss daran überreichte er Dr. Christian Abegglen, Verwaltungsratspräsident und Gründungsdirektor der St. Galler Business School, den Krakauer Stadtschlüssel in einer feierlichen Zeremonie. Dr. Christian Abegglen hat die Kooperation der St. Galler Business School mit der Cracow University of Economics mitbegründet und den Grundstein zum «European Multicultural Integrated Management Program» gelegt.

Die Laudatio von Professor Dr. Janus Teczke, Prorektor, zeigte die außergewöhnliche Breite des Wirkens und Schaffens von Knut Bleicher auf. Neben seiner herausragenden wissenschaftlichen Laufbahn begleitete Knut Bleicher zahlreiche Veränderungsprozesse international aufgestellter Unternehmungen in der Praxis. In seiner letzten Schaffensperiode widmete sich Knut Bleicher dann als Beiratsvorsitzender und Wissenschaftlicher Leiter der Aus- und Weiterbildung von Managern und Führungskräften aus der Praxis bei der SGBS St. Galler Business School in St. Gallen.

Knut Bleicher hat ein sehr beachtliches Werk geschaffen, das sich in über 160 Aufsätzen manifestiert. Dabei beeindrucken die Weite der behandelten Themen, die theoretische Fundierung und der Praxisbezug.

Der begnadete akademische Lehrer wurde häufig auch als überragender «interkultureller» Brückenbauer bezeichnet, in der pointierten Dankesrede von Knut Bleicher wurde dies wieder einmal mehr als deutlich.

Dr. Markus Breuer, August 2008
St. Galler Business School

ANHANG

International MBA in Polen, mitinitiiert von Professor Dr. Knut Bleicher

European Multicultural Integrated Management Program

Das von Prof. Dr. Knut Bleicher zusammen mit dem damaligen Rektor, Prof. Dr. Ryszard Borowiecki, und dem Prorektor, Prof. Dr. Janus Teczke, der Universität Krakau und Dr. Christian Abegglen, Verwaltungsratspräsident der St. Galler Business School, mitinitiierte International MBA Programm «European Multicultural Integrated Management Program» wurde zwischenzeitlich bereits elf-mal unter der professionellen Leitung von Prof. Dr. Piotr Bula, Direktor der Cracow School of Business, Dr. Nikolaus Storz, Dr. Ronald Ivancic und aktuell lic. rer. pol Daniel Gfeller, Direktor der internationalen Programme der St. Galler Business School, durchgeführt und von den Teilnehmenden mit Höchstnoten bewertet. Gemäß dem polnischen MBA Ranking Perspektywy® gehört das Programm seit 2012 zu den Top 10 Programmen in Polen, was für dieses noch junge Programm einen hervorragenden Wert darstellt. Zwischenzeitlich ist bereits die 12. Durchführung in Vorbereitung.

ANHANG

Die zentralen Mentoren von Professor Dr. Knut Bleicher

Die zentralen Mentoren in Knut Bleichers Leben in chronologischer Reihenfolge:

Prof. Dr. Dres. h. c. Erich Kosiol,
Freie Universität Berlin

Prof. Dr. Adolph Watz,
University of Pennsylvania,
Wharton School of Business

Prof. Dr. L. Leslie Waters,
Indiana University,
Kelley School of Business

Prof. Dr. Dres. h. c. Hans Ulrich,
Universität St. Gallen (HSG)
(Quelle: Paul Haupt Verlag)

ANHANG

Vater des Systemdenkens

In den Sechzigerjahren stellte der Schweizer Professor Hans Ulrich die klassische Betriebswirtschaftslehre infrage. Er forderte dazu auf, in Systemen zu denken. Sein St. Galler Management-Modell hat viele Führungskräfte und Berater beeinflusst.

Von Stefanie Bilen

Werk und Wirkung

Sein Plan war es, eine Hochschule zu reformieren – am Ende hat er mit seinem Ansatz eine ganze Zunft zum Umdenken gebracht. «In welchem Geschäft befinden wir uns wirklich?», fragte der St. Galler Professor Hans Martin Ulrich Mitte der Sechzigerjahre. Die Frage war zwar nicht brandneu, Peter Drucker hatte sie in den USA ein paar Jahre zuvor sinngemäss formuliert, dennoch wurde sie in der hiesigen Wirtschaft fast nie gestellt. Für eine akademische Institution war der Blick auf Wettbewerber und Kunden geradezu revolutionär; zumal St. Gallen mit seinen rund 1100 Studenten damals eine eher beschauliche Hochschule war.

Eine neue Lehre

Als Antwort auf seine Frage kam der Professor zu dem Schluss, nicht bloss Betriebswirte ausbilden zu wollen, egal wie gut die Ausbildung auch sein mochte, ihm schwebte eine echte Verbesserung vor, denn sein Ziel war, die Studenten auf ihre verantwortungsvolle Rolle in den Unternehmen vorzubereiten. Er wollte Führungskräfte ausbilden – mithilfe einer «systemorientierten Managementlehre». Damit legte er den Grundstein für eine Managementlehre an europäischen Hochschulen. Heute, fast 50 Jahre später, ist Wissenschaftlern wie Praktikern der Begriff des Managers geläufig. Der Einfluss der US-amerikanischen Hochschulen und Unternehmen ist allgegenwärtig. Damals war das noch anders. Es waren Betriebswirte oder Kaufleute, die die Betriebe beherrschten. Knut Bleicher, emeritierter Professor in St. Gallen, beschrieb die Pionierarbeit seines Vorgängers einmal wie folgt: «Für mich war der theoretische Ansatz von Hans Ulrich faszinierend und entscheidend: Er forderte die Abwendung von der traditionellen Betrachtungsweise und die Hinwendung zu einer modernen Managementlehre. Die Unternehmen nicht nur als Angebots- und Nachfragefaktor zu betrachten ist ein Quantensprung der Entwicklung für eine Lehre vom Management.» Mit seinem 1968 erschienenen Hauptwerk «Die Unternehmung als produktives soziales System» schrieb Hans Ulrich die neue Richtung in der betriebswirtschaftlichen Forschung und Lehre fest, die sich deutlich von der klassischen BWL abgrenzt. Die Idee, in Systemen zu denken, entwickelte er aus der Systemtheorie und der Kybernetik, was so viel wie Steuermannskunst bedeutet: Danach sind Firmen keine blossen Wirtschaftssubjekte, sondern Institutionen, die dynamisch agieren und in eine vielschichtige Umwelt eingebunden sind. Chefs sind keine Verwalter, sondern Problemlöser.

Das Ganze bedenken

In der heutigen Zeit der Globalisierung und Digitalisierung, in der Komplexität und Interdependenzen stetig zunehmen, ist der Ansatz des inzwischen verstorbenen Schweizers aktueller denn je: Kein Manager kann mehr isoliert einzelne Größen beeinflussen und muss daher die Rückwirkung seines Handelns auf das Ganze bedenken. Das Denken in Systemen – oder in Ganzheiten, wie Ulrich es nannte – ist unerlässlich. Das 1971 von Ulrich und seinem Kollegen Walter Krieg veröffentlichte St. Galler Management-Modell beschreibt diesen Ansatz, der an der Hochschule stetig weiterentwickelt wurde und dessen Inhalte von Unternehmen und Beratern weit über die Schweiz hinaus angewandt werden.

Durch Ulrichs Arbeit hat die Handelshochschule St. Gallen, wie sie damals hieß, an Renommee gewonnen. Heute zählen die Universität St. Gallen mit über 8000 Studierenden sowie die ausschließlich auf Führungskräfte ausgerichtete private St. Galler Business School zu den besten Managementschmieden Europas.

Profil von Hans Ulrich

Ausbildung

Hans Martin Ulrich wurde 1919 als Sohn eines Beamten geboren. Er begann ein Ingenieursstudium an der ETH Zürich, brach es aber ab, weil er sich mehr zu Menschen als zu Maschinen hingezogen fühlte. Er studierte Wirtschaftswissenschaft, arbeitete eine Weile in der Industrie und habilitierte sich 1947 in Bern mit einer Arbeit, die unter dem Titel «Betriebswirtschaftliche Organisationslehre» erschien und ihm breite akademische Anerkennung einbrachte.

Lehre

Ulrich erhielt 1954 eine Professur an der Handelshochschule St. Gallen, der er bis zu seiner Emeritierung im Frühjahr 1985 treu blieb. Er gründete das Institut für Betriebswirtschaft und initiierte das Management Zentrum St. Gallen. Der Wissenschaftler starb im Dezember 1997.

Anhänger und Nachfolger

Knut Bleicher trat in Ulrichs Fussstapfen. Nach Studium und Habilitation an der FU Berlin und Professur in Giessen wechselte er 1984 an die Universität St. Gallen. 2002 wurde er Direktor der Gesellschaft für Integriertes Management, 2003 bis 2008 wirkte er als Wissenschaftlicher Leiter der Business School in St. Gallen. Knut Bleicher starb im Januar 2017.

Walter Krieg entwickelte zusammen mit Ulrich das St. Galler Management-Modell (SGMM). Heute ist der emeritierte Titularprofessor selbstständiger Unternehmensberater. Er sitzt im Verwaltungsrat von Malik Management.

Fredmund Malik gehörte zu Ulrichs Mitarbeitern: Der gebürtige Österreicher promovierte und habilitierte bei ihm, später war er für das Management Zentrum St. Gallen (MZSG) tätig, das Ulrich initiiert hatte. 1977 übernahm Malik die Leitung des MZSG, das er 1984 nach einem Management-Buy-out als private Einheit weiterführte. Seit 2009 firmiert das MZSG unter Malik Management. «Was immer ich von Management zu verstehen glaube», sagt Malik, «habe ich in hohem Masse Hans Ulrich zu verdanken.»

Weiterentwicklung

Zahlreiche Wissenschaftler führen das Werk von Hans Ulrich fort. Knut Bleicher ergänzte das Management-Modell SGMM der 2. Generation im Jahr 1991, indem er unter anderem Führung in drei Ebenen einteilte: das normative, strategische und operative Management. 2003 folgte von Johannes Rüegg-Stürm die 3. Generation des SGMMs, nun im Zusammenspiel von Management und Organisation mit der Umwelt. Ulrichs Studenten Gilbert Probst und Peter Gomez entwickelten eine Methodik, die sie vernetztes Denken nannten und die Unternehmen beim Analysieren von Systemen helfen soll: Dabei stellen Projektteams Abhängigkeiten und Zusammenhänge innerhalb eines Netzwerks als Diagramm dar. Daraus ergibt sich ein Prognoseinstrument, das Firmen als Frühwarnsystem nutzen. Der inzwischen verstorbene Biochemiker Frederic Vester, der Ende der Achtzigerjahre Gastprofessor in St. Gallen war, ersann das sogenannte Sensitivitätsmodell, mit dem Netzwerke analysiert und begreifbar gemacht werden können. So können zum Beispiel mithilfe einer Software die Arbeitsschritte bei der Planung von Grossveranstaltungen dargestellt werden.

Während Knut Bleichers St. Galler Management-Konzept in der 8. Auflage Beständigkeit durch konsequente Weiterverfolgung der damaligen grundlegenden Gedanken dokumentiert, haben Rüegg-Stürm und Simon Grand «Das neue St. Galler Management-Modell» verfasst. Nach einer Testphase der 4. SGMM-Generation wurde

2015 der Text aufgrund von Rückmeldungen «vollständig überarbeitet» und grundlegend weiterentwickelt. Daraus ist ein vollkommen neuer Text entstanden. 2017 erschien die 3. Auflage mit Detailverbesserung und begrifflich nachgeschärft. Das Attribut «neu» verschwand aus dem Titel. Zeitgleich wurde das St. Galler Management-Konzept in seiner 9. Auflage im Sinne des inzwischen verstorbenen Knut Bleicher von Schriftleiter Dr. Christian Abegglen behutsam aktualisiert, übersichtlich strukturiert, durch Abegglens Vorgehensgerüst zur Einführung des Konzepts in Unternehmen mittels des St. Galler Denk- und Wissensnavigators erweitert und mit Materialien zum Download unter *www.stgaller-management.ch* als Zusatznutzen für den Leser er-weitert. Hier ist, wie Bleicher schon 1998 in der 5. Auflage schrieb, keine Aktualisierung im Sinne eines «Auf-den-Kopf-stellen-Wollens» erfolgt, sondern Grundlegendes soll weiter ausgeformt werden.

Stefanie Bilen arbeitet als freie Wirtschaftsjournalistin in Hamburg und ist Mitarbeiterin des Harvard Business Managers.

Mit freundlicher Genehmigung von manager magazin/Harvard Business Manager © 2011 Harvard Business Manager (11/2011; von der Redaktion aktualisierter Wiederabdruck 2017)

ANHANG

Jubiläumsausgabe – 25 Jahre Konzept Integriertes Management im Campus Verlag

Im vergangenen Vierteljahrhundert ist neben der zunehmenden Komplexität und Dynamisierung des Unternehmensgeschehens der digitale Wandel als massiver Trendverstärker hinzugekommen. Die Handhabung von Komplexität in einem dynamischen Umfeld ist der Kernnutzen von Bleichers Konzept, das nun in einer erweiterten 9. Auflage erschienen ist. Entsprechend ist das Werk aktueller und praxisnäher denn je – genauso wie es sich der im Frühjahr 2017 verstorbene Autor wünschte, wie in seinen «Gedanken zur 9. Auflage» zu lesen steht. Um die Vermittlungskraft des gedruckten Buches zu potenzieren, wurde daher ein Leitsystem geschaffen, das selbst intuitiven Bauchentscheidern eine schnelle Orientierung gibt. So sind die über 700 Seiten zwischen den beiden Buchdeckeln und dem fast sechs Zentimeter dicken Buchrücken besser zu handhaben.

Verleger Thomas Schwörer mit Prof. Dr. Knut Bleicher und Dr. Christian Abegglen zum Anlass der 8. Auflage im Jahr 2011

Auch in der Lehre wusste Professor Knut Bleicher in modularen Einheiten Wissen zu vermitteln. Die Vier-Felder-Matrix eines jeden Themenfelds bietet auch heute dem Management einen «ordnenden Überblick», um Ist und Soll zu bewerten, zu justieren oder neu auszurichten. Von der Ich-AG bis zum Weltkonzern haben viele Alumnis der St. Galler Business School dazu beigetragen, das Praxis-Wissen auf dieser theoretischen Grundlage zu erweitern.

Vorausdenkend – so nachzulesen – übertrug der Konzeptbegründer inzwischen die Verantwortung seines Werks an Dr. Christian Abegglen. Er hat das gedruckte Standardwerk inhaltlich auf den neuesten Stand gebracht und seinen St. Galler Denk- und Wissensnavigator integriert. «Das ermöglicht, die Vielfalt betriebswirtschaftlichen Wissens in modular strukturierte Einheiten zu gliedern, ohne den Gesamtüberblick zu verlieren. Lehrende und Lernende der Digital Native Generation sollen sich jederzeit der Gesamtzusammenhänge bewusst sein und auch aus verschiedensten Perspektiven stets den Überblick behalten.»

Mit «E-Book inside» wird der Anwendernutzen erhöht, so hat der Leser den Inhalt des gewichtigen Werks jederzeit und ortsunabhängig im Tablet, E-Book-Reader oder Smartphone zur Hand. Die Neuauflage ist auch dem Thema «Führung 4.0» gewidmet. So lag es für Dr. Christian Abegglen nah, zum 25-jährigen Bestehen des Konzepts für Integriertes Management einen weiteren digitalen Leserkanal mit *www.stgaller-management.ch* zu öffnen. Dozenten der St. Galler Business School haben für die 9. Auflage ein Wissenspaket für die unternehmerische Management-Praxis geschnürt. Christian Abegglen: «Knut Bleichers Management-Konzept, das aktueller denn je das Management Valley St. Gallen prägt, bleibt Ausgangspunkt für alle unsere Seminare und Studiengänge. Auch die Bachelor- und Master-Lehrinhalte für Führungskräfte folgen in ihrem Aufbau diesen Strukturen. Das Buch wird als Nukleus weiterhin den Mittelpunkt bilden.»

ANHANG

Was Professor Dr. Knut Bleicher Führungskräften riet
Gedanken im Vorfeld der 9. Auflage

Die geplante Neuauflage fällt erneut in eine Zeit besonderer Unsicherheit und Fehlentwicklungen als Ergebnis kollektiver Irrtümer und damit zusammenhängender Folgeschäden, die früher oder später die Weltwirtschaft wieder taumeln lassen werden. Als Folge befindet sich Europa wohl in der größten politischen Krise der Nachkriegszeit. Der Ruf von Entscheidungsträgern in Wirtschaft und Politik ist dadurch arg ramponiert. Das ist umso beklagenswerter, als gerade in Zeiten des Umbruchs und der fluiden Landschaften unserer zunehmend von der Digitalisierung und der von Asien abhängigen Wirtschaft das Management zu den wichtigsten Ressourcen zählt.

Unternehmungserfolg ist in guten wie in schlechten Zeiten immer auf seinen eigentlichen Kern zu reduzieren: Als Ergebnis konsequenter Investition in Einzigartigkeit durch Nutzung erfolgsrelevanter Kernkompetenzen und verbunden mit der Fähigkeit, sich durch von einer gemeinsam getragenen Kultur geleitete Aktivitäten auf Veränderungen des Umfeldes schneller als andere durch eine Anpassung im Innern einstellen zu können. Damit einhergehend werden nun Unternehmer, Führungskräfte und Manager wieder an ihren eigentlichen Leistungen gemessen.

Die Herausforderungen an die Funktion «Management» sind dabei so vielfältig wie kaum zuvor, höchst anspruchsvoll und mit vielen Unwägbarkeiten belastet. Sie reichen von einer Neuorientierung in einem sich restrukturierenden geopolitischen Feld bis zu einer Positionierung im globalen, zunehmend digital geprägten Wettbewerb zwischen den aufstrebenden Wirtschaftsräumen in der Triade Amerika, Ferner Osten und Europa. Hinzu tritt ein zunehmendes Bewusstsein für ökologische Zusammenhänge und Grenzen unseres Wirtschaftens. Dies erfolgt vor dem Hintergrund eines Strukturwandels von Unternehmungen auf dem Wege zur digitalen Informations- und Wissensgesellschaft, in der sich Unternehmungen lieber in der Rolle des Weltenbürgers denn als Garant für lokalen wirtschaftlichen Wohlstand sehen. Alle diese Entwicklungen werfen nun endgültig die Frage auf, ob die angesichts der mangelhaften Bewältigung der Krisen der letzten 30 Jahre etablierten Anschauungen, Konzepte und Vorgehensweisen unseres Kulturkreises überhaupt noch in der Lage sind, solchem diskontinuierlich ablaufenden Wandel sinnvoll begegnen zu können oder ob wir uns insbesondere in unserer westlichen Welt nicht längst auf einem absteigenden Ast der Entwicklung bewegen.

Ist nicht künftig aufgrund vieler aufgeschobener Probleme mit sogar noch größeren Turbulenzen zu rechnen, die nicht nur eine Neubeurteilung unserer Philosophien und Methoden des Managements rechtfertigen, sondern auch das bisher

Erreichte im Umgang mit Komplexität und dem Verständnis vom Management sozio-ökonomischer Systeme kritisch auf den Prüfstand stellen sollten?

Dies ist derzeit mehr als offensichtlich der Fall und der Wissenschaft fällt dabei die dringende Rolle zu, längst vorhandenes und neues Wissen über den Umgang mit Komplexität adäquat zu vermitteln und aufzubereiten. Darin liegt einer der Beweggründe für die Neuauflage dieses Werkes.

Dem Management kommt dabei neben dem Gestalten des Bezugsrahmens zur Wahrnehmung der Management-Funktion inhaltlich vor allem die Aufgabe zu, im Strom der gegenwärtigen radikalen Veränderungen den Menschen in Unternehmungen und um Unternehmungen herum Fixpunkte anzubieten, welche als Bezugsgrößen für ihr individuelles und kollektives Verhalten dienen können.

In unserer Epoche der Offenheit, wie von Jack Welch Anfang der 1990er-Jahre prophezeit und zum großen Teil wahr geworden («boundaryless corporation»), in der die durch Digitalisierung, Globalisierung und Virtualisierung geförderte und heute vor allem durch die sozialen Netzwerke auch geforderte Öffnung von Unternehmungen nach außen Realität ist, rücken immer kritischere Fragen nach der gesellschaftlichen Rolle von Management in den Mittelpunkt des öffentlichen Interesses. Denn die Menschen hierzulande haben begriffen, dass die weltweit gesehen prosperitätssteigernden Entwicklungen für unsere bislang lange Jahre vom Wohlstand gesegnete westliche Welt wohl nur noch geringe Zuwächse unter Inkaufnahme einer großen Störanfälligkeit bringen. In einer Welt, in der unsere westlichen Unternehmungen immer weniger das Wohl bestimmter nationaler Volkswirtschaften im Auge haben, ist es zur gesellschaftlichen Instabilität nur noch ein kleiner Schritt. Viele der in den Medien populistisch dargestellten «Manager-Schelten» erklären sich dadurch somit vornehmlich als Symptom für den Erklärungsmangel der Sinnhaftigkeit des Gesamtsystems und weniger als Ursache.

Damit wird eine das gesamtunternehmerische Handeln überlagernde Dimension angesprochen, nämlich die des normativen Managements und ein dadurch zu schaffender, allseits getragener und akzeptierter Zweckbezug einer Unternehmung.

Die aus einer so geschaffenen systemumgreifenden Sinnhaftigkeit resultierenden Missionen bedürfen einer handlungsleitenden und zukunftsfähigen Wegweisung, wie und wo die beschränkten Ressourcen einer Unternehmung zum Einsatz kommen, die alle Beteiligten überzeugt, fordert und fördert.

Im Zeitalter des Übergangs zu einer digital gesteuerten, serviceorientierten Wissensgesellschaft nehmen dabei die sogenannten harten Faktoren des Managements wie Strukturen, Prozesse und Verfahren an Bedeutung ab und die weichen Faktoren wie globales Wissen in der Cloud und Verhalten (Data-Mining) an Wichtigkeit zu. Dies verlangt eine weit intensivere Berücksichtigung der Humanfaktoren und des Persönlichen zur Realisierung einer 1:1-Kommunikation, als dies bislang bei der Gestaltung und Lenkung von Unternehmungen in einem eher technokratischen Umfeld üblich war. Die Unternehmung wird weit stärker als in der Vergangenheit zu einer «learning organization», die weniger von der Betonung der «brick and mortar» geprägten harten Welt an Erfolgsfaktoren als vielmehr von Ideen, Lösungsinnovationen und Kundenbezug in Omni-Kanälen getrieben wird. Mit dem Wandel von elektronischen Kunden-Karteikarten zu Customer-Data-Mining «just in time» in allen Kanälen sind zugleich die Strukturen vorauseilend anzupassen, bildhaft gesprochen werden sich aus «Palast»-Organisationen eher miteinander vernetzte flexible «Zelt»-Organisationen entwickeln, die aus Schnittstellen Nahtstellen enger Zusammenarbeit entstehen lassen. Wäre die Konzipierung einer derartigen, die eingangs erwähnten Entwicklungen proaktiv angehenden, intelligenten Unternehmung nicht schon schwierig genug, verbleibt natürlich als Meisterstück das Umsetzen und anschließende Optimieren eines derartigen Konzeptes in die operative Dimension. Die entscheidende Erfolgsvoraussetzung hierfür liegt dann in der Berücksichtigung der sozialen Dimension und damit vornehmlich in der persönlichen Führung als Grundlage und Ausgangspunkt für die Integration der individuellen und kollektiven Problemlösungs-, Leistungs- und Kooperationsverhaltenskodizes in Unternehmungen.

Gerade deshalb, und in solchen wie heute nicht einfacher werdenden Zeiten, sollten sich besonders tüchtige Menschen nicht abschrecken lassen, Führungsaufgaben und damit Verantwortung im Sozialen zu übernehmen. Denn jeder etwas bewirken wollende Mensch, der heute eine Führungsaufgabe in der gegenwärtigen Wirtschaftslage antritt, steht vor besonders faszinierenden Möglichkeiten: Er kann grundlegende Veränderungen angesichts der aktuell weltweit bestehenden Chancen kreativ mitgestalten. Ihm ist an jedem beliebigen Ort der Welt mit PCs, Notebooks, Netbooks, Tablets und Smartphones per Breitbandverbindung Zugang zu allen Wissens-Hotspots dieser Welt möglich. Ob am Schreibtisch, im Wohnzimmer, in Flughäfen, im Auto oder Zug, in Hotels oder am Strand: Wissen auf Abruf und Wissensaustausch ist heute so offen wie noch nie in der Weltgeschichte. Ob Führungspersönlichkeit oder Privatperson: Man steht heute vor der anspruchsvollen Herausforderung, hier sinnvoll mitzuwirken und daran teilzuhaben. Mehr noch: Indem man versucht, die auseinanderdriftenden Teilgesellschaften im Innern und Äußern durch Dialog zu integrieren und Menschen eine sinnvolle Aufgabe sowie Möglichkeiten der Verwirklichung zu verschaffen, desto mehr sichert man sich ein kleines Stück von Unabhängigkeit in Freiheit.

In dieser hochkomplexen und veränderlichen Wirtschafts- und Soziallandschaft, in der Unstetigkeit endgültig zum Normalfall geworden ist, haben sich meine Überlegungen und die meiner Kollegen herausgebildet, welche in die geplante 9. Auflage einfließen sollen. Es hat sich aufgrund der vielfach negativen Entwicklungen in den letzten Jahren besonders gezeigt, dass Wissen zur integrierten Steuerung von Unternehmungen – wie es auch von vielen anderen Kollegen erarbeitet wurde – offenbar bislang nur bedingt in die Praxis Eingang gefunden hat, obwohl fast grenzenlose technische Möglichkeiten, wie oben aufgezeigt, gegeben sind. Die Gründe hierfür liegen meines Erachtens vornehmlich im Führungsverhalten beziehungsweise im Sozialen und den nach wie vor nicht überwundenen mechanistisch-gegenständlichen Anschauungen, welche unsere Welt in den letzten Jahrhunderten – mit Erfolg notabene – geprägt haben.

Deshalb möchte ich mit dieser Neuauflage, die hoffentlich gelingen werde, nicht nur bewirken, dass dieses Werk interessierten Lesern wieder zugänglich gemacht wird, sondern diese gleichzeitig nutzen, um immer wieder einige Leitgedanken gerade (jüngeren) Führungskräften mit auf den Weg zu geben, die ich aus meiner langjährigen Erfahrung heraus als sehr wichtig erachte:

1| Bedenken Sie immer, dass Sie zwar in der Führung wirtschaftlichen Zielen verpflichtet sind, dass aber der Erfolg einer Unternehmung abhängig ist vom motivierten Agieren von Menschen als Treiber und Vollzieher bei der Umsetzung von Visionen und Missionen. Dies gilt insbesondere bei dem schon mehrfach angesprochenen Übergang von der technisch-basierten Industriegesellschaft in eine digitale dienstleistungsgetriebene Wissensgesellschaft, die Sie mit zu gestalten haben werden. Wissen ist immer an seine Träger, an engagierte Menschen gebunden – Google und Wikipedia hin oder her – und wird als Marktbeziehungstechnologie und Management-Wissen zum kritischen Erfolgsfaktor.

2| Wollen Sie also in diesen herausfordernden Jahren der Transition Erfolg haben, müssen Sie Menschen dazu bringen, ihr Wissen kontinuierlich zu erweitern, die eigenen Standpunkte kritisch zu reflektieren und interdisziplinäre Lösungsansätze zu entwickeln, kurz: Meisterschaft im Lernen zu entwickeln.

3| Mit einer derartigen Qualifizierung der humanen Potenziale wird aber Führung für Sie nicht leichter werden, denn das Selbstbewusstsein von kritischen Wissensträgern in der Mitarbeiterschaft wird steigen. Die Bedeutung von verpflichtenden und motivierenden Angeboten im Rahmen einer Führungsaufgabe nimmt zu. Dies kann nicht mehr, wie in den Anfängen unserer Industriegesellschaft, über Stellenbeschreibungen, Regelvorgaben und autoritäre Führungseingriffe erfolgen, denn eine Sinnvermittlung geht weit über technokratische Regulierungsversuche hinaus. Versuchen Sie, mit Ihrer Mannschaft erstrebenswerte gesellschaftliche und ökonomische Fernziele für Ihre Unternehmung zu erarbeiten, für die es sich lohnt, weit über die Erfüllung von Abteilungszielen hinausgehende Anstrengungen zu unternehmen. Die Befriedigung, herausfordernde Ziele unter großem persönlichem Einsatz erreicht zu haben, macht die Teilhabe an der Entwicklung einer sinnerfüllten Vision erforderlich.

4| Immer wieder wird versucht, die Mitarbeiterbindung an eine Unternehmung ausschließlich mit materiellen Anreizen, mit Gratifikationen unterschiedlicher Art zu erreichen. Diese Vorgehensweise stellt eine Möglichkeit dar. Sie sollte aber erst nachgelagert eingesetzt werden. Warum dürfen nicht so sehr materielle Werte im Vordergrund stehen, um die angestrebten Ziele zu erreichen? Weil sonst die Gefahr besteht, dass in der Hektik des Erreichens der Nahziele das Fernziel aus den Augen gerät. Beide, Fern- und Nahziele, sind natürlich wichtig. Leider trägt bei vielen Führungskräften nach wie vor das Erreichen des Nahzieles deutlicher zur Erfolgsbewertung bei als das des Fernzieles. In den vergangenen Jahren ist dies überdeutlich geworden: Viele Führungskräfte haben ihre Unternehmung durch eine übertriebene Fokussierung auf den «short run» – mit entsprechender Gratifizierung – in Existenznöte gebracht. So stehen viele der noch vor wenigen Jahren gefeierten «deals» zur Disposition oder sind schon rückgängig gemacht worden, nachdem erkannt wurde, dass sie die zukünftige Entwicklung negativ belasten.

5| Partizipation ist dabei das Grundprinzip erfolgreicher Strategien und ihrer Realisierung in einzelnen Missionen und Vorhaben, unterstützt durch das kooperative Vorgehen in Gruppen, die Sie führen. Das erspart Ihnen auch viele nachträgliche Korrekturen an Ihren Plänen, die andernfalls häufig auftreten: «If we don't know where to go, every way will take you there» (Alice im Wunderland). Ohne klare Zielvorstellungen werden Sie der Realität mit allerlei aufwendigen Korrekturversuchen immer hinterherlaufen und viel Konfusion und Frustration erzeugen.

6| Das heißt aber auch, dass Sie nicht alles selbst machen müssen und dürfen! Schaffen Sie Freiräume für Ihre Mitarbeitenden, damit sie dort ihre Expertise einsetzen können (Delegation). Auch andere verfügen über hervorragendes Wissen und andersartige, relevante Erfahrungen. Für herausragende Leistungen gilt es, eigene und fremde Erfahrungen, eigene und fremde Denkweisen zu einer Synthese zusammenzuführen. Ich gehe davon aus, dass die zukünftige Wissensgesellschaft vor allem von dem Prinzip der weltweiten Wissensvernetzung getragen wird. Sehen Sie Ihre Aufgaben vor allem als die des Orchestrators einer Vernetzung von relevantem Wissen an. Um zu wissen, was relevant in Bezug auf die unternehmerische Zukunftsgestaltung ist, brauchen Sie, wie eingangs erwähnt, einen Leitstern – Ihre Vision. Fördern Sie dabei die volle Entfaltung Ihrer Mitarbeitenden durch Anerkennung und Unterstützung sowie durch klare strategische und strukturelle Rahmenbedingungen, die unnötige dysfunktionale Konflikte vermeiden helfen. Unterstützen Sie den Teamgeist und das Lernen «on the job» und feiern Sie ungewöhnliche Erfolge unter außergewöhnlichem Einsatz mit Ihren Mitarbeitenden!

7| Besonders auch externes Wissen (Internet, Soziale Netzwerke) kann dabei hoch relevant für die Verwirklichung Ihrer Zukunftsvorstellungen sein und ist im Zusammenhang mit der eingangs erwähnten Lernkompetenz zu sehen. Die traditionellen Grenzen von Unternehmungen sind bei dieser Frage übrigens obsolet. Virtuelle Organisationsformen, die kooperativ die Verwirklichung von Visionen und Missionen mit anderen selbstständigen Personen, Einheiten und Unternehmungen in temporären auftragsbezogenen Projekten oder in dauerhaften strategischen Allianzen und Joint Ventures anstreben, werden Ihren Weg begleiten. In der virtuellen Organisationsform wird der Versuch unternommen, Stärken von Unternehmungen miteinander zu verbinden. So sollen Synergieeffekte erzielt werden, die über die Möglichkeiten einer einzelnen Unternehmung hinausgehen, wie beispielsweise die gemeinsame Vermarktung von Produkten, Etablierung neuer Standards (Blockchain) oder Kooperationen im Forschungsbereich (Pharma, Industrie 4.0) und so fort. Und interessant ist in diesem Zusammenhang: Die Gründung von erfolgreichen Genossenschaften im letzten Jahrhundert folgte aus der Not heraus dem gleichen Prinzip: die Bündelung der Kräfte ohne Aufgabe der Autonomie der Glieder!

8| Aus all dem Gesagten ergibt sich die Öffnung aller inner- und überbetrieblichen Grenzen, auf die Sie sich einstellen müssen. Die Gestaltungsgrundlage der Industriegesellschaft war vor allem das fordistische Prinzip der Arbeitsteilung und Spezialisierung, welches uns nunmehr aufgrund der damit verbundenen Abgrenzung von Stellen und Abteilungen erhebliche Kooperationsschwierigkeiten bereitet und die Führung vor allem in der Koordination über Gebühr belastet. Die Tendenzen in einer auf die Bedürfnisse der Wissensgesellschaft ausgerichteten Organisationsform zielen weniger auf Teilung ab denn auf Einigung. Damit Sie hier die richtigen Akzente setzen, empfehle ich Ihnen, sich stärker auf ein einigendes, wie wir es in St. Gallen nennen, «Integriertes Management» zu stützen. Dieses versucht, die wesentlichen normativen, strategischen und operativen Facetten des Managements aus einem Guss zu gestalten, um Ihnen dadurch die vielen, häufig frustrierenden Kleinkonflikte beim operativen Aussteuern von Fehlverhalten weitgehend zu ersparen: Kurz gesagt, werden Sie vom Koordinator zum Integrator von Strategien, Strukturen und Problemverhalten.

9| Die Realisierung eines derartigen integrativen Konzeptes sollte Sie gleichfalls daran hindern, periodisch auftauchenden, schnelllebigen Management-Moden («fads») und dem allgemeinen «Herdentrieb» hinterherzulaufen. Ex post hat sich fast immer gezeigt, dass sie aufgrund der Orientierung an Einzelphänomenen mehr Probleme geschaffen als gelöst haben. Geht man den Ursachen für ihr Scheitern auf den Grund, entdeckt man vor allem zwei Fehlerquellen. *Erstens:* Als isolierte Teillösungen bleiben die Wirkungen auf das Gesamtsystem unbeachtet. Diese «unintended consequences» manifestieren sich vor allem über Neben- und Fernwirkungen, die bei einer isolierten Betrachtungsweise zunächst nicht offenbar werden. *Zweitens:* Der Mensch als die eigentliche treibende Kraft von Veränderungen bleibt bei technokratischen Ansätzen weitgehend unberücksichtigt. *Drittens:* Herdentrieb führt in aller Regel zu prozyklischem Verhalten und mündet in Zeiten der Hochstimmung in übereuphorische Wachstumsplänen, was fast immer zu einer Katastrophe führt. Wer sich in solchen Zeiten nicht von seinem eigenen Weg abbringen lässt, der wird fast immer belohnt.

10| Wenn Information der Rohstoff und Wissen das reflexionsbetonte, kontextuierte dynamische Potenzial einer zu entwickelnden Wissensgesellschaft ist, dann führt diese Synthese notwendigerweise zu einem neuen Typ Unternehmung: die intelligente Unternehmung (oder heute: die agile Organisation). Ihre Führungsaufgabe in solch einer Unternehmung, wie ich sie Ihnen zu zeigen versucht habe, beinhaltet jedoch neue Anforderungen. Die Fragen, die sich Ihnen stellen werden, sind:

– Welche Wissenstatbestände sind in der Lage, mir am Markt Alleinstellungsmerkmale zu verschaffen?

– Welche Wissensdefizite muss ich hierzu ausgleichen und welche Möglichkeiten stehen mir intern und extern zur Verfügung?

- Wie kann das Wissen nachhaltig in ein umfassendes Konzept integriert werden, sodass der externe und interne Kunde von Komplexität entlastet wird?
- Welche Teile beziehungsweise Konzepte in der Unternehmung, die aus einer industriellen Tradition entstanden sind, behindern die Entwicklung? Welche neuen Herangehensweisen bieten sich hier an?
- Wie kann ich in meinem Führungsverhalten (Führung 4.0) dazu beitragen, eine Vertrauenskultur in allen Kapillaren der Organisation entstehen zu lassen und damit die Basis für die Entfaltung der Intelligenz einer Unternehmung zu schaffen?

11 | Der Übergang in eine vernetzte internationale Wissensgemeinschaft, in der Innovation, Kreativität und Lernbereitschaft seitens der Mitarbeitenden unabdingbar werden, verändert den Charakter Ihrer Führungsaufgabe und Ihr Führungsverhalten grundlegend: Eine Führung, welche dabei das Verhalten von Mitarbeitenden von oben nach unten beeinflussen will und ausschließlich auf rigide Vorgaben und Kontrollen setzt und Kommunikationsfähigkeit anhand der täglichen Anzahl an E-Mails festmacht, wird scheitern. Beweggründe und Mechanismen der eigenen Persönlichkeit, der Mitarbeitenden und des Verhaltens von Teams sollten Sie dabei zu Hilfe nehmen und berücksichtigen. Führung wird dabei vornehmlich als Interaktion mit einzelnen Mitarbeitenden und Gruppen verstanden, in der durch gegenseitige Beeinflussung und Anpassung je nach Reifegrad der Führenden und Geführten die Aspekte der Kommunikation, Motivation und Kooperationsverhalten entscheidend werden. Von hoher Bedeutung ist dabei das Verständnis für die Wichtigkeit von Emotionen und Unterbewusstsein. Attribute wie Wahrhaftigkeit, aufrichtiges Interesse an Menschen, Bescheidenheit, Entscheidungsfreude und Verantwortungsbewusstsein werden zudem besonders geschätzt.

12 | Dies alles setzt allerdings eine stetige Selbstreflexion hinsichtlich der eigenen Persönlichkeit voraus. Seien Sie wachsam und kritisch gegenüber sich selbst, prüfen Sie die Wirkung Ihrer Person, Ihres Verhaltens und des von Ihnen Gesagten auf andere sehr genau. Dadurch werden Sie sich selbst stärker bewusst und Sie kommen zu Entscheidungen, die nicht nur Sie, sondern auch Ihre Mitarbeitenden, Vorgesetzten und Kunden überzeugen. Daraus entstehen Umsetzungskraft und Drang zur Tat!

Wenn Sie dazu noch ein Abgleiten in die «Mittelmäßigkeit» vermeiden, indem Sie Ihren «Kleiderschrank» regelmäßig von alten, nicht mehr angebrachten Gewohnheiten entrümpeln und Dinge wirklich zu Ende bringen (Zeigarnik-Falle), indem Sie versuchen, jeden Tag zu lernen, sich zu entwickeln, kurz, besser zu werden, dann fällt Ihnen das Glück des Tüchtigen zu.

Tragen Sie aber Sorge, ob all der Anforderungen, um sich selbst und verzichten Sie daher tunlichst auf ablenkendes, ineffektives Multitasking und ein «Überall und immer erreichbar» durch gleichzeitigen Aufbau von Inseln der «Entschleunigung und Regeneration», so vermeiden Sie nicht nur einen Burn-out im Strategisch-Integrierten, sondern auch einen Burn-out im Persönlichen!

Mit diesen Ratschlägen wollte ich Sie daher motivieren, eine Standortbestimmung im Persönlichen vorzunehmen, die bestehende Ordnung in der Unternehmung zu überprüfen und Lernfelder in den eigenen Arbeitsbereichen und denjenigen Ihres Teams, Ihrer Mitarbeitenden und Ihrer Kooperationspartner zu definieren.

Wenn Sie dann gleichzeitig noch die Handlungsanleitungen des Konzeptes als Orientierungsrahmen und «Leerstellengerüst für Sinnvolles» (Ulrich) an die Hand nehmen und es mit Ihrem persönlichen fachlichen Wissen inhaltlich passend machen, dann sind Sie gewappnet für gute Zeiten und erst recht für schwierige turbulente Verhältnisse.

Kurz gesagt, Sie sind dann als Führungskraft nicht mehr Koordinator, sondern Integrator von Strategien, Strukturen und Problemverhalten. Diese Synthese wird Sie zu einer Führungspersönlichkeit des in diesem Werk beschriebenen neuen Paradigmas von Anschauungen machen und damit auch zu einem völlig neuen Typus von Unternehmungen und Führungskräften im Allgemeinen führen: die intelligente vernetzte Unternehmung mit unternehmerischen und herausragenden Führungskräften auf allen Ebenen, welche danach streben, etwas zu schaffen, das dauerhafter ist als sie selber, eine langfristig lebensfähige, funktionierende, auf inneren Werten basierende Institution in unserer neuen Welt, der die Kraft innewohnt, sich permanent gleichsam selbst zu erneuern und so die sogenannte Lebenszykluskurve zu überwinden vermag.

Für Sie als Führungskraft, die daran mitwirken darf, eine hoch motivierende, anspruchsvolle Herausforderung, für jeden Unternehmer eine faszinierende Aufgabe, selbst eine visionäre Unternehmung aufzubauen!

Insbesondere möchte ich Sie aber auch zur Anwendung des Bewährten in der Praxis ermuntern. Unter Federführung meines Kollegen Dr. Christian Abegglen, dem mein ganz besonderer Dank gilt, können wir bereits wieder eine Neuausgabe an die Hand nehmen. Dank seiner hoch engagierten Unterstützung wird das Werk hoffentlich bald neuen Generationen zugänglich. Der Darstellung, wie das Konzept in die Praxis umzusetzen ist, soll dabei ein zunehmend stärkeres Gewicht gegeben werden. Dies macht es unter anderem auch notwendig, die Handhabung des Werks für den Leser zu erleichtern, indem anhand der drei Management-Dimensionen *Normativ*, *Strategisch* und *Operativ* und dem *St. Galler Denk- und Wissensnavigator* treffsicher durch das Buch geführt wird. Einleiten werden die Ergebnisse der Erprobung des Integrierten Konzepts in der Praxis, so wie sie im Rahmen von Unternehmungsberatungsprojekten und vor allem im Diskurs mit erfahrenen Führungskräften aus verschiedensten Branchen in Seminarveranstaltungen entstanden sind.

So zeigen wir auf, wie im dialogischen Umgang mit unterschiedlichen Interessen und Vorstellungen in Form von moderierten Workshops ein tragfähiger Konsens zu Grundfragen der Konstitution von Unternehmungen und eben zur Gestaltung, Entwicklung und Lenkung der oben beschriebenen intelligenten Unternehmung geschaffen werden kann.

Abschließend wünsche ich Ihnen wiederum einen klaren Verstand, eine glückliche Hand und vor allem Begeisterung. Denn nur wer Management mit Begeisterung und Freude angeht, verändert bestehende Ordnungen und überwindet alte, überholte Paradigmen. Aus dem Neuen entstehen dann zwar wiederum ganz andere Fragen, auf die es zu reagieren gilt. Gerade das aber ist es ja, was uns antreibt!

Prof. Dr. Dres. h.c. Knut Bleicher
St. Gallen und Hamburg, im Oktober 2016
anlässlich der Vorbereitung der Jubiläumsauflage

ANHANG

Interview mit Professor Dr. Knut Bleicher

Ernst Wyrsch, Dozent für Leadership an der St. Galler Business School, im Gespräch mit Professor Dr. Knut Bleicher

Herr Professor Bleicher, Sie waren viele Jahre Präsident des Beirates der St. Galler Business School. Was war es, das Sie zu dieser Aufgabe gebracht und an ihr überzeugt hat?

Prof. Knut Bleicher: Ich bin damals sehr kollegial um die Übernahme dieser Funktion gebeten worden. Gerne habe ich diese Herausforderung angenommen. Mein Ziel war es von Anfang an, den Beirat mit ausgewiesenen Persönlichkeiten des Faches aus Theorie und Praxis zu besetzen, um eine Plattform für die Entwicklung von Konzepten, Programmen und Projekten zu schaffen, die der Verbesserung der Führungsqualität, dem wesentlichen Wirtschaftspotenzial Europas – dem erfolgskritischen Managementpotenzial –, dienen soll. Damit war zugleich ein Beitrag zur Stabilisierung der gesellschaftspolitischen Entwicklung, die vom Gedeihen unserer Wirtschaft wesentlich getragen wird, beabsichtigt. Sie sehen: An Aktualität hat dies nichts verloren, schon eher an Brisanz gewonnen.

Welche Rolle hat ein Beirat als Institution einer Business School zu spielen? Welche Rolle spielten Sie persönlich als Präsident des Beirates der St. Galler Business School?

Prof. Knut Bleicher: Im Gegensatz zu einem Verwaltungsrat, der die Geschäftsführung formell mitgestaltet, aber vor allem überwachen soll, übernimmt ein Beirat in erster Linie konsultative Funktionen, indem er die inhaltliche Gestaltung der Organisation beratend beeinflusst. Ein Beirat ist ein Erfahrungs- und Beratungspool für die Mitglieder einer Organisation. Er bringt seine Beurteilungskompetenz ein, hier im Hinblick auf Inhalte und Methoden einer Business School, vermittelt Anstöße zur Neuentwicklung von Programmen, zur Verbesserung von Inhalten und Methoden und ist dabei besorgt, internationale Kontakte in diesen Prozess «virtuell» einzubinden. Meine Rolle als Vorsitzender sah ich als Initiator, Programmator, Promotor, Koordinator und Reflektor vor dem eigenen fachlichen Hintergrund in der internationalen Managementlehre. Ich möchte an dieser Stelle aber unbedingt die Gelegenheit nutzen, meine Nachfolgerin, Frau Bettina Würth, im allerhöchsten Maße zu loben. Frau Würth hat 2008 meine Nachfolge als Beiratspräsidentin übernommen, und sie macht das außerordentlich charmant und sehr kompetent. Wenigstens eines davon traf auf mich nie zu *(lacht)*.

Sie lehrten an der Universität St. Gallen, Sie entwickelten Ihre Lehre an einer staatlichen Universität. Was hat Sie dazu bewogen, eine private Bildungsstätte zu begleiten, Ihr Wissen der St. Galler Business School zur Verfügung zu stellen?

Prof. Knut Bleicher: In unserer Wissensgesellschaft gilt es, nicht nur neues Wissen als Erfolgsfaktor für die Lösung von Problemen zu entwickeln, sondern vor allem auch zu verbreiten und in die Anwendung zu transferieren. Hier ordnet sich die St. Galler Business School in den Kanon eines nahezu einmaligen Wissensangebots am Standort St. Gallen ein, dem häufig zitierten «Management Valley» Europas. Bei diesen Aktivitäten unterliegen staatliche Einrichtungen andersartigen Rahmenbedingungen als private Institutionen. Während zum Beispiel die Universität St. Gallen (HSG) als staatlich getragene Institution ihren Auftrag vor allem forschungsgesteuert sieht, sind private Einrichtungen stärker auf den Transfer in die Praxis ausgerichtet. Im Endeffekt jedoch überlappen und ergänzen sich beide Ausrichtungen zum Nutzen der Anwender, wenn es kooperativ in intelligenten Netzwerken vollzogen wird.

An der St. Galler Business School werden nach Ihrem Ansatz, der ganzheitlichen, integrierten Managementlehre, ganze Managergenerationen ausgebildet, vor allem auch der Nachwuchs. Warum ist diese Lehre so modern wie zuvor?

Prof. Knut Bleicher: Ich denke vor allem daher, weil sie auf die Lösung eines weitgehend ungelösten Zeitproblems ausgerichtet ist: auf die Lösung von komplexen Problemen in unseren hocharbeitsteiligen Strukturen nicht durch Einzelmaßnahmen mittels simpler Rezepte («Management Fads»), sondern auf die ganzheitliche Integration aller relevanten Aspekte von Strategien, Strukturen und Kulturen einer Organisation. Dies steht im Gegensatz zu der vielfach vertretenen Vorgehensweise, komplexe Probleme soweit herunterzubrechen, dass sie sich rezepthaft lösen lassen, was nicht selten zu dem Ergebnis führt: «Paralyse durch Analyse».

Genügt dieser Lehransatz noch, kann er der sich rasch wandelnden Wirtschaft noch gerecht werden? Muss heute nicht vielmehr schnell, intuitiv entschieden werden? Können zur Entscheidungsfindung da noch gesamtheitliche Analysen vorgenommen werden?

Prof. Knut Bleicher: Gerade dies wollen wir mit unserem ganzheitlichen Denken vermeiden. Wer in unserer Konzeption die sich ergänzenden Facetten eines komplexen Problems in seinen normativen, strategischen und operativen Wechselwirkungen im Kopf vernetzt hat, wird sich weit weniger von vereinfachenden «Schnellschuss»-Lösungen beeindrucken lassen als derjenige, der alles auf wenige zu analysierende Variablen herunterbricht. Zudem spielt bei unserem Konzept der Zeitfaktor eine entscheidende Rolle: Wir sprechen vom evolutionären Management, das den Hintergrund für alle geschäftspolitischen Maßnahmen aus der Vergangenheit für die Gegenwart in die Gestaltung der Zukunft begreift.

Aber – und das ist wichtig: Es ist nicht so, dass die Ansätze in ihrer Interpretation und an der Schnittstelle zur Praxis keine Weiterentwicklung benötigen. Seit meiner Amtsübergabe an Frau Würth und der Übernahme der wissenschaftlichen Gesamtleitung der Diplomlehrgänge durch Herrn Professor Robert Neumann widme ich mich ebendieser sehr spannenden Aufgabe.

Welche Frage beschäftigt Sie diesbezüglich zurzeit am meisten, und welche Auswirkungen für die Arbeit der St. Galler Business School wird dies haben beziehungsweise hat es bereits schon?

Prof. Knut Bleicher: Es gibt diesbezüglich viele interessante Fragestellungen, die es allesamt verdienen, sich mit ihnen zu beschäftigen. Ein gerade vor dem Hintergrund des ganzheitlichen, systemischen St. Galler Managementansatzes besonders schönes Beispiel ist die mit atemberaubenden Tempo voranschreitende Vernetzung, die Gleichzeitigkeit und Wechselhaftigkeit der Ereignisse global, die Zunahme von Komplexitäten, die technologischen und interdisziplinären Verheiratungen zu völlig neuen Systemen und Geschäftsmodellen, oft getragen von neuen Möglichkeiten der Digitalisierung und der Nutzung des Internets. «Big Data», «Internet of things», «Industrie 4.0» – Schlagworte, die dafür stehen, dass es immer weniger möglich ist, mit den klassischen Formen der Führung für Orientierung und falls erforderlich Konsequenz zu sorgen. Ein Großteil der Menschen, die Sie in dieser «neuen Welt» führen müssen, liegt außerhalb Ihres Unternehmens und außerhalb Ihres fachlichen Kompetenzbereiches! So klar es ist, dass der St. Galler Managementansatz gewiss eine geeignete Referenzarchitektur, ein adäquates Denkgerüst für diese Herausforderung darstellt, so klar ist auch, dass es weiterer Überlegungen und praxistauglicher Konkretisierungen bedarf, die den Führungskräften in ihrer Arbeit tatsächlich eine robuste Hilfestellung sein können. Ich befasse mich schon länger mit diesen modernen Führungsphänomenen; natürlich nicht alleine, sondern gemeinsam mit meinen Kollegen der St. Galler Business School. Dies ist ein kontinuierlicher Prozess, der stets unmittelbare Auswirkungen auf das Denken und Handeln aller Beteiligten hat.

Wie lautet der Kernsatz, den Sie einem jungen Manager mit auf den Weg geben?

Prof. Knut Bleicher: Das ist eine schwierige Frage. Gerade als Vertreter einer ganzheitlichen Managementlehre sind mir derartige Reduktionen auf «Kernsätze» eigentlich zuwider. Ich kann Ihnen drei Alternativen meiner Antwort anbieten, Sie können dann wählen. Erstens: Es gibt keinen solchen Kernsatz, der aus meiner Sicht eine Existenzberechtigung hat. Basta! Zweitens: Der Kernsatz, der einem jungen Manager mit auf den Weg zu geben ist, lautet: «Es gibt keinen Kernsatz, den man einem jungen Manager mit auf den Weg geben kann!» Oder drittens – ein Angebot zur Güte: Jeder junge Manager muss sich verinnerlichen, dass er alleine rein gar nichts erreichen wird, sondern es neben den üblichen Managementfähigkeiten mehr denn je auf die Fähigkeit zur Vernetzung und Ideen-Infektion ankommt. Der Wirkungsradius eines erfolgreichen Managers wird immer größer.

St. Gallen und Hamburg, im Mai 2015

Zum Autor Ernst Wyrsch
Ernst Wyrsch blickt auf eine jahrzehntelange Führungskarriere im Dienstleistungssektor zurück und hat in diesem Zusammenhang während vieler Jahre mit der St. Galler Business School zusammengearbeitet. Um seine Erfahrungen an jüngere Führungskräfte weitergeben zu können, hat er sich vor fünf Jahren entschieden, sich vollumfänglich als Dozent der St. Galler Business School auf das Thema Leadership zu konzentrieren.

ANHANG

Der Lebenszyklus im St. Galler Konzept nach Sabeth Holland

Felder und Samen

Wachsen und Chaos

Blüte und Ausblick

Reife und Zentrum

Ernte und Neues Saatkorn

Anbrechender Winter und Hoffnung

ANHANG

Die Umschlaggestaltung des vorliegenden Werkes – Gedanken und Reflexionen zur Bildfolge von Sabeth Holland

Betrachtet man eine Unternehmung als ein von Menschen geschaffenes, künstliches, soziales System mit ökonomischer Zielsetzung, so lassen sich vielfältige Gemeinsamkeiten zu biologischen Systemen erkennen: Beiden ist im Zeitablauf ein stetes Wiederkehren von Entstehung, Wachstum, Vervollkommnung, Veränderung und Untergang gemeinsam mit der Faszination, dass auf der Grundlage des Vergehens Kraft für die Entwicklung von wiederum Ähnlichem, Verbessertem oder gar Neuem entsteht.

Diese gedanklich an einem Lebenszyklus orientierte Entwicklung von Systemen ist Ausdruck einer natürlichen Evolution, die im Wettbewerb der Arten eine Auslese der überlebensfähigeren Systeme vor dem Hintergrund sich ändernder Rahmenbedingungen bewirkt. Sie strebt damit gleichsam einem gedachten Endziel einer Vervollkommnung entgegen, in dem sich aus Sicht einer Makroebene das System mit jedem neu beginnenden Zyklus auf eine nächsthöhere Stufe entwickeln kann.

Im Mikrozusammenhang biologischer Evolution vollzieht sich diese ständige Wiederkehr des Gleichen – nein, des Ähnlichen – häufig in relativ kurzen periodischen Zyklen, wie zum Beispiel im Kontext der Jahreszeiten im Pflanzenbereich.

Ist es das genetisch programmierte Ringen um die Durchsetzung bestimmter Spezies und Formen im biologischen Bereich, so sorgt in sozialen Systemen das tägliche Handeln der einzelnen Akteure in einem sich wandelnden Umfeld für Wettbewerb untereinander – und im hiesigen Bezug zu Unternehmungen – mit der immer drohenden Gefahr des Ausscheidens bei Fehlentscheidungen. Wettbewerb wird dadurch zum Regulativ für die Notwendigkeit der Anpassung an sich verändernde Umstände im Sinne eines *survival of the fittest*. Im Bestreben von Unternehmungen, das eigene Überleben unter diesen Bedingungen sicherzustellen, erfolgt der Versuch, den eigenen Lebenszyklus durch Anpassung der jeweils vorherrschenden Geschäftsmodelle fortlaufend zu verlängern, wenn nicht gar zu überwinden, gleichsam zu einem «ewigen» Lebenszyklus zu gelangen.

Management of Change

Konsequenterweise resultiert daraus für die Unternehmungsführung die Aufgabe eines *Management of Change*, mit dem Resultat von sich wechselnden Gestaltungsergebnissen hinsichtlich Vorgaben, Strukturen, Verhalten und Aktivitäten, was der Unternehmung für den außenstehenden Betrachter ein immer wieder andersartiges Aussehen verleiht, es gleichsam in sich abwechselnden Bildern erscheinen lässt. War es anfänglich vielleicht das Wachstum überhaupt erst ermöglichende Potenzial ungestümer Kreativität, so sind es in einer späteren Phase möglicherweise eher rigide, zentrale, das Abschöpfen einer erfolgreich aufgebauten Marktposition bewirkende Strukturen. In Wissenschaft und Praxis werden diese phasenartig ablaufenden Entwicklungssprünge unter vielfältigen Bezeichnungen und Überschriften wie Pionier-, Konsolidierungsphasen und dergleichen diskutiert.

Werden, Sein und Vergehen in der Natur

Genau diese Thematik hat auf Anregung im Zusammenhang mit den bleicherschen Schriften die renommierte, inzwischen über den deutschen Sprachraum hinaus bekannte St. Galler Künstlerin Sabeth Holland bei der Umschlaggestaltung dieser Buchreihe aufgegriffen: Sie setzt aus der Perspektive der biologischen Evolution mit ihrer Darstellung eines Werdens, Seins und Vergehens in einer beeindruckenden, intellektuell hinterlegten Farbgestaltung an. Am Beispiel des jahreszeitlichen Wechsels in der Natur, und hier insbesondere am Kreislauf der Pflanzenwelt, gelingt es ihr in großartiger Weise, einen sechs Phasen umfassenden zyklischen Entwicklungsverlauf aufzubauen und bildhaft darzustellen. Die einzelnen sechs Phasen dieser Bildreihe sind anschließend auf die Bände der «Gesammelte Schriften» aufgeschlüsselt worden:

Phase 1: Felder und Samen

Phase 2: Wachsen und Chaos

Phase 3: Blüte und Ausblick

Phase 4: Reife und Zentrum

Phase 5: Ernte und Neues Saatkorn

Phase 6: Anbrechender Winter und Hoffnung

Augenfällig werden in den Darstellungen von Sabeth Holland die überschwängliche Vielfalt und Verschwendung der Natur am Anbeginn einer Entwicklung. Sie zeigt, dass sich im Chaos eines stetigen Ausprobierens, ständigen Wechsels und dem damit einhergehenden Widerstreit von Farben, Formen und Figuren durchsetzungsfähiges Neues herauskristallisieren kann.

Aus einem einst winzigen Samenkorn unter vielen wird eine allseits deutlich Respekt und Bewunderung erheischende Blüte, oftmals mit dem Effekt, dass die nun klar sichtbare Blume von vielen erst jetzt als solche überhaupt wahrgenommen wird.

Grotkerweise bleibt für den Beobachter aber unsichtbar, dass ab diesem Stadium jeder weitere der Verbreitung und der Vervollkommnung dienende Schritt in Richtung Reife mit der darauffolgenden nahtlos anschließenden Erntezeit schon jetzt auf ein nahendes Ende hindeutet. Die aus der Perspektive eines sorglosen Betrachters gedachte Normalität eines ewigen Erntens – gleichsam als lustvolles aus dem Vollen schöpfendes Leben im Zentrum eines Schlaraffenlandes – ist offensichtlich nur von kurzer Dauer.

Ungeachtet der Turbulenzen eines einsetzenden Untergangs der einstmals fruchtbringenden Felder sind die künftigen Auslöser eines nächsten Selektions- und damit Entwicklungsschubes auf einer hoffentlich höheren Ebene bereits wieder als Saatkörner verborgen und unsichtbar angelegt. Doch bis dahin ist ein schwieriger, mit einem strengen Winter vergleichbarer Transformationsprozess zu überstehen, dessen Härte nur gemildert wird durch die häufig positiven verborgenen Effekte der ihm innewohnenden selektierenden Reinigungs- und Reduzierungsprozesse, verbunden mit der Hoffnung eines dereinst auf dieser Grundlage geschaffenen, neu aufkeimenden Beginns unter der Voraussetzung adäquater Rahmenbedingungen.

Faszinierenderweise erschließen sich daraus bei einer vertieften Betrachtung der Bildreihe von Sabeth Holland einige zentrale Management-Erfolgsgrundsätze, welche zwar allgemein bekannt sind, doch nur zu leicht in Vergessenheit geraten beziehungsweise vor dem Hintergrund des Faktischen häufig negiert werden.

Erfolgsgrundsätze der Natur

So fordert sie – um einige Punkte herauszugreifen – Wandel als einzige Normalität und zugleich den zyklischen Gedanken des Lebens von Systemen überhaupt zu verstehen. Nachhaltige Unternehmungsentwicklung wird in diesem Zusammenhang für die Unternehmungsführung zur höchsten Aufgabe, welche es sowohl erfordert, die Komplexität sich ändernder Rahmenbedingungen als Grundrhythmus zu begreifen, Entwicklungen zu antizipieren als auch heute noch nicht Sichtbares deutlich zu machen und mittels adäquater Investitionspolitik für die Sicherstellung von Zukunftserträgen zu sorgen. Verzicht auf Gewinn von heute zugunsten der Zukunft meint damit auch Investitionen in eine anfänglich große Vielfalt, weil solche langfristig betrachtet vielleicht das einzige Prinzip und Erfolgsmodell für Neues und damit für Weiterentwicklung sind. Neues entsteht offenbar nie aus bloßer Reproduktion und Reduktion. Reduzieren allein wird zur Logik eines schleichenden Niederganges, wie viele Beispiele zeigen.

Gleichzeitig macht das Lebenszyklusmodell von Sabeth Holland auch sichtbar, dass Schaffung von Vielfalt und purer Verschwendung offenbar allein aber nicht ausreicht, sondern nur unter der Prämisse eines «obersten Zieles» funktioniert, sei ein solches der genetische Code der Natur, sei es das menschliche Streben nach Höherem. Die Vielzahl von Möglichkeiten bedingt entsprechend Fähigkeiten, mit dieser Fülle richtig umgehen, frühzeitig loslassen und sich auf das Wesentliche konzentrieren zu können. Veränderungen meistern heißt damit, sich auf eine anspruchsvolle Gratwanderung zwischen Reduktion und Ausdehnung, zwischen Minimalismus und Vielfalt, zwischen Kernfähigkeiten und Kompetenzerweiterung zu begeben.

Kumulativ zu den oben aufgeführten Herausforderungen muss die Unternehmungsführung den Blick für das Gesamtbild immer prägnant präsent haben, um vor dessen Hintergrund das operative Tagesgeschehen richtig beurteilen und lenken zu können. Aus evolutionstheoretischer Sicht erfordert dies, die systemimmanenten

Spielregeln und deren mögliche Veränderungen analytisch zu durchdringen, die Entwicklung der Rahmenbedingungen komplexitätsadäquat zu antizipieren und beides in einer Synthese zur Abschätzung des Evolutions-Spielraums zu integrieren.

Umgesetzt auf soziale Systeme setzt mit diesem obigen nicht abschließenden Anforderungskatalog auf einer Makroebene der unmittelbare Einflussbereich des menschlichen Beitrags zu einer Systemgestaltung und -weiterentwicklung an. Die erforderliche Anpassung erfolgt schließlich im Mikrobereich einer Unternehmung durch viele einzelne, lenkende und gestaltende Eingriffe in ein System, die letztlich in der Summe zu einer Gesamtanpassung führen, in Unternehmungen etwa im Rahmen des Innovationsmanagements.

Mikro-Evolution erscheint in diesem Licht als der einzelfallbestimmte Beitrag eines Kompendiums von Maßnahmen durch das Management mit dem Ziel, antizipierbare Veränderungen des Umfelds als Regulativ für korrigierendes Handeln zu begreifen und umzusetzen – letztlich mit der Wirkung einer verstärkten Flexibilisierung.

Der persönliche Beitrag des Einzelnen

Der Hinweis auf notwendige Anpassungsprozesse zur Flexibilisierung von sozialen Systemen im Rahmen der Evolution von Natürlichem und Künstlichem, das quasi dem Konzept der vorliegenden Buchreihe zugrunde liegt, ist jedoch nicht nur als Erklärungsversuch zu sehen, sondern er verbindet sich vielmehr mit der Forderung, alles Denkbare in unserem Lebensraum zu tun, um durch das Management der uns anvertrauten sozialen Systeme für deren Erhaltung und Weiterentwicklung zu sorgen. Dies bedeutet, nicht nur ein Zutun zur Verbesserung unserer sozialen und

Entwicklungsarbeit der Künstlerin im Rahmen der Umschlaggestaltung

ökonomischen Systeme unter sich erschwerenden Auslesebedingungen zu leisten, sondern auch unseren ganz persönlichen Beitrag zur Entwicklung der Menschheit im Rahmen unserer natürlichen Umweltbedingungen zu erbringen. Wir sind dabei nicht nur Beobachter auf evolutorischer Bühne, sondern als Führungskräfte Gestaltende und Lenkende einer Entwicklung. Sind wir dabei nicht erfolgreich, verlieren wir die Möglichkeit, unseren professionellen Beitrag leisten zu können. Was jedoch weit mehr im Makrosystem zu beklagen wäre, dass wir ein mit hohem sozialem und ökonomischem Aufwand entwickeltes System als ein über Jahrzehnte geschaffenes Investment der Evolution zum Opfer bringen. Da mag es dann ein schwacher Trost sein, dass auf gleichsam höherer Ebene auf diesem Weg dem evolutorischen Wettbewerb sozialer Systeme – und damit dem Fortschritt – der Beweis anhaltender Gültigkeit erbracht hat.

Für die Zukunft reicht Evolution

Wenden wir daher den Blick von den Herausforderungen des Tagesgeschäfts auf diese großartige Perspektive des Lebens von Arten und Formen sozialer Systeme und stellen uns gelegentlich dabei auch die ewige und kaum gelöste Frage nach Ziel und Sinn des Entwicklungsgeschehens, um dies nicht nur als Auftrag zu sehen, sondern auch als Möglichkeit, zur Positionierung der eigenen Mission im Geschehen zu gelangen. Halten wir uns gleichzeitig vor Augen, dass es die Vielfalt, ja, das Verschwenderische ist, welches uns vielfache Gestaltungsräume bietet: Noch nie waren für einen großen Teil der Menschheit so viele Optionen und Chancen vorhanden: Die hohe Kunst wird sein, daraus Neues, Lebensbejahendes zu schaffen und zur Blüte zu bringen. Sofern es uns gelingt, dabei immer das Gesamtbild im Auge zubehalten, wird uns die Natur dazu auch genügend Zeit lassen – in dem Sinne sollen obige Aussagen nicht als Aufforderung für hektische Aktionitis und Kurzfristvarianten gesehen werden oder, um es mit Niklas Luhmann zu formulieren: «Für die Zukunft reicht Evolution», die Welt muss glücklicherweise nicht laufend neu erfunden werden, zuallererst muss sie aber verstanden werden. Derartiges Wissen um die Gesamtzusammenhänge wiederum verspricht – wie wir meinen – Lebensqualität oder, um es aus der Bildsprache von Sabeth Holland zu formulieren, schafft eine lebensbejahende Grundstimmung durch Kunst. Mit dem vorliegenden Werk «Gesammelte Schriften» war es unser Anliegen, solches Wissen zusammenzutragen und es mit zukunftsbejahender und lebensfroher Kunst zu kombinieren.

Auf diesem Weg mögen Sie daher die eigens für dieses Werk geschaffenen evolutionsorientierten Mosaiken auf den Buchumschlägen begleiten – mit dem Ziel, etwas zu Ihrem *Survival* über die Festigung Ihrer sozialen und unternehmerischen Basis, aber auch im Persönlichen beitragen zu können.

Dr. Christian Abegglen

ANHANG

Zur Künstlerin der Umschlaggestaltung, Sabeth Holland

Die 1959 in Altstätten geborene Sabeth Holland gehört zu den arrivierten, international tätigen, Schweizer Künstlerinnen. Sie schafft Plastiken aus Fiberglas, Bilder in Öl und bunte, märchenhafte Installationen, auch Wandbilder, Lithografien und Zeichnungen sowie Konzepte. Die Autodidaktin entschied sich erst 1989 für ihren zweiten Werdegang als Künstlerin, welchen sie sich hart erarbeiten musste. Seit 1995 werden ihre Werke regelmäßig auf internationalen Kunstmessen und in renommierten Galerien in ganz Europa gezeigt. Sabeth Hollands Arbeiten bewegen sich auf der Grenze zwischen figurativer und abstrakter Kunst. «Farbenspiele» hat man ihre Arbeiten genannt: Farben, die rätselhafte Märchenepisoden zu erzählen scheinen, eine Bildsprache aus Formen und Symbolen, die immer wieder neu fasziniert – und entsprechend vom Publikum goutiert wird. Ihre Arbeiten – und dies ist vielleicht eine mögliche Erklärung für ihren großen Erfolg – evozieren eine positive, eine lebensbejahende Grundstimmung. «Märchenhaft und lustvoll bunt» hat man zu Recht ihre Arbeiten genannt. Daran hat sich nach wie vor nichts geändert: Gerade auch die erst ab 2006 entstandenen Fiberglaskulpturen, ihre *Glücksfische* und *Lovables*, zeugen von Glück und sind zu Publikumslieblingen geworden.

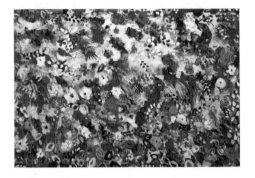

Light Park, 2008

Lovables im Schnee

Transformationen und Skulpturen

Anhang – Zur Künstlerin der Umschlaggestaltung, Sabeth Holland

Bearbeitung einer Polyurethanskulptur

Doggy Dog Lovable Polyurethanskulptur, 2010

Monkey Dog Lovable, 2011

Mit Intuition Komplexität bewältigen

Sabeth Holland erzählt Geschichten in einer Sprache ohne Worte. Sie spielt mit leuchtenden, kräftigen Farben und reduzierten, zeichnerischen Elementen auf mehreren Bildebenen. Ihre Kunstwerke bilden eine Gegenwelt zum grauen Alltag, ohne jedoch pathetisch oder realitätsfremd zu wirken. Im Zentrum ihrer unverkennbaren Schaffensweise steht das Geheimnis der Intuition. Es geht ihr um Nähe, Verbundenheit, Zuversicht, Hoffnung. Sie macht sichtbar, was jeder von uns braucht, um mit der Komplexität und den Ansprüchen des täglichen Geschehens umgehen zu können.

Bemalung einer Fiberglasskulptur

Das Märchenhafte wird bei vertiefter Reflexion jedoch immer erschließbar. Es verlagert sich auf eine allgemein verständliche Ebene. In den Bildern gibt es viel zu entdecken. Es ist ein Erlebnis, wie unmittelbar die Kraft und Dynamik des Werkes von Sabeth Holland mit der ihr eigenen Schaffensweise verbunden ist. Wer dies einmal erfahren hat, wird ihren Werdegang mit großem Interesse weiterbegleiten.

Seit mehr als einem Dutzend Jahren arbeitet die Künstlerin intensiv an ihrem Ausdruck. Sie setzt sich mit ausgewählten Themen auseinander und sucht dabei das Tiefgründige, das Unmittelbare, das Echte. Obwohl auch sie sich immer wieder Vergleichen stellen muss, besticht sie mit Eigenständigkeit und Vertrauen auf die selbst errungenen Werke. Es erstaunt daher nicht, dass ihre Konzepte und Kunstwerke im öffentlichen Raum immer größere prominente Anerkennung und in Sammlungen Eingang finden.

Treasure Cat Lovable, 2011

Seit 2009 rangiert *www.sabethholland.ch* unter den *Top 500 Websites* der internationalen Ausgabe des *New York Arts Magazine*. Die Künstlerin kann auf mehrere Einzelausstellungen zurückblicken. Im wörtlichsten Sinne weit verbreitet wurde ihr Œuvre durch die Gestaltung zweier österreichischer 55-Cent-Briefmarken mit den Titeln «Kleiner als das hohe Gras» und «Flowerdream». Auch entstanden und entstehen in Kooperation mit Unternehmungen Kunstprojekte in Transformation. 2010 veröffentlichte Sabeth Holland zusammen mit Tammy Rühli das Kunstbuch «Collected Impossibilities» und eröffnete ein zusätzliches Atelier exklusiv für ihr plastisches Werk.

Die Künstlerin wird auch häufig eingeladen, sich bei öffentlichen Projekten und Wohltätigkeitsprojekten (zum Beispiel von Caritas Schweiz, UNICEF etc.) zu engagieren.

Die Künstlerin an der Arbeit

Aktuelle Arbeiten

Während sie den traditionellen Ausdruck der bildhaften Darstellung über Malerei und Bildhauerei beibehält, rücken auch ihre Fertigkeiten im digitalen Bereich und «Projekte am Bau» stärker in den Vordergrund.

Das umfangreiche Œuvre der Künstlerin umfasst mittlerweile Konzepte mit Skulpturen, Transformationen, Texten und Malerei.

Ihre Werke strahlen eine ganz eigene Energie aus und wirken auf viele Betrachter geradezu mit einer magnetischen Anziehungskraft. Es gelingt ihr immer wieder, ein inneres Zentrum voller Leichtigkeit, Sinnlichkeit und Lebensfreude zu erschaffen und mit der ihr eigenen, unverkennbaren Art weiterzugeben.

Versteigerungsrekorde in Zürich und Berlin im Bereich Wohltätigkeit sowie die Versteigerung in Zürich durch Sotheby's für Room to Read zeugen von immer größerer Nachfrage nach den Werken der Künstlerin.

7 Flowerfloats – Wandinstallation, Hartschaum, Acryl, Gold (Privatbesitz)

Kontakt:
Sabeth Holland
Atelier N1
9000 St. Gallen, Schweiz
info@sabethholland.ch

www.sabethholland.ch

ANHANG

Dr. Joachim Wenning (JW), Vorstandsvorsitzender der Munich Re, im Gespräch mit Dr. Christian Abegglen (CA) zum Thema Bedeutung der digitalen Transformation für die Versicherungswirtschaft

Expertise und Finanzkraft reichen nicht mehr, um im Rückversicherungsgeschäft der Zukunft erfolgreich zu sein. Ein Haupttreiber der Veränderung ist die Digitalisierung. Sie birgt Chancen und Risiken, die den Bedarf auf Kunden- und Mitarbeiterseite verändern und nach neuen Antworten verlangen.

CA: Wie beurteilen Sie die digitale Transformation für Ihre Industrie?

JW: Die digitale Transformation hat Medien, Kommunikation, Handel und Banking bereits fundamental verändert. In der Versicherung hält sie jetzt erst richtig Einzug. Hier möchte ich auf zwei wesentliche Aspekte eingehen. Erstens: Sie wird die Art und Weise verändern, wie wir in Zukunft unser Geschäft machen. Nehmen wir zum Beispiel das Thema «Big bzw. Smart Data». Es entstehen in zunehmendem Ausmaß große und häufig unstrukturierte Datenmengen an Gegenständen und Maschinen, sozialen Netzwerken oder im Gesundheitssystem. Deren Nutzung erlaubt es uns, unseren Kunden früher als der Wettbewerb ein besseres Produkt- und Dienstleistungsspektrum anzubieten, unsere Risikomodelle zu verbessern und die Qualität beziehungsweise Geschwindigkeit der Risikozeichnung zu erhöhen. Am Beispiel der Lebensversicherung heißt das konkret: Der zum Teil bis zu mehrere Wochen dauernde und teure Risikoprüfungsprozess für einzelne Policen könnte überwunden werden. Und wir können die Versicherbarkeit bei Personen erweitern, die bisher aufgrund individueller Voraussetzungen keinen Versicherungsschutz bekommen konnten. Zweitens: Die digitale Transformation selbst bringt eine Menge neuer und in ihrer Höhe schwer einschätzbarer Risiken mit sich. Sie bietet uns damit neue Geschäftspotenziale. Die Entwicklung passender Lösungen erfordert von uns ein branchenübergreifendes technisches Verständnis über Digitalisierung, verbunden mit der Kenntnis über die mit ihr einhergehenden rechtlichen Rahmenbedingungen.

CA: Damit spielt Innovation eine zentrale Rolle. Auf welche Innovationsstrategien setzen Sie in Ihrem Unternehmen?

JW: Wir sind fest davon überzeugt, dass Innovation unser Geschäft beflügeln wird. Deshalb vernetzen wir uns gezielt mit der Außenwelt und gewinnen Transparenz über die Aktivitäten auf dem Markt. Dazu ein paar Beispiele: Mit neu geschaffenen Innovationseinheiten befördern wir Ideengenerierung, Experimente und Vernetzung weltweit, gruppenweit und funktionsübergreifend. In ausgewählten Märkten haben wir über Innovation Scouting und Innovation Labs einen intensiven Austausch mit Kunden und Start-ups etabliert, um geschäftliche Chancen früh zu erkennen. Für die Ideenfindung beraten wir unsere Führungskräfte beim Fördern kreativer Impulse und unterstützen die Anwendung von Innovationsmethoden wie Design Thinking und Ideations-Kampagnen. Doch Ideen alleine reichen nicht aus, sie müssen am Ende auch in die Tat umgesetzt werden. Dafür haben wir einen «Best-Practice»-Innovationsprozess eingeführt, in welchem vielversprechende Ideen durch dedizierte Teams mit der notwendigen fachlichen und finanziellen Unterstützung ausgearbeitet werden. Unser Augenmerk liegt darauf, Projekte zügig umzusetzen oder rechtzeitig zu verwerfen. Dafür haben wir entlang von Konzeptionierung, Test und Implementierung der Ideen konkrete Erfüllungskriterien definiert, die wir zentral nachverfolgen.

CA: Was bedeuten Digitalisierung und Innovation aus Sicht des HR-Managements, welche Chancen sehen Sie, welche Risiken?

JW: Die traditionelle Arbeitswelt ist geprägt von funktionaler Vielfalt, Organisationsstrukturen in Matrizen mit vielen Schnittstellen, großen Projekten mit verschiedenen Stakeholdern und einer vorherrschend sequenziellen Arbeitsweise. Demgegenüber findet Innovation in kleinen Teams statt, die separat und simultan an der Lösung einzelner Fragestellungen arbeiten. Hier stehen Unternehmen vor einer großen Herausforderung: Weder darf die bewährte Kultur im etablierten Geschäft über die Innovation gespannt werden noch umgekehrt die neue Innovationskultur über das etablierte Geschäft. Dieser erforderliche Spagat gelingt zum Beispiel durch den Aufbau separater Innovation Labs: Hier werden zum Teil in direkter Zusammenarbeit mit dem Kunden ausschließlich neue Ideen verfolgt und in ihren Anfängen nicht gleich als oftmals träges Großprojekt aufgezogen. HR unterstützt die Innovation im Unternehmen unter anderem mit dem Aufbau von Innovationseinheiten, der Förderung bereichsübergreifender Zusammenarbeit, der Stellenbesetzung über neue Rekrutierungskanäle und mit der Etablierung eines umsetzungsorientierten Change-Prozesses. Über die Frage, wie sich die Qualifikationsprofile eines hoch spezialisierten Betriebs nach der Digitalisierung verändern und wie sie am besten für das Unternehmen gewonnen werden können, muss man sich von Anfang an Gedanken machen.

CA: Topmanager müssen sich öffnen und mit der Mitarbeiterschaft in einen Dialog treten, heißt es. Neue webbasierte Kommunikation soll dabei helfen. Wie und wo stehen Sie dazu in Ihrem Unternehmen?

JW: Ein internationaler interaktiver Dialog mit Mitarbeitern funktioniert nicht mehr mit rein herkömmlichen Kommunikationskanälen. Wir beobachten gerade bei neuen Mitarbeitern, wie die jüngere Generation mit Kommunikation anders umgeht und verschiedene Medien gleichzeitig nutzt. Deshalb müssen wir unsere Kommunikation und das Angebot an technischen Lösungen im Unternehmen an diese veränderte Praxis anpassen. Beispiel: Über unser Intranet und über interne Netzwerkplattformen können Führungskräfte und Mitarbeiter weltweit ihre Themen platzieren und diskutieren, Fragen stellen und sich austauschen. Dabei kann auf verschiedene Kanäle und Formate, von der Diskussionsplattform über Artikel oder Videos bis hin zu Kurznachrichten, zurückgegriffen werden. Möglicherweise werden unsere bisherigen Anstrengungen an dieser Stelle noch nicht ausreichen. Bei dieser Entwicklung stehen wir vor der Herausforderung, den unterschiedlichen Kommunikationspraktiken jüngerer und älterer Mitarbeitergenerationen gleichzeitig Rechnung zu tragen.

CA: Schneller, flexibler, agiler – wie wird sich die Arbeitswelt durch die Digitalisierung verändern? Was bedeutet das für Innovation?

JW: Die digitalen Veränderungen und Herausforderungen übersieht ein Einzelner nicht mehr vollständig. Um die stark wachsenden Informationsmengen produktiv nutzen zu können, sind Unternehmen zunehmend auf die Problemlösungskompetenz ihrer Mitarbeiter angewiesen. Neben der Wissensaneignung zählt verstärkt die Fähigkeit, kreative Lösungsansätze zu finden, indem unterschiedliche Informationen und Wissensquellen miteinander verknüpft werden. Damit wird sich das simultane Denken und Arbeiten in internationalen Netzwerken noch mehr durchsetzen, gestützt durch digitale Kommunikations- und Arbeitslösungen. Dementsprechend haben wir zu wichtigen Themen rund um unser Geschäft eigene Netzwerke auf verschiedenen Arbeitsebenen gebildet. Innovation entsteht dezentral durch die Ideen und den Einsatz engagierter Mitarbeiter. Diese Dynamik durch eine bewusst innovationsfreundlich gesteuerte Unternehmens- und Führungskultur zu befeuern ist ein neuer Erfolgsfaktor. Die Geschwindigkeit entsteht automatisch, indem dedizierte Personen von ihrem Tagesgeschäft befreit werden.

CA: Was bedeutet Innovation für Sie persönlich?

JW: Innovation hat für meine Kollegen und mich eine hohe Priorität. Sie findet für mich an der Schnittstelle zum Kunden, in der Vernetzung mit Kooperationspartnern und im interdisziplinären kreativen Austausch unserer Mitarbeiter statt. Sie ist für uns historisch schon immer wieder eine Chance zur Bewährung und zum Aufbau neuer Marktführerschaft gewesen. Diese Chance besteht auch in Zukunft.

CA: Viel Erfolg bei der Umsetzung Ihrer Innovationsinitiativen und herzlichen Dank für das Gespräch.

Das Interview wurde vom Herausgeber dieses Bandes der Schriftenreihe, Dr. Christian Abegglen (CA), Verwaltungspräsident der St. Galler Business School, mit Dr. Joachim Wenning (JW), Vorstandsvorsitzender der Münchener Rückversicherungs-Gesellschaft AG, geführt.

Zur Unternehmung Munich Re

Munich Re steht für ausgeprägte Lösungs-Expertise, konsequentes Risikomanagement, finanzielle Stabilität und große Kundennähe. Damit schafft Munich Re Wert für Kunden, Aktionäre und Mitarbeiter. Im Geschäftsjahr 2016 erzielte die Gruppe, die Erst- und Rückversicherung unter einem Dach kombiniert, einen Gewinn in Höhe von 2,6 Mrd. €. Sie ist in allen Versicherungssparten aktiv und mit über 43.000 Mitarbeitern auf allen Kontinenten vertreten. Mit Beitragseinnahmen von rund 28 Mrd. € allein aus der Rückversicherung ist sie einer der weltweit führenden Rückversicherer. Besonders wenn Lösungen für komplexe Risiken gefragt sind, ist Munich Re ein gesuchter Risikoträger. Den Großteil ihrer Erstversicherungsaktivitäten bündelt Munich Re in der ERGO. ERGO ist eine der führenden Versicherungsgruppen in Deutschland und Europa. Weltweit ist ERGO in mehr als 30 Ländern vertreten und bietet ein umfassendes Spektrum an Versicherungen, Vorsorge und Serviceleistungen. 2016 nahm ERGO Beiträge in Höhe von 16 Mrd. € ein. Die weltweiten Kapitalanlagen (ohne Kapitalanlagen mit Versicherungsbezug) von Munich Re in Höhe von 219 Mrd. € werden von der MEAG betreut, die ihre Kompetenz auch privaten und institutionellen Anlegern außerhalb der Gruppe anbietet.

Zur Person Dr. Joachim Wenning

Dr. oec. publ. Joachim Wenning wurde 1965 in Jerusalem, Israel, geboren.

Er studierte Volkswirtschaft an der Universität München und trat nach seinem Diplom 1991 in die Münchener Rück AG ein, wo er bis Anfang 1997 als Vertragsreferent mit der technischen Betreuung von Lebensrückversicherungskunden in Deutschland befasst war. Parallel dazu arbeitete Wenning an seiner Dissertation, die er 1995 mit der Promotion zum Dr. oec. publ. beendete. Anfang 1997 schloss sich innerhalb des Konzerns ein zweieinhalbjähriger Aufenthalt bei der Hamburg-Mannheimer Versicherungs-AG in Hamburg an, währenddessen er verschiedene Strategieprojekte zur Neuausrichtung des Vertriebs durchführte.

Nach seiner Rückkehr aus Hamburg leitete Wenning ab Mitte 2000 die Abteilung «Lebensrückversicherung Lateinamerika, Südeuropa und Mittlerer Osten» und war verantwortlich für das Lebensrückversicherungsgeschäft in diesen Ländern.

Im Mai 2005 wurde er zum CEO der Neuen Rück in Genf bestellt. Dort war er unter anderem zuständig, den Komposit-Rückversicherer strategisch in den Konzern zu integrieren, das klassische Portfolio profitabel zu machen und die strukturellen und personellen Voraussetzungen für den Aufbau neuer Nischensegmente in Genf, später in Zürich und Bermuda zu schaffen.

Wenning ist seit Anfang 2009 im Vorstand der Gesellschaft für das weltweite Lebensrückversicherungsgeschäft verantwortlich; seit 1. Oktober 2013 trägt er zusätzlich die Verantwortung für Human Resources und ist seitdem auch Arbeitsdirektor von Munich Re.

Im April 2017 hat Joachim Wenning den Vorstandsvorsitz der Munich Re übernommen.

ANHANG

Zum Herausgeber Dr. Christian Abegglen

Ausbildung

Aufgewachsen im Berner Oberland. Schule in Spiez und Maturität am Gymnasium Interlaken. Studium der Wirtschaftswissenschaften an der Universität St. Gallen (HSG).

Mitarbeit an mehreren wissenschaftlichen Forschungs- und Beratungsprojekten und Auslandspraktika, Lehrtätigkeit an verschiedenen Mittelschulen.

Abschluss als Lic. oec. HSG (Vertiefungsgebiet Organisation bei Prof. Dr. Robert Staerkle).

Berufsbegleitende Dissertation zum Thema Informations-Management-Controlling an der Universität St. Gallen (bei Prof. Dr. Robert Staerkle, St. Gallen und Prof. Dr. Hans Peter Wehrli, Zürich) und Promotion zum Dr. oec. HSG.

Tätigkeiten

1988 Einstieg als Consultant bei einer internationalen Unternehmungsberatungsgruppe in Zürich mit einem sehr renommierten Kundenkreis mit Projekten vornehmlich im Bereich von Banken und Versicherungen.

Ab 1990 Seniorberater bei der MAB Management Beratung AG, Küsnacht/Zürich: Betreuung von führenden in- und ausländischen Unternehmungen in Handel, Industrie und der Dienstleistungsbranche als Projektleiter und Supervisor im Bereich Marketing, Organisation und Effizienzsteigerung.

Von 1991 bis 1994 zudem Dozent und Seniorberater für Strategisches Management und Marketing bei der SMP Management Programm St. Gallen.

Durchführung großer Strategie- und Reorganisationsprojekte, vornehmlich in Deutschland. Diverse Projektleitungs- und Managementtätigkeiten auf Zeit in verschiedenen Kleinunternehmungen und mittelständischen Betrieben in der Schweiz und in Deutschland.

Von 1991 bis 2000 Leitung des Inhouse-Seminarbereiches der SMP Management Programm. Verwaltungsrat der SMP Management Programm Holding von 1994 bis 2001.

1994 Mitbegründer auf Initiative von Dr. Günther Pipp der privatrechtlich organisierten St. Galler Business School (SGBS) als Spin-off aus der MAB-/SMP-Gruppe.

Seit 1994 bis heute: Verwaltungsrat und Geschäftsführer der St. Galler Business School, seit 1997 als Geschäftsführender Direktor, seit 2001 als Präsident des Verwaltungsrates: Aufbau und Entwicklung der St. Galler Business School zu einer der renommiertesten Vertreterinnen der Management-Aus- und -Weiterbildung für Nachwuchs- und obere Führungskräfte in der Praxis im deutschsprachigen Raum.

1999 Mitbegründer und Initiator des Forschungsverbundes St. Gallen, Vizepräsident bis 2002.

2001 Mitbegründer und Aufbau der Unternehmungsberatungs- und Interims Managementgruppe TSCI The St. Gallen Consulting Institute zu einer der führenden St. Galler Beratungsgruppen im Bereich Corporate Dynamics sowie der SGBC Business Consulting.

Gründung und Entwicklung der Ausbildungsinstitution Master Diplome St. Gallen.

2002 Begründer und Präsident des Forschungsvereins Business Books & Tools St. Gallen und der St. Galler Gesellschaft für Integriertes Management zusammen mit Prof. Dr. Dres. h. c. Knut Bleicher zur Weiterentwicklung und zur Verbreitung des Gedankengutes eines Integrierten Managements. Aufbau eines Beirates für die St. Galler Business School zusammen mit Prof. Knut Bleicher zur weiteren wissenschaftlichen und praxisnahen Unterlegung von Lehrkonzepten und -methoden.

Ab 2006 Aufbau von spezifischen praxisnahen MBA-Programmen zusammen mit den Universitäten Krakau/Polen und Klagenfurt/Österreich.

2007 Gründung und Aufbau der ASCG Sustainable Consulting AG zu einem Serviceprovider für Management-Ausbildung auf Basis des St. Galler Konzepts. Dozent für Unternehmensführung an verschiedenen Institutionen und Corporate Universities u. a.

2008 bis 2012 Visiting Professor an der Universität Klagenfurt, Lehrbeauftragter an der Universität St. Gallen bis heute. Mitglied Harvard Club of Boston, Verfasser zahlreicher Beiträge im Bereich Integriertes Management, Strategie und Unternehmungsentwicklung.

2013 Übernahme der Schriftleitung und Gesamtverantwortung des Werkes «Konzept Integriertes Management» von Knut Bleicher.

2017 Herausgabe der aktualisierten 9. Auflage «Konzept Integriertes Management».

Erfahrungsschwerpunkte

25 Jahre Erfahrung in der Durchführung und Leitung von Beratungsprojekten zur Erarbeitung von Gesamtstrategien, Corporate-Dynamics-, Marketing- und Vertriebskonzepten sowie Reorganisationen auf Geschäftsführungs- und Konzernebene renommierter internationaler Konzerne sowie auch mittelständischer Unternehmungen. Expertentätigkeit in der Beurteilung von Business-Plänen, Management-Development-Konzepten und Nachfolgeregelungen sowie Coaching von Executive Managern und Moderation schwieriger Entscheidungsprozesse. Managementtrainings- und Moderationserfahrung mit über 2000 Seminar- und Workshoptagen in allen klassischen Management-Bereichen. Die persönliche Referenzliste von Dr. Christian Abegglen umfasst mehr als 150 bekannte Großunternehmungen und erfolgreiche Nischenplayer.

Kontakt:
christian.abegglen@sgbs.ch

ANHANG

Meilensteine der Entwicklung eines Integrierten Managements – Band 6

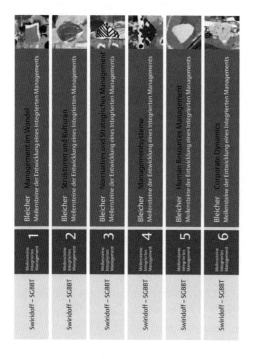

Die «St. Galler Schule» hat sich frühzeitig von rein ökonomistischen Vorstellungen der traditionellen Betriebswirtschaftslehre emanzipiert, indem sie ihren Schwerpunkt auf die Entwicklung einer Lehre von der Unternehmungsführung sozialer Systeme legte. Ihr Begründer Hans Ulrich als Professor der damaligen Hochschule – heute «Universität St. Gallen (HSG)» genannt – erkannte die integrierende Kraft des Systemansatzes im Spannungsfeld von Wirtschafts- und Sozialwissenschaften und erarbeitete mit Kollegen und Mitarbeitern das sogenannte St. Galler Management-Modell als eine sich der Wirtschaftspraxis annähernde Ausformung einer Managementlehre. Es war Knut Bleicher anschließend vergönnt, als Nachfolger Ulrichs dieses Werk wiederum zusammen mit befreundeten Kollegen und Mitarbeitern der Universität St. Gallen zum «St. Galler Management-Konzept» weiterzuentwickeln, welches nunmehr unter dem Titel «Das Konzept Integriertes Management» bereits in der 9. Auflage (2017) beim Campus-Verlag Frankfurt/New York vorliegt.

Während dieses Werk in strukturierter Form die Grundlagen und Zusammenhänge des Konzeptes wiedergibt, sind im Umfeld seiner Erarbeitung und Weiterführung vielfältige vertiefende Beiträge von Knut Bleicher in Fachzeitschriften und Sammelwerken erschienen, die die Entwicklung des Managementkonzepts nachzeichnen, vertiefen und ergänzen, wobei vor allem auch tangentiale Bezüge zu angrenzenden Spezialfragen eröffnet werden. Diese sollen in der hier vorliegenden Reihe einem interessierten Kreis von Wissenschaftlern und vor allem von Führungskräften in der Praxis nahegebracht werden. Das umfangreiche Textmaterial wurde dabei zu sechs Bänden zusammengefasst und geordnet, die sich jeweils mit zentralen Fragen des normativen, strategischen und operativen Managements auseinandersetzen.

Band 1   Management im Wandel von Gesellschaft und Wirtschaft

Der sich vollziehende Wandel in unseren gesellschaftlichen und wirtschaftlichen Rahmenbedingungen lässt eingangs die Frage nach den notwendigen Konsequenzen im Denken und Handeln des Managements stellen und verlangt andersartige Konzepte.

ISBN 978-3-89929-052-3

Band 2   Strukturen und Kulturen der Organisation im Umbruch

Der dargestellte Wandel von Gesellschaft und Wirtschaft bleibt nicht ohne gravierenden Einfluss auf Strukturen und Kulturen der Organisationen, die sich den neuen Rahmenbedingungen anpassen müssen. Neue Organisationsformen sind erkennbar, stoßen aber auch an Grenzen. Am Horizont zum Neuen eröffnen sich jedoch interessante Perspektiven einer systemischen Organisationsgestaltung und Führung für die Zukunft.

ISBN 978-3-89929-055-4

Band 3 Normatives Management konstituiert und strategisches Management richtet die Unternehmungsentwicklung aus

Die zielführende und identitätsschaffende Rolle von Unternehmungsphilosophie steht neben strategischen Belangen im Fokus dieses Bandes. Die Philosophie ist für die Anpassung von Unternehmungen im Wandel an soziale und ökonomische Veränderungen konstitutiv. Auf einer nachgeordneten Ebene ist es Aufgabe des strategischen Managements, Aktivitäten zur Gewinnung von Wettbewerbsvorteilen auszurichten und entsprechend zu konzentrieren. Dies erfordert eine Fokussierung verfügbarer Ressourcen und Kräfte am Markt. Normatives Management konstituiert und strategisches Management richtet also die Entwicklung der Unternehmung aus.
ISBN 978-3-89929-073-8

Band 4 Managementsysteme: Die Flexibilisierung und virtuelle Öffnung der Unternehmung

Die Unzulänglichkeiten herkömmlicher Managementsysteme sind in den letzten Jahren immer deutlicher geworden. Neue Organisationsformen bilden sich heraus und bedürfen bewusster Gestaltung. Flexible Managementsysteme verlangen ein Denken in Zusammenhängen, das sich an Strukturen organisierter Systeme und ihren Dynamiken orientiert. Der vierte Band der Reihe stellt solche neuen Systeme unter Berücksichtigung der flexiblen Vernetzung und virtuellen Öffnung von Unternehmungen vor und bietet Denkanstöße für weiterführende Überlegungen.
ISBN 978-3-89929-074-5

Band 5 Human Resources Management: Unternehmenskulturen im Spannungsfeld neuer Herausforderungen

Da dem Menschen im Übergang zur Wissensgesellschaft als treibender Potenzialfaktor die erfolgsentscheidende Rolle zukommen wird, gilt es die aus der Tradition erwachsene Unternehmungskultur näher auf ihre notwendige Fortschrittsfähigkeit hin zu überprüfen; denn die Unternehmungskultur bestimmt weitgehend die Perzeptionen und Präferenzen der Mitarbeiter einer Unternehmung. Unter dem Stichwort der Entwicklung einer «lernenden Organisation» sollten Möglichkeiten geprüft werden, den täglichen Arbeitsvollzug zugleich als ein Lernfeld zu begreifen.

ISBN 978-3-89929-075-2

Band 6 Corporate Dynamics: Unternehmensentwicklung verlangt ein bewusstes Change Management

In längerfristiger Perspektive geht es im Integrationsmanagement vor allem um die Pflege und Entwicklung von Kernpotenzialen, aus denen sich neue Geschäftsmöglichkeiten ergeben. Neue Geschäftsmöglichkeiten bedeuten Wandel, welcher Veränderungen von Strukturen und Verhalten im Zeitablauf erfordert. Unternehmungen durchwandern in ihrer Entwicklung im Zeitablauf somit bestimmte Phasen, wobei bei Phasenübergängen jeweils typische Krisensymptome erkennbar werden, welche beachtet und konterkariert werden müssen. All dies setzt ein bewusstes «Change Management» voraus.

ISBN 978-3-89929-076-9

ANHANG

SGBS Buchempfehlungen

Prof. Dr. Markus Schwaninger
Intelligent Organizations

Second edition
Berlin: Springer
ISBN 3-540-29876-2

The systems approach in which this work is grounded enables the development of the new kind of intelligent organizations so urgently needed. Powerful models, based on organizational cybernetics and system dynamics, are presented in a way that lets the reader immediately apply them in practice. This book will be a rich source for improvement in any kind of organization, whether private or public, non-profit, large or small.

Markus Schwaninger ist Professor für strategisches Management am Institut für Betriebswirtschaftslehre der Universität St. Gallen.

Markus Schwaninger war am Lehrstuhl von Knut Bleicher habilitierender Mitarbeiter, ist mittlerweile gefragter Experte und hat schon unzählige interdisziplinäre Projekte betreut. Als Konsulent und Gutachter ist er international tätig. Seine über 200 Publikationen gibt es in 6 Sprachen.

Markus Schwaninger am 8. St. Galler Management Kongress der St. Galler Business School

Prof. Dr. Hans A. Wüthrich et al.
Musterbrecher

Wiesbaden/München: Gabler/GWV
ISBN 3-8349-1031-7

Leben in und mit Paradoxien lautet die Herausforderung! Dieses Buch richtet sich an alle, die im Rahmen ihrer Führungstätigkeit ungute Gefühle erleben und nicht länger bereit sind, als Marionetten ihrer Führungsreflexe zu funktionieren. Es plädiert für musterbrechendes Denken, für die Veränderung der inneren Haltung gegenüber Führung. Es erwarten Sie musterbrechende Erlebniswelten – irritierend und inspirierend: Unzulänglichkeit der Perfektion – die Stärke der Verletzlichkeit – Karriere ohne Laufbahnplanung – Effizenz durch Vielfalt – CEO ohne Macht – Zeit in einer Zeit ohne Zeit – Haltung ohne Pose.

Prof. Dr. Hans A. Wüthrich, Jahrgang 1956, ist Inhaber des Lehrstuhls für Internationales Management an der Universität der Bundeswehr München, zudem Partner der B&RSW AG Management Consultants in Zürich.

Prof. (emer.) Dr. Dres. h. c. Knut Bleicher
Das Konzept Integriertes Management

Frankfurt/Main: Campus
ISBN 978-3-593-50599-2

Der ganzheitliche Ansatz des St. Galler Management-Konzepts hat das Denken und Handeln unzähliger Manager nachhaltig beeinflusst. In diesem Standardwerk der Management-Lehre von Knut Bleicher finden Führungskräfte den Gestaltungsrahmen für die Zukunftssicherung ihrer Unternehmung. Das Buch transformiert komplexes Wissen in hohen Lesernutzen.

Diese von Dr. Christian Abegglen komplett überarbeitete Auflage führt den Leser zusätzlich mit dem neuen St. Galler Wissensnavigator beim Nachschlagen, Querlesen und Umsetzen von der Theorie hin zur Praxis der integrierten Unternehmungsentwicklung.

Jetzt mit St. Galler Startpaket!
Mit Zusatzmaterialien zum Download: Exklusiv für Leser dieses Buches stehen Arbeitspapiere, Schautafeln, Roadmaps und Anleitungen digital bereit.

«*Der Orientierungsrahmen für ganzheitliches Management! Ein langlebiger, großartiger Wurf!*»
Prof. Dr. Dr. h.c. mult. Peter Horváth, Universität Stuttgart

«*Eine der grundlegenden Schriften der modernen Management-Lehre. Ein zeitloser Ratgeber für die Praxis und Grundlage zur Entwicklung unternehmensindividueller und dauerhafter Strategien.*»
Dr. U. M. Schneider, CEO, Nestlé S.A.

«*Ein Management-Leitfaden der besonderen Art – praxistaugliche Modelle werden prägnant aufgezeigt. Eine wichtige Lektüre und ein Nachschlagewerk für Theorie und Praxis gleichermaßen.*» Dr. Manfred Wittenstein, Aufsichtsratvorsitzender der WITTENSTEIN SE

«*Integriertes Management – ein griffiges Konzept, das alltagstaugliche und praxisorientierte Denkanstöße liefert, wie Visionen und Strategien erfolgreich umgesetzt werden können.*»
Bettina Würth, Vorsitzende des Beirats der Würth-Gruppe

Prof. Dr. Günter Müller-Stewens, Prof. Dr. Christoph Lechner
Strategisches Management: Wie strategische Initiativen zum Wandel führen

Stuttgart: Schäffer-Poeschel Verlag
ISBN 3-7910-2467-1

Das Standardwerk des strategischen Managements vermittelt neben der Entwicklung von Strategien auch deren konkrete Umsetzung in organisationalen Prozessen. So wird eine ganzheitliche, umfassende Perspektive auf das Themenfeld des strategischen Managements eingenommen und der Frage nachgegangen, wovon letztendlich der Erfolg einer Unternehmung abhängt. Ein flexibles Raster – der «General Management Navigator» – gibt dabei die notwendige Orientierung. Fallbeispiele und weiterführende Erläuterungen verdeutlichen die wissenschaftlich fundierte Gesamtschau des strategischen Managements und erleichtern neben dem logischen und stringenten Aufbau den Transfer in die Praxis.

Prof. Dr. Günter Müller-Stewens ist seit 1991 Professor an der Universität St. Gallen sowie Direktor des Instituts für Betriebswirtschaftslehre. Des Weiteren ist er innerhalb unterschiedlicher Verbände, Juries, Arbeitskreise sowie als Trainer, Berater und Beirat internationaler Unternehmungen tätig.

Prof. Dr. Christoph Lechner ist Professor für Strategisches Management an der Universität St. Gallen. Seine Forschungsschwerpunkte liegen in den Bereichen Business Models, Strategische Initiativen, Allianzen und Netzwerke sowie Corporate Competitiveness.

Prof. Dr. Johannes Rüegg-Stürm, Prof. Dr. Stefan Sander
Controlling für Manager: Was Nicht-Controller wissen müssen

Frankfurt/Main: Campus
ISBN 3-5933-8627-5

Obwohl in Wissenschaft und Praxis zunehmend prominent, besteht bis heute eine große Interpretationsvielfalt zum Begriff des Controllings. Dieser subsumiert im Wesentlichen Planungs-, Steuerungs- und Kontrollmechanismen in Unternehmungen. Somit ist Controlling ein andauernder Prozess, der im Kern die finanzielle Führung der Unternehmung umfasst und auf die Sicherung finanzieller Stabilität sowie Wertezuwachs abstellt. Das Buch richtet sich an Controlling-Einsteiger und vermittelt, ohne Vorkenntnisse vorauszusetzen, auf hohem Niveau Grundzüge und Zusammenhänge des Controllings. Wesentliche Funktionen und Methoden des Controllings werden auf ansprechende Weise nachvollziehbar und beispielunterlegt dargestellt. Unternehmer und Manager erfahren in diesem Werk alles, was für ein professionelles Controlling notwendig ist.

Prof. Dr. Johannes Rüegg-Stürm ist Professor an der Universität St. Gallen sowie Direktor des Instituts für Systemisches Management und Public Governance. Seine Schwerpunkte umfassen strategischen und organisationalen Wandel, Management von Stiftungen sowie die Weiterentwicklung der systemorientierten Managementlehre.

Prof. Dr. Stefan Sander ist verantwortlicher Professor für die Vertiefungsgebiete Controlling/Rechnungswesen an der Fachhochschule St. Gallen, Dozent an der Universität St. Gallen sowie Professor für Controlling und Rechnungswesen an der Steinbeiss Universität Berlin. Des Weiteren leitet er als Partner der HSP Consulting AG St. Gallen das Kompetenzzentrum Controlling und ist seit mehr als 20 Jahren Dozent der St. Galler Business School.

Prof. Dr. Heike Bruch, Dr. Bernd Vogel
Organisationale Energie: Wie Sie das Potenzial Ihres
Unternehmens ausschöpfen

Wiesbaden/München: Gabler/GWV
ISBN 3-8349-0344-2

Organisationale Energie ist jene Kraft, mit der Unternehmungen arbeiten und Dinge bewegen. Somit wird Erfolg eine Frage des Energieniveaus der Organisation. Wie nun diese Energie in gewünschte Bahnen gelenkt werden kann, steht im Fokus dieses Buches. Basierend auf Ergebnissen eines mehrjährigen internationalen Forschungsprojektes wird neben der genauen Beschreibungen unterschiedlicher organisatonaler Energieniveaus und möglicher Energiefallen ein entsprechendes Instrumentarium zur Erreichung eines produktiven Energielevels vorgestellt. So werden das abstrakte Phänomen der Organisationalen Energie verständlich und nachvollziehbar aufbereitet ebenso wie direkt anwendbare Umsetzungsmöglichkeiten gegeben.

Prof. Dr. Heike Bruch ist seit 2001 Professorin sowie Direktorin am Institut für Führung und Personalmanagement der Universität St. Gallen. Ihre Forschungsschwerpunkte sind das Verhalten von Managern, die Themenbereiche Leadership und Organisationale Energie sowie Arbeitgeberexcellence. Des Weiteren berät sie Unternehmungen in den Bereichen Change Management, Leadership und Organisationale Energie.

Dr. Bernd Vogel ist Assistenzprofessor für Leadership und Organizational Behavior an der Henley Business School, Gastdozent an der Universität St. Gallen sowie Lehrbeauftragter an der Universität Hannover. Sein Forschungsinteresse liegt neben Organisationaler Energie in den Bereichen Leadership, Followership, kollektive Emotionen, Change Management und Handeln von Netzwerken.

Rolf Wunderer
Mythen in Management und Märchen

Stuttgart: Schneider Verlag Hohengehren
ISBN 3-8340-1666-7

Hermes in griechischer, Mercurius in römischer Mythenwelt dient als geflügelter Götterbote – bei Aschenputtel sind es Tauben.

Er realisiert Aufträge wie eigene Ziele mit Kreativität und Raffinesse, auch als Schutzgott. Dies primär für Menschen mit ökonomischen (Kaufleute – merx: Ware) und logistischen Zielen. Davon erledigt heute amazon einige mit geflügelten Drohnen.

An Mythen glaubte man oder sollte es. Sonst hießen Schweizer z.B. «Telltöter». Nicht nur Forschende verstehen Mythen als methodisch unbeweisbar bis irreführend und entzaubern damit auch ihren Schutzgott – manche nach dem Motto: «Wer's glaubt wird selig, wer's nicht glaubt, kommt auch in den Himmel.» Neun Wissenschaftler wählten eigene Aspekte, Argumente und Schwerpunkte mit Bezug auf Management und/oder Märchen in der nun publizierten Ringvorlesung an der Universität St. Gallen.

Wir richten uns an Pädagoginnen, berufliche Berater/innen und Weiterbildner, Forschende, Erzähler/innen sowie an alle Neugierigen, die sich für Aspekte und vernachlässigte Verbindungen von Themen zu Führung und Kooperation in Märchen und beruflicher Arbeitswelt interessieren. Dabei werden «Glaubensinhalte» kritisch, verständlich und konzentriert reflektiert.

Cuno Pümpin, Marius Fuchs
Vom Manager zum Investor

Frankfurt/Main: Campus
ISBN 978-3-593-50685-2

Viele Berufstätige in Führungspositionen fragen sich «What's next?». Unternehmertum und «Investor sein» sind hoch angesehene und bewährte Wege, um Vermögen aufzubauen und mehr Selbstbestimmung zu erlangen. Dabei geht man davon aus, dass sich nur bereits vermögende Investoren erfolgreich an Firmen beteiligen können. Wie sieht es aber aus für jemanden mit wenig Vermögen und Abhängigkeit von einem laufenden Einkommen? Die Autoren zeigen konkrete Wege auf, wie Professionals mit knappen finanziellen Mitteln durch Direktinvestitionen in Unternehmen eine zweite Karriere als aktive Investoren und Unternehmer machen können.

Der Klassiker in der 9. Auflage

Der ganzheitliche Ansatz des St. Galler Management-Konzepts hat das Denken und Handeln unzähliger Manager in den letzten 25 Jahren nachhaltig beeinflusst. In Europas Standardwerk der Mangementlehre finden Führungskräfte den Gestaltungsrahmen für die Zukunftssicherung ihrer Unternehmung.

Der Erfolg Knut Bleichers Lebenswerk zeichnet sich vor allem dadurch aus, dass komplexes Wissen in hohen Lesernutzen transformiert wird. Die 9. aktualisierte Auflage führt den Leser jetzt mit dem St. Galler Wissensnavigator von Christian Abegglen beim Nachschlagen, Querlesen und Umsetzen von der Theorie hin zur Praxis der integrierten Unternehmensentwicklung.

Jetzt mit St. Galler Startpaket!
Von der Ich-AG bis zum Weltkonzern haben Alumnis der St. Galler Business School den Wissensfundus mit der 9. Auflage erweitert. Exklusiv für Leser dieses Buches stehen Arbeitspapiere, Schautafeln, Roadmaps, Anleitungen und Gutscheine digital bereit.

Knut Bleicher mit Christian Abegglen

DAS KONZEPT INTEGRIERTES MANAGEMENT

Visionen – Missionen – Programme

25 Jahre St. Galler Konzept

9., aktualisierte und erweiterte Auflage des Standardwerks

9. aktualisierte und erweiterte Auflage
2017, 728 Seiten
64,00 €
ISBN 978-3-593-50599-2

campus

9. Auflage 2017

www.campus.de • http://www.facebook.com/campusverlag • http://twitter.com/Campusverlag

campus
Frankfurt · New York

General Management für Executives –
Das Seminar zum Konzept Integriertes Management

Mit dem Wandel der Märkte und Technologien wandeln sich auch die Methoden der Unternehmensführung. Zahlreiche Modelle und Konzepte stehen den Unternehmen zur Verfügung, diese Vielzahl sorgt aber gleichzeitig für eine zunehmende Verunsicherung.

Hier setzt das 4-tägige «General Management Seminar für Executives» an: Es vermittelt anhand des systematischen St. Galler Ansatzes auf der Basis des «Konzepts Integriertes Management» von Prof. Dr. Dres. h.c. Knut Bleicher die gesicherte Essenz des heute unverzichtbaren Managementwissens. Es stellt die wichtigsten, praxiserprobten Themen des modernen ganzheitlichen Managements griffig und umsetzungsorientiert dar.

Dabei wird sowohl auf neue Managementpraktiken und internationale Pilotprojekte ausgewählter Unternehmen als auch auf bewährtes Managementwissen zurückgegriffen. Anhand zahlreicher Vergleiche mit den jeweiligen Bestleistungen und Besten einer Branche erarbeiten sich die Teilnehmer/innen Entscheidungshilfen und holen sich die Kompetenz zu u. a. folgenden Fragestellungen:

- Worin unterscheidet sich gutes von schlechtem Management?
- Welche aktuellen Managementansätze haben sich bei Unternehmen bewährt?
- Dimensionen eines wirkungsvollen Integrierten Managementkonzeptes
- Wie sind die zentralen Ebenen der Unternehmensführung integrativ und erfolgswirksam zu gestalten?
- Die Formulierung von Visionen, Missionen und fundierten Management-Programmen
- Wie entsteht auf der Basis einer Neudefinition von Prozessen eine markante Verbesserung der Kostenposition?
- Wie lassen sich signifikante Lücken in der Marktleistung finden und in Marktanteilsgewinne ummünzen?
- Wie wird Innovationspotenzial konsequent und dem Zeitwettbewerb angepasst?
- Welche Hemmnisse sind zu beseitigen, um das volle Leistungspotenzial von Mitarbeitern zu erreichen?
- Wie können Führungskräfte ihre Management-Kraft signifikant verbessern?
- Welche Umsetzungshürden sind bei Veränderungsprozessen zu bewältigen?

Das Seminar wird 4 x jährlich durchgeführt. Gerne stellen wir Ihnen unsere aktuelle Seminarbroschüre und den Detailprospekt zu. Weitere Infos: www.sgbs.ch

Master of Business Administration (MBA) in Integrated Management –
Das MBA-Programm zum Konzept Integriertes Management

Die berufsbegleitende Ausbildung zum «Master of Business Administration (MBA) in Integrated Management» ist ein 2 Jahre dauerndes, intensives anspruchsvolles Programm für Führungskräfte, Nachwuchskräfte und Fachspezialisten, die sich für eine gehobenere Managementaufgabe qualifizieren bzw. ihr bestehendes Managementwissen umfassend vervollständigen, kritisch hinterfragen und vertiefen wollen - und dies alles auf Grundlage des Integrierten St. Galler Management Konzeptes. Ein maximaler Qualitätsanspruch hinsichtlich akademischem Niveau und Praxisrelevanz der vermittelten Inhalte bildet die Leitschnur für dieses Programm.

Dabei steht getreu dem integrativen Konzept von Professor Bleicher vorrangig nicht nur die inhaltliche Vermittlung des heutzutage unumgänglichen BWL- und Managementwissens im Vordergrund, sondern genauso das Training sozial-kommunikativer Kompetenzen, welche Wissen erst zu Resultaten werden lassen.

Die Devise für dieses Programm heisst «nicht abgehoben akademisch», sondern bodenständig und ganzheitlich zupackend für alles, was letztlich den Erfolg eines Unternehmens ausmacht: Kundenzufriedenheit.

Dieser MBA-Studiengang wird von der Alpen-Adria-Universität Klagenfurt in Zusammenarbeit und Kooperation mit der St. Galler Business School angeboten.

Der Studienbeginn ist jederzeit jeweils auf den Beginn eines Quartals möglich. Gerne stellen wir Ihnen unsere MBA-Detailbroschüre und den Bewerbungsbogen zu (www.sgbs.ch/mba).

Alternative in Osteuropa

MBA in European Multicultural Integrated Management

Oben beschriebenes Programm wird in modifizierter Form in englischer Sprache auf Initiative von Professor Bleicher auch in Krakau einmal jährlich durchgeführt und richtet sich vornehmlich an Führungskräfte aus Osteuropa, die sich neuestes internationales Managementwissen aneignen wollen.

Bachelor of Arts (B.A.)
in Business Administration – Executive Bachelor

In 3 Jahren berufsbegleitend, an den eigenen Unternehmensprojekten arbeitend, zu einem akademischen B.A.

Das 3jährige berufsbegleitende Executive Bachelorstudium liefert Unternehmen, Führungskräften und Spezialisten – dank der Verbindung zwischen der praxisorientierten Projektvorgehensmethodik der Steinbeis-Hochschule Berlin und dem Integrierten St. Galler Konzept der St. Galler Business School – rasch messbare Projektergebnisse, welche sofort im Unternehmen zirkulieren und zu innovativen Lösungen sowie Wettbewerbsvorteilen führen.

Aufbau Programm

Zahlreiche 2-4tägige Module, zeitlich flexibel zu wählen, wechseln sich mit konkreter Projektarbeit ab. Sie erhalten Ihren persönlichen Coach und Betreuer.

Innovatives Studieren – fern von Massenbetrieb und Theorielastigkeit – auch ohne Abitur

Maximal auf die Anforderungen des Arbeitsmarktes zugeschnitten, unterscheidet sich dieses Executive Bachelorstudium von anderen BWL-Studiengängen und blossen Fernstudien: Maximaler Praxisbezug dank Projekten, flexibel wählbare Zeitslots, integriertes St. Galler Wissen, Studieren auch ohne Abitur, die individuelle Betreuung fern von einem universitären Massenbetrieb.

St. Galler Business School

Beratung und Information:
St. Galler Business School
Rosenbergstrasse 36
CH-9000 St. Gallen

Steinbeis

SCMT
Steinbeis Center of Management and Technology

Nach erfolgreichem Studienabschluss verleiht die Steinbeis-Hochschule Berlin den staatlich anerkannten akademischen Abschluss »Bachelor of Arts – B.A.«. Der Executive B.A. ist international nach FIBAA akkreditiert. Für den Abschluss als Bachelor of Arts werden 180 Credit Points nach dem European Credit Transfer System (ECTS) vergeben.

Studiengebühr*: € 21 600.–
* zzgl. MwSt.

Telefon: 0041 (0)71 225 40 80
Telefax: 0041 (0)71 225 40 89
Internet: www.sgbs.ch
E-Mail: seminare@sgbs.ch/diplome

«Certified Management Expert»

Mit dem «St. Galler Management Seminar» in 22 hochkarätigen Seminartagen über die Dauer von 1 Jahr zum «Certified Management Expert (CME)»

Konzeption

Die Ausbildung zum Certified Management Expert (CME) erfolgt ausschliesslich als Präsenzstudium: Im Rahmen von insgesamt 9 Modulen (7 Kurzseminare) erarbeiten Sie sich zusammen mit gleichartigen Kollegen/innen das unerlässliche Management-Wissen, wie ein Unternehmen, ein Geschäftsbereich oder eine Unternehmensabteilung erfolgreich vom Markt her zu führen ist.

Flexibles Studium

Die Ausbildung kann in ca. 1 Jahr absolviert werden; ein Einstieg ist jederzeit möglich, da die Module in beliebiger Reihenfolge besucht werden können und jedes Modul zudem mind. zweimal pro Jahr durchgeführt wird. So können sich die Teilnehmenden die passenden Termine individuell zusammenstellen. Ein Modul besteht aus jeweils 2 bis max. 4 Tagen.

Innovatives Konzept

Die Teilnehmenden profitieren dank der Kooperation der St. Galler Business School und der Steinbeis-Hochschule Berlin zweifach: Sie erhalten messbare Ergebnisse dank des bewährten Management-Wissenspools der St. Galler Business School und erfahren gleichzeitig dank persönlicher Betreuung die grosse Projektkompetenz des Steinbeis Verbunds zu den heute relevanten Managementthemen.

Praxisnahe Abschlusstests St. Gallen, Stuttgart, Bodenseeraum

Praxisnahe Lernkontrollen finden direkt im Anschluss an die einzelnen Seminarmodule statt. Seminarsprache ist Deutsch, Durchführung in St. Gallen, Stuttgart, Bodenseeraum.

Steinbeis — SCMT Steinbeis Center of Management and Technology

St. Galler Business School

Teilnehmende

Das Seminar richtet sich speziell an Unternehmer und Führungskräfte, die bestrebt sind, gegenwärtige und aktuelle Probleme fundiert und zukunftsgerichtet zu lösen und sich intensiv mit gleichartigen erfahrenen Teilnehmenden und Praktikern austauschen wollen.

«Certified Management Expert (CME)»

Sie erhalten das Zertifikat «General Management Diplom» und – falls Lernkontrollen absolviert – insgesamt 28 ECTS der Steinbeis University und sind berechtigt, die Bezeichnung «Certified Management Expert (CME)» zu führen.

Studiengebühr: € 9900.– zzgl. MwSt.